Préparer un cours

Division de Elsevier Business Information
2, rue Maurice-Hartmann, 92133 Issy-les-Moulineaux cedex
ISBN 2 7101 1491 7
ISSN 1158-4580

Collection Pédagogies

Alain Rieunier

Préparer un cours

Tome 2

Les stratégies pédagogiques efficaces

ESF éditeur

Issy-les-Moulineaux

Pédagogies

Collection dirigée par Philippe Meirieu

La collection PÉDAGOGIES propose aux enseignants, formateurs, animateurs, éducateurs et parents, des œuvres de référence associant étroitement la réflexion théorique et le souci de l'instrumentation pratique.

Hommes et femmes de recherche et de terrain, les auteurs de ces livres ont, en effet, la conviction que toute technique pédagogique ou didactique doit être référée à un projet d'éducation. Pour eux, l'efficacité dans les apprentissages et l'accession aux savoirs sont profondément liées à l'ensemble de la démarche éducative, et toute éducation passe par l'appropriation d'objets culturels pour laquelle il convient d'inventer sans cesse de nouvelles médiations.

Les ouvrages de cette collection, outils d'intelligibilité de la « chose éducative », donnent aux acteurs de l'éducation les moyens de comprendre les situations auxquelles ils se trouvent confrontés, et d'agir sur elles dans la claire conscience des enjeux. Ils contribuent ainsi à introduire davantage de cohérence dans un domaine où coexistent trop souvent la générosité dans les intentions et l'improvisation dans les pratiques. Ils associent enfin la force de l'argumentation et le plaisir de la lecture.

Car c'est sans doute par l'alliance, sans cesse à renouveler, de l'outil et du sens que l'entreprise éducative devient vraiment créatrice d'humanité.

Pédagogies/Outils : des instruments de travail au quotidien pour les enseignants, formateurs, étudiants, chercheurs. L'état des connaissances facilement accessibles. Des grilles méthodologiques directement utilisables dans les pratiques.

*

* *

Voir en fin d'ouvrage la liste des titres disponibles

Table des matières

Troisième partie

Les stratégies pédagogiques

Annexes

Une leçon, c'est une réponse !
Dewey

On enseigne toujours ce que l'on est, et les techniques pédagogiques n'ont aucun sens si elles ne sont pas transcendées par une éthique !

Avant-propos

En 1974, chargés avec quelques collègues de former des formateurs à l'IPNETP [1] d'Abidjan, nous avons avidement cherché sur les étagères des bibliothèques et dans les rayons des librairies, l'ouvrage : *Comment préparer une leçon ?* ou un ouvrage similaire, mais ce livre, à l'époque, n'existait malheureusement pas !...

Nous avons alors rencontré Étienne Verne et Marcel Postic avec lesquels nous avons eu la chance et le plaisir de travailler durant de très nombreuses années, puis nous inspirant de Gagné, D'Hainaut, Mager, Briggs, Bloom, Skinner, Claparède, Dewey, Piaget, et quelques autres, nous avons résolu le problème à notre manière.

En ce début du XXIe siècle, l'ouvrage : *Comment préparer une leçon ?* n'existe toujours pas, raison pour laquelle je me suis décidé à faire le point sur vingt-cinq années de recherches empiriques effectuées avec de très nombreux formateurs et étudiants, mais surtout pendant plus de quinze ans avec Françoise Raynal, pour tenter de répondre à la question :

Comment aider des enseignants à mieux préparer une leçon ?

J'ai mis vingt-cinq ans, à partir de leçons que j'ai faites ou auxquelles j'ai assisté, de conseils que j'ai pu donner et des résultats observés, de la lecture de très nombreux ouvrages, de discussions passionnées avec des spécialistes de multiples pays, pour construire une théorie à peu près opératoire s'appuyant sur les travaux de l'*instructional design* [2] américain, et sur ceux des spécialistes des sciences humaines des quarante dernières années. J'écris donc pour tenter d'éviter au débutant en pédagogie de refaire ce parcours épuisant.

---

1. Institut pédagogique national de l'enseignement technique et de la formation professionnelle de Côte-d'Ivoire.

2. *Instructional design* : ce courant de la recherche pédagogique aux États-Unis tente de découvrir, s'ils existent, les principes de l'enseignement efficace et essaye de répondre à trois questions :

– Que sait-on de l'apprentissage humain qui soit pertinent pour l'enseignement ?

– Comment ce corps de connaissances doit-il être organisé pour être utilisé par des concepteurs pédagogiques ?

– Quelles procédures doit-on suivre pour appliquer les connaissances relatives à l'apprentissage humain au « design » de l'instruction ?

Mon expérience m'ayant appris que les manières d'apprendre sont différentes selon les individus, j'ai rédigé deux ouvrages pour tenter de vous aider à mieux enseigner :

– *Préparer un cours – 1. Applications pratiques*, qui propose une synthèse des différents types de pédagogie et onze exemples concrets de leçons empruntés à différentes disciplines et à différents niveaux d'enseignement [3]. Si vous êtes de ceux qui préfèrent aller du concret à l'abstrait, du particulier au général, lisez d'abord *Préparer un cours – 1. Applications pratiques* ;

– *Préparer un cours. Les stratégies pédagogiques efficaces*, qui tente d'identifier les résultats des travaux des psychologues, didacticiens et chercheurs en sciences de l'éducation susceptibles d'être utiles au praticien de la pédagogie. Si vous êtes de ceux qui préfèrent aller de l'abstrait au concret, du général au particulier, lisez d'abord *Préparer un cours. Les stratégies pédagogiques efficaces.*

Avec ces deux ouvrages, j'ai tenté d'écrire les livres que j'aurais aimé trouver lorsque j'ai commencé à enseigner afin que les jeunes enseignants se sentent un peu moins démunis que nous le fûmes à nos débuts, à vous de me dire si j'y ai réussi (alain. rieunier@wanadoo. fr).

Je souhaite que le voyage vous soit agréable si vous décidez de tenter l'aventure.

3. De l'enseignement primaire à l'enseignement supérieur.

Première partie

Le cadre

Les techniques de base

1

Enseigner ?…
Des questions en cascade !…

Qu'est-ce que la pédagogie ?

Lorsque, à la première heure du premier jour d'un séminaire consacré à la pédagogie, je demande à mes stagiaires (enseignants en exercice) de bien vouloir définir le terme « pédagogie », l'expérience donne toujours les mêmes résultats.

Pour l'enseignant de terrain :

– la pédagogie c'est l'art de transmettre le message ;

– la pédagogie c'est la science de l'enseignement ;

– la pédagogie c'est l'ensemble des techniques qui permettent de dispenser la connaissance ;

– la pédagogie c'est l'ensemble des méthodes qui permettent de rendre l'enseignement efficace.

Alors ?… Art ?… Science ?… Technique ?… Méthode ?… Essayons-nous donc au difficile exercice des définitions et tentons de préciser le sens du terme « pédagogie » en analysant différentes propositions d'auteurs célèbres.

À tout seigneur tout honneur, commençons par Durkheim pour qui *« la pédagogie est une théorie pratique »* !…. et reconnaissons, malgré tous les honneurs dus au rang de l'auteur, que cette définition lapidaire est loin de combler nos attentes.

Conservons tout de même cette proposition en mémoire et analysons celle que nous fait Michel Develay dans son excellent ouvrage, « *De l'apprentissage à l'enseignement* [1].

« Dans la tradition grecque, le pédagogue est l'esclave qui conduit l'enfant au maître (le magister*). Il n'est pas le maître qui fait la classe. Il est celui qui accompagne l'élève sur le chemin de l'école. "Si le* magister *instruit, le pédagogue éduque."*

1. Develay M., *De l'apprentissage à l'enseignement*, ESF éditeur, 1992, p. 67-68.

Daniel Hameline file la métaphore en suggérant : "La pédagogie, en tant que l'action subalterne de l'esclave menant à l'instructeur le fils de son maître, c'est donc d'abord l'éducation triviale, affaire qui se trame dans l'entre-deux de la rue et des places publiques, de leurs passages à découvert comme de leurs parcours dérobés, affaire de garçons (paîs). *Le garçon de famille est ainsi placé sous la conduite transitoire du garçon (presque) d'écurie qui sera, bien souvent, son initiateur à ces choses de la vie et de la cité au sujet de quoi se tait le* magister [2]."

Ainsi, symboliquement, la pédagogie est d'abord une réflexion à propos des finalités, des valeurs que représente ce trajet, et de ce qui se discute en le parcourant. La pédagogie serait davantage du côté du pourquoi que du comment. [...] Un jour, sans doute, le pédagogue ne s'est pas contenté d'accompagner son élève à l'école. Par curiosité peut-être à connaître les pratiques, ou par lassitude de constater que les finalités qu'il escomptait ne se retrouvaient pas dans l'instruction dispensée, ou avec l'intention de tester ses propres choix éthiques, à moins que ce soit simplement pour remplacer le magister *absent, le pédagogue est entré dans l'école. Le pédagogue est devenu le pédago. Dès lors, la pédagogie ne s'est plus cantonnée aux valeurs, aux finalités, à la quête du lointain, elle s'est intéressée aux pratiques, au quotidien. Peut-être même y a-t-il eu un renversement sans retour, de telle sorte qu'aujourd'hui le pédago est parfois celui qui sait faire la classe avec talent certes, mais sans forcément chercher à questionner à propos du type d'homme, de citoyen auxquels ses pratiques conduisent. La pédagogie dans son sens originel a disparu au profit de la méthodologie. [...]*

Le pédagogue est alors devenu la personne qui sait enseigner parce qu'elle est capable de gérer des ressources pédagogiques et possède la capacité à communiquer. L'esclave est devenu le maître en abandonnant sa boussole. »

Pour Develay, le concept de pédagogie devrait intégrer le champ des finalités et celui de la technique, ce en quoi il rejoint totalement Durkheim, mais ce concept se réduirait pour la plupart des praticiens à une méthodologie.

La deuxième partie de cette affirmation est-elle vraie ? Les enseignants seraient-ils essentiellement intéressés par la méthodologie comme l'affirme Develay ? La réalité est bien sûr nettement plus nuancée mais je suis tout de même tenté d'abonder dans ce sens si je me réfère aux principales attentes des enseignants qui participent habituellement à mes actions de formation. Leurs préoccupations tiennent effectivement en quelques mots :

« Vous qui prétendez connaître quelque chose à la pédagogie, expliquez-nous donc :

– comment mieux enseigner ?

– comment mieux préparer une leçon ? »

2. Hameline D., *L'éducation, ses images et ses propos*, ESF éditeur, 1986, p. 18.

L'ouvrage que vous tenez entre les mains se propose de répondre à ces deux importantes questions. Cependant avant d'aller plus loin, je tiens à souligner mon accord total avec la position de Develay :

« Il est essentiel de ne pas perdre la boussole ! »

ce que je traduirai par :

Il ne sert à rien d'être en mesure de rouler à 300 km à l'heure,
si l'on ne sait pas où l'on va !...

Cette restriction posée, poursuivons encore quelques instants dans la voie des citations.

Si la définition proposée par Durkheim vous a paru insuffisante, il est probable que celle de Baudot vous satisfera davantage. Pour Baudot : « *La pédagogie c'est faire en sorte que celui sur lequel elle s'exerce finisse par se passer de celui qui l'exerce.* » Indiscutablement séduisante, cette proposition n'est malheureusement guère plus opératoire que celles que j'ai citées au début de ce chapitre, cependant comme elle intègre parfaitement l'une des principales finalités de l'éducation : l'autonomie du formé à l'issue de la formation, je retiendrai cette idée.

« Finalités, technique, autonomie », trois éléments clefs du concept de pédagogie auxquels il me paraît indispensable d'ajouter la centration sur l'action et la centration sur l'apprenant que l'on trouve dans la définition lapidaire inspirée de Smith : *« La pédagogie est une action qui vise à faciliter les apprentissages. »* Si j'ajoute que cette action me semble devoir être située dans le contexte plus général du traitement de l'information chez l'homme, j'aboutis à la définition :

La pédagogie est une action qui vise à faciliter les apprentissages
et à augmenter, à terme, la capacité de traitement de l'information des élèves,
afin de les rendre efficaces et autonomes dans la vie de tous les jours,
ce dans le cadre d'une éthique clairement définie.

La question « qu'est-ce que la pédagogie ? », ayant trouvé, au moins momentanément, une réponse plus satisfaisante que celles que me proposent habituellement mes interlocuteurs, revenons aux deux principales interrogations méthodologiques des enseignants :

– comment mieux enseigner ?

– comment mieux préparer une leçon ?

Comment mieux enseigner ?

Comme je l'ai déjà souligné, c'est la principale question posée par les enseignants que je rencontre lors de mes stages de formation. Débutants absolus ou vieux briscards blanchis sous le harnois, tous savent, par intuition ou par expérience, que la gageure qui consiste à « réussir une leçon » ne peut être gagnée en permanence, et que le miracle, s'il se produit quelquefois, demeure toujours le fruit d'une alchimie mystérieuse dont chacun aimerait bien percer les secrets. L'une des réponses réside, bien sûr, dans la qualité de la préparation de la leçon.

Comment mieux préparer une leçon ?

« Comment mieux préparer une leçon ? » est donc la question qui vient immédiatement après la question précédente, mais on ne peut tenter d'y répondre sans avoir répondu à deux questions préalables : enseigner quoi ? enseigner pourquoi ?

Enseigner quoi ? Enseigner pourquoi ?

Avec ces questions nous retrouvons les problèmes d'éthique, car l'éthique est première même si les enseignants n'en sont pas toujours conscients. Ainsi, lorsqu'un enseignant se propose de faire nommer le représentant de la classe dont il est responsable et qu'il choisit le suffrage universel direct comme mode de désignation, il choisit, consciemment ou non, d'enseigner la démocratie.

Lorsque le même enseignant précise : « Nous ne sortirons pas de cette salle tant que le coupable ne se sera pas dénoncé, il ne sera pas puni, mais je veux qu'il se dénonce et je ne veux pas **qu'on** le dénonce ! », il cherche à développer le sens de la responsabilité individuelle et à dévaloriser la délation.

Enseigner, c'est d'abord véhiculer des valeurs, avoir une certaine vision de l'homme, de sa place par rapport à la société et il me paraît indispensable de tenter de clarifier mes représentations avant d'aborder les questions techniques.

Que faut-il donc enseigner en priorité si nous vivons dans un pays développé et démocratique du XXIe siècle ? Je répondrai, mais cette réponse essentiellement idéologique n'engage bien sûr que moi : « Tout ce qui permettra à un individu de s'insérer harmonieusement à la société existante, et tout ce qui devrait lui permettre d'œuvrer ensuite pour améliorer le sort de chacun ! »

Présenté autrement, il s'agira essentiellement d'enseigner, du moins à mon avis :

- le respect de l'autre ;
- le respect de la démocratie ;
- le respect de la loi ;
- le respect de soi ;
- l'indépendance d'esprit ;
- la maîtrise des stratégies personnelles de traitement de l'information.

Il me semble, en effet, en ce début du XXIe siècle qui voit resurgir tous les vieux démons que l'on croyait avoir à peu près exorcisés : xénophobie, racisme, fascisme et autres intégrismes, que la démocratie demeure, malgré toutes ses imperfections, le système le moins mauvais que l'on puisse actuellement proposer à nos descendants.

Je n'aborderai pas réellement les problèmes d'éthique dans le cours de cet ouvrage [3], celui-ci se veut d'abord technique, cependant les problèmes d'éthique sont incontestablement premiers et au risque de lasser je n'hésiterai pas à affirmer une fois encore qu'il est essentiel de conserver un œil sur la boussole.

> « On enseigne toujours ce que l'on est, et les techniques pédagogiques n'ont aucun sens si elles ne sont pas transcendées par une éthique. »

Qu'est-ce qu'enseigner ?

On pourrait répondre tout simplement : « Enseigner, c'est faire apprendre ! » Mais dans ce cas se pose évidemment une nouvelle question : Qu'est-ce qu'apprendrc ?

Qu'est-ce qu'apprendre ?

Si vous avez suivi récemment une formation pédagogique, plusieurs définitions peuvent vous venir à l'esprit :

– apprendre, c'est modifier de manière durable son comportement ;

– apprendre, c'est acquérir de nouveaux schèmes d'action ;

– apprendre, c'est augmenter durablement ses connaissances.

Je choisirai, toujours momentanément, la troisième définition mais celle-ci ne fait que reculer le problème. En effet, si « apprendre c'est augmenter ses connaissances », quatre questions se posent immédiatement :

– que range-t-on d'ordinaire sous le terme connaissances ?

– comment et sous quelles formes les connaissances sont-elles emmagasinées dans le cerveau ?

– comment les connaissances sont-elles retirées de la mémoire une fois qu'elles y ont été stockées ?

– comment les connaissances sont-elles réinvesties dans des situations différentes de celles dans lesquelles elles ont été apprises ? (Transfert, résolution de problème.)

---

3. Lire sur le sujet : Meirieu P., *Le choix d'éduquer, éthique et pédagogie*, ESF éditeur, 1991 et Reboul O., *Les valeurs de l'éducation*, PUF, 1992.

Je tenterai, dans le cours de cet ouvrage, d'apporter quelques éléments de réponse à ces différentes questions, mais UNE dernière question demande indiscutablement une réponse particulièrement argumentée si je souhaite préparer une leçon efficace : comment motiver les élèves ?

Comment motiver les élèves ?

Tout enseignant sait qu'un élève n'apprendra que s'il est raisonnablement motivé pour l'étude, ou du moins s'il ne manifeste pas une répulsion définitive pour la matière enseignée.

Le livre que vous tenez entre les mains se propose bien sûr de répondre à la question : « comment préparer une leçon ? », mais je ne pourrai justifier mes propositions qu'en répondant également aux différentes questions que je viens de poser, ce que je tenterai de faire dans les premiers chapitres de cet ouvrage.

ENSEIGNER POURQUOI ?

Parmi toutes les questions qui se posent à l'enseignant j'ai répondu, pour le moment, à une seule question : enseigner pourquoi ?

Pour former l'homme de demain que je pourrais décrire de manière idéale comme un individu autonome, démocrate, tolérant, cherchant à se réaliser dans une activité utile pour la société [4].

Voilà notre boussole, essayons désormais de ne pas perdre le nord.

4. J'accepte bien sûr parfaitement que cette finalité ne soit pas atteinte par tous et que certains jouent une partition totalement personnelle. Je viserai cette finalité pour le plus grand nombre, mais je conserverai tout de même une grande tendresse pour les anarchistes et les poètes qui ne rentreront pas dans le moule car ce sont peut-être ces « résistants » qui feront progresser le système.

2

Un cadre de référence pour l'action pédagogique [1]

L'approche systémique [2]

Dans le chapitre précédent, j'ai affirmé que la pédagogie était une action et il est probable que vous n'avez pas envisagé toutes les conséquences de cette affirmation.

Accepter cette définition signifie que l'activité pédagogique efficace relève de la rationalité de l'action donc qu'elle doit impérativement se soumettre à cette rationalité. Il me paraît donc indispensable, dans un premier temps, d'identifier les éléments clefs de l'action efficace car ces éléments devront nécessairement être intégrés à toute stratégie pédagogique.

Le schéma de l'action

Le schéma de l'action peut se représenter de la manière suivante :

ÉTAT INITIAL ⟶	ACTION ⟶	ÉTAT TERMINAL
	ENVIRONNEMENT	

ou bien :

ENTRÉE ⟶	PROCESSUS DE TRANSFORMATION ⟶	SORTIE
	ENVIRONNEMENT	

1. Le chapitre 2 et le chapitre 4 de ce livre reprennent en partie le chapitre 2 de l'ouvrage : Raynal F., Rieunier A., *Définir des objectifs pédagogiques. Pourquoi ? Comment ?*, IPNETP, Abidjan, 1999, 3e éd.

2. Sur le sujet lire : De Rosnay J., *Le macroscope, vers une vision globale*, Le Seuil, 1974 et Lerbet G., *Pédagogie et systémique*, PUF, 1997.

schéma dans lequel les initiés reconnaîtront le schéma de base de l'analyse des systèmes, outil privilégié d'analyse de l'action.

La rationalisation de l'action, les éléments clefs de l'action efficace

Deux éléments sont essentiels si l'on souhaite conduire une action efficace :

1. L'objectif

Avant d'engager quelque action que ce soit, il faut évidemment savoir ce que l'on veut faire, entreprendre un voyage, fabriquer un objet, séduire… ce qui signifie qu'il faut d'abord définir clairement l'objectif de l'action.

2. La boucle de rétroaction

Le jeu des fléchettes. Soit un jeu de 10 fléchettes, une cible standard, et deux groupes de lanceurs de fléchettes d'égale force, le groupe A et le groupe B.

Pour le groupe A. Chaque lanceur a 10 fléchettes et lance à tour de rôle comme il le veut, en se tenant à cinq mètres de la cible. Il perçoit le résultat de chacun de ses lancers et corrige en conséquence. À l'issue de cette activité, l'animateur additionne les résultats obtenus par chacun et fait la moyenne du groupe.

Pour le groupe B. Les conditions sont les mêmes que pour le groupe A, chaque lanceur a 10 fléchettes et lance comme il le veut, en se tenant à cinq mètres de la cible. Cette fois cependant l'animateur introduit une variante, dès que la fléchette a quitté la main du lanceur, il éteint la lumière, interpose un écran entre le lanceur et la cible, rallume, et relève le résultat sans le communiquer au lanceur. On appelle ce groupe, groupe sans connaissance des résultats.

Lorsque l'on réalise cette expérience, le groupe A obtient toujours de bien meilleurs résultats que le groupe B.

On peut noter que pour tous les participants l'objectif est parfaitement clair : réaliser le maximum de points. Malgré cela, les résultats obtenus par les individus sont différents et les échecs se produisent lorsque les individus n'ont aucun moyen de contrôler les résultats de leur action, c'est-à-dire lorsque la boucle de retour d'information (boucle de rétroaction), est absente.

CONCLUSION 1. Deux éléments sont indispensables pour conduire une action efficace :

1. La détermination claire et précise des objectifs de l'action,

2. Le contrôle permanent des résultats de celle-ci, qui s'effectue en pédagogie par l'intermédiaire de l'évaluation.

Le schéma initial devient alors :

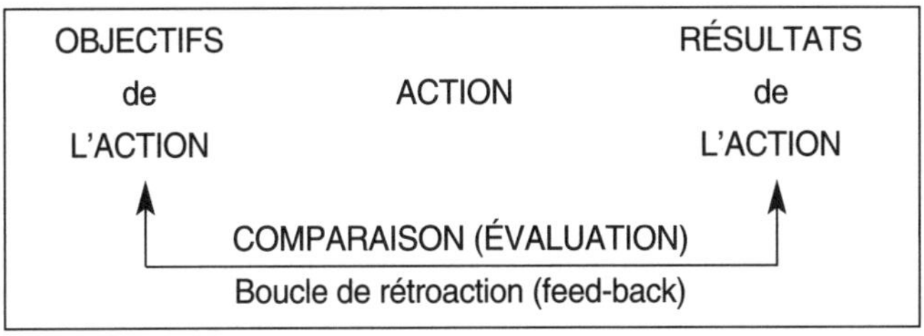

CONCLUSION 2. Il est impossible de contrôler correctement le déroulement d'une action si les objectifs n'ont pas été définis de façon extrêmement précise (on ne peut mettre en place les boucles de rétroaction).

CONCLUSION 3. Définir clairement un objectif est un préalable indispensable à toute action, mais c'est insuffisant. Il faut absolument prévoir les boucles de rétroaction, en pédagogie, les moyens d'évaluation.

Les deux éléments clefs de l'efficacité de l'action, objectifs et boucles de rétroaction (évaluation), constituent donc les points d'ancrage de toute pédagogie efficace.

La pédagogie de la maîtrise

1. L'évaluation formative

La boucle de rétroaction (feed-back) étant essentielle pour conduire une action efficace, quel type de feed-back faut-il fournir ? Une autre expérience va nous permettre de répondre à cette question. Soit un groupe divisé de manière aléatoire en trois sous-groupes A, B et C, on trace sur un transparent de rétroprojection ou sur un tableau de papier 15 colonnes :

1	2	3	4	5	6	7	8	9	10	11	12	13	14	15

Il s'agit, pour chacun des sujets, de tracer 10 lignes qui partent de la colonne 1 et qui s'arrêtent dans la colonne 9, mais en travaillant les yeux bandés.

L'animateur donne un crayon au premier candidat, prend sa main, place la pointe du crayon dans la colonne 1, lâche la main, et le sujet trace une première ligne. Lorsqu'il s'arrête, l'animateur reprend sa main et la place de nouveau dans la colonne 1 mais un peu plus bas, ainsi de suite jusqu'à 10.

Chaque membre du groupe A trace ainsi les dix lignes sans aucune information.

Chaque membre du groupe B trace également 10 lignes mais l'animateur annonce à chacun : trop court, trop long, parfait, à chaque fin de ligne.

Enfin, pour le groupe C, l'animateur donne à chacun des essais le chiffre de la colonne dans laquelle le crayon s'est arrêté.

Les résultats sont largement en faveur du groupe C qui réussit nettement mieux que le groupe B lequel réussit nettement mieux que le groupe A. Cette expérience prouve que **le feed-back le meilleur est le feed-back le plus précis**.

Il est donc essentiel, lorsque vous corrigez une copie ou un exercice, de fournir à l'apprenant des informations précises sur ce qui est bien (il pourra le refaire) et des commentaires très détaillés sur les erreurs commises pour qu'il puisse les corriger.

Si l'on enseigne pour que les élèves apprennent et non pour mettre des notes afin de satisfaire l'administration, il faut privilégier la **fonction informative** de l'évaluation fournir à l'apprenant des informations extrêmement précises sur le comportement attendu. Plus le comportement attendu sera clair pour celui qui apprend, plus on aura des chances de voir ce comportement se produire rapidement. Cette évaluation (non notée) qui vise uniquement à informer l'apprenant et l'enseignant du niveau d'atteinte de l'objectif a pris le nom d'**évaluation formative**.

2. L'évaluation formatrice [3]

Si vous devez enseigner à des élèves de seconde la manière de concevoir l'introduction d'une dissertation, la solution la plus efficace consiste à donner un sujet de dissertation, puis à donner des introductions rédigées par une autre classe (introductions assorties de vos commentaires, de vos corrections et de vos suggestions), à faire classer ces introductions en bonnes, moyennes, moins bonnes par l'intermédiaire d'un travail en équipe, puis à faire construire par les élèves vos

3. Évaluation formatrice : évaluation qui vise à informer l'apprenant de manière extrêmement précise, en amont de l'action, des critères de performance attendus, de façon à diriger efficacement sa base d'orientation de l'action (processus de contrôle).

critères de performance d'une bonne introduction **en amont** de leur activité de rédaction. Ils se construisent ainsi ce que Galperine [4] appelle « la base d'orientation de l'action », base à partir de laquelle ils agiront ultérieurement. Cette activité de construction des critères d'évaluation de l'enseignant par les élèves **en amont** de l'action de rédaction porte le nom d'évaluation formatrice [5].

3. Boucle de régulation externe, boucle de régulation interne

Ce qu'il faut comprendre c'est que l'influence de l'évaluation est surtout **proactive**, elle nous permet de mieux comprendre ce que l'on attend de nous.

Si la correction effectuée par l'enseignant est bonne, nous pourrons améliorer notre comportement lors de l'évaluation suivante car nous connaîtrons mieux les critères à partir desquels nous sommes jugés. Le rôle de la boucle de rétroaction externe (qui dépend de l'enseignant) vise simplement à faire construire par l'apprenant une base d'orientation de l'action efficace, donc une boucle de régulation interne, seule en mesure de rendre l'individu autonome.

Il existe donc deux boucles de régulation dans la situation d'enseignement apprentissage :

– la boucle de rétroaction externe qui vient de l'enseignant et qui ne peut fonctionner que rétroactivement (lorsque l'apprenant a agi) ;

– la boucle de régulation interne, celle qui vient de l'apprenant, et qui régule l'action antérieurement ou au moment même où l'apprenant agit.

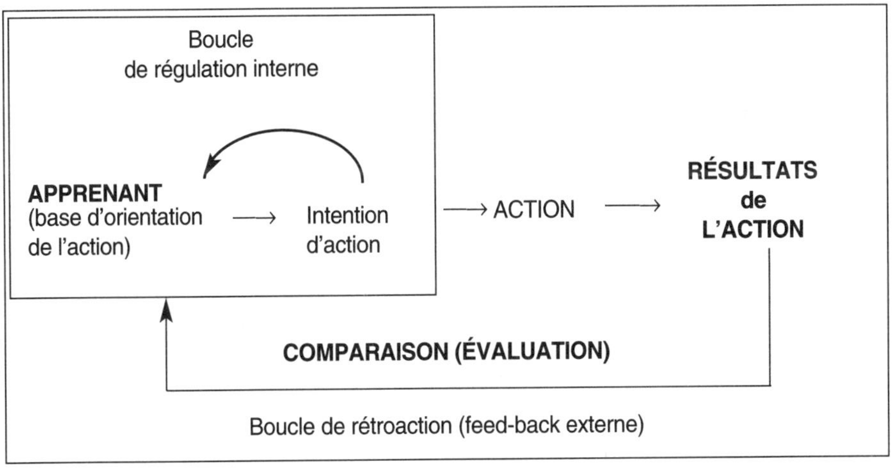

4. Talyzina N. F. (dir.), *De l'enseignement programmé à la programmation de la connaissance*, université de Lille, 1980.

5. Nunziatti G., « Formatrice ? Vous avez dit formatrice ? », *Cahiers pédagogiques*, n° 280, janvier 1990, p. 48.

Le travail de l'enseignant qui veut rendre l'apprenant autonome consiste à fournir à celui qui apprend les moyens de gérer lui-même ses boucles de régulation internes au moment où il agit. Cela passe par des évaluations précises et argumentées qui permettront à l'apprenant de savoir :
– ce qui était bon et qui doit être refait tel quel ;
– ce qui était mauvais et la manière de l'amender.

Remarque. Il n'est possible de faire construire la boucle de régulation interne que dans la mesure où les critères de performance du comportement attendu sont parfaitement clairs pour celui qui apprend, donc parfaitement clairs pour l'enseignant, ce qui n'est malheureusement pas toujours le cas.

4. La pédagogie de la maîtrise

L'évaluation idéale est sûrement l'évaluation formatrice, mais elle est assez difficile à mettre en œuvre. En conséquence, la pratique qui consiste à enseigner, puis à faire le point (évaluation formative non notée mais très argumentée), à effectuer un travail de remise au point (remédiation), et à terminer par une évaluation sommative (évaluation notée) est à privilégier si l'on veut faire réussir le maximum d'élèves, ce qui se traduit par le schéma :

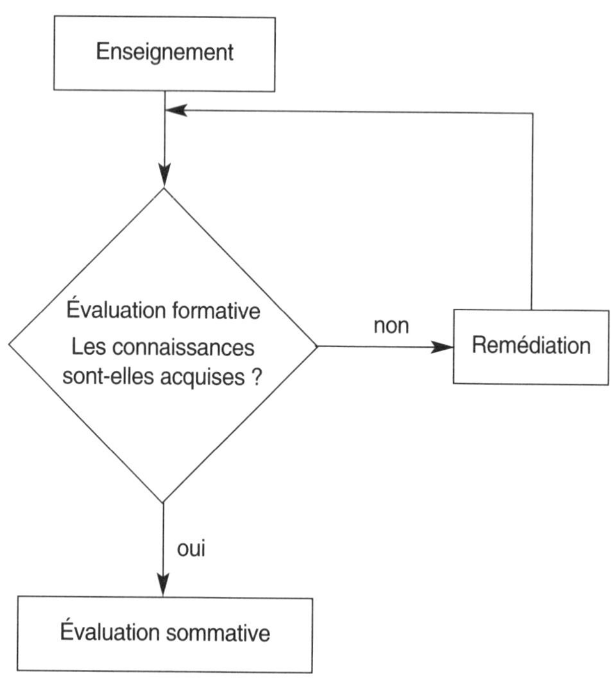

Cette manière de faire, qui porte le nom de **pédagogie de la maîtrise** *(mastery learning)* est, à l'heure actuelle, la manière d'enseigner qui donne globalement les meilleurs résultats [6].

La situation d'enseignement/apprentissage

Le schéma de l'action que je vous ai proposé au début de ce chapitre peut parfaitement nous servir de point de départ pour décrire la situation d'enseignement/apprentissage.

Transformons-le légèrement, il devient :

Celui-ci n'est guère différent, mais à partir de lui nous pouvons sans difficulté passer à un schéma un peu plus détaillé :

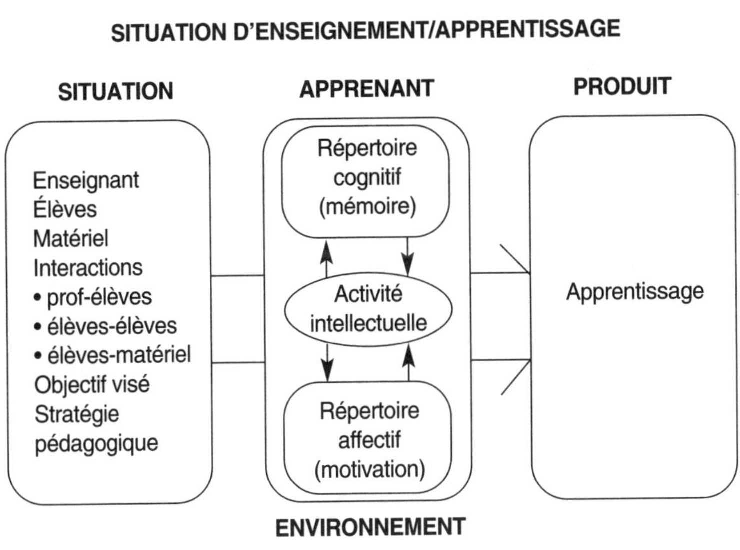

6. Huberman M. (dir.), *Assurer la réussite des apprentissages scolaires ? Les propositions de la pédagogie de la maîtrise*, Delachaux et Niestlé, 1988 ; Bloom B., « Le défi des deux sigmas », in Crahay M., Lafontaine D., *L'art et la science de l'enseignement*, Labor, 1986, p. 97-128.

La situation se caractérise par les éléments définis dans le cadre de gauche : enseignant, élèves, matériel, interactions diverses (élèves – enseignant, élèves – contenu, élèves – élèves, élèves – matériel), objectif visé, stratégie mise en œuvre.

L'apprenant est considéré comme un système naturel de traitement de l'information qui, par l'intermédiaire de sa mémoire et de ses activités intellectuelles transforme les données proposées par la situation en un certain produit (voir exemple concret chapitre 4), cela à condition qu'il le veuille (motivation, affectivité).

Le produit obtenu, si tout va bien, c'est l'objectif visé, donc l'apprentissage attendu.

L'ouvrage que vous tenez entre les mains vise à préciser le contenu et les caractéristiques de chacun des éléments de ce schéma, à caractériser les relations que chaque élément entretient avec les autres, donc à identifier les conditions optimales de fonctionnement de ce système.

CONSÉQUENCES PRATIQUES

Si la pédagogie est une action, alors elle relève de la rationalité de l'action, ce qui signifie que pour conduire une action pédagogique efficace, il faut impérativement :

1. Définir un objectif clair [7], donc répondre à la question :
« Que seront-ils capables de ***FAIRE*** *à la fin de la leçon qu'ils n'étaient pas capables de* ***FAIRE*** *au début de celle-ci ? »*

2. **Construire l'outil d'évaluation,** donc utiliser :
– l'**évaluation formatrice** : faire construire les critères de performance du comportement attendu, par les apprenants eux-mêmes, **en amont** de l'action ;
– l'**évaluation formative** : informer fréquemment l'apprenant du chemin parcouru et de son degré d'atteinte des objectifs pendant le déroulement de l'action et à l'issue de celle-ci par l'intermédiaire d'une évaluation très argumentée mais pas notée.

À l'issue de chacun des chapitres je tenterai d'identifier les quelques **éléments** permettant de préparer une leçon de manière efficace que l'on peut retenir à la lecture de ce chapitre.
Je les formulerai sous forme de questions.

QUESTIONS À SE POSER POUR PRÉPARER UNE LEÇON

1. Quel est l'objectif ?

↓

2. Comment vais-je l'évaluer ?

7. Sur la manière de définir les objectifs, lire : Raynal F., Rieunier A., *Définir des objectifs pédagogiques. Pourquoi ? Comment ?*, IPNETP, Abidjan, 1999, 3e éd., ou l'excellent ouvrage de Barlow M., *Formuler et évaluer ses objectifs en formation*, Lyon, Chronique sociale, 1990.

3

Enseigner quoi ?

Une typologie des apprentissages : Gagné
Une typologie des activités intellectuelles : Bloom

Après avoir répondu, de manière très succincte, à la question : « Enseigner, pourquoi ? » [1], essayons de répondre maintenant à la question : « Enseigner quoi ? »

Les types d'apprentissage selon Gagné [2]

Abandonnez momentanément la situation confortable de lecteur récepteur, lisez l'anecdote suivante et tentez de répondre à la question posée.

Alors que l'IPNETP [3] présentait des ouvrages pédagogiques au salon Éducatec à Paris en décembre 1987, un visiteur consultant l'ouvrage : *Définir des objectifs pédagogiques, pourquoi ? comment ?* [4] me dit : *« Cet ouvrage ne me concerne pas, il est impossible de définir des objectifs pédagogiques dans la matière que j'enseigne !... »*

Surpris, je hasarde alors la question : *« Quelle discipline enseignez-vous donc ? »*

Réponse : *« L'électricité !... »*

Que répondriez-vous à ce visiteur ?

Voici ma réponse à la question posée.

Cela ne s'applique pas à votre matière ? Voyons, qu'avez-vous à enseigner en définitive ?

1. Voir chapitre 1 : pour former un citoyen autonome, démocrate, tolérant, cherchant à faire progresser la connaissance pour améliorer le sort de chacun.
2. Gagné R., *The conditions of learning*, Holt, Rinehart, Winston, New York, 1984, 4e éd.
3. Institut pédagogique national de l'enseignement technique et de la formation professionnelle à Abidjan.
4. Raynal F., Rieunier A., *Définir des objectifs pédagogiques. Pourquoi ? Comment ?*, IPNETP, Abidjan, 1987.

1. Des faits

La résistance se mesure en ohms ; 1 calorie = 4,18 joules ; l'intensité se mesure en ampères.

2. Des concepts

Résistance ; différence de potentiel ; intensité ; capacité ; etc.

3. Des principes ou des lois

U = R.*I. Dans un circuit électrique la valeur de la tension (U) est égale à la valeur de la résistance (R) multipliée par l'intensité (I).

4. Des procédures ou des méthodes

Pour identifier l'élément qui est responsable de la panne d'un circuit électrique il faut :

1°

2°

etc.

5. Des gestes

Démonter et remonter l'élément x.

6. Des attitudes

Avant d'entreprendre une intervention sur un circuit électrique, il faut s'assurer que le circuit est débranché.

Si l'on intervient sur l'installation électrique d'un client, on doit laisser les lieux dans lesquels on a travaillé aussi propres qu'avant l'intervention.

7. Des stratégies cognitives

C'est-à-dire des méthodes efficaces de traitement de l'information pour résoudre les problèmes.

C'est à peu près tout et ce n'est guère différent de ce que doivent enseigner tous les autres enseignants quelle que soit leur discipline.

Cette approche du métier d'enseignant, due à l'Américain Robert Gagné [5], ébranla bien sûr les certitudes de mon interlocuteur car il n'avait jamais envisagé son métier à partir de ce point de vue. Cette taxonomie [6] est pourtant particulièrement intéressante car elle permet :
– de réduire à sept catégories : faits, concepts, principes, etc. (voir ci-dessus), les types d'apprentissage à traiter, quelle que soit la matière enseignée ;

5. Gagné R., *The conditions of learning*, Holt, Rinehart and Winston, 1984, 4e éd.
6. Classification hiérarchisée.

– de choisir aisément les stratégies pédagogiques, si l'on est capable d'identifier le type d'apprentissage que l'on se propose de provoquer et si l'on connaît les stratégies canoniques adaptées.

Autre manière de présenter la taxonomie de Gagné

« Qu'est ce que l'école se propose d'enseigner ? »

Si je résume ce que je viens de dire, des entités [7] (excusez momentanément le flou de ce terme) qui relèvent de trois domaines : le domaine cognitif (connaissances), le domaine affectif (valeurs), le domaine psychomoteur (gestuel).

1. Le domaine cognitif (le domaine des connaissances)

Quand dit-on que quelqu'un a des connaissances sur un sujet déterminé ?

Lorsqu'il est capable de citer des faits

Question. Qui a cassé le vase de Soissons ?
Réponse. Un guerrier de Clovis.

Q. Quelle est la formule mathématique célèbre découverte par Albert Einstein ?
R. $E = MC^2$.

Q. Quelle est la signification du mot anglais : *man.*

R. Homme.

Avoir des connaissances sur un sujet déterminé c'est donc **d'abord** connaître des **FAITS** relatifs à ce sujet.

Lorsqu'il est capable de nommer des objets ou des phénomènes, d'utiliser des concepts

Demandez à un enfant de 7 à 8 ans de placer un objet à sa droite, à sa gauche, à la gauche de la chaise qui se trouve devant lui. S'il exécute correctement ces actions, c'est qu'il maîtrise les concepts de droite et de gauche.

Demandez à un élève de 5e de souligner tous les adjectifs qualificatifs d'un texte, s'il exécute correctement cette consigne c'est qu'il a acquis le concept d'« adjectif qualificatif ».

7. Je préfère momentanément ne pas utiliser les termes « compétence » ou « capacité ».

Avoir des connaissances sur un sujet déterminé, c'est maîtriser les **CONCEPTS** qui permettent de décrire le sujet.

Lorsqu'il est capable d'expliquer un phénomène

Demandez à un professionnel de la mécanique automobile pourquoi la tension qui provoque l'étincelle à la bougie est de 20 000 volts alors que la batterie qui équipe une voiture a généralement une tension de 12 volts ; s'il vous répond de manière satisfaisante, c'est qu'il a compris le **principe** de transformation de la tension électrique.

Demandez à votre femme, à votre mari, à votre ami(e), si les produits importés par un pays qui vient de dévaluer sa monnaie augmentent ou baissent, et si les produits exportés par ce même pays sont plus ou moins chers pour les étrangers, s'il (ou elle) vous répond correctement, c'est qu'il (ou elle) a compris les **lois** de base de l'économie qui permettent d'expliquer une dévaluation.

Avoir des connaissances sur un sujet déterminé, c'est avoir compris les **PRINCIPES** et/ou les **LOIS** qui régissent le domaine auquel ces principes ou ces lois s'appliquent.

Lorsqu'il est capable d'utiliser ses connaissances pour effectuer un diagnostic, pour proposer des solutions

– Diagnostiquer une maladie et proposer les remèdes adéquats.

– Diagnostiquer une panne d'allumage et changer les vis platinées sur une voiture à essence.

Si la maladie est guérie, si l'allumage de la voiture fonctionne correctement, c'est que l'individu est capable de mettre en œuvre des procédures, d'appliquer des méthodes.

Avoir des connaissances sur un sujet déterminé, c'est donc aussi être capable d'utiliser des **PROCÉDURES**, d'appliquer des **MÉTHODES** pour s'adapter à l'environnement.

Ces quatre catégories n'épuisent pas, bien sûr, tout ce qui nous conduit à estimer que quelqu'un a acquis des connaissances, il reste une activité intellectuelle particulièrement importante que je n'ai pas citée : celle qui consiste à résoudre des problèmes.

Quand dit-on également que quelqu'un a des connaissances sur un sujet déterminé ?

Lorsqu'il peut aller au-delà de l'application pure et simple de ses connaissances aux cas classiques qu'il rencontre journellement, soit dans l'exercice de son métier, soit dans la vie de tous les jours, lorsqu'il peut **TRANSFÉRER** ses connaissances à des situations différentes de celles dans lesquelles il les a acquises. Le bon médecin est celui qui pose le bon diagnostic, même s'il s'agit d'identifier une maladie extrêmement rare dans son environnement habituel. En France, certaines personnes sont mortes d'une crise de paludisme car le médecin, sous nos latitudes, n'a pas songé à cette maladie.

L'expert est celui qui trouve la solution d'un problème alors que les autres professionnels ne sont pas capables de la trouver. Être un expert, c'est donc être capable d'inventer, de créer, de trouver des solutions nouvelles, de créer et d'utiliser des stratégies cognitives plus efficaces que celles généralement utilisées par l'ensemble des professionnels de la même discipline.

Avoir des connaissances sur un sujet déterminé c'est donc pouvoir :
- citer des FAITS, ou des ensembles de faits ;
- utiliser des CONCEPTS ;
- appliquer des PRINCIPES, et/ou des LOIS ;
- appliquer des PROCÉDURES ;
- inventer des STRATÉGIES COGNITIVES ;

pour être en mesure d'expliquer un phénomène ou pour **résoudre des problèmes**.

Pour simplifier, on pourrait dire que former un individu, c'est le rendre capable de s'adapter en permanence à un environnement essentiellement changeant.

2. Le domaine affectif

Il est évident que pour être en mesure de s'adapter en permanence à un environnement essentiellement changeant, les connaissances, aussi solides soient-elles, ne suffisent pas. Il faut également le vouloir (on peut parfaitement être capable de faire quelque chose, « arriver à l'heure à son travail » et ne pas vouloir faire l'effort nécessaire). Il faut donc également enseigner des attitudes, c'est-à-dire se préoccuper du domaine affectif, de tout ce qui concerne les valeurs.

Est-il possible d'enseigner : l'autonomie, le sens de la responsabilité, le goût du travail bien fait, la conscience professionnelle, le respect de la parole donnée ? toutes choses qui relèvent du domaine affectif et qui sont indispensables à la bonne marche d'une société policée ?

Je tenterai de répondre à cette question dans les chapitres 25 et 26, mais si l'individu n'est pas capable de canaliser sa volonté dans un sens déterminé après sa formation, donc si nous sommes incapables d'atteindre les objectifs du domaine affectif, être en mesure d'enseigner des techniques ne signifie pas grand-chose, pour ne pas dire rien ! Une fois encore, il faut éviter de perdre le nord, donc se référer en permanence à la boussole que constituent les finalités de l'éducation.

3. Le domaine psychomoteur

Mens sana in corpore sano [8]. La qualité de la vie passe aujourd'hui pour un nombre de plus en plus croissant de nos contemporains par la maîtrise du corps : basket, football, rugby, tennis, voile, ski, natation, etc., la maîtrise du corps, son harmonie, sa capacité à réagir correctement à toutes les sollicitations deviennent des impératifs de la vie moderne.

Une éducation bien conçue doit donc contribuer à développer toutes les compétences que l'individu est censé mettre en œuvre dans sa vie de tous les jours, et ces compétences, comme nous l'avons vu plus haut, dépendent d'apprentissages effectués dans les domaines cognitif, affectif et psychomoteur.

Grâce à Gagné (1965), et à sa taxonomie (classification hiérarchisée), nous avons maintenant une réponse à la question « qu'est-ce qui se cache sous l'appellation "produit" ou "apprentissages" de notre schéma du chapitre précédent ? »

SITUATION D'ENSEIGNEMENT/APPRENTISSAGE

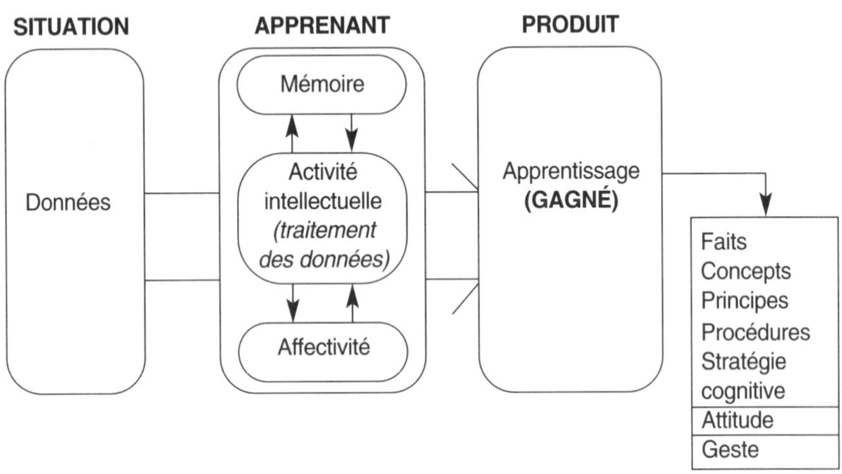

Vous constaterez ultérieurement que la réponse de Gagné est particulièrement intéressante pour le pédagogue qui souhaite concevoir des stratégies pédagogiques efficaces, car dès que l'on a défini l'objectif et l'outil d'évaluation d'une leçon (voir la conclusion du chapitre précédent), il faut se poser la question : « quel type d'apprentissage est-ce que je me propose de provoquer par l'intermédiaire de cette leçon ? » afin de déterminer les grandes lignes de la stratégie.

8. Une âme saine dans un corps sain.

Classification des activités intellectuelles selon Bloom [9]

Bloom (1956), un autre Américain, a créé quant à lui une taxonomie des activités intellectuelles très intéressante pour le pédagogue, car elle nous permet de décrire en partie le contenu de la bulle (activités intellectuelles) du schéma de la situation d'enseignement/apprentissage.

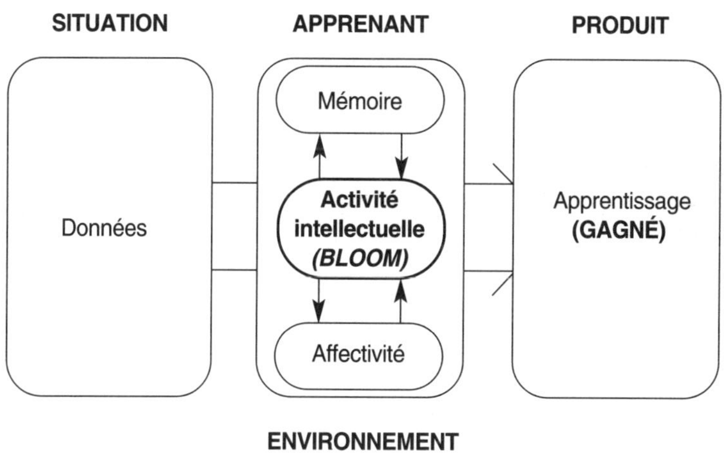

Quelles sont donc les activités intellectuelles que met en œuvre un apprenant pour traiter l'information ? ou encore : comment l'individu traite-t-il les informations s'il veut les faire siennes, s'il veut les apprendre ?

1. Il peut d'abord, tout simplement, mémoriser par cœur ces informations

Question. Qui a cassé le vase de Soissons ?
Réponse. Un guerrier de Clovis.

Question. Qui a découvert l'Amérique ?
Réponse. Christophe Colomb.

Acquérir des connaissances sur un sujet déterminé, c'est donc parfois tout simplement apprendre par cœur des informations relatives à ce sujet. Bloom dit que

---

9. Bloom B. (dir.), *La taxonomie des objectifs pédagogiques du domaine cognitif*, Presses de l'université du Québec, 1969.

l'individu qui récite par cœur une information quelconque manifeste une activité intellectuelle du niveau « **connaissance** ».

Cette activité intellectuelle de mémorisation est généralement considérée par les enseignants comme une activité intellectuelle de très bas niveau, mais je voudrais tout de même attirer votre attention sur le fait qu'elle est absolument indispensable.

Apprendre par cœur :

– les tables de multiplication : 7 fois 7 = 49 ;

– des règles de grammaire : les verbes en « eler » et « eter » prennent deux « l » ou deux « t » devant un « e » muet ;

– des théorèmes : dans un triangle rectangle le carré de l'hypoténuse est égal à la somme des carrés des deux autres côtés ;

est absolument indispensable si l'on souhaite que l'élève puisse correctement mettre en œuvre des activités intellectuelles plus élevées telles que l'analyse ou la synthèse. Nous avons écrit ailleurs [10] que si l'analyse et la synthèse constituent le moulin, celui-ci ne peut « fonctionner » que s'il a du grain à moudre, or le grain à moudre ce sont les connaissances et elles doivent d'abord être apprises, pas nécessairement par cœur, mais être apprises.

2. Revenons maintenant à notre question : comment l'individu traite-t-il les informations s'il veut les faire siennes, c'est-à-dire s'il veut les apprendre ?

En essayant de percevoir le sens, en traitant l'information en profondeur et en la reformulant dans ses propres termes. Si un individu est capable de **« redire dans ses propres termes »** ce qu'il vient de lire ou ce qu'il vient d'entendre, cela prouve qu'il a compris. L'activité intellectuelle de **compréhension** est, d'après Bloom, une activité intellectuelle de niveau 2, activité intellectuelle bien sûr plus élevée que l'activité de connaissance (mémorisation par cœur, niveau 1).

Expliquer de manière satisfaisante, après avoir lu un article économique sur le sujet, pourquoi le franc français a résisté à la tourmente monétaire qui a suivi la signature des accords de Maastricht prouve que l'on a compris le principe des changes et la relation existant entre monnaie, santé économique, spéculation, et soutien de la monnaie par les banques centrales.

Expliquer pourquoi le disjoncteur de votre appartement saute lorsque vous branchez le fer à repasser le soir, en hiver, alors que le téléviseur, le chauffe-eau, et tous les radiateurs électriques de la maison sont sous tension, prouve que vous avez compris les lois de base de l'électricité qui permettent d'expliquer le phénomène.

Acquérir des connaissances sur un sujet déterminé, c'est prouver que l'on a compris en redisant les choses dans ses propres termes (expliquer).

10. Raynal F., Rieunier A., *Définir des objectifs pédagogiques. Pourquoi ? Comment ?*, IPNETP, 1999.

3. Comment l'individu traite-t-il les informations s'il veut les apprendre, les intégrer à sa structure cognitive de telle sorte qu'il puisse ultérieurement les réutiliser facilement ?

En essayant **d'appliquer** ses connaissances pour résoudre des problèmes, en s'entraînant tout simplement, comme un sportif :

– résoudre cinq problèmes d'équation du second degré alors qu'on vient de terminer la leçon sur le sujet ;

– diagnostiquer une panne d'allumage et changer les vis platinées sur une voiture à essence, à la suite de la leçon correspondante.

Si les problèmes d'équation sont correctement résolus, si l'allumage de la voiture fonctionne correctement, c'est que l'individu est capable **d'appliquer** ses connaissances.

Acquérir des connaissances sur un sujet déterminé, c'est donc aussi appliquer ces connaissances, s'entraîner pour devenir plus performant, vérifier que l'on a compris en faisant.

Ces trois catégories (connaissance, compréhension, application) n'épuisent pas, bien sûr, l'ensemble des activités intellectuelles qu'un individu est susceptible de mettre en œuvre pour traiter l'information. L'individu utilise régulièrement d'autres activités intellectuelles particulièrement importantes, celles qui consistent à :

– analyser ;

– effectuer des synthèses ;

– évaluer ;

afin de résoudre des problèmes inattendus que lui propose la vie quotidienne, et nous retrouvons ici les stratégies cognitives de Gagné.

4. Résolution de problèmes

Quand dit-on qu'un individu est particulièrement intelligent ? Lorsqu'il peut aller au-delà de l'application pure et simple de ses connaissances aux cas classiques qu'il rencontre journellement dans l'exercice de son métier ou dans la vie de tous les jours, lorsqu'il a intégré ses connaissances et qu'il peut les mobiliser pour résoudre des problèmes jamais rencontrés auparavant.

Les pompiers de Red Adair se sont trouvés confrontés au Koweït à des feux d'une ampleur jamais rencontrée, ils ont donc inventé des solutions originales pour circonscrire certains sinistres. L'expert, comme je l'ai souligné plus haut, est celui qui trouve la solution d'un problème alors que les autres professionnels sont incapables de la trouver.

Être un expert, c'est donc être capable d'inventer, de créer, de trouver des solutions nouvelles, en effectuant des **analyses**, des **évaluations**, des **synthèses**, de façon à créer, inventer, des **stratégies cognitives** (stratégies personnelles de traitement de l'information) plus efficaces que celles généralement utilisées par l'ensemble des professionnels de la même discipline.

Pour traiter les informations, on peut donc utiliser les activités intellectuelles définies par Bloom :

1. Connaissance
2. Compréhension
3. Application
4. Analyse
5. Synthèse
6. Évaluation

dans le but d'inventer des **stratégies cognitives** afin de résoudre de nouveaux problèmes.

Les niveaux supérieurs (4, 5 et 6) ne peuvent être mis en œuvre que si l'on a acquis des connaissances extrêmement solides qui relèvent des premiers niveaux.

L'une des questions à se poser pour préparer une leçon sera donc : comment vérifierai-je que l'activité intellectuelle principalement visée dans cette leçon a bien été développée ?

La réponse à cette question implique de construire un outil d'évaluation qui demande à l'apprenant de mettre en œuvre le niveau d'activité intellectuelle visé par la leçon.

Les niveaux d'activité intellectuelle définis par Bloom [11] ne sont pas suffisants pour décrire toutes les démarches intellectuelles que l'enseignant peut désirer développer chez l'élève, c'est la raison pour laquelle Meirieu, reprenant les idées des philosophes, et des psychologues propose quatre opérations mentales fondamentales à faire acquérir pour développer une pensée rigoureuse et efficace : la déduction, l'induction, la pensée dialectique, la pensée divergente (créativité).

Classification des opérations mentales selon Meirieu [12]

1. La déduction

L'activité déductive, c'est par excellence l'utilisation de la structure « si… alors ». Chercher à développer cette activité mentale revient à tenter de développer la pensée hypothético-déductive chère à Piaget. L'exemple type de l'utilisation du raisonnement hypothético-déductif est donné par le raisonnement syllogistique. Voir cet ouvrage chapitre 6.

11. Sur les niveaux supérieurs de Bloom : analyse, synthèse, évaluation, et sur leur mise en œuvre pour résoudre des problèmes, il faut lire l'excellent ouvrage de Fournier J.-Y., *À l'école de l'intelligence*, ESF éditeur, 1999.
12. Meirieu P., *Outils pour apprendre en groupe*, t. 2, Chronique sociale, 1991, p. 36 à 72.

2. L'induction

L'induction, activité mentale essentielle pour l'individu, correspond à l'activité qui nous permet de généraliser à partir de différents cas particuliers. Le lecteur trouvera un exemple concret de formation de concept à partir d'un raisonnement inductif chapitre 16 de cet ouvrage.

3. La pensée dialectique

Démarche intellectuelle délicate qui consiste à envisager un point de vue A et un point de vue B qui paraissent contradictoires et à les intégrer dans un système qui les dépasse et les réconcilie à un niveau plus élevé, voir l'exemple de la leçon sur la dévaluation dans *Préparer un cours – 1. Applications pratiques*, chapitres 16 et 17.

4. La pensée divergente

C'est la pensée créative, celle qui à l'inverse des trois autres ne s'appuie pas sur la logique mais sur la fantaisie, sur l'inattendu, la pensée poétique relève par excellence de la pensée divergente, voir la synectique et l'exemple proposé chapitre 23.

5. La pensée analogique

J'ajouterai à cette liste, quoique Philippe Meirieu ne la cite pas, la pensée analogique, qui constitue un mode de traitement de l'information fréquemment utilisé par l'individu dans la vie courante, et de mon point de vue essentiel [13].

Comme ce chapitre est relativement complexe, j'ai rédigé, ci-dessous, un résumé pour le lecteur qui souhaiterait le lire, celui qui juge cette lecture inutile passera directement au schéma récapitulatif (p. 41) et aux conseils pratiques.

RÉSUMÉ

L'école doit préparer à la vie et enseigner tout ce dont le citoyen aura besoin pour :
– s'adapter à un environnement essentiellement changeant ;
– faire progresser la connaissance et participer au progrès de l'humanité s'il en a les moyens.

1. LES TYPES D'APPRENTISSAGE (GAGNÉ)

Pour cela, il faudra l'aider à développer ses connaissances ainsi que ses capacités motrices et affectives, c'est-à-dire lui enseigner :
– des faits ;
– des concepts ;

13. Sur le sujet, lire le superbe ouvrage de Gineste M.-D., *Analogie et cognition*, PUF, 1997.

– des principes, des lois, des règles ;
– des méthodes, des procédures ;

et surtout,

– des stratégies cognitives, de façon que l'individu puisse :
  – mobiliser les connaissances adéquates chaque fois qu'il en a besoin,
  – les transférer à tous les cas possibles, c'est-à-dire à un environnement différent de celui dans lequel elles ont été apprises.

Il faudra bien sûr lui enseigner également :

– des attitudes, (ne pas oublier la boussole) ;
– des habiletés motrices.

Cette typologie des apprentissages, due à l'Américain Robert Gagné, transcende les disciplines car tous les apprentissages du même type peuvent s'enseigner en utilisant la ou les mêmes stratégies, quelle que soit la matière enseignée.

2. LES ACTIVITÉS INTELLECTUELLES

Bloom

Bien sûr, l'élève ne pourra apprendre tout cela que s'il est capable de mettre en œuvre diverses activités intellectuelles :
– connaître (apprendre par cœur) ;
– comprendre ;
– appliquer ;
et surtout, et à ce niveau les deux taxonomies de Bloom et de Gagné ne se rejoignent, que s'il est capable :
– d'analyser ;
– de faire des synthèses ;
– d'évaluer ;

afin de résoudre des problèmes [14], donc de développer des stratégies cognitives, **objectif ultime de toute activité d'enseignement**.

Meirieu

Si l'individu doit apprendre à résoudre des problèmes, donc développer ses stratégies cognitives, il ne pourra le faire qu'en développant la pensée déductive, la pensée inductive, la pensée dialectique et la pensée divergente, démarches intellectuelles auxquelles j'ajouterai la pensée analogique.

Grâce aux taxonomies de Bloom et à la proposition de Meirieu, nous pouvons décrire le contenu de la bulle « activité intellectuelle » et grâce à la taxonomie de Gagné, nous pouvons décrire le contenu de la bulle « apprentissage » de notre schéma de base (voir page suivante).

14. Je réitère mon conseil : sur le sujet, lire l'excellent ouvrage de Fournier J.-Y., *À l'école de l'intelligence*, ESF éditeur, 1999.

SITUATION D'ENSEIGNEMENT/APPRENTISSAGE

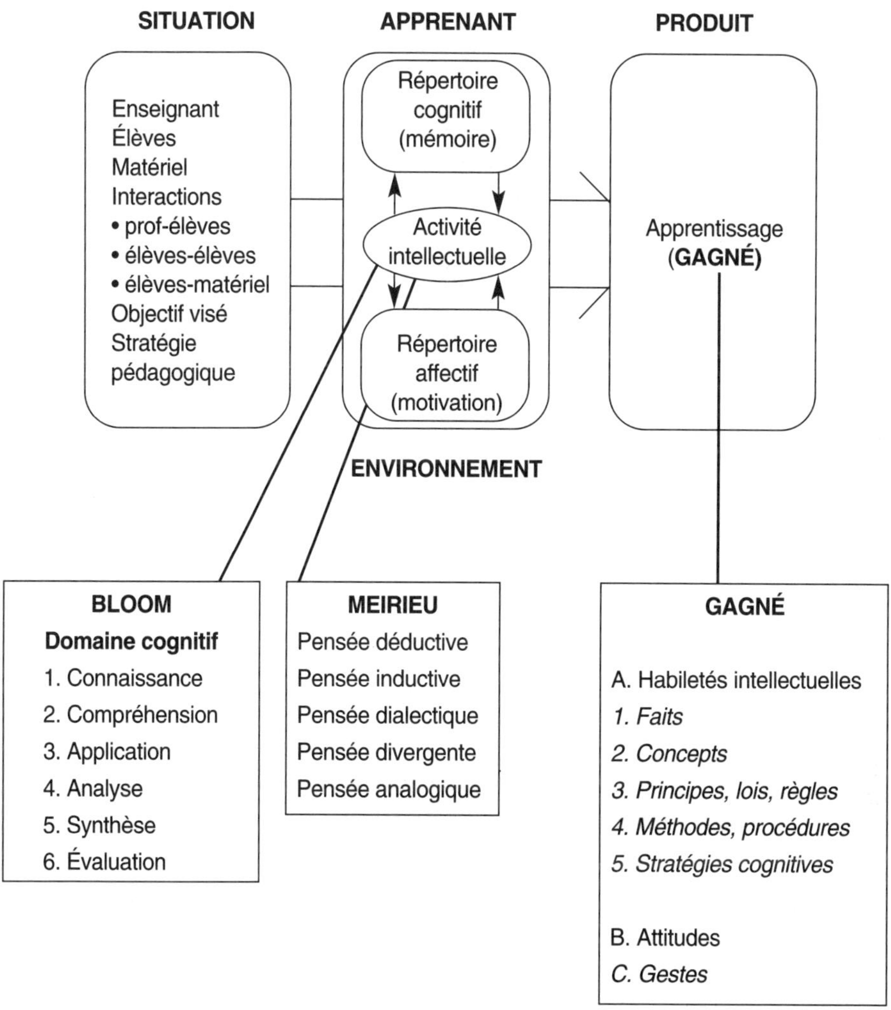

QUESTIONS À SE POSER POUR PRÉPARER UNE LEÇON

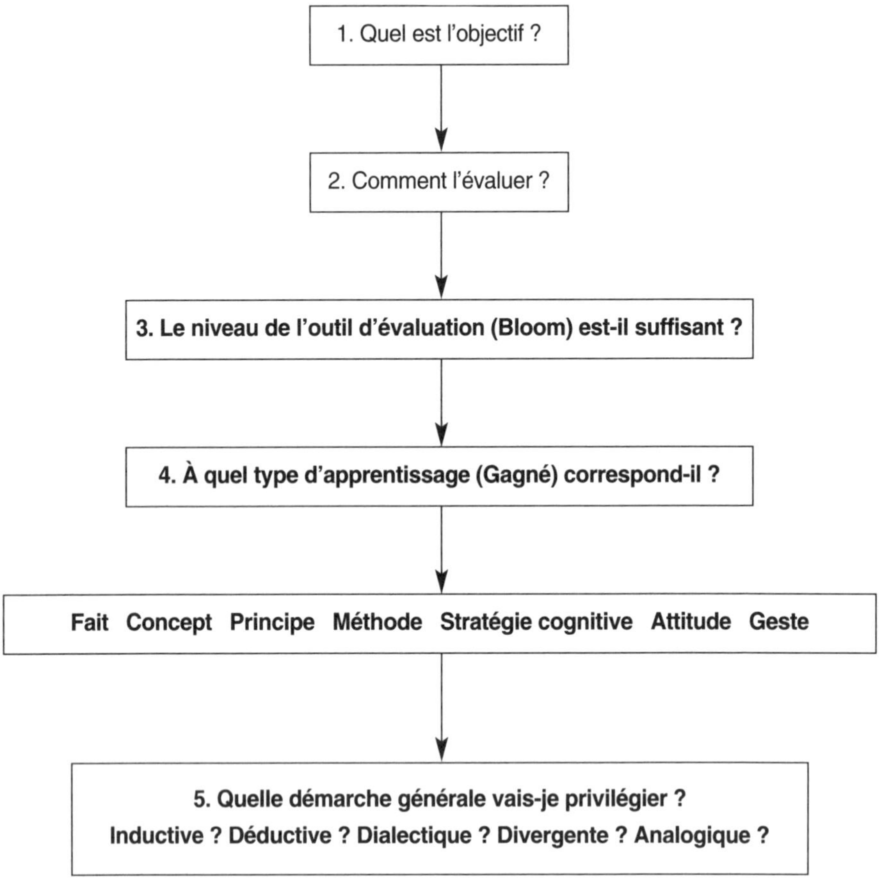

4

Enseigner comment ?

Si la pédagogie est une action et si pour conduire une action efficace il faut :

1. Définir des objectifs clairs ;
2. Mettre en place des boucles de rétroaction donc évaluer ;
3. Corriger les dérives inéluctables de l'action (voir chapitre 2) ;

alors, il faut impérativement inclure ces trois éléments dans toute préparation de leçon. En conséquence, seules les pratiques pédagogiques qui intègrent effectivement ces trois éléments sont compatibles avec la définition du concept de pédagogie énoncée au début de cet ouvrage.

Donc « enseigner comment ? » D'abord en **définissant les objectifs, en les évaluant, et en proposant des moments de remédiation**, ce qui signifie que je me place délibérément dans le cadre des pédagogies dites « par objectifs », cadre dans lequel je range bien sûr la « pédagogie de la maîtrise », la « pédagogie différenciée », et la formation individualisée [1]. Comme je connais les préventions que nombre d'enseignants nourrissent vis-à-vis du concept de « pédagogie par objectifs », il me paraît nécessaire de préciser le sens que j'attribue à ce terme aujourd'hui.

Pour ce faire, laissez-moi vous conter une anecdote révélatrice de l'un des problèmes qu'ont rencontré les premiers zélateurs [2] de la pédagogie par objectifs.

---

1. Pour une information rapide :

Raynal F., Rieunier A., *Pédagogie, dictionnaire des concepts clefs*, ESF éditeur, 1998.

Pour une information plus détaillée :

Bloom B., *Caractéristiques individuelles et apprentissages scolaires*, Nathan, 1979 ;

Huberman L., *Assurer la réussite des apprentissages scolaires ?*, Delachaux et Niestlé, 1988 ;

Legrand L., *La différenciation pédagogique*, Scarabée, Cemea, 1975 ;

Meirieu P., *L'école mode d'emploi, des méthodes actives à la pédagogie différenciée*, ESF éditeur, 1985 ;

Przesmycki H., *Pédagogie différenciée*, Hachette, 1991 ;

Perrenoud P., *Pédagogie différenciée : des intentions à l'action*, ESF éditeur, 1997.

Voir également : Rieunier, A., *Préparer un cours. Applications pratiques*, ouvrage dans lequel vous trouverez divers exemples de dossiers de formation individualisée.

2. Je fus de ceux-là.

La pédagogie par objectifs première manière

Un jour, ma fille rentre de l'école à midi (elle était alors en 5e) et comme toujours dans les familles d'enseignants, fuse la question traditionnelle :

Le père. *Comment ça c'est passé ce matin ?*

La fille. *Mal !...*

Le père. *Mal ?... en quelle matière ?...*

La fille. *En maths !*

Le père (horrifié). *En maths ?... ça va bien pourtant en maths, d'habitude !...*

La fille. *Oui mais aujourd'hui pour résoudre le problème il fallait connaître la formule de calcul de l'aire du losange.*

Le père. *Et alors ?...*

La fille. *Alors, on n'a pas revu cette formule depuis le CM2, et je ne me la suis pas rappelée !...*

(Le père indigné). *Et tu ne pouvais pas la retrouver ?...*

Regard inquiet et interrogateur de la fille. *La retrouver ?...*

Puis certitude et affirmation indiscutable :

Mais, une formule..., ***ça se sait..., ou ça ne se sait pas..., ça ne se retrouve pas !...***

J'ai donc entrepris de montrer à ma fille comment on peut retrouver ce type de formule.

Ami lecteur, si d'aventure vous avez oublié cette formule, essayez donc de la retrouver avant de poursuivre, ceci vous permettra de vérifier l'efficacité de vos **stratégies cognitives** [3].

L'instituteur de ma fille, un adepte de la première heure de la « pédagogie par objectifs » avait défini des objectifs comportementaux à partir d'une analyse descendante classique :

3. Stratégies personnelles de traitement de l'information.

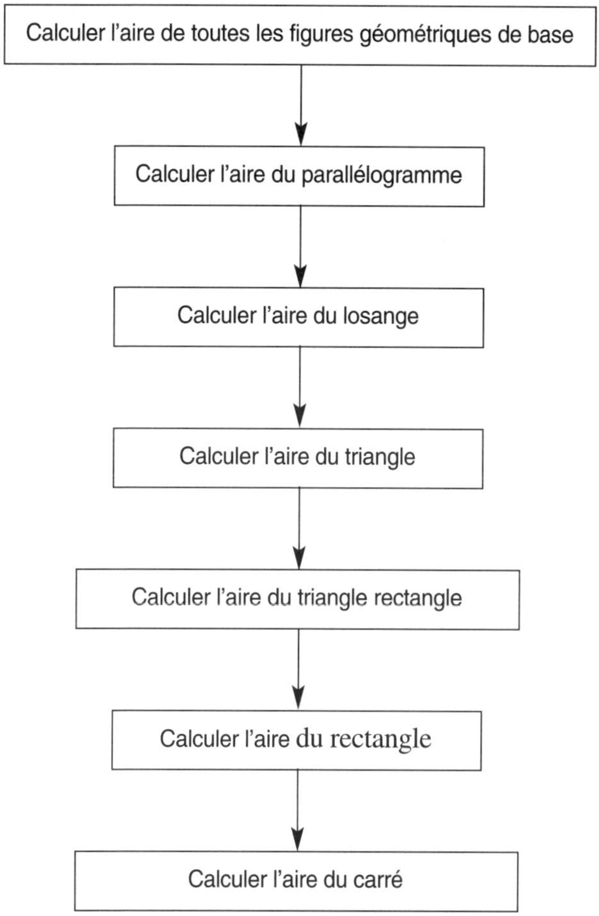

puis il avait enseigné en suivant une **démarche déductive** (du général au particulier).

Il avait d'abord énoncé la première règle : « Pour calculer l'aire du carré, il faut multiplier le côté par le côté (S = c * c) », fait appliquer la formule sur de nombreux cas particuliers, vérifié plusieurs fois l'acquisition, donc évalué que les enfants étaient effectivement capables de calculer l'aire du carré à la fin de la leçon et vérifié cette acquisition. Puis il avait repris une stratégie identique pour chacune des leçons, réactivé régulièrement les connaissances, et à la fin du trimestre, tous les élèves connaissaient les formules et savaient les appliquer.

Deux ans plus tard, ils avaient tous oublié les formules qu'ils n'utilisaient qu'épisodiquement.

Que peut-on reprocher à cet instituteur alors que d'aucuns ont affirmé à une époque : *« Si vous énoncez correctement vos objectifs* [4] *et si l'évaluation prouve que vous les avez atteints, alors c'est que la stratégie que vous avez utilisée est bonne !...»* ? Ce qu'on peut lui reprocher, c'est d'avoir utilisé une mauvaise stratégie. Il est impossible « d'ignorer » la stratégie mise en œuvre. La stratégie utilisée est extrêmement importante, la manière n'est pas neutre, la mise en forme informe. Les stratégies générales de formation ont des incidences très importantes sur les apprentissages d'attitudes et sur les apprentissages de stratégies cognitives [5].

Si la stratégie était inadéquate, c'est parce que l'enseignant ne s'occupait que des objectifs spécifiques, donc des objectifs de contenu, sans tenir compte des objectifs essentiels : les objectifs à long terme, les objectifs méthodologiques et les objectifs du domaine affectif. La plus grave erreur de la pédagogie par objectifs première manière a consisté à se focaliser sur les objectifs de l'heure de cours (les objectifs spécifiques) en oubliant les objectifs à long terme (la boussole), objectifs auxquels doivent impérativement être subordonnés les objectifs spécifiques.

La pédagogie par objectifs seconde manière

1. Définir les objectifs méthodologiques

Comment cet instituteur aurait-il pu s'y prendre pour que les formules une fois apprises ne soient pas oubliées ?... Il aurait dû se référer à la boussole, et viser non seulement l'apprentissage des formules de calcul des figures de géométrie plane, mais également et surtout viser l'apprentissage d'une stratégie cognitive susceptible de permettre à l'élève de retrouver les formules s'il les avait éventuellement oubliées. Dans cette perspective, il faut définir non seulement les objectifs de contenu mais aussi les objectifs visant le développement des stratégies cognitives (objectifs méthodologiques), ainsi que les objectifs du domaine affectif, et concevoir une stratégie cohérente pour atteindre l'ensemble de ces objectifs.

---

4. Sous-entendu, si vous respectez les critères énoncés par Tyler ou Mager : décrire le comportement observable de l'élève prouvant l'apprentissage ; préciser les conditions de réalisation ; fournir un ou des critères de performance.
5. Voir *Préparer un cours. Applications pratiques*, et cet ouvrage chapitres 18 à 21.

Former un individu autonome et responsable

↓

Développer les stratégies cognitives

↓

Calculer l'aire de toutes les figures géométriques de base en retrouvant les formules si d'aventure on les a oubliées

↓

Découvrir [6] la formule permettant de calculer l'aire du parallélogramme

↓

Calculer l'aire du losange

↓

Calculer l'aire du triangle

↓

Calculer l'aire du triangle rectangle

↓

Calculer l'aire du rectangle

↓

Calculer l'aire du carré

2. Concevoir la stratégie

Imaginons la stratégie que notre instituteur pourrait développer pour atteindre l'objectif : « *calculer l'aire de toutes les figures géométriques de bases* » et « *retrouver les formules si on les a oubliées* ». Les élèves ont appris à calculer l'aire du carré, ils connaissent donc le concept d'aire, et ils savent calculer l'aire du carré si on leur donne la mesure du côté.

L'enseignant cherche ensuite à obtenir que les élèves soient capables, à l'issue de la leçon suivante, de « calculer l'aire du rectangle », sans oublier la boussole *(développer l'autonomie par l'intermédiaire du développement d'une stratégie cognitive qui permettra de « retrouver l'aire des figures géométriques de base si on les a éventuellement oubliées »).*

Comment peut s'y prendre notre instituteur pour concilier ces différentes contraintes ?

6. « Découvrir » décrit généralement un processus et non un produit, pourtant ici il s'agit bien d'un produit. L'instituteur vérifiera que les élèves sont effectivement capables d'utiliser la stratégie cognitive qui a été enseignée pour découvrir la formule de calcul de l'aire du parallélogramme (voir pages suivantes).

Pour atteindre l'objectif : *« calculer l'aire d'un rectangle en retrouvant les formules si on les a oubliées »,* le maître crée d'abord une situation d'apprentissage qui servira ultérieurement de modèle [7] pour calculer les aires des autres figures géométriques. Il choisit une démarche inductive (du concret à l'abstrait), constitue des petits groupes d'élèves, distribue des ciseaux, des rectangles en carton quadrillés pour la circonstance, et donne des consignes du type : *« Compter le nombre de carrés se trouvant sur la longueur, compter le nombre de carrés se trouvant sur la largeur, compter le nombre de carrés en tout, découper. Reconstituer un autre rectangle en modifiant longueur et largeur, compter le nombre de carrés utilisés. »* Progressivement, après constitution d'un tableau et analyse des résultats, il deviendra évident que S = L × l.

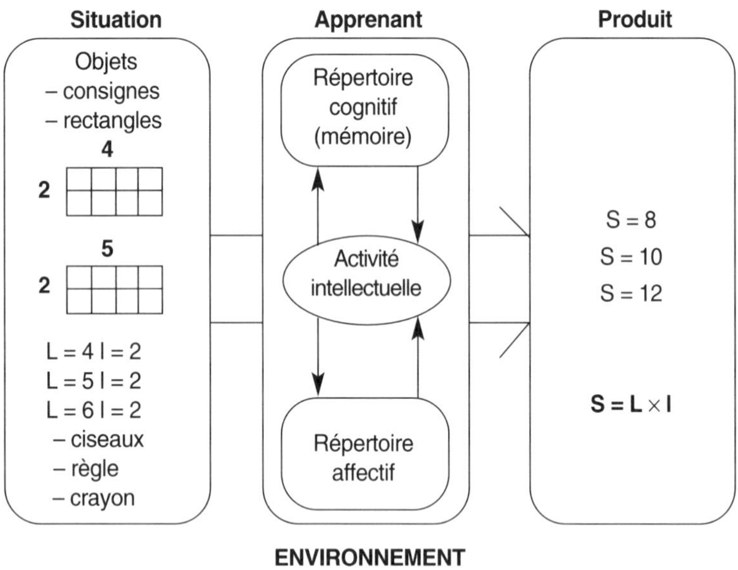

Une fois acquise, cette règle s'inscrit dans le répertoire cognitif (mémoire) de l'apprenant et devient un opérateur cognitif disponible pour construire ultérieurement d'autres opérateurs.

Décrivons maintenant chacun des éléments du schéma ci-dessus.

La situation d'apprentissage se caractérise par les objets qui la constituent :
– le maître, ce qu'il dit : objectif, consignes, questions, encouragements, etc. ;
– les élèves, ce qu'ils font : découpage, calcul ;
– le matériel utilisé par l'élève : rectangles de carton, ciseaux ;
– les interactions diverses (élève-enseignant, élève-élève, élève-contenu, élève-matériel).

7. Dans le sens du terme américain : *pattern.*

L'apprenant est doté d'un répertoire cognitif (mémoire), dans lequel il peut aller puiser les éléments dont il a besoin pour traiter les informations venant de l'extérieur.

Doivent se trouver déjà dans ce répertoire cognitif si l'on aborde le calcul de l'aire du rectangle : la faculté de parler et de comprendre le langage, le concept d'aire, l'aptitude à multiplier et à diviser (tout ce que l'on appelle les prérequis…).

Cet apprenant est également doté d'un répertoire affectif, c'est-à-dire que les choses peuvent lui plaire ou non, l'intéresser ou pas, c'est le côté « motivation » opposé au côté « connaissances », et l'on sait parfaitement que sans motivation, il n'y aura pas apprentissage [8].

Le produit (sortie du système) est défini par l'objectif : faire produire l'opérateur qui permet de calculer l'aire du rectangle : $S = L \times l$.

3. Enseigner une stratégie cognitive [9]

Peu de temps après, l'instituteur doit faire la leçon relative à l'aire du triangle rectangle ; il commence par un rappel de l'aire du rectangle, puis met en place une situation qui lui permet de faire produire l'opérateur de calcul de l'aire du triangle rectangle.

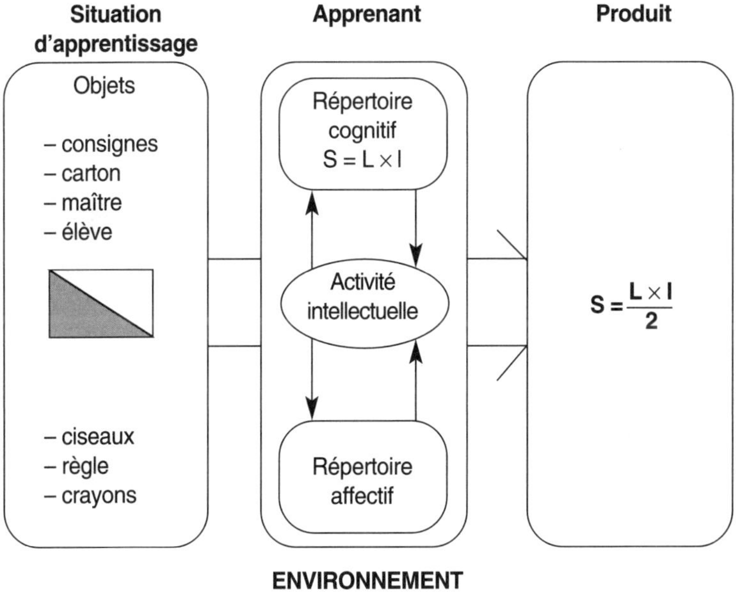

8. Sauf cas particulier.

9. Stratégie personnelle de traitement de l'information.

Il utilise pour ce faire une stratégie cognitive **(compléter le rectangle)**, dont il fait prendre conscience aux élèves en consacrant un temps à cela, à la fin de la leçon (phase métacognitive).

Il fait ensuite construire l'opérateur qui permet de calculer l'aire du triangle quelconque en utilisant la même stratégie cognitive : faire compléter le rectangle.

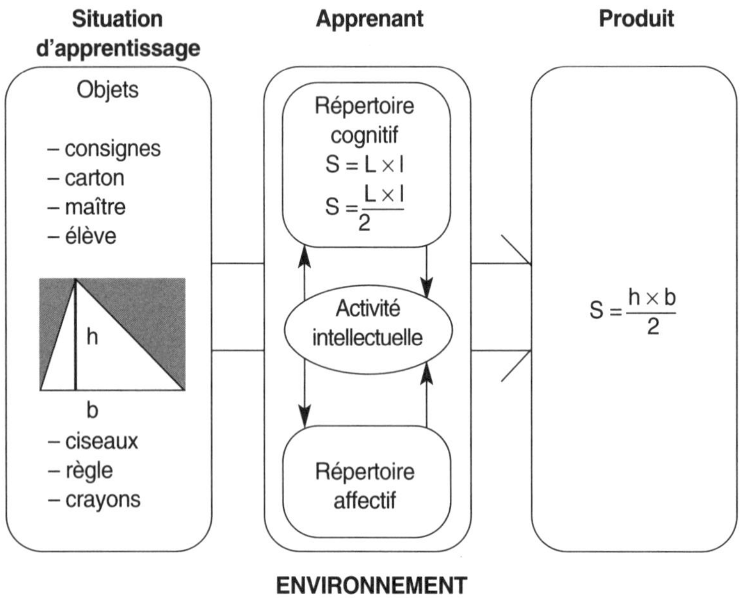

il passe ensuite à l'opérateur qui permet de calculer l'aire du losange :

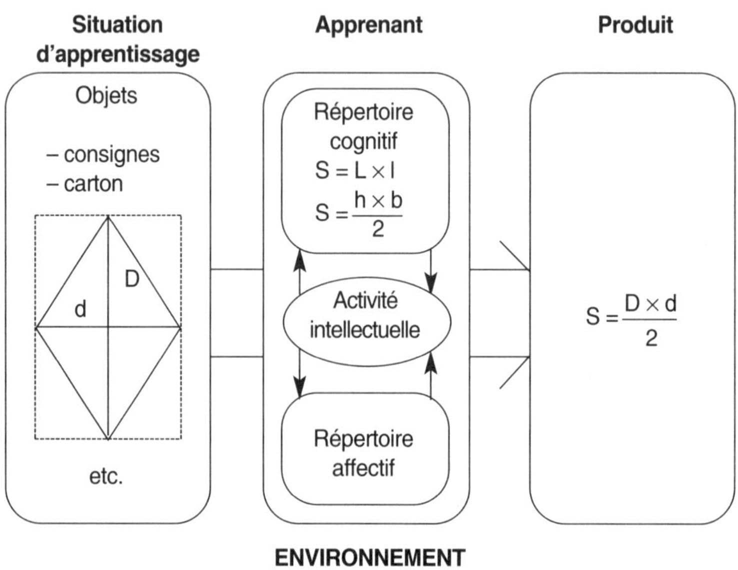

et reprend à cette occasion, une fois encore, la réflexion sur la manière dont on peut retrouver la formule si on l'a oubliée (stratégie cognitive qui consiste à inscrire la figure dans un rectangle, et à montrer que (D) est égal à la longueur du rectangle et (d) à sa largeur).

Il termine enfin par l'opérateur qui permet de calculer l'aire du parallélogramme situation pour laquelle je vous demande de bien vouloir tenter de résoudre le problème.

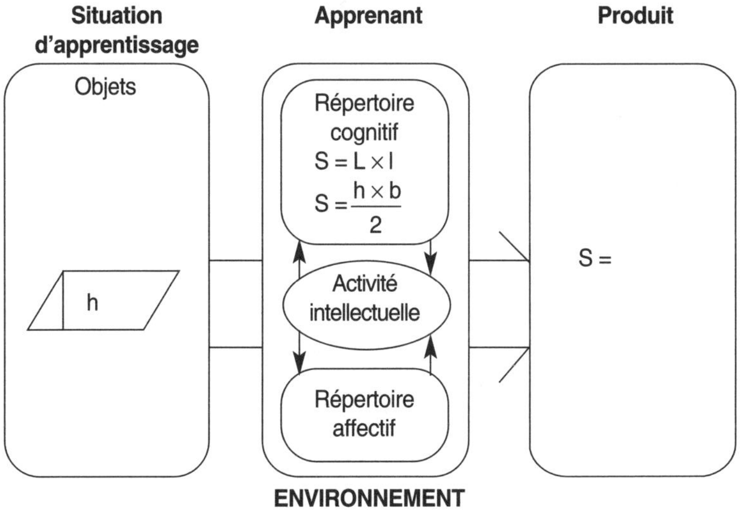

Pour résoudre le problème il suffit d'utiliser une stratégie cognitive sinon identique du moins très proche, (compléter le rectangle), et de se rendre compte que le triangle ombré de droite (voir schéma page suivante) peut remplacer celui de gauche, ce qui permet de trouver la solution.

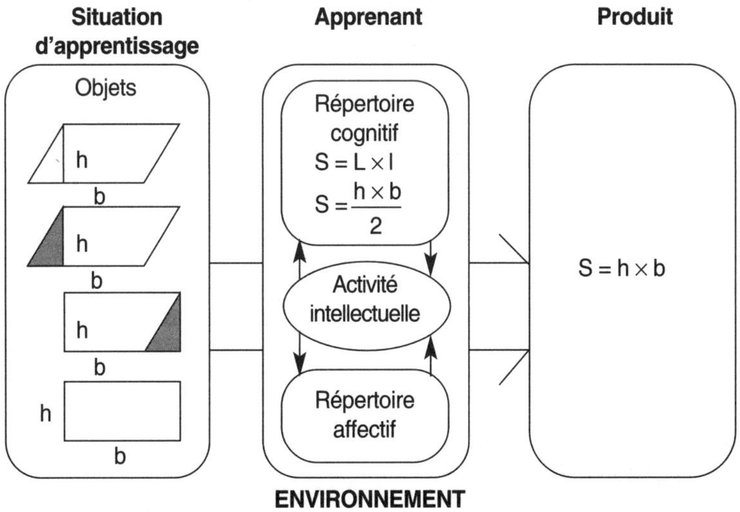

Les élèves ne peuvent trouver la solution du problème posé que si, pour chacune des leçons, l'instituteur a prévu une « **phase métacognitive** » pendant laquelle les élèves, aidés par le professeur, réfléchissent à la manière dont ils s'y sont pris pour résoudre le problème posé.

Cela signifie que chaque leçon doit être conduite :

– en posant le problème du jour (comment calculer l'aire de telle figure géométrique ?) ;
– en demandant aux élèves de tenter de le résoudre d'abord à titre individuel, puis par équipes ;
– pour terminer en identifiant et en formalisant la solution qui paraît la meilleure. Il faut donc entraîner progressivement les enfants à trouver eux-mêmes la stratégie qui permet de résoudre ce type de problème, ce qui signifie que l'on poursuit en même temps :

  – un objectif à court terme, l'objectif spécifique de contenu : *« calculer l'aire du triangle quelconque »*,
  – un objectif à long terme de développement de stratégie cognitive : *« retrouver les formules si on les a oubliées »*,
  – un objectif métacognitif : *« formaliser la procédure intellectuelle en répondant à la question : "comment nous y sommes-nous pris pour résoudre ce problème ? Qu'est-ce qui est généralisable dans cette démarche ?" »*

On leur apprend ainsi à réfléchir sur leurs actions, et à formaliser les actions qui ont réussi, donc à se construire des stratégies cognitives efficaces.

Remarque importante. Je tiens à faire remarquer au lecteur que si l'on souhaite provoquer l'apprentissage de stratégies cognitives, une leçon isolée n'a aucun sens, une leçon est toujours l'élément d'une séquence de leçons qui vise un objectif intermédiaire (moyen terme) et un objectif général (long terme), et qui concourt à l'apprentissage d'une stratégie cognitive.

CONSÉQUENCES PRATIQUES

Le pédagogue cherche à provoquer des apprentissages qui permettront à l'apprenant de s'adapter à un environnement changeant.

Pour ce faire il doit :

1. Définir des objectifs de contenu (objectifs à court terme, objectifs spécifiques) ;
2. **Chercher à développer des stratégies cognitives** (objectifs méthodologiques de moyen ou long terme), sinon il passe à côté de l'essentiel.

L'enseignement des stratégies cognitives passe par la mise en œuvre de stratégies pédagogiques particulières utilisées explicitement pour cela. Dans cette perspective, **la manière d'enseigner est au moins aussi importante que ce que l'on enseigne**.

Pour enseigner des stratégies cognitives efficaces, il faut identifier ces stratégies, s'employer à les faire apprendre, donc réserver, dans chaque leçon qui s'y prête, un temps consacré à l'activité de métacognition.

Le schéma de l'enseignement/apprentissage décrit dans ce chapitre est inspiré du schéma des actes intellectuels élémentaires de Louis D'Hainaut. Le lecteur retrouvera le schéma original dans D'Hainaut, *Des fins aux objectifs de l'éducation,* Nathan, 1977, p. 158-163, et dans D'Hainaut, *Programme d'études et d'éducation permanente,* Unesco, 1979, p. 144 à 178.

QUESTIONS À SE POSER POUR PRÉPARER UNE LEÇON

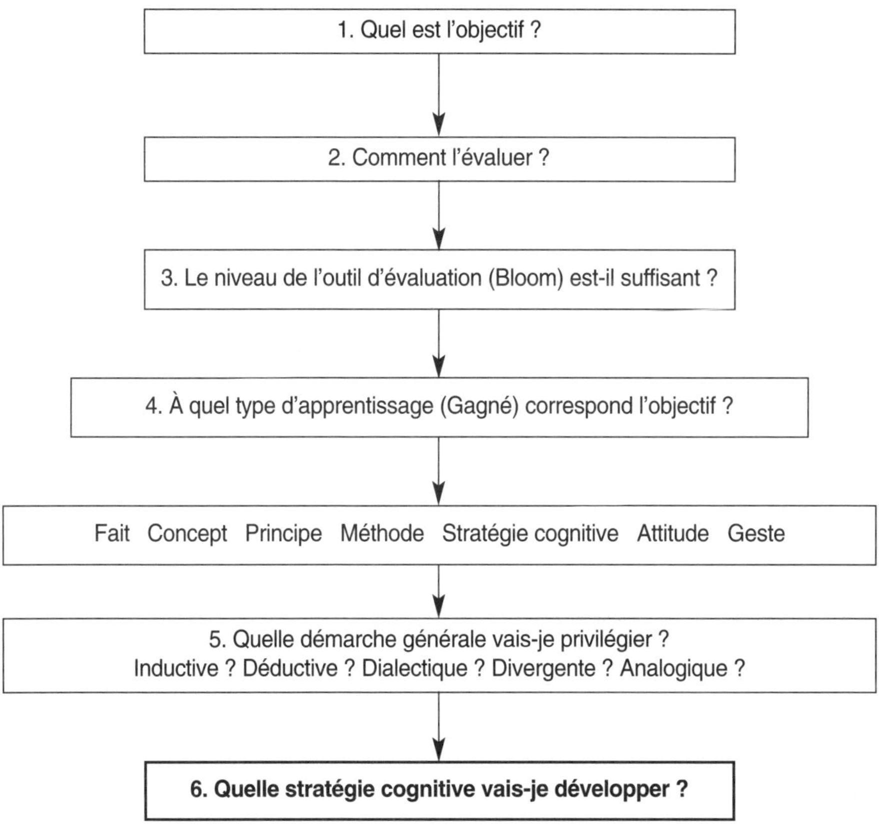

Après avoir exploré rapidement les théories de l'action et de l'organisation pour en extraire les éléments utilisables en pédagogie, voyons ce que peuvent nous apporter les théories psychologiques si l'on est chargé de faire apprendre.

Deuxième partie

Psychologie et pédagogie

Que sait-on aujourd'hui de l'apprentissage humain ?

Le transfert

5

La motivation

« Une petite rue sordide d'une grande ville la nuit, éclairage parcimonieux, la caméra cadre les chaussures et le bas des jambes d'un homme qui attend dans l'encoignure d'une porte, un bruit de pas, des talons hauts, les jambes d'une jeune femme qui marche rapidement sur le pavé mouillé de la rue, un mouvement de caméra vers le ciel, un bruit sourd, un corps qui s'effondre. Fondu au noir. Ouverture sur le même décor : des voitures de police portes ouvertes, gyrophares allumés, un individu en gabardine et chapeau penché sur le corps de la victime : Colombus est sur l'affaire. »

« Une ferme qui finit de brûler au petit matin alors que des lambeaux de brume enveloppent encore le paysage, lent panoramique pour montrer l'étendue des dégâts, deux agriculteurs, un homme et une femme assis sur un banc de pierre, prostrés. Fondu au noir.

Ouverture, gros plan sur un article de journal : "À Gaillac, le pyromane fou a encore frappé !" Le plan s'élargit, un gendarme assis sur une chaise lit le journal, son collègue pose le téléphone et lui dit : "Ils nous envoient Maigrot !" »

Le cinéma et la télévision nous ont habitués à ces entrées en matière rapides qui campent le décor et situent d'emblée le problème à résoudre. Voilà des exemples simples « d'introductions motivantes » destinées à « accrocher le zappeur ».

Le problème de la motivation en pédagogie n'est guère différent du problème de la motivation au cinéma ou à la télévision. Tout enseignant sait « *qu'il est impossible de faire boire un âne qui n'a pas soif* » quoique, ajoute Philippe Meirieu, « *les choses soient tout de même plus simples avec un âne qu'avec un élève, si l'âne n'a pas soif, je peux espérer qu'après un certain temps, donc avec un peu de patience, la soif se manifestera, c'est une nécessité physiologique ; il n'en va pas de même de l'appétence pour les mathématiques, l'anglais, ou l'histoire et la géographie* ».

Par bonheur, il est tout de même fort rare qu'un élève ait totalement décidé de ne pas apprendre. Nos élèves ne manifestent pas toujours un enthousiasme délirant vis-à-vis de l'activité d'apprentissage, mais si nous déployons des trésors d'imagination pour « ensucrer les viandes » comme disait Rabelais, ils acceptent généralement de goûter à la nourriture ; et si celle-ci est à leur goût ils acceptent alors de partager momentanément notre repas.

Comment « ensucrer correctement les viandes » ? Que sait-on aujourd'hui des phénomènes de motivation ? Quelles sont les variables qui interviennent dans ce phénomène ? Comment l'enseignant peut-il manipuler ces variables pour déclencher le désir d'apprendre ou au moins le désir d'en savoir plus ? Voilà les questions auxquelles je vais tenter de répondre dans ce chapitre. Cette fois, j'utiliserai la technique de l'exposé, en reprenant à quelques mots près l'exposé que j'ai fait à l'occasion des journées de mars de l'ANCE [1] d'Île-de-France en mars 1992.

MOTIVATION ET PEDAGOGIE

[Débuter debout [2].] Bonjour, je suis heureux d'être parmi vous, mais je suis cependant un peu surpris de me trouver à cette tribune car je ne me perçois pas comme un spécialiste de la Motivation. J'ai bien « commis » un livre sur le sujet avec Françoise Raynal [3], mais notre préoccupation tournait alors autour de deux questions *[S'asseoir et projeter.]* :

– *que sait-on ou croit-on savoir aujourd'hui de la motivation humaine ?*

– *que peut-on concrètement tirer des théories pour motiver les élèves ?*

Je vais donc tenter de résumer les réponses que nous avons trouvées dans la littérature par l'intermédiaire d'un exposé de 45 minutes et j'ai prévu une demi-heure de débat à la fin pour répondre éventuellement à vos questions. En conséquence, je ne souhaite pas être interrompu durant cet exposé, donc si vous avez des questions, notez-les, nous les traiterons à la fin.

Cet exposé est organisé en quatre points :

[Se lever, dévoiler le titre et le plan (tableau de papier).]

MOTIVATION ET PÉDAGOGIE

1. Thorndike et la loi de l'effet (la réponse behavioriste).
2. Miller, Galanter, Pribram (le premier modèle cognitiviste).
3. Weiner, la théorie de l'attribution causale, l'impuissance apprise.
4. Nicholls, la centration sur la tâche ou la centration sur l'ego. *[S'asseoir.]*

Pour définir le concept de « motivation », commençons par l'opposer au concept de « compétence » car on comprend généralement mieux un concept si on l'oppose à un autre. La « motivation » est, à l'évidence, très différente de la « compétence », on peut savoir faire quelque chose (compétence), et ne pas vouloir le faire (motivation). La moti-

1. Association nationale des communautés éducatives, exposé construit avec Françoise Raynal à partir de l'ouvrage : Raynal F., Rieunier A., *La motivation*, IPNETP, NEA, 1989.

2. Les attitudes corporelles et déplacements du conférencier sont précisés par un texte entre crochets en italiques.

3. Raynal F., Rieunier A., *Renforcement et motivation*, IPNETP, 1987.

vation, pour Nuttin [4], c'est « *l'aspect dynamique du comportement* » et pour Piaget c'est « *l'énergétique des conduites* ». Si je risque une image, la motivation, c'est l'essence que vous mettez dans la voiture.

Les psychologues de la motivation cherchent donc à répondre aux questions : « *Qu'est-ce qui entraîne le "vouloir" ?* », « *Comment se crée la motivation ?* » et les définitions ne fournissent malheureusement pas de réponse à ces questions.
Ayant posé la problématique, je me trouve face à une tâche particulièrement délicate. J'ai bien tenté de me dédouaner au début de mon intervention en disant que je ne me considérais pas comme un spécialiste de la motivation, mais je suis parfaitement conscient que vous considérez cela comme une clause de style, car à partir du moment où je fais un exposé sur la motivation, fut-elle pédagogique, je serai tout de même jugé à l'aune de l'intérêt que vous prendrez à mon exposé. Je vais donc commencer par *[se lever, aller au tableau papier et montrer de la main l'élément que l'on s'apprête à traiter]* : 1. Thorndike et la loi de l'effet.

Voyons donc la première réponse : la réponse behavioriste. *[S'asseoir.]*

Thorndike et la loi de l'effet

Quelle est la réponse de Thorndike à la question : « Comment provoquer la motivation ? »

Pour Thorndike *[projeter] : Tout comportement renforcé positivement a tendance à se reproduire dans la même situation* ; c'est la loi de l'effet. Dans ce cadre de référence, pour provoquer un comportement déterminé en réponse à un stimulus quelconque, il suffit de faire produire ce comportement en réponse au stimulus et de le renforcer positivement, donc de le récompenser dès qu'il se produit. Après quelques associations de ce type, le comportement devrait s'installer. Et c'est vrai, ça marche, c'est ainsi que les parents apprennent des tas de choses à leurs enfants : si tu fais ceci je te donnerai une sucette ; si tu es dans les trois premiers tu auras une bicyclette ; bravo !... extraordinaire !... etc.

Pour illustrer l'efficacité du renforcement positif, je vais vous raconter une histoire vraie que j'ai vécue en 1990. Je vivais en Afrique depuis un grand nombre d'années, et sachant que je rentrais en France l'année suivante, je souhaitais me faire une idée plus précise des problèmes que peuvent rencontrer les professeurs débutants (maîtres auxiliaires) dans leur classe. À ma demande, un ami inspecteur a accepté de me prendre avec lui en inspection. La leçon que nous avons vue n'était vraiment pas brillante mais mon ami a fait une critique essentiellement constructive, il a renforcé positivement tout ce qui lui paraissait un tant soit peu « renforçable », a fait prendre conscience à son interlocuteur de deux ou trois comportements essentiels qui auraient dû être « posés » et qui ne l'avaient pas été (définir précisément les objectifs à court terme et à moyen terme, faire participer les élèves, évaluer à la fin de la leçon), et le professeur a eu une note d'inspection très raisonnable, alors que la prestation avait été peu glorieuse. La conséquence, c'est que ce professeur a tenu compte des critiques, participé à différents séminaires programmés par la MAFPEN, préparé très sé-

4. Nuttin J., *Théorie de la motivation humaine*, PUF, 1984, p. 239-241, 260-262.

rieusement ses leçons toute l'année et s'est remarquablement amélioré en quelques mois. Voilà donc, une première réponse, [projeter] :

Pour provoquer la motivation : appliquez la loi de l'effet,
– renforcez positivement les comportements qui vont dans le sens espéré ;
– nommez clairement les comportements attendus, et non produits ;
– fournissez une aide adaptée ;
et les comportements attendus ont quelques chances de se produire [5].

Il est clair pour tout le monde aujourd'hui que les raisons qui expliquent l'efficacité de la loi de l'effet ne sont pas les raisons mécanistes que donnent les behavioristes et en particulier Skinner, mais pour nous praticiens, ce qui est important c'est que la loi de l'effet fonctionne et que la théorie : stimulus/réponse/renforcement fournisse des réponses opératoires à la question : « Comment motiver les élèves ? ».

J'en ai fini avec ce premier point sur lequel je conclus *[se lever, projeter la conclusion au rétroprojecteur] : pour motiver, pratiquez une pédagogie de la réussite, organisez vos situations d'apprentissage de telle sorte que les élèves soient fréquemment renforcés positivement, donc qu'ils vivent un nombre raisonnable d'expériences de succès et vous avez de grandes chances de provoquer la motivation.*

Je passe maintenant au point 2. *[Souligner de la main au tableau de papier.]*

Miller, Galanter et Pribram, (la réponse cognitiviste) *[S'asseoir]*

1. Mise en situation, poser le problème, faire construire l'objet but

Nous avons vu plus haut que les définitions proposées par Nuttin ou par Piaget ne nous aident pas à trouver des réponses à la question : « Comment faire pour motiver les élèves ? », essayons donc d'analyser deux cas dans lesquels mes étudiants se disent particulièrement « motivés ».

Cas n° 1. Lorsque j'anime le séminaire : « Apprendre à mémoriser » [6] je commence par soumettre les étudiants à un test initial : 15 couples arbitraires (un chiffre/un mot), présentés à la vitesse d'un couple toutes les quatre secondes, 1. cheval, 2. compas, etc. puis je procède à un exercice de rappel. La moyenne du groupe se situe généralement entre 5 et 7 couples retenus sur 15 présentés.

Je demande ensuite aux étudiants de bien vouloir créer un matériel du même type (15 couples, un chiffre/un mot), je sors dans le couloir pendant que les étudiants construisent le test, puis je me soumets au test que les étudiants viennent de créer et je rappelle généralement 15 couples sur 15, dans l'ordre ou dans le désordre, à la demande. À la suite de cet « exploit », les étudiants n'ont qu'une envie : « suivre le

5. Si vous ne connaissez pas l'expérience de Madsen, Thomas et Becker, je vous conseille fortement de lire sa description dans l'ouvrage : Morrison D., Mc. Intyre, *Psychologie sociale de l'enseignement*, Dunod, 1976, t. 2, p. 82 à 107 ou son résumé dans Raynal F., Rieunier A., *Pédagogie, dictionnaire des concepts clés*, ESF éditeur, 1998, p. 309-310.

6. Dont vous aurez un aperçu chapitre 14.

séminaire » et apprendre comment je m'y suis pris pour mémoriser avec une pareille efficacité. Ils avouent être profondément motivés.

Cas n° 2. Pour le séminaire qui a pour thème « La motivation », il est évident qu'il est indispensable de trouver une entrée en matière qui déclenche le désir de connaître la suite.

Si vous étiez un de mes étudiants, voilà ce que je vous dirais : « *Nous allons commencer le séminaire et bien entendu mon problème de concepteur consiste à me demander comment "démarrer" ce séminaire, comment vous "motiver", comment provoquer chez vous le désir d'en savoir plus. Si je ne parviens pas à trouver une entrée en matière originale, motivante, je ne peux absolument pas espérer vous persuader*[7] *que les théories de la motivation que je prétends vous présenter ont une quelconque efficacité. Voilà donc "l'entrée en matière" que nous avons conçue avec Françoise Raynal en 1984 en appliquant les théories que je développe dans ce séminaire. Supposez que vous vous trouviez à Paris le mercredi 28 août 1983. Vous vous levez, il fait un temps superbe, vous sortez dans la rue et vous découvrez que tous les murs de la capitale sont couverts de l'affiche suivante* » *[projeter diapositive n° 1]* :

Lorsque je fais cette expérience mes étudiants me disent généralement :

Après la première affiche : « *Qu'est-ce que c'est que cette publicité ? C'est une publicité pour quoi ? À qui s'adressent-ils ? Vivement le 2 septembre ! Pourquoi pas le bas ? Etc.* »

Les étudiants sont « pleins » de questions, ils sont indiscutablement motivés *[projeter diapositive n° 2]*.

Après la deuxième affiche : « *Où veulent-ils en venir ? C'est une publicité pour quoi ? Comment vont-ils s'en sortir avec la censure ? Vivement le 4 septembre !...* »

7. Nous sommes ici dans la catégorie des objectifs du domaine affectif.

La motivation ne faiblit pas, mieux, elle « rebondit », elle augmente *[projeter diapositive n° 3]* :

Après la troisième affiche : « *Bravo ! Superbe !... Ah ! c'était donc ça !... Elle est très belle !...* »

Lorsque je demande aux étudiants de me dire ce qu'ils pensent de cette entrée en matière, ils avouent avoir été intéressés, et ils admettent qu'ils sont intrigués et momentanément motivés. Je peux alors souligner que cette campagne de publicité est construite à partir d'une théorie de la motivation que je suis moi-même en train d'utiliser pour les intéresser à ce que je fais. Ils souhaitent alors connaître la théorie et j'espère qu'il en va de même pour vous.

2. Résoudre le problème : la théorie de Miller, Gallanter et Pribram [8]

Pour ces auteurs, la motivation prend naissance dans la perception d'une dissonance [9] entre le monde perçu de manière insatisfaisante et le monde conçu de manière satisfaisante :

> Exemple 1. Monde perçu de manière insatisfaisante : « *Il utilise une technique de motivation pour présenter son exposé, et je suis intéressé ; ça marche !..., mais je ne connais pas la théorie qu'il utilise, je voudrais bien la connaître !...* » Monde conçu de manière satisfaisante : « *Je connais la théorie de Miller, Gallanter et Pribram et je peux l'utiliser pour concevoir des motivations intéressantes en préparant mes leçons* ».
>
> Exemple 2. Monde perçu de manière insatisfaisante : « *Je me fais battre systématiquement au tennis par Arthur* », monde conçu de manière satisfaisante : « *Je bats Arthur par 6/0, 6/0* ».

Cette différence entre « monde perçu » de manière insatisfaisante et « monde conçu » de manière satisfaisante provoque le besoin qui se traduit parfois (nous verrons ultérieurement dans quels cas) par l'action : « s'entraîner au tennis », donc par la dynamique motivationnelle. *[Projeter.]*

8. Nuttin J., *Théorie de la motivation humaine*, PUF, 1984, p. 239-241, 260-262.

9. Nuttin parle de « discrépance » en francisant le terme anglais *discrepancy*.

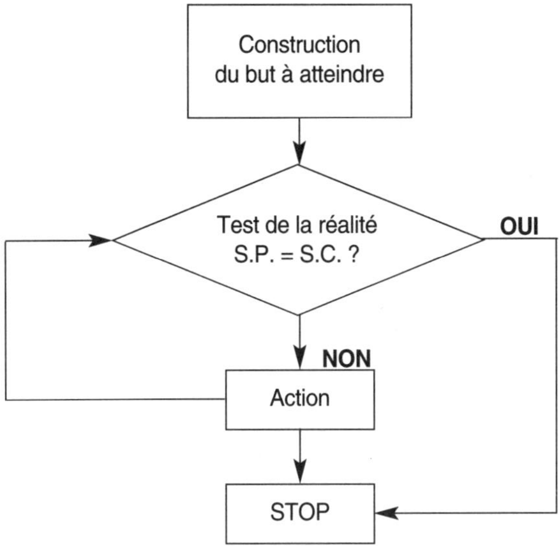

S.P. Situation perçue.
S.C. Situation conçue.

Il est intéressant de noter que, d'après ce schéma, la motivation à l'action disparaît dès que j'ai atteint mon objectif : « Battre Arthur à tous les coups ». Or chacun sait que si je parviens à battre Arthur, et surtout si j'y parviens facilement, je serai sûrement satisfait, mais cela ne me conduira pas à abandonner l'entraînement. Il se trouve que la dynamique motivationnelle se renouvelle ou s'épuise selon les résultats obtenus et selon les anticipations de succès que ce résultat va provoquer. Si je parviens à atteindre mon objectif après un travail raisonnable, je vais alors me poser d'autres objectifs plus élevés, si tant est que je pense pouvoir les atteindre sans coût prohibitif. Je suis alors engagé dans une dynamique de succès liée à des actions réussies donc à une histoire jalonnée par des succès relatifs et relativement fréquents. Si j'échoue, et si cet échec intervenant après d'autres se renouvelle dans d'autres situations, je vais revoir mes objectifs à la baisse, et peut-être m'engager dans une dynamique d'échec, **ce qui justifie l'importance d'une pédagogie de la réussite**.

Est-ce que le schéma précédent peut s'appliquer à la campagne de publicité « le 2 septembre » ?

Après la première affiche :

- situation perçue : elle a le soutien-gorge !
- situation conçue : elle est sans soutien-gorge !

Dans le cas de cette publicité, il est évidemment impossible d'agir pour rétablir l'équilibre, on ne peut qu'attendre le 2 septembre.

Après la deuxième affiche : le déséquilibre n'est toujours pas comblé, on nous la promet nue, toujours impossible d'agir, mais une nouvelle question, « comment vont-ils s'en sortir avec la censure ? ». De plus, la question : « pour quel article font-ils cette publicité ? » n'est toujours pas résolue.

Après la troisième affiche : le monde perçu est égal au monde conçu, le vide est comblé, la « discrépance » réduite : détente, sourire, satisfaction.

Comment utiliser cette théorie dans la salle de classe ?

Le monde perçu comme non satisfaisant, c'est le fameux problème de Dewey, « une leçon est toujours une réponse à une question ». Donc, pour préparer une leçon, il faut d'abord poser un problème qui ait un rapport avec la vie de l'élève, créer un obstacle, et faire prendre conscience de la nécessité de surmonter cet obstacle. Exemple : *« Zut, je ne sais pas différencier les adjectifs épithètes des adjectifs attributs, or j'ai besoin de savoir cela pour passer l'examen. »*

Le monde conçu comme satisfaisant, c'est l'objectif pédagogique : « Dans une heure vous serez capable d'identifier la fonction de tous les adjectifs qualificatifs d'un texte donné » et le rôle de l'objectif c'est de **donner du SENS à la situation**, de fournir un objet-but, de motiver.

Pour maintenir la motivation durant toute la leçon, il faut faire prendre conscience à l'élève qu'il progresse vers le but, en découpant la leçon en trois ou quatre étapes clairement identifiées (micro-objectifs). Chaque étape doit être sanctionnée par des évaluations formatives réussies qui prouvent à l'élève que les efforts qu'il fait lui servent à quelque chose (il se rapproche du but).

Voyons l'exemple d'une leçon de révision pour des élèves de troisième de collège *[Projeter].*

LES FONCTIONS DE L'ADJECTIF QUALIFICATIF

A. Poser le problème (Situation insatisfaisante)

Vous passez le brevet des collèges dans 6 mois, voilà l'exercice qui a été donné l'année dernière à cet examen.

Donner la fonction des mots ou groupes de mots soulignés dans ce texte ? (Test initial)

Le test doit faire apparaître que la majorité des élèves a des difficultés pour effectuer l'analyse (ce qui est souvent le cas pour des élèves de 3e), sinon inutile de faire la leçon.

Demander à ceux qui réussissent d'expliquer comment ils s'y prennent. C'est souvent impossible, ils savent faire (connaissances procédurales), mais ils ne peuvent donner des règles simples utilisables par leurs camarades.

B. Définir l'objectif (Situation conçue comme satisfaisante)
Dans une heure et demie, vous serez capable de donner la fonction de ces mots, et pour ceux qui savent déjà, comme pour ceux qui ne savent pas d'ailleurs, d'expliquer à d'autres comment faire.

C. Définir les étapes de l'action

– *Identifier les adjectifs mis en apposition (construire l'algorithme) ;* [10]

– *Identifier les adjectifs attributs (construire l'algorithme) ;* [10]

– *Identifier les adjectifs épithètes (construire l'algorithme).* [10]

D. Renforcer positivement
Évaluation formative réussie à chacune des étapes.

E. Évaluation finale réussie
Refaire le test initial.

F. Réflexion sur la construction de l'algorithme (métacognition)
Faire réfléchir à l'intérêt de ce type d'outil et à la manière dont on l'a construit.

Vous avez ici un exemple de leçon préparée selon la méthode dite de la « pédagogie par objectifs », méthode aujourd'hui souvent critiquée. Cependant, il est indiscutable que par l'intermédiaire d'une leçon traitée de cette manière, il est tout à fait possible, à condition de considérer cette « leçon » comme un moment d'une séquence plus vaste, de viser des objectifs de niveau élevé et de développer des stratégies cognitives. Il suffit d'avoir un objectif à moyen terme qui vise à *« faire prendre conscience de l'utilité des algorithmes pour résoudre des problèmes »*, et un objectif de développement des stratégies cognitives [11] qui vise à *« faire construire des algorithmes pour résoudre certaines catégories de problèmes »*, pour que la pédagogie par objectifs retrouve tout son intérêt. On a critiqué, parfois à juste titre, ce type de pédagogie, car certains « oubliant la boussole », se focalisaient sur les objectifs spécifiques et sur leur évaluation en oubliant l'essentiel : l'importance primordiale des objectifs à moyen et long terme. C'était une erreur, mais il ne faut tout de même pas jeter le bébé avec l'eau du bain. La définition comportementaliste des objectifs et leur évaluation effective demeure à mon avis l'un des éléments clefs d'une pédagogie efficace. Vouloir enseigner sans viser des objectifs clairs et sans tenter de vérifier (évaluation) s'ils sont atteints ou non me semble une escroquerie pour la majorité des élèves qui fréquentent l'école publique actuellement. *[Projeter.]*

10. Le lecteur trouvera cette leçon totalement développée dans l'ouvrage *Préparer un cours. Applications pratiques*, chapitre 13.

11. Stratégies personnelles de traitement de l'information.

Comment provoquer la motivation en appliquant la théorie de Miller, Gallanter et Pribram ?

1. En posant un problème qui ait du SENS pour l'individu ;
– *En créant un obstacle* [12], dirait Meirieu ;
– *En rendant le monde perçu insatisfaisant*, diraient Miller, Gallanter et Pribram ;
– *En créant un déséquilibre, un conflit cognitif*, dirait Piaget ;
quatre façons différentes de dire la même chose.

2. En définissant un objectif clair (c'est le monde perçu de manière satisfaisante, la création de l'objet but).

3. En programmant les étapes intermédiaires de l'action et en montrant que l'on se rapproche du but à atteindre (évaluations formatives, manipulation du renforcement positif).

4. En évaluant à la fin (évaluation formative réussie par l'élève) de façon à prouver à l'élève que le temps passé à travailler durant la leçon n'a pas été du temps perdu. *[Se lever].*

Avec la théorie de Miller, Gallanter et Pribram, nous avons vu que l'individu se fixait des buts et qu'en fonction de ces buts il construisait une stratégie pour les atteindre. Ce que n'explique pas cette théorie, c'est la raison pour laquelle certains individus se fixent des objectifs très ambitieux et travaillent d'arrache-pied pour les atteindre, alors que d'autres ne se fixent que des objectifs réduits et que certains (ceux qu'on appelle les cancres) refusent parfois d'envisager quelque action que ce soit car ils se considèrent comme totalement incompétents.

Je vais donc développer maintenant la théorie de l'attribution causale de Weiner, car cette théorie permet de mieux comprendre pourquoi certains élèves deviennent des apprenants performants alors que d'autres se dégoûtent définitivement de l'étude. *[S'asseoir.]* [13]

L'attribution causale [14]

Cette théorie appartient à la grande catégorie de ce que les Américains appellent *Achievement motivation theory*, c'est-à-dire la théorie dite de « la motivation d'accomplissement », ou « théorie de la motivation pour la réussite ». On rejoint là les théories humanistes. La théorie de l'attribution causale a été créée par Heider en 1958 et a donné lieu à quantité de travaux, mais je ne développerai ici que la théorie développée par Weiner (1981).

12. En réalité je « sollicite » Meirieu : « obstacle » chez lui n'est pas tout à fait pris dans ce sens-là. Pour plus de précisions à ce sujet, voir Martinand J.-L., *Connaître et transformer la matière*, Peter Lang, 1986, p. 111.

13. À partir de maintenant, je ne préciserai plus les attitudes du « conférencier ».

14. Weiner B., in Russel A., *Research on motivation in education*, vol. 1, Acad. Press, Orlando, Floride, 1984, chapitre 1.

> THÉORIE POUR LA RÉALISATION DE SOI
>
> 1. L'individu cherche les situations dans lesquelles il croit pouvoir réussir et évite les situations dans lesquelles il craint d'échouer.
>
> 2. La démonstration d'efficacité lui permet de se construire une image de soi positive et éventuellement de l'imposer aux autres.

D'après la théorie de l'attribution causale, l'individu, à la suite d'une expérience malheureuse, rechercherait systématiquement les causes de son échec afin d'éviter de se retrouver dans une situation identique ultérieurement. Illustrons la théorie par un exemple : *Solange n'a pas accepté un rendez-vous avec vous.* Vous considérez cela comme un échec.

1. Attribution causale interne ou externe

Vous pouvez attribuer cet échec à des causes internes ou à des causes externes :

Causes internes : *elle n'a pas accepté parce que je suis trop laid !* Attribution interne ennuyeuse, car si vous pensez cela votre situation n'est pas très brillante.
Elle n'a pas accepté parce que je suis trop bête ! De mieux en mieux !...
Elle n'a pas accepté parce que je suis trop laid et trop bête ! Inutile de commenter !

Causes externes : *elle n'a pas accepté : parce qu'elle est idiote ; parce qu'elle est pour le moment amoureuse d'Henri ; parce qu'elle est préoccupée par ses examens.* C'est toujours ennuyeux, mais les perspectives sont tout de même un peu plus favorables, d'éventuels succès restent possibles avec quelqu'un d'autre ou ultérieurement avec Solange elle-même, rien n'est définitivement perdu.

Dans le premier cas (attribution interne), vous risquez de vous enfermer dans votre coquille et de ne plus proposer d'invitation à quiconque, voire de vous enferrer dans un système de défense du type : *De toute manière,... moi... les filles... la séduction... ça ne m'intéresse pas !...*

Dans le second cas, l'espoir reste permis, et pour peu qu'une nouvelle tentative en direction d'une autre personne soit couronnée de succès, tous les possibles sont de nouveau ouverts.

2. Attribution causale stable ou instable

Vous pouvez attribuer cet échec à une cause stable ou instable.
Elle n'a pas accepté parce que je suis trop laid (stable et interne).
Elle n'a pas accepté parce que je m'y suis mal pris (instable et interne).
Elle n'a pas accepté parce qu'elle est trop préoccupée par ses examens (instable et externe).
J'ai échoué dans cette situation parce qu'elle est idiote (stable et externe).

Tous les enfants qui sont en situation d'échec scolaire font des attributions causales stables et internes, et ces attributions sont extrêmement dangereuses. Si vous attribuez votre échec à une cause interne et stable, vous ne tenterez sûrement rien dorénavant dans la même situation, et fait plus grave, vous ne tenterez rien dans une situation que vous percevrez comme identique et qui pourtant ne le sera pas.

D'après la théorie attributionnelle de la motivation, le comportement est donc commandé par les **attentes de succès** vis-à-vis d'une situation à venir, or les attentes de succès dépendent des attributions causales faites antérieurement par l'individu.

L'impuissance apprise [15]

Si un individu est persuadé, à tort ou à raison, qu'il est totalement incompétent dans un domaine, il ne prendra pas le risque de faire la preuve de son incompétence une fois encore et préférera éviter d'agir. Cela s'appelle l'impuissance apprise, et je ne connais pas de pire situation par rapport aux perspectives d'apprentissage. Pour préciser ma pensée, je vais illustrer cette théorie par deux exemples : celui du brochet et celui de la panne de voiture.

> Le brochet et le petit poisson : *Un chercheur place un brochet dans un aquarium. Cet aquarium est divisé en deux parties par une vitre, invisible pour le brochet. De l'autre côté de la vitre, le chercheur place, dans le même aquarium, un petit poisson dont le brochet est friand. Dès que le brochet a faim, il se précipite de toute sa puissance sur le petit poisson et s'écrase contre la vitre de séparation. À demi assommé, il se remet de ses émotions, et au bout d'un moment, se précipite derechef sur le petit poisson pour aboutir, bien sûr, au même résultat que la première fois. Après un certain nombre d'essais infructueux, tous sanctionnés de la même manière, le brochet ne cherche plus à attraper le petit poisson. Si l'expérimentateur enlève alors la vitre de séparation, le brochet, malgré sa faim, ne fait aucune tentative pour se saisir de la proie qui est pourtant à sa portée, il a appris l'impuissance.*

Vous devez vous dire que cela n'arrive qu'aux brochets, eh bien détrompez-vous, je vais vous raconter une histoire personnelle, dont je vous garantis l'authenticité.

> La panne de voiture : *Un après-midi, Pierre, un camarade de travail, vient prendre le café chez moi pour que je l'emmène au bureau avec ma voiture. « Désolé, lui dis-je, ce matin ma voiture a refusé de démarrer et je crains qu'il n'en aille de même cet après-midi. »*
>
> *Après avoir bu le café, nous montons tout de même dans la voiture.*
>
> *Alain : « Essayons tout de même… on ne sait jamais !… » Je mets le contact…, pas un bruit…, la voiture refuse obstinément de démarrer. « Tu vois, on va être obligé de prendre un taxi ! »*
>
> *Pierre : « Tu as tout de même ouvert le capot ce matin ?… »*
>
> *Alain : « Bien sûr que non !… Je ne connais rien à la mécanique, pourquoi veux-tu que je fasse semblant. »*
>
> *Pierre : « Tu permets que je regarde ? »*
>
> *Pierre sort et lève le capot : « Viens voir !… car même toi tu devrais identifier la panne !… »*
>
> *Je m'approche… et j'identifie sans peine la cause de la panne… on m'avait volé la batterie !…*

---

15. Seligman M. E. P., *Helplessness*, San Francisco, Freeman, 1975.

Cette histoire est presque trop belle pour être vraie, allez-vous penser, je vous en garantis tout de même l'authenticité. On est bien, ici, devant un phénomène d'impuissance apprise. J'étais tellement persuadé de ne rien connaître à la mécanique que je n'ai même pas pensé une seconde à soulever le capot pour regarder. Je n'ai pas pu faire ce geste car j'étais persuadé que cela ne servirait à rien. C'est bien cela qui est terrifiant : je pouvais résoudre le problème en « posant » un geste simple, mais je ne l'ai pas fait car je le croyais inutile.

L'impuissance apprise explique parfaitement le comportement des élèves en situation d'échec scolaire. Ils attribuent leur échec à une cause interne et stable : leur stupidité. Ils ont une image tellement négative d'eux-mêmes qu'ils refusent totalement de poser le moindre comportement. Or, pour engager une dynamique de succès, il faut que l'individu accepte de prendre des risques, de poser un minimum de comportements sinon il sera impossible de le renforcer positivement, donc de déclencher quelque dynamique de succès que ce soit. Comme l'individu refuse de poser un comportement car il est persuadé que cela ne sert à rien, il se trouve dans la situation terrifiante de celui qui pourrait effectivement résoudre son problème, mais qui refuse de le faire uniquement parce qu'il ne s'en croit pas capable. C'est le cercle vicieux dans toute son absurdité.

Pour tenter de répondre d'une manière plus approfondie à la question que j'ai posée au début de l'exposé : « Que peut-on tirer concrètement des théories de la motivation sur le plan pédagogique ? », j'ai besoin de développer succinctement une autre théorie, celle de Nicholls, lequel nous explique comment une dimension de la personnalité : la « centration des individus sur la tâche » ou la « centration sur l'ego » peut conduire à l'impuissance apprise.

Centration sur l'ego, centration sur la tâche

D'après Nicholls, les individus sont soit centrés sur l'ego, soit centrés sur la tâche :

– l'individu centré sur l'ego a besoin de démontrer sa maîtrise des choses pour briller devant autrui ;

– l'individu centré sur la tâche, en revanche, a besoin d'acquérir la maîtrise des choses pour augmenter son savoir, pour se sentir bien ; pour lui l'apprentissage est une fin en soi.

L'individu centré sur l'ego. Il cherche à prouver aux autres qu'il leur est supérieur, donc si une situation d'apprentissage lui paraît difficile, délicate, les risques de ne pas briller sont tellement grands qu'il préférera annoncer d'entrée de jeu que cela ne le concerne pas. Il va traiter ce sujet par le mépris ! S'il échoue, son « self-concept », son « image de lui » n'en souffre guère puisque tout le monde sait qu'il n'a fourni aucun effort, son moi n'est pas en danger.

Si l'individu est centré sur son ego, il est très sensible à l'échec manifesté en présence d'autrui. S'il se considère, avec raison, comme très compétent, il s'engagera dans toutes les activités qui lui paraîtront de nature à manifester sa compétence ; mais s'il se considère comme moyennement ou faiblement compétent, cela aura pour conséquence une diminution des efforts si les autres réussissent une tâche plus vite que lui, il sera alors conforté dans l'idée qu'il est faiblement compétent dans le domaine, et évitera dorénavant de s'investir pour réussir.

L'individu centré sur la tâche. Il sera moins sensible à l'échec manifesté en présence d'autrui, et poursuivra ses efforts plus longtemps que l'individu centré sur son ego, même si d'autres réussissent plus rapidement que lui. Supposons que la tâche soit de difficulté moyenne, l'individu centré sur la tâche poursuivant ses efforts plus longtemps que l'individu centré sur son ego parviendra à maîtriser cette tâche. Il se considérera comme moyennement ou hautement compétent puisqu'il réussit. Il aura appris à lier effort et performance et découvert qu'avec du travail, il peut obtenir des résultats meilleurs que ceux qu'obtient la moyenne des individus, il se fera donc confiance et poursuivra l'activité, même si beaucoup d'autres ont terminé le travail avant lui [16]. Lorsqu'il lui arrivera d'échouer, il aura tendance à attribuer son échec à un manque d'efforts, ce qui signifie qu'il sera tout prêt à reprendre son activité et à travailler jusqu'à la réussite, car il croira celle-ci à sa portée. L'individu centré sur l'ego au contraire n'aura tendance à poursuivre ses efforts que si d'autres individus placés dans la même situation n'obtiennent pas plus rapidement que lui des résultats supérieurs.

L'individu centré sur la tâche a une représentation particulière de la compétence ; il admet que « le génie est une longue patience » et que la représentation aristocratique de la compétence, « le dilettante qui réussit tout sans avoir jamais rien appris », est une représentation d'adolescent attardé et pas d'adulte responsable. Un individu centré sur la tâche a donc plus de chances de réussir s'il se considère comme moyennement ou faiblement compétent qu'un individu centré sur son ego qui se considérerait de la même façon.

CONSÉQUENCES

La responsabilité des éducateurs est totale. Si les individus, adolescents ou adultes, ont une personnalité centrée sur l'ego ou centrée sur la tâche, c'est que les situations qu'ils ont vécues dans leur famille ou à l'école les ont conduits à apprendre cette attitude. L'école devrait développer la centration sur la tâche et tenter de faire disparaître la centration sur l'ego.

En pédagogie traditionnelle, on fait exactement le contraire :
- on valorise la compétition entre élèves ;
- on établit des comparaisons ;
- on distribue les récompenses et encouragements aux élèves qui en ont le moins besoin ;
- on met les autres élèves dans des situations délicates de démonstration publique d'incompétence, il faut bien qu'ils se défendent… ils le font en faisant peu d'efforts dans le domaine scolaire et en tentant de briller ailleurs : indiscipline, délinquance, etc.

16. Sur le sujet, lire le remarquable compte rendu de recherche : Famose J.-P., Sarrazin P., Curry F., in Bertsch J., Le Scanf C., *Apprentissages moteurs et conditions d'apprentissages*, PUF, 1995, p. 89-152. Lire aussi Lieury A., Fenouillet F., *Motivation et réussite scolaire*, Dunod, 1996, p. 79-93.

Essayons maintenant de tenter de répondre à nouveau à la question :

Que peut-on concrètement tirer des théories sur le plan pédagogique ?

Si l'on souhaite développer chez l'élève un bon niveau de motivation et obtenir des individus centrés sur la tâche et non sur l'ego, il faut :

1. Organiser l'enseignement pour que l'élève fasse fréquemment l'expérience du succès.
2. Mettre l'élève en compétition avec lui-même et non en compétition avec les autres.
3. Utiliser l'évaluation critériée, éviter l'évaluation normative [17].
4. Persuader l'élève que ses succès sont attribuables à sa compétence et à ses efforts et non à la facilité de la tâche.
5. Organiser l'enseignement de telle sorte que l'élève ait la possibilité de s'auto-évaluer positivement très fréquemment.

Des systèmes basés sur ces principes existent depuis très longtemps, Washburne [18] (1920) les a mis en œuvre dans son expérience de Winnetka (banlieue de Chicago). Le système PSI [19] (Personnalised system individualised) est en 1977 utilisé par plus de 1 200 universités américaines [20].

CONCLUSIONS

Pour conclure de manière prescriptive, je dirai :

– introduire du SENS dans nos activités de formation me semble le meilleur moyen d'augmenter la motivation, car pour moi la motivation naît avec le SENS ;
– développer chez l'enfant un self-concept solide et conquérant devrait être l'objectif de tout enseignant ;
– cet objectif ne peut être atteint qu'en pratiquant une pédagogie de la réussite (objectifs clairs, évaluation formative, crédits, etc.) ;
– toutes les attitudes de l'enseignant qui provoqueront l'attribution d'échec à une cause interne, stable, et incontrôlable, sont scandaleuses, irresponsables et extrêmement dangereuses.

Je vous remercie de votre attention.

---

17. Évaluation critériée : évaluation par rapport à un critère ; évaluation normative : évaluation par comparaison aux résultats du groupe.
18. Voir Raynal F., Rieunier A., *Pédagogie, dictionnaire des concepts clés*, ESF éditeur, 1998.
19. Pocztar J., *La définition des objectifs pédagogiques*, ESF éditeur, 1979.
20. Bloom B., *Caractéristiques individuelles et apprentissages scolaires*, Labor, Nathan, 1979.

Motiver, c'est poser un problème

Une analyse succincte des deux cas proposés dans l'exposé (introduction du séminaire sur la mémoire, et introduction du séminaire sur la motivation, voir p. 60-61), nous prouve que motiver, c'est d'abord poser un problème.

Dans le premier cas, le groupe d'étudiants obtient 5 à 7 points sur 15 au test de mémorisation auquel le formateur obtient 15 sur 15, les étudiants souhaitent évidemment connaître la technique de mémorisation utilisée par le formateur car celle-ci est manifestement efficace.

Dans le second cas, le groupe souhaite connaître la théorie de la motivation qui a permis de construire la campagne de publicité et l'entrée en matière du séminaire, car cette théorie semble également efficace.

Si je reviens aux scénarios de films que je vous ai proposés au début de ce chapitre, c'est exactement la même chose, un problème est clairement posé, et le film n'est rien d'autre que la réponse aux questions que se posent les spectateurs.

Une leçon, c'est donc une réponse à une question posée durant la phase d'introduction.

Cependant, n'importe quel problème ne provoque pas la dynamique motivationnelle. Nombre d'entre nous souhaiteraient devenir riches pour pouvoir faire des voyages, habiter dans de somptueuses demeures, etc., pour autant, cela ne déclenche pas un comportement de travailleur acharné car nous ne sommes pas du tout persuadés de pouvoir effectivement devenir riches en travaillant. En revanche, nous pouvons peut-être le devenir en jouant au loto ou au tiercé, raison pour laquelle un nombre non négligeable de nos contemporains tente sa chance à ces jeux. Ce qui semble déclencher la motivation, c'est l'espoir de succès lié au comportement, d'où l'importance d'une pédagogie de la réussite.

La motivation épistémique

Le lecteur un peu attentif me rétorquera qu'il est intéressé par la campagne de publicité (Le 2 septembre… j'enlève le haut) et que pourtant le problème posé ne s'inscrit pas dans un de ses projets personnels, et cela est vrai. L'individu humain n'est pas seulement intéressé par ce qui peut l'aider à résoudre ses problèmes personnels, il est également intéressé par tout ce qui pose problème comme les cryptogrammes, les problèmes de logique, l'existence de Dieu, pourquoi l'Homme… Il est curieux, il aime résoudre les énigmes, il a besoin de savoir.

Les objets qui suscitent ce besoin ne sont pas les mêmes chez tous les individus, mais le besoin de savoir existe chez chacun d'entre nous. C'est ce que les psychologues appellent la « motivation épistémique », le « désir de savoir ».

Donc, pour provoquer la motivation, on peut s'appuyer sur deux éléments :
– le projet de l'individu (motivation personnelle) ;
– le besoin de savoir (motivation épistémique).

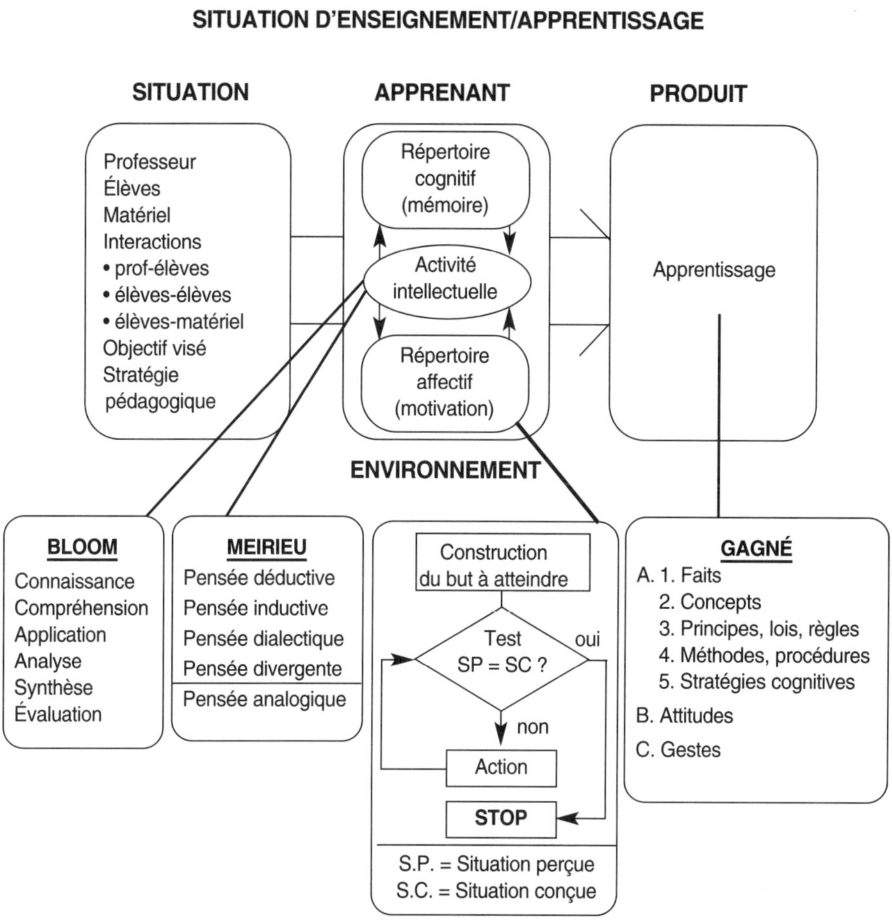
SITUATION D'ENSEIGNEMENT/APPRENTISSAGE
SITUATION
APPRENANT
PRODUIT
Professeur
Élèves
Matériel
Interactions
• prof-élèves
• élèves-élèves
• élèves-matériel
Objectif visé
Stratégie pédagogique
Répertoire cognitif (mémoire)
Activité intellectuelle
Répertoire affectif (motivation)
Apprentissage
ENVIRONNEMENT
BLOOM
Connaissance
Compréhension
Application
Analyse
Synthèse
Évaluation
MEIRIEU
Pensée déductive
Pensée inductive
Pensée dialectique
Pensée divergente
Pensée analogique
Construction du but à atteindre
Test SP = SC ?
oui
non
Action
STOP
S.P. = Situation perçue
S.C. = Situation conçue
GAGNÉ
A. 1. Faits
2. Concepts
3. Principes, lois, règles
4. Méthodes, procédures
5. Stratégies cognitives
B. Attitudes
C. Gestes

CONSÉQUENCES PRATIQUES

Pour motiver il faut créer un besoin, poser un problème qui ait du SENS pour l'individu.

Un début de leçon bien conçu (phase de motivation) se termine normalement par l'énoncé de l'objectif de la leçon par les élèves et par la présentation de l'outil d'évaluation, car la leçon vise d'abord à rendre l'élève capable de répondre correctement à l'outil d'évaluation.

Une leçon c'est une réponse à une question !...

QUESTIONS À SE POSER POUR PRÉPARER UNE LEÇON

1. Quel est l'objectif ?

↓

2. Comment l'évaluer ?

↓

3. Le niveau de l'outil d'évaluation (Bloom) est-il suffisant ?

↓

4. À quel type d'apprentissage (Gagné) correspond l'objectif ?

↓

Fait Concept Principe Méthode Stratégie cognitive Attitude Geste

↓

5. Quelle démarche générale vais-je privilégier ?
Inductive ? Déductive ? Dialectique ? Divergente ? Analogique ?

↓

6. Quelle stratégie cognitive vais-je développer ?

↓

7. Quel problème concret vais-je poser au début de la leçon pour les MOTIVER ? COMMENT DONNER DU SENS À CETTE LEÇON ?

6

Les réponses des behavioristes (Thorndike, Skinner) et du premier des psychologues du développement (Piaget)

Donner une réponse sérieuse à la question : « Comment enseigner ? » implique d'avoir préalablement répondu à la question : « Que sait-on aujourd'hui de la manière dont les individus apprennent ? »

L'approche behavioriste : le conditionnement

À la fin du XIXe siècle, les psychologues qui cherchent à comprendre comment un individu apprend utilisent l'introspection : ils demandent à leur sujet de résoudre intellectuellement un petit problème, puis l'interrogent sur ce qui s'est passé dans son cerveau durant cette activité.

Malheureusement, cette approche ne donne aucun résultat satisfaisant car un individu semble totalement incapable de décrire de manière fiable ce qui se passe dans son cerveau lorsqu'il réfléchit.

Les psychologues du début du XXe siècle doivent donc répondre à la question : comment identifier les principes de fonctionnement d'un système que l'on n'a pas construit, dont on ignore la structure et dont le boîtier est scellé de telle sorte qu'il est totalement impossible de l'ouvrir sans détruire l'appareil ?... Difficile, mais pas impossible !... Comment résoudriez-vous le problème suivant : identifier les commandes d'un système électrique dont vous avez perdu le mode d'emploi et qui permet d'allumer 9 lampes de 9 couleurs différentes à l'aide de 3 boutons qui peuvent être pressés ensemble ou séparément ?

Il suffit bien sûr de procéder par la méthode des essais et erreurs, c'est-à-dire d'appuyer sur la touche 1, de noter ce qui se passe, puis d'appuyer sur la touche

2 et de poursuivre les essais en testant toutes les combinaisons possibles afin d'identifier les combinaisons et leur résultat.

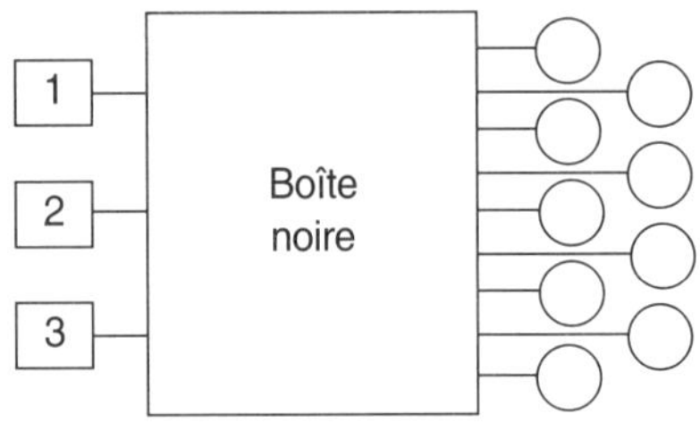

Peu importe la manière dont le boîtier est câblé, il n'est pas plus nécessaire de le savoir pour allumer une lampe donnée que de connaître le mode de fonctionnement d'un magnétoscope pour enregistrer une bande vidéo !...

Il serait donc possible de considérer le cerveau humain comme une boîte noire à laquelle on ne peut avoir accès, mais dont on pourrait chercher le mode de fonctionnement en essayant de mettre en relation les entrées et les sorties.

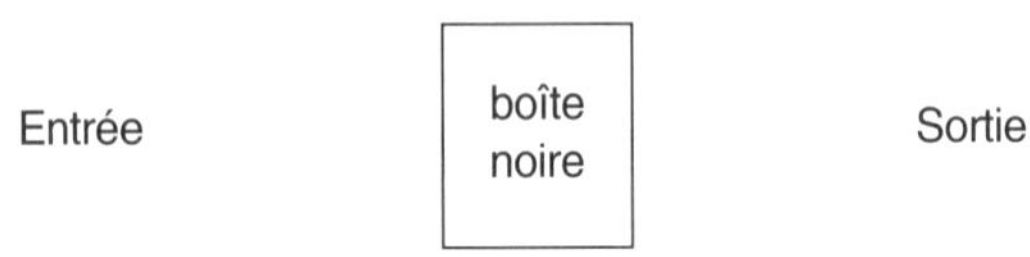

1. Thorndike et la loi de l'effet

Pour étudier l'apprentissage, Thorndike, un Américain, réalise au début du siècle l'expérience suivante : il enferme un chat préalablement affamé dans une cage de bois à claire-voie munie d'une pédale qui provoque l'ouverture de la porte, il pose ensuite à l'extérieur de la cage un morceau de viande dont le chat est friand, puis il attend. Le chat affamé, voyant la nourriture à l'extérieur, va et vient dans la cage, griffe le sol, s'agite, jusqu'à ce que ses déplacements le conduisent à appuyer par hasard sur la pédale, ce qui déclenche l'ouverture de la porte. Il sort alors et mange le morceau de viande. Thorndike le reprend et l'enferme derechef. Il répète ainsi l'expérience plusieurs fois et après un certain nombre de répétitions, constate que le chat, dès qu'il est enfermé, se dirige directement vers la pédale, appuie sur celle-ci, sort de la cage et va manger.

Dans cette expérience, le chat a donc appris à appuyer sur la pédale.

Thorndike généralise ce constat en disant que le stimulus « pédale » a provoqué la réponse « appui », parce que l'association « pédale-appui » a été renforcée par l'ingestion de nourriture qu'il appelle le renforcement. Après de nombreuses expériences qui lui permettent de provoquer de multiples apprentissages chez différents types d'animaux en « renforçant » systématiquement la liaison « stimulus-comportement » qu'il souhaite « enseigner », Thorndike énonce une loi extrêmement importante pour le contrôle du comportement et pour l'apprentissage, la loi de l'effet.

Loi de l'effet. Tout comportement renforcé positivement (récompensé) a tendance à se reproduire dans la même situation.

2. Skinner et le conditionnement opérant

La psychologie « stimulus-réponse-renforcement »

Skinner, un autre Américain, reprend les expériences de Thorndike. Il travaille avec des rats affamés qu'il enferme dans une boîte munie d'un levier, d'un distributeur de nourriture et d'une mangeoire. Le levier (stimulus) est relié au distributeur de nourriture, et l'appui (réponse) sur le levier provoque l'arrivée d'une boulette de viande (renforcement) dans la mangeoire.

Au début de l'expérience, le rat se promène dans la boîte, se lève sur ses pattes de derrière, retombe, poursuit son exploration, et à un moment, totalement par hasard, tombe sur le levier et provoque l'arrivée de la nourriture. Le rat se restaure (l'association : « levier/appui sur le levier » est ainsi renforcée positivement). Après cet intermède, le rat reprend ses « promenades » et comme dans l'expérience de Thorndike, on constate que les mouvements erratiques du rat ont tendance à se modifier. L'animal se promène de plus en plus fréquemment dans l'environnement immédiat du levier, pour s'installer bientôt définitivement près de celui-ci, se lever sur ses pattes de derrière, appuyer sur le levier, manger, se lever de nouveau, appuyer encore, manger, etc., jusqu'à ce qu'il soit rassasié.

Si l'on conduit la même expérience sans mettre de nourriture dans le distributeur, le rat n'apprend jamais à appuyer sur le levier.

Sans renforcement de la bonne réponse pas d'apprentissage !

L'extinction

Comme Pavlov et Thorndike avant lui, Skinner constate également que si l'on supprime l'arrivée de la boulette de nourriture après l'appui sur le levier, le comportement d'appui se maintient un certain temps mais s'éteint progressivement. À terme, le stimulus (levier) ne provoque plus la réponse (appui), il y a « oubli » de l'apprentissage. Si l'on rétablit l'arrivée de la boulette, le comportement d'appui se réinstalle très rapidement.

Les contingences de renforcement

La loi de l'effet semblant parfaitement confirmée, les psychologues cherchent à identifier les conditions (contingences) qui optimiseraient l'efficacité du renforcement. Ils cherchent donc à répondre à différentes questions :

– pour installer un comportement fortement résistant à l'extinction, faut-il fournir le renforcement immédiatement après le comportement ? 5 secondes après ? 20 secondes après ? 1 minute après ?

– faut-il fournir un renforcement après chaque comportement ? Après deux ou trois comportements ? De manière totalement aléatoire ?

Après de multiples expériences, il devient évident que le programme qui provoque le comportement d'appui le plus résistant à l'extinction chez les animaux est le programme suivant :

– renforcer immédiatement tous les comportements d'appui au début de l'expérience ;

– introduire une modification en « oubliant » de temps à autre de renforcer un comportement ;

– « oublier » progressivement de plus en plus de renforcements jusqu'à ne proposer le renforcement que très rarement et de manière totalement aléatoire.

En utilisant des contingences de renforcement de ce type, les chercheurs ont pu obtenir qu'un rat appuie constamment sur le levier en n'étant renforcé qu'une fois tous les 10 000 appuis. Un observateur non averti estimerait sûrement que cet animal est particulièrement motivé, particulièrement tenace, qualités que l'on demande à tout individu engagé dans une tâche difficile. La motivation et la ténacité du rat en question s'expliquent uniquement par les contingences de renforcement auxquelles il a été soumis. Son histoire explique parfaitement son comportement.

3. Les lois de l'apprentissage

Après avoir obtenu des apprentissages animaux extrêmement étonnants en manipulant le renforcement positif (Skinner enseigne à des pigeons à jouer au ping-pong avec le bec), Skinner théorise ses expériences, et formule les lois de l'apprentissage.

Les principales « lois » de l'apprentissage :

1. Chaque apprenant apprend à son rythme et à sa manière.
2. Un apprenant actif apprend mieux qu'un apprenant passif.
3. Tout comportement renforcé positivement a tendance à se reproduire dans la même situation.
4. La connaissance immédiate des résultats facilite les apprentissages.
5. Pour faciliter les apprentissages, il faut diviser la difficulté en difficultés élémentaires.

Ces « lois » (qui ne sont pas exhaustives, nous en verrons d'autres avec les cognitivistes), constituent plus des grands principes que des « lois ». Si vous en tenez compte pour construire une situation d'enseignement/apprentissage, vous avez d'excellentes chances de provoquer les apprentissages attendus. Attention tout de même, lorsque j'affirme que les lois « fonctionnent », cela ne signifie pas que la théorie qui prétend les expliquer (ici la théorie behavioriste) soit juste. C'est un autre problème qui n'a rien à voir avec le premier. Pour le praticien de la pédagogie, les « lois » de l'apprentissage sont intéressantes car elles nous donnent la possibilité d'agir efficacement. Sur le plan théorique, laissons les psychologues débattre de l'interprétation qu'il convient de leur donner et lorsqu'ils seront d'accord nous adopterons leur explication [1].

4. Théorie behavioriste et enseignement

Le renforcement positif de la bonne réponse

Nous avons vu plus haut que sans renforcement de la bonne réponse, il n'y a pas d'apprentissage. Le **renforcement** est l'élément fondamental de toute théorie du comportement, qu'elle soit comportementaliste, cognitiviste, ou humaniste.

Cependant, s'il est essentiel de renforcer les bonnes réponses, cela signifie qu'il faut d'abord les faire produire. Cette affirmation semble relever de ce que l'on appelle les vérités de La Palice, mais cette remarque est essentielle, fondamentale. Si vous souhaitez qu'un individu apprenne, rendez-le **ACTIF**, organisez la situation d'apprentissage pour qu'il produise le bon comportement et **RENFORCEZ-LE** ensuite positivement. Si vous souhaitez réellement faire produire les bonnes réponses, il faut étudier votre public avec soin et diviser la difficulté en difficultés élémentaires pour le public considéré de façon qu'il puisse effectivement résoudre les problèmes que vous lui poserez. Une grande partie de l'art du pédagogue repose sur sa capacité à adapter le niveau de difficulté du contenu traité au public auquel il s'adresse.

Les behavioristes nous ont laissé une définition de l'apprentissage que nous pouvons parfaitement accepter : *« Apprendre c'est modifier de manière durable son comportement »*. Piaget lui-même utilise régulièrement cette définition dans son discours. Si nous souhaitons compléter cette définition pour intégrer l'interprétation cognitiviste du comportement il suffit d'écrire :

Apprendre c'est modifier de manière durable son comportement et ses représentations

1. Aujourd'hui, les behavioristes semblent avoir perdu la partie, les sciences cognitives (voir chapitre 8) dominent, mais tout n'est pas simple pour autant car les tenants des théories cognitivistes s'opposent aux tenants des théories connexionnistes (voir chapitre 10) et l'explication qui satisferait tout le monde n'est toujours pas en vue.

Deux règles très importantes pour tout enseignant

Les behavioristes nous ont également laissé deux grandes règles pédagogiques que nous retrouverons formulées de cette manière ou d'une autre par tous les théoriciens de l'apprentissage.

Pour enseigner de manière efficace :

1. Rendez l'apprenant actif !

Pour provoquer cette activité et la maintenir :

2. Renforcez positivement les apprenants donc organisez votre enseignement pour qu'ils réussissent les exercices que vous leur proposez.

Activité de l'apprenant + renforcement positif constituent donc les clefs de l'efficacité de l'enseignement d'après les théories behavioristes du comportement.

Une approche précognitiviste : Piaget [2]

1. Piaget et le constructivisme

Piaget, épistémologue suisse, représente un courant de pensée fondamentalement différent du behaviorisme américain. La question à laquelle il a cherché à répondre toute sa vie : *« Comment la connaissance vient-elle aux individus ? »* nous permet de comparer certaines de ses réponses à celles des behavioristes, mais sa préoccupation première n'est pas de décrire la manière dont les individus apprennent.

Piaget, épistémologue généticien (il étudie la genèse des connaissances de la petite enfance à l'âge adulte), a construit sa théorie en observant (entre autres) le développement de ses propres enfants et en comparant les comportements observés dans une situation déterminée chez des enfants d'un âge précis à ceux qu'il pouvait observer chez d'autres enfants du même âge. Ses réponses : l'acquisition des schèmes d'action, les stades de développement, sont, à l'évidence, particulièrement intéressantes pour le pédagogue.

Fondamentalement différentes des explications behavioristes, ses théories éclairent d'une manière nouvelle le phénomène de l'apprentissage et apportent ainsi au praticien de la pédagogie des outils différents pour comprendre et pour agir.

---

2. Partie construite à partir des articles « Piaget », « Schème », « Constructivisme », « Opérations formelles », « Abstraction », etc., de l'ouvrage : Raynal F., Rieunier A., *Pédagogie, dictionnaire des concepts clefs*, ESF éditeur, 1998.

Il est vrai que la question que pose Piaget est d'importance : « *Comment un individu aussi démuni que le bébé humain, peut-il, quelques années après sa naissance, construire des ordinateurs, des théories philosophiques, créer des symphonies, sauter 9 mètres en longueur, etc. ?* » « *Comment, doté d'un équipement comportemental réduit à quelques réflexes : préhension, succion, etc., le bébé parvient-il à se développer de telle sorte qu'il domine ensuite toutes les autres espèces ?* » Telles sont les questions que se pose Piaget.

Les schèmes d'action

Pour Piaget, la connaissance est d'abord sensori-motrice. L'enfant apprend à connaître les objets par l'intermédiaire de ses sens, donc par l'**action**. Un bébé touche et suce tout ce qui passe à sa portée, c'est sa manière de prendre contact avec le monde.

Initialement, les gestes du bébé pour saisir un hochet et pour le secouer sont particulièrement maladroits, chaotiques, désordonnés. Pourtant, au fil des expériences, le geste s'affine, la main se dirige avec plus d'assurance, la pression s'adapte, la coordination oculo-manuelle progresse et au bout de quelques mois le geste est assuré, fluide et efficace.

Fort de ses observations, Piaget fait l'hypothèse que si le geste devient progressivement plus efficace, c'est qu'il est commandé par un schéma d'action qui s'inscrit progressivement dans le cerveau et que l'efficacité de ce schéma dépend du nombre de fois où le geste aura été exécuté. Ce schéma, Piaget l'appelle un schème. Présenté autrement, l'action de préhension du hochet correspondrait à un parcours particulier de l'influx nerveux de neurone en neurone, et ce parcours à peine ébauché à la naissance, d'où la maladresse constatée, se creuserait progressivement comme le lit d'un cours d'eau, au fur et à mesure que le geste se répète.

D'après Piaget, il suffirait donc de manipuler de plus en plus d'objets nouveaux, ce qui obligerait le schème à les intégrer :

– en tant qu'objets identiques, assimilables au premier (ce sont tous des objets à saisir) ;

– en tant qu'objets différents (il faut les saisir différemment selon leur forme ou leur texture) ;

pour que le schème se diversifie, s'adapte à des objets de forme et de nature différentes et devienne ainsi progressivement plus performant.

Toutes nos actions seraient ainsi commandées par des schèmes (schémas d'action) qui se construisent progressivement au fil du temps par l'intermédiaire des actions que nous effectuons sur les objets, et du feed-back reçu.

Piaget note également que très tôt, l'enfant semble agir en fonction d'un but. Le bébé couché sur le dos dans son berceau se met parfois en arc de cercle en s'appuyant sur ses pieds et sur sa tête, se laisse retomber, recommence plusieurs fois, secouant ainsi son berceau. Il semble observer, dit Piaget, les conséquences de ses actes sur le mouvement des hochets pendus au sommet du berceau. Le **feed-back** (retour d'information) obtenu à partir de la comparaison « intention-résultat de l'action » serait donc également à l'origine du développement des schèmes, et expliquerait en partie le phénomène de l'accommodation (modification du schème en fonction des résultats obtenus et des caractéristiques nouvelles de la situation).

Piaget estime donc, comme Skinner, mais pour des raisons théoriques totalement différentes, que deux éléments sont fondamentaux pour provoquer les apprentissages :
– l'**action** du sujet apprenant (il faut que l'apprenant soit actif) ;
– le **retour d'information**, ou la connaissance immédiate des résultats. Cette fois, bien sûr, il ne s'agit pas d'un renforcement proposé par l'extérieur, mais d'un renforcement interne. C'est la motivation intrinsèque opposée à la motivation extrinsèque. Le renforcement est provoqué par la prise de conscience d'un résultat qui correspond à l'atteinte du but que l'on s'est fixé, par une confirmation des attentes.

Si l'**action** sur l'objet réel est à ce point première dans la genèse des schèmes, donc dans la genèse des idées et de la pensée, on comprend mieux la difficulté qu'éprouvent les enfants et certains adultes à raisonner de manière abstraite. On comprend également la nécessité pour le pédagogue de partir du **concret** et de revenir fréquemment à celui-ci, s'il veut enseigner de manière vraiment efficace.

Les stades de développement

Pour Piaget, la genèse de l'intelligence est équivalente à la genèse du raisonnement logique et l'enfant progresse dans l'acquisition de ce raisonnement en passant par des stades divers :

– stade sensori-moteur de 0 à 18 mois ;

– stade préopératoire de 18 mois à 6-7 ans ;

– stade des opérations concrètes de 7 ans à 11-12 ans ;

– stade des opérations formelles à partir de 13 à 14 ans.

Le **stade sensori-moteur.** De 0 à 18 mois, le bébé n'a que peu de possibilités d'action sur son environnement. Pour apprendre à connaître les choses, il les touche, les suce et/ou les manipule. Grâce à ces activités, nous dit Piaget, il acquiert des connaissances. Un bébé de 10 mois joue avec sa mère, assis par terre sur une couverture. S'il désire un objet posé à deux mètres de lui sur la couverture, il tend la main pour manifester son désir, frappe des pieds ou tente de se déplacer à quatre pattes pour s'emparer de l'objet. À l'âge de 14 mois, il tire la couverture à lui et s'empare de l'objet, il a acquis la conduite du support.

Le stade préopératoire, l'acquisition de la pensée symbolique. De 18 mois à 6-7 ans, l'enfant acquiert la maîtrise du langage, donc la possibilité de se représenter mentalement les objets et ce qu'il est capable de faire.

Au stade préopératoire, l'enfant est totalement dominé par l'aspect sensible des choses, par le figuratif, par l'aspect concret. Si vous alignez devant un enfant de 4 ans une série de jetons et que vous lui demandiez de construire une ligne dans laquelle il y ait autant de jetons, l'enfant la construira généralement en posant, terme à terme, un jeton en face de chaque jeton de la ligne de base. Si, lorsqu'il a affirmé qu'il y a le même nombre de jetons dans les deux lignes vous augmentez, sous ses yeux, les espaces entre les jetons dans une des deux lignes, il dira que maintenant, dans celle-ci (la plus longue), il y a davantage de jetons que dans celle-là (la plus courte). Si, après ce jugement, vous resserrez les jetons sous ses yeux de telle sorte que la ligne antérieurement la plus longue devienne la plus courte, il modifiera son jugement et dira qu'il y a moins de jetons dans celle-ci (la plus courte), que dans celle-là, (la plus longue). Il juge en fonction de la dimension la plus prégnante : la longueur des lignes [3].

Le stade des opérations concrètes. De 7 à 11-12 ans, l'enfant peut effectuer des opérations sur des objets manipulables, ou sur des objets immédiatement imaginables. Il affirme maintenant, dans le cas de l'expérience des jetons, qu'il y a autant de jetons dans les deux lignes **puisque l'on n'a rien ajouté et que l'on n'a rien enlevé**, mais il ne peut pas encore effectuer des opérations sur des propositions ou sur des hypothèses. Soit l'exemple des fleurs et des tulipes, c'est-à-dire l'inclusion d'une sous-classe dans une classe. Cette classification, dit Piaget, *« n'est acquise qu'aux environs de 7 à 8 ans. Donnez à l'enfant des fleurs qui comprennent six primevères et six autres fleurs. Vous lui demandez :*

– "Est-ce que toutes les primevères sont des fleurs ?"

Réponse : "naturellement oui".

– "Est-ce que toutes les fleurs sont des primevères ?"

Réponse : "naturellement non".

– "Y a-t-il sur cette table plus de primevères ou plus de fleurs ?"

L'enfant va regarder et dire : il y a plus de primevères ; ou bien : c'est la même chose, parce qu'il y en a six d'un côté et six de l'autre.

– "Mais enfin, tu viens de me dire que les primevères sont des fleurs. Est-ce qu'il y a plus de fleurs ou plus de primevères ?"

– "Eh bien les fleurs c'est ce qui reste après les primevères..." »

Ce n'est pas l'inclusion de la partie dans le tout, c'est la comparaison d'une partie avec l'autre partie. Cela est intéressant comme symptôme des opérations concrètes. Notez qu'avec des fleurs, ce problème est résolu vers 8 ans. Mais si vous prenez des animaux, la solution vient plus tard. Vous demandez à un enfant :

– « "Est-ce que tous les animaux sont des oiseaux ?

3. Bien que relativement anciennes, les théories de Piaget demeurent parfaitement valables, mais certaines interprétations d'expériences célèbres (comme celle des jetons présentée ici) sont aujourd'hui remises en question. Le lecteur intéressé lira :

Netchine-Grinberg G., *Développement et fonctionnement cognitif. Vers une intégration*, PUF, 1999.

Houdé O., Miéville D., *Pensée logico-mathématique*, PUF, 1993.

– Certainement pas. Il y a les escargots, les chevaux…

– Est-ce que tous les oiseaux sont des animaux ?

– Certainement.

– Alors si tu regardes par la fenêtre, est-ce qu'il y a plus d'oiseaux ou plus d'animaux ?

– Je n'en sais rien, il faudrait aller les compter."

Impossible donc de déduire l'inclusion de la sous-classe dans la classe simplement par la manipulation du "tous" et du "quelques". Et ceci, probablement parce que les fleurs peuvent être rassemblées en bouquets. Il y a là une opération concrète facile, tandis qu'aller faire des bouquets d'hirondelles, cela devient plus compliqué ; ce n'est pas manipulable. » [4]

Le stade des opérations formelles. À partir de 12-13 ans, l'enfant devient capable de construire un raisonnement basé sur des hypothèses et non plus sur des objets posés sur la table ou facilement imaginables. Il résout maintenant sans difficulté le problème de l'inclusion des hirondelles dans l'ensemble des animaux. Confrontons un adolescent de 15 ans ayant effectué une scolarité normale au problème qui consiste à déterminer quels éléments jouent un rôle dans le fonctionnement d'une balance : la longueur des bras de levier, les poids proposés, la distance entre les plateaux et le bras de la balance, etc. Nous constaterons qu'il utilise spontanément la méthode expérimentale alors qu'il ne l'a jamais apprise. Il ne fait varier qu'un paramètre à la fois, et applique le principe : « toutes choses étant égales par ailleurs ». Il est parvenu au stade des opérations formelles et l'utilisation de cette méthode lui paraît une nécessité. Si vous proposez à un individu qui a atteint le stade des opérations formelles le syllogisme suivant : *« Les rats aiment le fromage. Socrate aime le fromage. Donc Socrate est un rat »,* il pourra vous répondre que cette conclusion est incertaine car on peut parfaitement représenter ce syllogisme de plusieurs manières dont certaines sont incompatibles avec la conclusion.

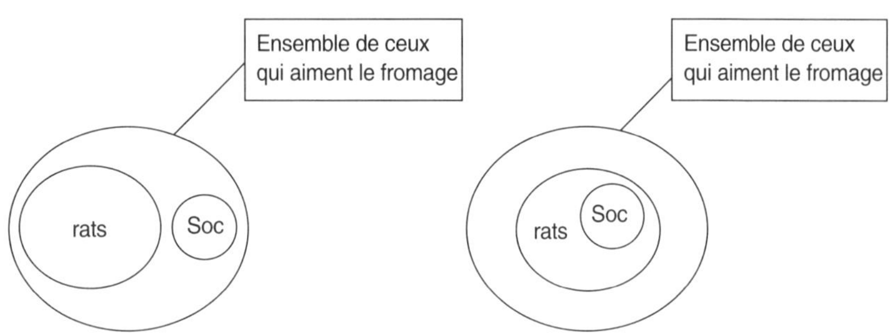

Cas 1 : Socrate est le nom d'un homme. Cas 2 : Socrate est le nom d'un rat.

4. Piaget J., *Problèmes de psychologie génétique*, Denoël/Gonthier, 1972, p. 164-165.

Si vous lui proposez le syllogisme : « *Tous les fauteuils sont des cachalots. Tous les avions sont des fauteuils. Donc tous les avions sont des cachalots* », il ne sera pas troublé par la « surface » du raisonnement et sera parfaitement capable de se détacher de la réalité des choses pour affirmer que si les deux premières propositions sont considérées comme vraies alors la troisième est indiscutable. Il n'est plus dominé par l'aspect sensible des choses, il peut désormais raisonner uniquement sur des hypothèses.

Cette capacité à raisonner uniquement sur des hypothèses permet à l'adolescent qui maîtrise les opérations formelles de s'intéresser à tous les grands problèmes philosophiques, existence de Dieu, sens de la vie, systèmes politiques idéaux, etc. C'est la période de la vie où il peut passer des nuits à refaire le monde avec des camarades uniquement pour manipuler cet instrument merveilleux que constitue le raisonnement logique, c'est l'époque de la fascination pour les paradoxes : « Je ne veux pas perdre ma vie à la gagner », « Il est interdit d'interdire », de l'intérêt pour les théories anarchistes, etc.

Il me semble tout de même important de souligner que : *« selon Godefroid (1987), diverses études démontrent maintenant qu'il n'y a qu'une partie de la population, évaluée entre 25 % et 50 % qui soit réellement capable de fonctionner de façon abstraite »* [5], c'est-à-dire qui maîtrise le stade des opérations formelles.

Obtenir que l'enfant parvienne réellement à maîtriser le raisonnement hypothético-déductif constitue l'une des finalités de l'enseignement. Nombre d'adolescents n'échoueraient peut-être pas dans leurs études secondaires si les enseignants acceptaient de revenir au concret dès que la compréhension semble compromise. Il ne s'agit pas de rester définitivement au niveau du concret, il s'agit de faciliter un passage concret/abstrait qui ne s'effectue pas toujours sans difficultés.

L'abstraction

Si je tente de résumer la manière dont Piaget conçoit le développement, je dirai que pour Piaget, le développement de l'être humain de la petite enfance à l'âge adulte est une lente progression vers l'acquisition du raisonnement logique et la maîtrise de l'abstraction.

Partant d'un bébé qui ne possède pour tout bagage que quelques schèmes sensori-moteurs, en particulier le schème de la préhension, l'enfant va se développer par l'intermédiaire :
- des actions qu'il peut effectuer sur le monde qui l'entoure ;
- de la perception des résultats que ses actions provoquent sur l'environnement (feed-back) ;
- des conclusions qu'il pourra tirer quant à l'efficacité de ses actions (abstraction réfléchissante).

5. Papalia D. E., Olds S. W., *Introduction à la psychologie*, Mac Graw Hill, 1988, p. 447.

Abstraction simple, abstraction réfléchissante. De son expérience sensori-motrice, l'enfant peut abstraire des concepts tels que le concept de densité. Il se rend compte par exemple que des objets de même poids peuvent avoir des volumes extrêmement différents, c'est le fameux « qu'est-ce qui pèse le plus 1 kilo de plume ou 1 kilo de plomb ? » de notre enfance. L'abstraction simple, est une abstraction qui se produit directement à partir des objets.

En revanche, par l'intermédiaire du langage et de la capacité de réflexion qu'il provoque sur les actions effectuées, des buts visés et de la comparaison avec les résultats obtenus, l'enfant va pouvoir verbaliser certaines de ses stratégies d'action qu'il jugera particulièrement efficaces pour les avoir expérimentées avec succès dans certaines situations. Grâce à cette réflexion relative aux causes du succès obtenu, il généralisera peut-être la solution particulière à la catégorie de problèmes, et pourra ainsi se construire des schèmes d'action particulièrement performants pour résoudre des problèmes de plus en plus complexes. C'est ce dernier type d'abstraction que Piaget appelle l'abstraction réfléchissante. Cette abstraction réfléchissante particulièrement importante pour le développement de l'individu se produit à partir de la **réflexion** du sujet **sur ses propres actions** et sur les résultats obtenus en fonction des buts poursuivis.

J'ai donné un exemple concret d'abstraction réfléchissante dans le chapitre 4 de cet ouvrage : lorsque l'élève prend conscience de la manière dont il peut s'y prendre pour trouver la formule de calcul des aires des figures géométriques (compléter le rectangle). Dans le cas du calcul de l'aire des principales figures géométriques, l'abstraction réfléchissante permet d'identifier une stratégie cognitive (partir du rectangle) qui sera ultérieurement utilisable pour résoudre d'autres problèmes du même type, le calcul de l'aire du triangle, du losange, etc.

L'apprentissage selon Piaget [6]

Comment Piaget envisage-t-il l'apprentissage ? Pour Piaget, l'intelligence est ce qui permet à un individu de s'adapter à son environnement, et l'individu n'apprend, ne se développe, que dans la mesure où il est confronté à un problème, c'est-à-dire à une situation qui lui résiste, une situation pour laquelle il n'a pas, dans son répertoire cognitif (dans sa mémoire), de schème (schéma d'action) adapté à la résolution du problème posé par cette situation [7].

D'après Piaget, l'individu se sent bien s'il est adapté à son environnement, c'est-à-dire si l'ensemble des schèmes qu'il possède dans son cerveau lui permet de résoudre toutes les situations qu'il rencontre dans sa vie courante. Supposons que l'individu ait rencontré dans sa vie 3 250 situations différentes et qu'il ait construit 325 schèmes différents pour les résoudre, (un schème, « schéma de

---

6. Nous retrouvons ici (présentée différemment) une théorie identique à celle de Miller, Gallanter et Pribram décrite dans le chapitre précédent, mais la théorie de Piaget est antérieure à la théorie américaine.

7. Voir *Préparer un cours. Applications pratiques*, leçon complète sur l'apprentissage chez Piaget, traité en pédagogie différenciée simultanée.

situation », permet de répondre correctement à une catégorie de situations). Supposons donc que notre individu ait momentanément dans son cerveau tous les schèmes nécessaires à la résolution de toutes les catégories de problèmes que lui propose son environnement habituel. Dans ce cas, l'individu est en situation d'équilibre, il se sent bien.

Supposons maintenant que notre individu rencontre une nouvelle situation, la 3251e, et qu'il ne trouve dans sa mémoire aucun schème susceptible de la résoudre, le voilà donc en déséquilibre.

Ce déséquilibre étant vécu comme désagréable, l'individu va chercher à rétablir son équilibre en tentant de résoudre la situation problème. Quelles sont ses possibilités ?

– tenter d'assimiler (assimilation) la situation nouvelle à une situation déjà rencontrée et vérifier si un schème existant ne permettrait pas, en le modifiant un peu (accommodation), de résoudre la nouvelle situation ;

– créer un schème nouveau.

a) Assimiler la situation nouvelle à une situation déjà rencontrée

Si l'individu peut assimiler la situation problème à une situation déjà rencontrée, le schème adéquat est mis en œuvre. En résolvant le nouveau problème, le schème se modifie (accommodation) et acquiert une dimension supérieure puisqu'il devient capable de résoudre un problème supplémentaire. L'individu étend donc sa compétence à une plus grande quantité de situations. Piaget dit que le schème s'est accommodé (modifié), en assimilant (intégrant) l'objet (la nouvelle situation). Une fois le problème résolu, l'individu est de nouveau équilibré à un niveau légèrement supérieur à ce qu'il était antérieurement.

b. Créer un schème nouveau

Si l'individu ne peut pas assimiler la situation problème à une situation déjà rencontrée, il tente de résoudre le problème en créant un schème nouveau (par apprentissage personnel, ou par enseignement) et s'il y parvient se retrouve également équilibré, mais à un niveau nettement plus élevé qu'antérieurement. Il possède maintenant un schème nouveau qui va pouvoir intégrer de nouveaux objets donc se diversifier et devenir plus performant avec la pratique.

Apprendre, selon la théorie de Piaget, c'est donc modifier ses schèmes pour les rendre plus performants ou en créer de nouveaux.

Enseigner, selon cette même théorie, c'est imaginer des situations qui permettront à l'apprenant de modifier les schèmes existants ou de construire des schèmes nouveaux.

CONSÉQUENCES PRATIQUES

1. L'apprenant doit être **actif** [8].
2. L'apprenant doit être **renforcé positivement** très fréquemment, il faut donc le faire réussir et lui faire connaître les résultats de son activité très rapidement.
3. Si l'on souhaite provoquer des apprentissages il faut mettre l'individu en situation de **déséquilibre**, donc **commencer la leçon en posant un problème**.
4. Il faut enseigner en s'appuyant sur le **concret**.
5. Si apprendre, c'est modifier des schèmes d'action en les enrichissant, il est indispensable pour celui qui se propose d'enseigner donc de faire apprendre, d'identifier d'une manière ou d'une autre la forme initiale du schème à modifier chez celui qui doit apprendre. Cela signifie qu'il faut impérativement **faire jaillir les représentations et activer les prérequis** à l'apprentissage.
6. Si apprendre, c'est modifier des schèmes existants ou en créer de nouveaux, le **raisonnement par analogie** est sûrement une stratégie efficace pour provoquer l'apprentissage.
7. Si l'**abstraction réfléchissante**, qui dépend de l'activité de **métacognition** [9], est le moyen le plus efficace de créer des schèmes d'action performants, il faut inclure un moment réservé à cette activité dans toute situation d'enseignement-apprentissage (comme le suggère Meirieu), car c'est ainsi que l'on met en place cette boucle de régulation interne qui rend l'individu autonome (voir chapitre 2, page 25).

8. La sagesse populaire dit : « C'est en forgeant qu'on devient forgeron. »

9. Réflexion sur ses propres actions et sur les résultats obtenus, en vue d'en tirer des règles utilisables lors des actions futures.

QUESTIONS À SE POSER POUR PRÉPARER UNE LEÇON

1. Quel est l'objectif ?

↓

2. Comment l'évaluer ?

↓

3. Le niveau de l'outil d'évaluation (Bloom) est-il suffisant ?

↓

4. À quel type d'apprentissage (Gagné) correspond l'objectif ?

↓

Fait Concept Principe Méthode Stratégie cognitive Attitude Geste

↓

5. Quelle démarche générale vais-je privilégier ?
Inductive ? Déductive ? Dialectique ? Divergente ? Analogique ?

↓

6. Quelle stratégie cognitive vais-je développer ?

↓

7. Quel problème concret vais-je poser au début de la leçon
pour les MOTIVER ? COMMENT DONNER DU SENS À CETTE LEÇON ?

↓

8. Comment vais-je les rendre ACTIFS durant cette leçon ?

7

Les réponses des psychologues sociaux et des psychologues du développement social

(Vygotski, Bandura, Inhelder, Cellérier, Perret-Clermont, Doise, Mugny)

Apprentissage et développement

1. Selon Piaget

Piaget, de par ses préoccupations, s'est trouvé confronté à une question fondamentale : « L'apprentissage pourrait-il accélérer le développement ou le développement précède-t-il systématiquement l'apprentissage ? » La réponse à cette question intéresse au premier chef le pédagogue. En effet, si le développement précède inéluctablement l'apprentissage, il est vain de chercher à enseigner quelque chose à un enfant qui n'aurait pas atteint le stade de développement adéquat. Piaget et ses chercheurs se sont donc mis à l'ouvrage et, à la suite de diverses recherches donnant des résultats qui paraissaient concordants, Piaget a répondu :

« Dans tous les cas, le développement précède l'apprentissage. »

2. Selon Vygotski

En URSS, le psychologue russe Vygotski, intéressé par les problèmes épistémologiques et par les problèmes pédagogiques, s'était également posé, dans les années trente, la question : « L'apprentissage peut-il accélérer le développement ou le développement précède-t-il systématiquement l'apprentissage ? » Après avoir effectué différentes recherches, il parvenait en 1934 à une conclusion opposée à celle de Piaget :

« Il s'avère que pour l'essentiel l'apprentissage précède le développement... »

et il proposait même un concept nouveau : « la zone de proche développement ».

Vygotski estimait, à l'encontre de Piaget, que ce qui était important pour les apprentissages ce n'était pas uniquement le niveau de développement atteint à un instant (t), mais plus précisément son potentiel de développement à l'instant (t) s'il était aidé, si l'adulte ou un autre enfant jouait le rôle de médiateur entre l'enfant et le savoir.

« Le psychologue doit nécessairement, pour déterminer l'état du développement, prendre en considération non seulement les fonctions venues à maturité mais aussi celles qui sont au stade de la maturation, non seulement le niveau présent mais aussi la zone de proche développement Comment procéder ?

Pour déterminer le niveau présent du développement, on utilise des problèmes que l'enfant doit résoudre tout seul et qui ne sont indicatifs que par rapport aux fonctions déjà formées et venues à maturité. Admettons que nous ayons déterminé chez deux enfants un âge mental équivalent à 8 ans. Si l'on va plus loin et qu'on essaie de voir comment les deux enfants résolvent les problèmes destinés aux âges suivants lorsqu'on leur vient en aide en leur montrant, en leur posant une question qui les met sur la voie, en leur donnant le début de la solution, etc., il apparaîtra qu'avec de l'aide, en collaboration avec un adulte, en suivant ses indications, l'un d'eux résout des problèmes correspondant à l'âge de 12 ans et l'autre des problèmes correspondant à l'âge de 9 ans. Cette disparité […] détermine précisément la zone de proche développement. Dans notre exemple, pour le premier enfant, cette zone est exprimée par le chiffre 4, pour l'autre par le chiffre 1. […].

La recherche montre que la zone de proche développement a une signification plus directe pour la dynamique du développement intellectuel et la réussite de l'apprentissage que le niveau présent de leur développement. » [1]

Malheureusement, à cause de l'opposition de Staline, les travaux de Vygotski furent mis sous le boisseau et cette grande voix s'éteignit en 1934 pour ne réapparaître en France qu'en 1984 [2].

Si nous nous référons aux travaux de Vygotski, il faut admettre que la responsabilité du pédagogue est totale, car sa médiation entre le savoir et l'apprenant est essentielle pour le développement optimum de l'individu.

Piaget avait tort sur ce sujet : l'apprentissage peut aider au développement, à condition de bien choisir le type d'aide que l'on va apporter et d'apporter cette aide au bon moment.

1. Vygotski L., *Langage et pensée*, Terrains/Éditions sociales, 1985, p. 269-270.
2. Date de parution en français de l'ouvrage de Vygotski : *Langage et pensée.*

Influence sociale et apprentissage

L'importance de la médiation de l'adulte dans la dynamique du développement (soulignée par Vygotski) me conduit à traiter d'un élément clef du développement, l'importance de l'influence d'autrui, donc de l'influence sociale dans la dynamique des apprentissages.

Très grossièrement, l'influence sociale peut s'exercer :
– par l'observation d'autrui dans une situation connue ou inconnue ;
– par l'intermédiaire de la situation classique d'enseignement ;
– par le jeu des discussions avec autrui et des conflits éventuels d'interprétation qui peuvent surgir lors de ces échanges, nous sommes alors dans le cadre de ce que les psychologues nomment le conflit sociocognitif, concept clef de la psychologie sociale du développement.

1. Apprendre en imitant [3]

Tout un chacun sait que l'apprentissage par imitation est un moyen d'apprendre extrêmement fréquent chez les enfants et chez les adultes. Tous les enfants jouent à « faire comme si… », tous les enfants observent les adultes et les autres enfants, tant dans la vie réelle que dans les fictions télévisées : ils observent les rôles joués par les uns et les autres dans les diverses situations sociales et reproduisent ensuite dans leurs jeux les comportements des acteurs afin « d'apprendre le rôle » qu'ils adopteront éventuellement ultérieurement en situation réelle.

Les adultes achètent des cassettes vidéo de pêche à la ligne, de tennis, de golf, etc. afin d'observer tout à loisir les champions en action et tenter d'imiter leurs gestes. L'homme est d'abord un « animal social », il est d'abord le produit de sa culture, et si cet environnement vient à manquer (cas des « enfants loups », de « Victor de l'Aveyron », voire des « déprivés culturels » de Feurstein), le petit d'homme subira un handicap parfois définitif.

Bandura [4], psychologue américain, souligne l'importance de l'imitation et de la modélisation dans les apprentissages sociaux (apprendre à se conduire avec ses semblables dans toutes les situations impliquant des contacts sociaux). Lorsqu'un néophyte est confronté à un apprentissage social du type entretien d'embauche, premiers contacts avec une classe pour un jeune enseignant, premiers contacts avec les autorités d'un village de brousse en Afrique noire, conduite d'entretiens, conduite de réunions, etc., le néophyte souhaiterait généralement :
– pouvoir observer calmement (sans être directement impliqué), comment un individu compétent se conduit dans ces situations ;

3. Winnykamen F., *Apprendre en imitant*, PUF, 1990.
4. Bandura A., *L'apprentissage social*, Mardaga, 1980.

– bénéficier ensuite de conseils éclairés, c'est-à-dire qu'il espère qu'à partir des images et impressions multiples émergeant de ses observations, une personne compétente l'aidera à se construire une représentation symbolique efficace en nommant les choses, en les organisant (procédure, algorithme), et en attirant son attention sur les éléments pertinents (les éléments clefs) de la conduite adaptée.

Dans la vie courante, les apprentissages sociaux (apprendre à se conduire avec ses semblables dans toutes les situations impliquant des contacts sociaux), ainsi d'ailleurs que la plupart des apprentissages relatifs à l'utilisation d'un objet ou d'un outil, se produisent essentiellement par l'intermédiaire de l'apprentissage par observation d'autrui.

En conséquence, la présentation de modèles divers constitue généralement la stratégie à privilégier lorsqu'il s'agit de faciliter :
– un apprentissage gestuel ;
– un apprentissage de procédure ou de méthode ;
– un apprentissage d'attitude ;
– un apprentissage de stratégie cognitive.

2. La psychologie sociale du développement [5]

Piaget estime que l'apprentissage se produit lorsque l'individu est en déséquilibre, c'est-à-dire lorsqu'il ne trouve pas dans son répertoire cognitif un schème adapté à la situation. Mais Piaget qui affirme par ailleurs que « l'affectivité est l'énergétique des conduites », étudie uniquement le développement du « sujet épistémique », c'est-à-dire le développement de l'individu hors contexte social, le « sujet en soi », un sujet qui ne rencontre jamais personne mais qui se développe normalement tout de même. Piaget a construit tout l'édifice conceptuel de l'épistémologie génétique en faisant volontairement l'impasse sur l'affectivité et sur les rapports sociaux.

Forts des résultats obtenus par Piaget (stades de développement, fonctionnement et différenciation des schèmes, groupe INRC [6], etc.), ses collègues et successeurs (Inhelder, Cellérier, Perret-Clermont, entre autres) commencent à partir de 1975 à s'intéresser au sujet dans son contexte social, au sujet réel en quelque sorte, et soulignent que l'influence sociale et plus particulièrement le **conflit**

5. Sur le sujet lire :
Doise W., Mugny G., *Le développement social de l'intelligence*, Interéditions, 1981 ;
Perret-Clermont A.-N., Nicolet M. (dir), *Interagir et connaître*, Delval, 1988.
Inhelder B., Cellérier G. (dir.), *Les cheminements des découvertes de l'enfant*, Delachaux et Niestlé, 1992 ;
Perret-Clermont A.-N., Grossen M., Nicolet M., Schubauer-Leoni M.-L., *La construction de l'intelligence dans l'interaction sociale*, P. Lang, 1996 ;
Baudrit A., *Apprendre à deux*, PUF, 1997.

6. Pour le vocabulaire piagétien, se reporter à Raynal F., Rieunier A., *Pédagogie, dictionnaire des concepts clefs,* ESF éditeur, 1998.

sociocognitif (le conflit provoqué par des avis opposés au sien à propos d'une situation), constitue un élément majeur du développement et des apprentissages.

D'après ces travaux de recherche, le choc des représentations différentes à propos d'une même situation, l'argumentation, la prise en compte de l'avis de l'autre, la tentative de réfutation de ses arguments et la construction d'hypothèses nouvelles visant à dépasser les contradictions (pensée dialectique), constituent des situations privilégiées pour provoquer les apprentissages.

CONSÉQUENCES PRATIQUES

1. Si vous devez provoquer :
– un **apprentissage gestuel** ;
– un **apprentissage de procédure ou de méthode** ;
– un **apprentissage d'attitude** ;
– un **apprentissage de stratégie cognitive**.
La situation à privilégier est sûrement :
– une situation de **modélisation directe** (présenter divers modèles) ;
– doublée par une **modélisation symbolique** (procédure écrite) qui fait la synthèse.

2. Chaque fois que vous devrez enseigner un concept ou des principes complexes, pensez à proposer un travail de petit groupe, afin de provoquer un **CONFLIT SOCIOCOGNITIF**, moteur important de l'apprentissage.

CONCEVOIR UNE STRATÉGIE PÉDAGOGIQUE

Avec ce chapitre, nous commençons à identifier les **stratégies pédagogiques canoniques**, c'est-à-dire la ou les stratégies pédagogiques efficaces pour un **type d'apprentissage** particulier (Gagné).

Ces stratégies ne constituent, à l'évidence, qu'une structure orientatrice de l'action et peuvent être particularisées à l'infini, mais elles fournissent tout de même un bon indicateur des directions dans lesquelles orienter son action si l'on est capable :

– d'identifier le type d'apprentissage (Gagné) que l'on tente de provoquer ;

– de citer la ou les stratégies canoniques permettant de provoquer ce type d'apprentissage.

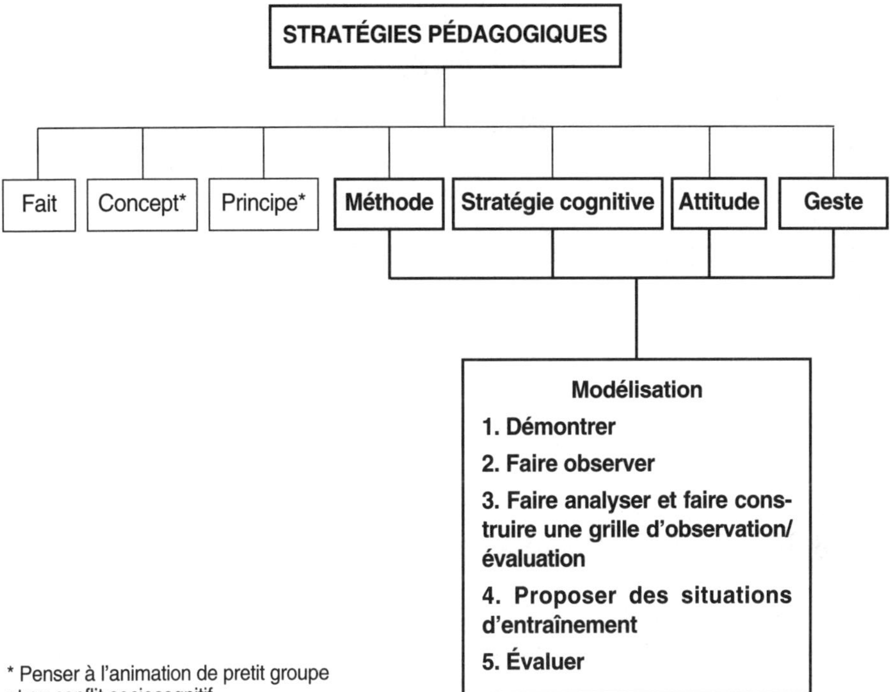

* Penser à l'animation de pretit groupe et au conflit sociocognitif

8

Les réponses des cognitivistes

Première partie : le traitement de l'information chez l'homme [1]

Les sciences cognitives [2]

1. Psychologie et informatique

Si la première moitié du siècle a été marquée en psychologie par l'hégémonie du behaviorisme (Piaget, Freud, et la psychologie de la forme constituant des exceptions), la seconde moitié appartient indiscutablement aux cognitivistes, c'est-à-dire à ceux qui veulent comprendre ce qui se passe à l'intérieur du cerveau. *« 1943-1950. Sept ans seulement furent nécessaires à quelques mathématiciens, neurologues, psychiatres et logiciens pour transformer notre conception de l'intelligence humaine en donnant naissance à la cybernétique, à l'informatique, à l'intelligence artificielle, aux neurosciences, à la psychologie cognitive* [3]. »

Les enseignants ne perçoivent généralement pas que l'intérêt essentiel de l'informatique ne réside pas dans les machines mais dans une de leurs conséquences : le développement des sciences cognitives et la modification des relations de l'homme avec son cerveau [4].

L'ordinateur, c'est la remise en cause de nos hypothèses sur le fonctionnement du cerveau humain, c'est la possibilité de tester la validité de ces hypothèses par

---

1. Lindsay P. H., Norman D. A, *Traitement de l'information et comportement humain*, Montréal, Éd. Études vivantes, 1980.

2. *« Les sciences cognitives ont pour objet de décrire, d'expliquer et le cas échéant de simuler les principales dispositions de l'esprit humain – langage, raisonnement, perception, coordination motrice, planification... »*, Andler D., *Introduction aux sciences cognitives*, Gallimard, Folio, Essais, 1992, p. 9.

3. Pélissier A., Tête A., *Sciences cognitives, textes fondateurs*, PUF, 1995, p. XI.

4. *« De 1946 à 1953, dix conférences [...] organisées par la fondation philanthropique Josiah Macy [...] réunirent à intervalles réguliers certains des plus grands esprits de ce siècle qui s'étaient donné pour ambition d'édifier une science générale du fonctionnement de l'esprit. »*, Dupuy J.-P., *Aux origines des sciences cognitives*, La Découverte, 1994, p. 7.

l'intermédiaire de la construction de programmes voire la construction de nouveaux ordinateurs, c'est l'outil idéal pour faire progresser la psychologie.

Les ordinateurs conçus à partir des principes définis par Von Neumann [5] se montrent particulièrement performants et dès le début des années soixante, le programme Logic Theorist de Newell et Simon démontre 38 des 52 théorèmes du chapitre 2 des *Principia Mathematica* de Whitehead et Russel. *« Il se trouva même que l'une des preuves était plus élégante que celle proposée par Whitehead et Russel quelque cinquante ans avant. Simon en informa Bertrand Russel qui fut enchanté de cette ironie de l'histoire. Toutefois le* Journal of symbolic logic, (Journal de logique symbolique) *refusa un article dans lequel la preuve était apportée et dont l'un des coauteurs était Logic Theorist lui-même. »* [6]

En 1972 Newell et Simon créent le *General Problem Solver (GPS)* logiciel *« capable d'exécuter des tâches apparemment aussi diverses que prouver des théorèmes, jouer aux échecs, ou trouver des solutions à des problèmes tels que ceux des cannibales ou de la tour de Hanoï »* [7], car les scientifiques se posant la question éternelle de la nature et des limites de l'intelligence humaine, tentent, avec l'ordinateur, de créer un cerveau artificiel.

Le GPS se révélera vite une utopie et on se tournera alors vers les systèmes experts, logiciels très performants mais très spécialisés (cf. les logiciels capables de jouer aux échecs).

2. Les sciences cognitives

L'avènement de l'ordinateur (1946) provoque l'émergence du cognitivisme (1956) [8], rapidement (début des années soixante-dix) battu en brèche par le connexionnisme.

Ces deux théories explicatives du fonctionnement du cerveau humain sont alors rassemblées sous le nom de « sciences cognitives » lesquelles regroupent « *les*

5. La grande majorité des ordinateurs actuels est encore de type Von Neuman, quelques rares ordinateurs à structure parallèle faisant exception. Les ordinateurs de type Von Neuman se caractérisent par :
– un seul microprocesseur ;
– la disjonction : programmes (dans le microprocesseur) et données (dans les mémoires) ;
– la représentation symbolique de la réalité, c'est-à-dire qu'un objet du monde extérieur est représenté par un symbole et que celui-ci est placé par la machine à une certaine adresse pour être ultérieurement retrouvé et retiré en cas de besoin ;
– le traitement séquentiel des informations (puisqu'il n'y a qu'un seul microprocesseur, celui-ci ne peut traiter qu'une information à la fois).

6. Gardner H., *Histoire de la révolution cognitive*, Bibliothèque scientifique Payot, 1993, p. 173.

7. Voir ces deux problèmes dans le remarquable ouvrage de Richard J.-F., *Les opérations mentales*, A. Colin, 1995 et dans l'excellent livre de Costermans J., *Les activités cognitives,* De Boeck, 1998. Le problème de la tour de Hanoi est également décrit chapitre 14 de cet ouvrage.

8. 1956 : premier symposium au MIT sur les théories du traitement de l'information chez l'homme et dans la machine.

neurosciences, l'intelligence artificielle, la philosophie, la psychologie et la linguistique », dans le but d'étudier « *les rapports esprit/cerveau (mind/brain) et les modélisations possibles de ce rapport* » [9].

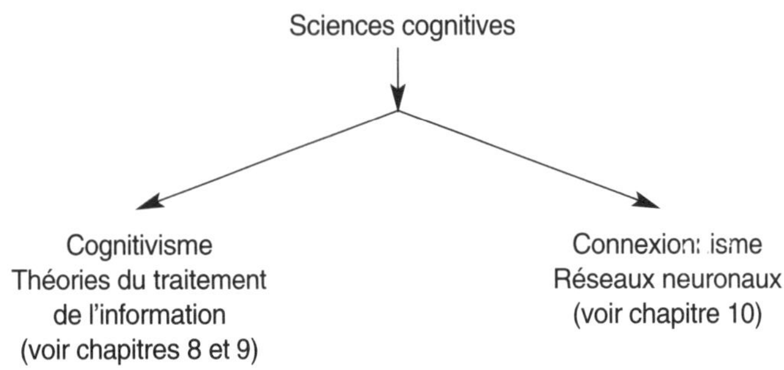

Les **cognitivistes** (partisans des théories du traitement de l'information) pensent que l'ordinateur de type Von Neumann constitue une bonne approximation de l'intelligence humaine et que le cerveau fonctionne à quelque chose près selon ce modèle. Pour les adeptes de cette théorie, le monde préexiste à l'individu et l'homme construit des représentations qui transformées en symboles sont stockées à une certaine adresse de la mémoire, récupérées en cas de besoin, et traitées par des logiciels extrêmement puissants basés sur la logique symbolique et le calcul des propositions (computation) [10].

Les **connexionnistes** en revanche (voir chapitre 10), pensent que le monde ne préexiste pas à l'individu mais qu'il est construit par lui. Pour les connexionnistes, les ordinateurs actuels ne sont que de pâles artefacts et le cerveau humain fonctionne beaucoup plus à partir de logiques floues qu'à partir de la logique classique, il n'utilise ni les représentations ni les symboles mais il reconstruit les significations (énaction) à chaque fois qu'il en a besoin.

Pour les connexionnistes, les connaissances sont par ailleurs essentiellement contextualisées, et l'hypothèse d'un processeur central dans lequel se trouveraient des super-logiciels susceptibles de traiter efficacement n'importe quel type d'information est sûrement une utopie.

Les théories sur le fonctionnement du cerveau humain, et partant sur le fonctionnement de l'intelligence, ne sont pas neutres pour le pédagogue, je vais donc vous présenter les théories cognitivistes du traitement de l'information chez l'homme dans ce chapitre et le chapitre suivant, et les théories connexionnistes dans le chapitre 10.

9. Vignaux G., *Les sciences cognitives, une introduction*, La Découverte, 1991, p. 10.
10. Voir une exemple de computation chapitre 12.

Les réponses cognitivistes

(le traitement de l'information chez l'homme)

Voyons d'abord succinctement :

1. Les étapes du traitement de l'information chez l'homme à partir des hypothèses effectuées par Atkinson et Shiffrin (1968), légèrement modifiées par Gagné (1977) [11].

2. Le phénomène de mémorisation.

1. Les étapes du traitement de l'information

Supposons que je vous pose la question : « Combien font, 3 fois 3 ? » Sans le chercher réellement vous avez sûrement traité l'information et répondu intérieurement « 9 ». Si je vous dis maintenant : « Ne lisez pas le mot suivant : cheval », il est à peu près certain que vous n'avez pas pu vous empêcher de le lire, et même que vous l'avez mémorisé de manière relativement durable.

Ces petites expériences semblent prouver que notre esprit peut être considéré comme une vaste centrale de traitement de l'information qui fonctionne en partie de manière autonome.

Puisque nous travaillons sur le thème de la mémorisation, nous allons tenter de vérifier l'hypothèse selon laquelle il suffit de traiter l'information en profondeur (c'est-à-dire de faire un effort pour la comprendre) pour que cette information soit mémorisée.

Lisez donc la suite de ce chapitre en vous reportant systématiquement au schéma du traitement de l'information chez l'homme reproduit ci-dessous.

Pendant votre lecture, faites un effort conscient pour lire attentivement en essayant de **visualiser intérieurement** ce schéma au fur et à mesure de votre découverte des informations et vous verrez bien ce qui se passera.

11. Gagné R., *The conditions of learning*, Holt Rinehart & Winston, New York, 1977. J'ai choisi ce schéma car c'est le schéma de base que les psychologues ont décliné à l'infini depuis trente ans. Si l'on connaît ce schéma, on peut comprendre la plupart des schémas actuels qui en dérivent.

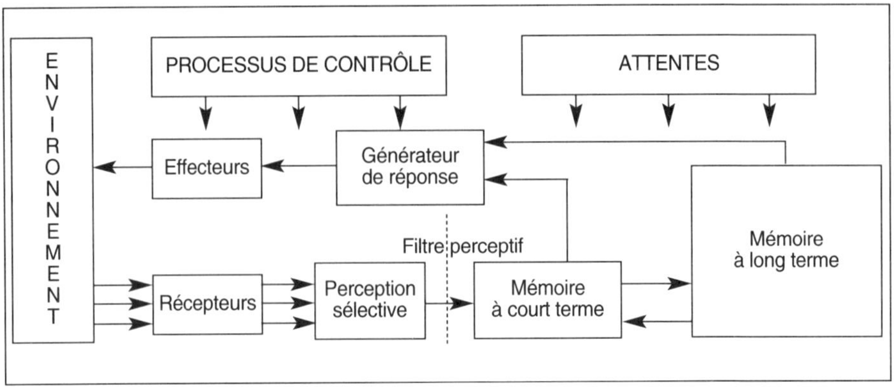

Schéma d'Atkinson et Shiffrin (1968) modifié par Gagné (1977)

Supposons que je vous pose la question : *« Quelle est la capitale de la France ? »* La réponse *« Paris »* vous est sûrement venue à l'esprit, ce qui signifie que parmi l'information que vous recevez de l'**environnement** par l'intermédiaire de vos **récepteurs** (ici la vue), vous avez sélectionné par l'intermédiaire de la **perception sélective**, une seule information, celle qui vous paraît pertinente par rapport à la situation et à vos **attentes** du moment (repérez donc d'abord ces 4 éléments sur le schéma).

Après analyse de la situation, le **processus de contrôle** (voir schéma) a donné l'ordre de retirer la réponse (Paris) de la **mémoire à long terme** (retrait) pour la rapatrier dans la mémoire consciente, dite mémoire à court terme ou **mémoire de travail**. La réponse trouvée (Paris) passe ensuite par le **générateur de réponse** (voir schéma), qui lui donne la forme adéquate en fonction de la situation (ici une réponse verbale intériorisée), laquelle devrait retourner à l'**environnement** par l'intermédiaire des **effecteurs** (cordes vocales, larynx, membres, etc.), cet **environnement** réagissant à son tour en fournissant une nouvelle information (feed-back), et le traitement de l'information recommence.

Dans le schéma ci-dessus, le **processus de contrôle**, sorte de chef d'orchestre, et les **attentes** ne sont reliés à rien car ils exercent leur influence sur tous les éléments du schéma.

Analysons un autre exemple de traitement de l'information. Supposons que je vous pose maintenant la question : *« Combien y a-t-il de fenêtres dans votre appartement ou dans votre maison ? »*

Essayez de répondre à cette question car je m'appuierai ultérieurement sur la manière dont vous aurez résolu ce problème pour expliquer en partie le phénomène de mémorisation.

Lisez s'il vous plaît, une fois encore, l'explication suivante en essayant de visualiser intérieurement le schéma d'Atkinson et Shiffrin au fur et à mesure de mes explications et **reportez-vous systématiquement à ce schéma** dès que vous avez un problème de visualisation. Cette activité aura des conséquences sur votre niveau de mémorisation.

Pour trouver le nombre de fenêtres, vous avez d'abord reçu l'information issue de l'**environnement** en lisant la question par l'intermédiaire de vos **récepteurs** (ici les yeux), vous avez perçu et sélectionné certaines informations (**perception sélective**) qui vous paraissaient pertinentes par rapport à la situation (vous n'avez peut-être pas remarqué que la question était composée en italiques, mais vous avez sûrement focalisé votre attention sur le contenu : le nombre de fenêtres). Les informations jugées pertinentes sont passées en **mémoire de travail** (**mémoire à court terme**) et ont été interprétées par l'intermédiaire de votre connaissance du monde qui se trouve dans votre **mémoire à long terme**. Cela signifie d'ailleurs que le filtre perceptif (voir schéma) dépend des contenus de votre mémoire à long terme. C'est le contenu de cette mémoire qui commande le filtre par l'intermédiaire du **processus de contrôle** et qui donne du sens à ce que vous lisez. Le **processus de contrôle** mobilise alors le logiciel (la stratégie cognitive) permettant de traiter cette information (vous décidez par exemple qu'il faut construire une image mentale et l'explorer), vous traitez l'information en mémoire de travail, le **générateur de réponse** donne ensuite une forme adéquate à la réponse, ici une verbalisation interne (en définitive il y a 8 fenêtres), et le traitement de l'information s'arrête.

Le schéma proposé par Atkinson et Shiffrin repose sur l'analogie homme-ordinateur. L'information est proposée par l'environnement et traitée par :

<table>
<tr><th>L'homme</th><th>L'ordinateur</th></tr>
<tr><td>saisie par les organes des sens</td><td>saisie par le clavier ou le scanner</td></tr>
<tr><td colspan="2">ces informations sont mises en mémoire :</td></tr>
<tr><td>mémoire à long terme</td><td>disquettes, disque dur</td></tr>
<tr><td colspan="2">puis traitées par l'intermédiaire :</td></tr>
<tr><td>des stratégies cognitives
gouvernées par le processus de contrôle</td><td>des logiciels,
gouvernés par le microprocesseur</td></tr>
<tr><td colspan="2">dans un lieu particulier :</td></tr>
<tr><td>mémoire de travail</td><td>mémoire vive</td></tr>
</table>

Comme toute analogie, celle-ci a ses limites, car si l'ordinateur vaut ce que valent ses logiciels et son microprocesseur, la valeur d'un homme ne se réduit pas, fort heureusement, à la seule efficacité de ses stratégies cognitives. L'ordinateur est un infirme de l'affectivité, une entité sans émotions [12], ce qui est sûrement une tare

12. Sur le sujet, lire l'excellent ouvrage : Damasio A.R., *L'erreur de Descartes, la raison des émotions*, O. Jacob, 1995. Lire également : Rimé B., Scherer K. (dir.), *Les émotions*, Delachaux et Niestlé, 1993.

rédhibitoire s'il doit un jour succéder à l'homme, comme nous le prédisent certains auteurs de science-fiction.

Cela étant précisé, l'analogie demeure tout de même particulièrement intéressante car elle nous permet de souligner, une fois encore, l'importance primordiale des stratégies cognitives (les logiciels) chez l'homme, donc la nécessité de se préoccuper de la manière de les enseigner.

Si vous avez réellement suivi sur le schéma les deux exemples de traitement de l'information que je vous ai proposés, vous devez être capable de remplir sans trop de difficultés le schéma suivant. N'oubliez pas la règle n° 1 de l'apprentissage :

Un apprenant actif apprend mieux qu'un apprenant passif.

La loi de l'apprentissage énoncée ci-dessus peut également s'écrire :

Sans action de l'apprenant, et sans feed-back relatif à cette action,
pas d'apprentissage !...

Donc si vous souhaitez apprendre, tentez effectivement de remplir le schéma suivant.

SCHÉMA DU TRAITEMENT DE L'INFORMATION CHEZ L'HOMME
Atkinson, Shiffrin (1968), modifié par Gagné (1977)

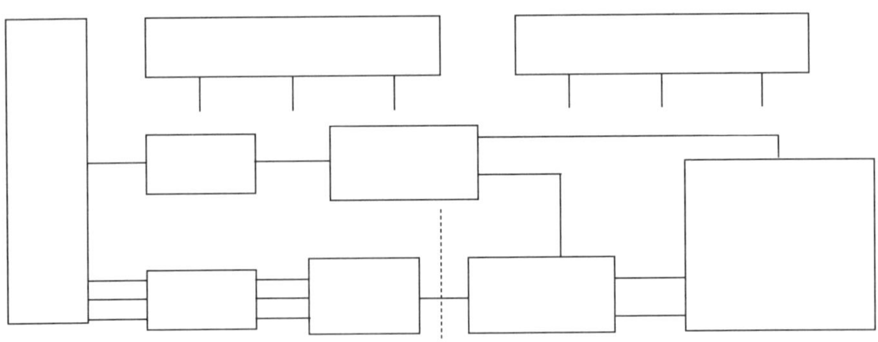

Je ne sais si vous avez ou non mémorisé le schéma d'Atkinson et Shiffrin que je vous ai présenté dans ce chapitre, mais en procédant avec mes étudiants exactement comme je viens de procéder avec vous, ils mémorisent généralement 80 % à 100 % des informations de ce schéma alors que je ne leur ai pas demandé explicitement de le faire. Ils oublient généralement « générateur de réponse » et « processus de contrôle » car ce sont les termes qui ont le moins de sens pour eux.

Le SENS qu'un individu peut ou non donner aux situations dans lesquelles il évolue est primordial pour tout ce qui concerne cet individu, donc pour tout ce qui concerne ses rapports à l'apprentissage ; l'être humain est un chercheur forcené de signification !

Autant j'ai fait de l'« ACTIVITÉ de l'apprenant » et de l'importance du « RENFORCEMENT POSITIF » un des apports essentiels des théories de Skinner et de Piaget pour le praticien de la pédagogie, autant je ferai de l'« IMPORTANCE DU SENS » l'apport essentiel des travaux de recherche de la psychologie cognitive de ces trente dernières années [13].

Nous venons d'analyser rapidement les étapes du traitement de l'information, essayons maintenant d'analyser le phénomène de la perception de l'information et celui de sa compréhension.

2. Traitement *top-down* ou traitement *bottom-up* ?

Une des questions que se posent les psychologues est la suivante : « Le traitement de l'information par l'individu humain est-il dirigé par les concepts qu'il a dans sa tête, traitement dit *top-down* ou "traitement de haut en bas" ? ou le traitement est-il dirigé par les données, c'est-à-dire de "bas en haut", traitement *bottom-up* ? »
Si je vous pose la question : Que représente cette image ?

Vous allez sûrement me répondre : « Un poisson, un espadon, un marlin », et il paraît évident que dans ce cas particulier, le traitement de l'information par l'esprit humain est un traitement qui va du bas vers le haut, un traitement commandé par les

13. Lire sur ce sujet l'excellent ouvrage de J.-Y. Fournier, *À l'école de l'intelligence, comprendre pour apprendre*, ESF éditeur, 1999. Voir également : Richard J.-F., *Les activités mentales. Comprendre, raisonner, trouver des solutions*, A. Colin, 1995, p. 17.

données ; vous voyez un espadon parce que je vous présente un espadon. Mais est-ce toujours vrai ? La perception est-elle toujours gouvernée par les données ? Observez donc l'image suivante et tentez de donner un âge à cette femme.

Comme vous le savez sans doute, car ce document date de 1932, cette image peut être lue de deux manières, on peut y voir soit une jeune et jolie femme, soit une femme nettement plus âgée. Cependant, ce qui est troublant, c'est qu'au premier regard, une image s'impose à l'esprit (une jeune femme ou une vieille femme) et que l'on a ensuite beaucoup de mal à voir l'image que l'on n'a pas perçue d'emblée. Vous trouverez les deux images dissociées p. 109.

Qu'est-ce que cela signifie au point de vue du phénomène de perception ? Que la perception n'est pas un décalque, une photographie de la réalité, mais une construction de l'esprit. C'est vous qui décidez que tel signe sur l'image est un nez, que tel autre est un œil, tel autre une oreille, c'est vous qui décidez s'il s'agit de l'image d'une jeune femme ou de celle d'une femme âgée.

La perception est une transaction active entre l'individu et les données. Percevoir c'est construire du SENS.

Le **lecteur crée le sens** en interprétant les informations externes par l'intermédiaire de la **connaissance du monde qui se trouve dans sa mémoire à long terme**. Les deux informations (externe et interne) se rencontrent dans la mémoire de travail et les stimuli extérieurs sont interprétés par rapport aux connaissances dont nous sommes porteurs.

Dans cette expérience, le traitement est manifestement dirigé par le haut puisque certains voient une jeune femme et d'autres une femme plus âgée, alors que l'image présentée est la même.

Pour analyser plus complètement le phénomène de perception, faisons une dernière expérience :

Clôture perceptive

Que voyez-vous sur cette image ?

Lorsque je présente cette image à mes étudiants, ceux-ci ne voient d'abord qu'un ensemble de taches, puis certains disent : *« C'est un chien ! »* et d'autres ajoutent : *« Et même c'est un dalmatien ! »* À partir de cet instant, tous les observateurs voient le chien et personne ne peut plus ne pas voir cet animal. La perception est dans ce cas totalement dirigée par le concept de dalmatien que nous avons en mémoire, c'est une construction haut-bas *(top-down)*, et cet exemple explique parfaitement que l'apprenant ne puisse percevoir les éléments pertinents d'une expérience qui se déroule sous ses yeux parce qu'il ne possède pas les connaissances qui permettent à l'individu informé (l'enseignant) d'interpréter correctement ladite expérience.

PERCEVOIR, C'EST SAVOIR !

3. Traitement mixte

Si, dans l'exemple du dalmatien, la perception est dirigée par le haut, dans le cas de la lecture d'un roman [14], la construction est d'abord dirigée par le bas, le lecteur prélève des indices par l'intermédiaire de sa lecture, active les concepts et les schémas proposés par l'auteur, et le **traitement** devient alors **mixte** car l'interprétation du texte se fait par l'intermédiaire des concepts, scripts et schémas que le lecteur a dans sa tête, et qui conditionnent la construction des représentations dirigées par la prise d'indices, dépendante bien évidemment des données.

Les enseignants ne devraient pas s'étonner que les élèves ne voient pas des choses qui paraissent évidentes au professeur, le fonctionnement de la perception explique parfaitement ce phénomène. Le rôle de l'enseignant consiste à faire assimiler par l'élève les concepts qui lui permettront de mieux décoder le réel. Or, les prérequis indispensables à l'interprétation ne sont pas nécessairement en place, raison pour laquelle il faut toujours essayer de comprendre la représentation du monde de l'apprenant (faire jaillir les représentations) avant de tenter d'enseigner quoi que ce soit.

Cela me conduit à souligner une fois encore l'**importance des prérequis** [15] dans l'apprentissage, importance trop souvent ignorée par les ouvrages de pédagogie.

Une représentation schématique de l'apprentissage

Différentes manières de représenter le stockage des informations dans la mémoire à long terme ont été utilisées par les psychologues, mais certaines sont plus intéressantes que d'autres, et j'apprécie particulièrement une représentation que nous propose Michel Develay.

14. Sur le phénomène de compréhension et plus particulièrement sur le phénomène de compréhension d'un texte écrit de type roman, voir note 18, p. 108.

15. Sur le sujet, lire l'article « Prérequis » et les résultats de la recherche de Scandura sur ce sujet in Raynal F., Rieunier A., *Pédagogie, dictionnaire des concepts clefs*, ESF éditeur, 1998.

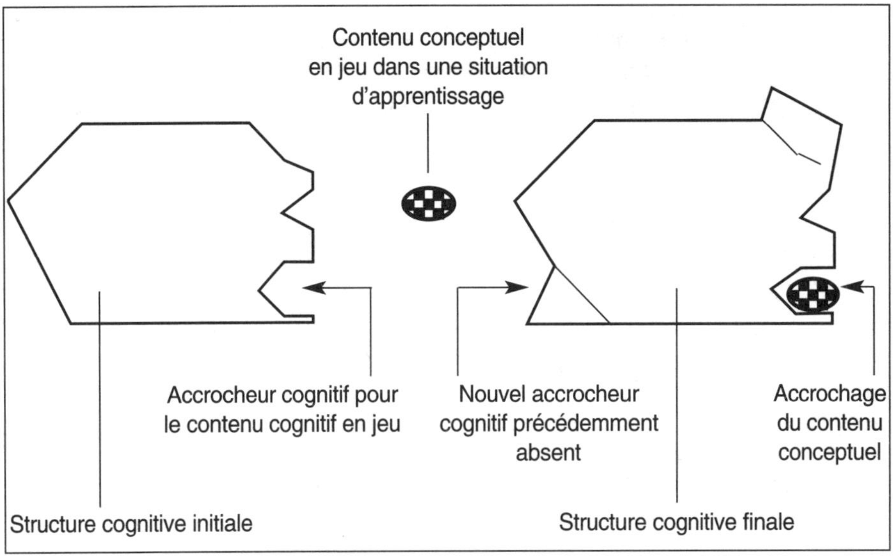

*« **L'apprentissage est un processus de RECONSTRUCTION**, une connaissance nouvelle vient s'intégrer à la structure cognitive en provoquant une modification de la structure dans laquelle il s'insère et en provoquant parfois une reconstruction quasi totale de celle-ci. »* [16]

Cette représentation est extrêmement intéressante, car elle met l'accent sur l'importance primordiale des « **accrocheurs cognitifs** », sans lesquels il ne peut y avoir d'apprentissage.

C'est Le Ny qui souligne dans sa préface du remarquable ouvrage de Gineste sur l'analogie [17] : *« Aucune connaissance d'apparence nouvelle n'est susceptible de prendre racine dans un esprit si elle n'est pas incomplètement nouvelle, c'est-à-dire si elle ne trouve pas, chez celui qui apprend, une niche d'accueil, sous la forme d'un ensemble de connaissances anciennes, analogues à la nouvelle, et capables de l'intégrer »*. Il est donc absolument essentiel, si vous souhaitez faire apprendre, d'identifier ces « niches d'accueil », les schèmes préexistants qui vont pouvoir s'accommoder, donc se modifier pour intégrer l'objet nouveau (voir Piaget : chapitre précédent, et les chapitres 8 et 14 consacrés à la mémoire).

À la suite de ces différentes lectures d'image, nous pouvons donner deux réponses à la question : qu'est-ce que comprendre ?

16. Develay M., *De l'apprentissage à l'enseignement*, ESF éditeur, 1992, p. 132.
17. Le Ny J.-F., in préface de Gineste M.-D., *Analogie et cognition*, PUF, 1997, p. XI.

> Comprendre, c'est donner du SENS en connectant l'information nouvelle aux informations se trouvant déjà dans notre cerveau.
>
> Comprendre, c'est construire une représentation permettant de résoudre le problème posé par la situation [18].

Au sujet de la relation connaissances anciennes-connaissances nouvelles, Bastien [19] souligne : *« Si on admet qu'apprendre par enseignement revient pour un sujet à structurer fonctionnellement avec ses connaissances antérieures un ensemble de connaissances nouvelles rationnellement organisé, alors il en résulte deux contraintes. La première est que le système doit permettre des cheminements différents selon les individus. La seconde est que, pour un même individu, il doit permettre des cheminements différents en fonction des différents types de tâches, ou buts. »* Cette hypothèse semble bien confirmée par l'efficacité empiriquement constatée de la pédagogie différenciée.

Les attentes

Comme nous venons de le voir, l'information venant de l'environnement est traitée à partir des connaissances stockées dans la mémoire à long terme de l'individu. Mais elle est également traitée en fonction des informations les plus facilement accessibles, or celles-ci peuvent éventuellement être préactivées par une action de l'enseignant. Une expérience classique de psychologie expérimentale permet de mettre ce phénomène en évidence.

Soit deux groupes de sujets A et B distribués au hasard, à qui l'on présente des planches sur lesquelles figurent des lettres, des chiffres et des signes de ponctuation comme ci-dessous [20].

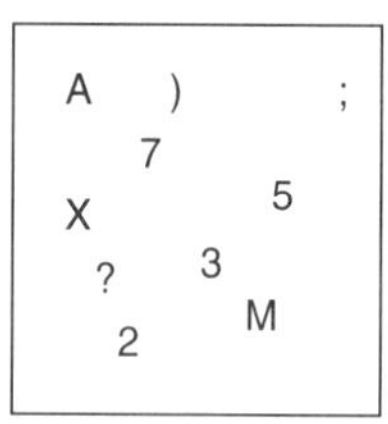

18. Le lecteur intéressé par des réponses plus complètes à la question : « Qu'est-ce que comprendre ? » lira :
Le Ny J.-F., *Sciences cognitives et compréhension du langage*, PUF, 1989 ;
Denhière G., Baudet S., *Lecture, compréhension de texte et science cognitive*, PUF, 1992.
Denhière G., *Il était une fois, compréhension et souvenirs de récits*, PUL, 1984.
19. Bastien C., *Les connaissances de l'enfant à l'adulte*, A. Colin, 1997, p. 105.
20. Fraysse P., *Manuel pratique de psychologie expérimentale*, PUF, 1994, p. 182.

L'animateur présente très rapidement (durée de présentation une seconde par planche) 10 planches à chaque groupe.

Groupe A. L'animateur présente la première planche pendant une seconde, et immédiatement après l'avoir présentée demande : « Les lettres ! » Les participants écrivent alors toutes les lettres qu'ils se souviennent avoir vues sur cette planche.

L'animateur présente de la même manière la deuxième planche et demande : « Les signes ! » etc., cela de manière aléatoire, jusqu'à épuisement des dix planches.

Groupe B. L'animateur procède exactement de la même manière qu'avec le groupe A mais demande : lettres, signes, ou chiffres **avant** la présentation de chacune des planches.

Lors de cette expérience, le groupe B mémorise 50 % d'éléments de plus que le groupe A.

Quelle est la variable ? c'est bien évidemment que le groupe B est informé **avant l'action** de ce que l'on attend de lui, l'animateur **dirige les attentes**, donc la perception, ce qui provoque une attention particulière aux stimuli pertinents et un traitement de l'information efficace par rapport aux intentions de l'enseignant.

En conséquence, informer l'apprenant de l'objectif de la leçon, de la manière dont il sera évalué, lui faire construire les critères d'évaluation du comportement attendu avant apprentissage (évaluation formatrice [21]) est essentiel si l'on souhaite vraiment faciliter les apprentissages.

Jeune femme

Vieille femme

21. Évaluation formatrice : évaluer de manière formatrice consiste à faire construire les critères de performance du comportement attendu par les apprenants eux-mêmes en amont de l'activité d'apprentissage. Voir un exemple d'évaluation formatrice dans *Préparer un cours. Applications pratiques*, p. 56-57, « Comment faire un exposé ? ».

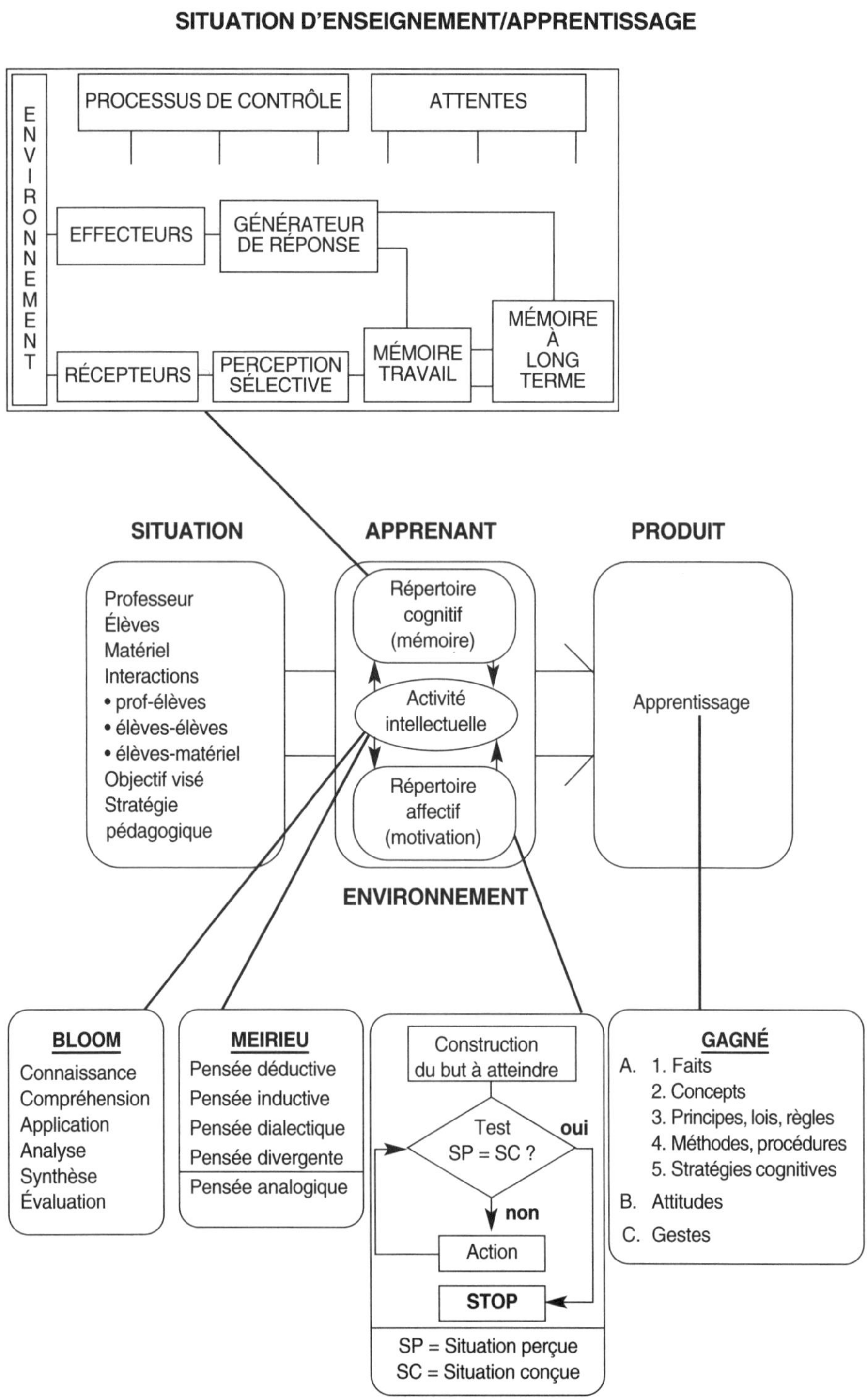
SITUATION D'ENSEIGNEMENT/APPRENTISSAGE
ENVIRONNEMENT
PROCESSUS DE CONTRÔLE
ATTENTES
EFFECTEURS
GÉNÉRATEUR DE RÉPONSE
RÉCEPTEURS
PERCEPTION SÉLECTIVE
MÉMOIRE TRAVAIL
MÉMOIRE À LONG TERME
SITUATION
APPRENANT
PRODUIT
Professeur
Élèves
Matériel
Interactions
• prof-élèves
• élèves-élèves
• élèves-matériel
Objectif visé
Stratégie pédagogique
Répertoire cognitif (mémoire)
Activité intellectuelle
Répertoire affectif (motivation)
Apprentissage
ENVIRONNEMENT
BLOOM
Connaissance
Compréhension
Application
Analyse
Synthèse
Évaluation
MEIRIEU
Pensée déductive
Pensée inductive
Pensée dialectique
Pensée divergente
Pensée analogique
Construction du but à atteindre
Test SP = SC ?
oui
non
Action
STOP
SP = Situation perçue
SC = Situation conçue
GAGNÉ
A. 1. Faits
2. Concepts
3. Principes, lois, règles
4. Méthodes, procédures
5. Stratégies cognitives
B. Attitudes
C. Gestes

ENSEIGNER DES FAITS

1. Le **SENS** qu'un individu peut donner à une situation est la voie royale vers la mémorisation.

Pour enseigner des FAITS, il faut d'abord tenter de leur donner du SENS.

2. La perception étant individuelle et dépendant des connaissances des individus, il faut donc s'assurer que l'individu perçoit bien ce que l'on espère lui faire percevoir donc :

– FAIRE JAILLIR LES REPRÉSENTATIONS ;

– ACTIVER LES PRÉREQUIS ;

– DIRIGER LES ATTENTES.

3. Pour **DIRIGER LES ATTENTES** en pédagogie il faut communiquer clairement nos intentions donc :

– énoncer nos objectifs avant l'action ;

– s'assurer qu'ils sont compris ;

– faire construire par les apprenants, en amont de l'action (évaluation formatrice), les critères d'évaluation du comportement attendu.

QUESTIONS À SE POSER POUR PRÉPARER UNE LEÇON

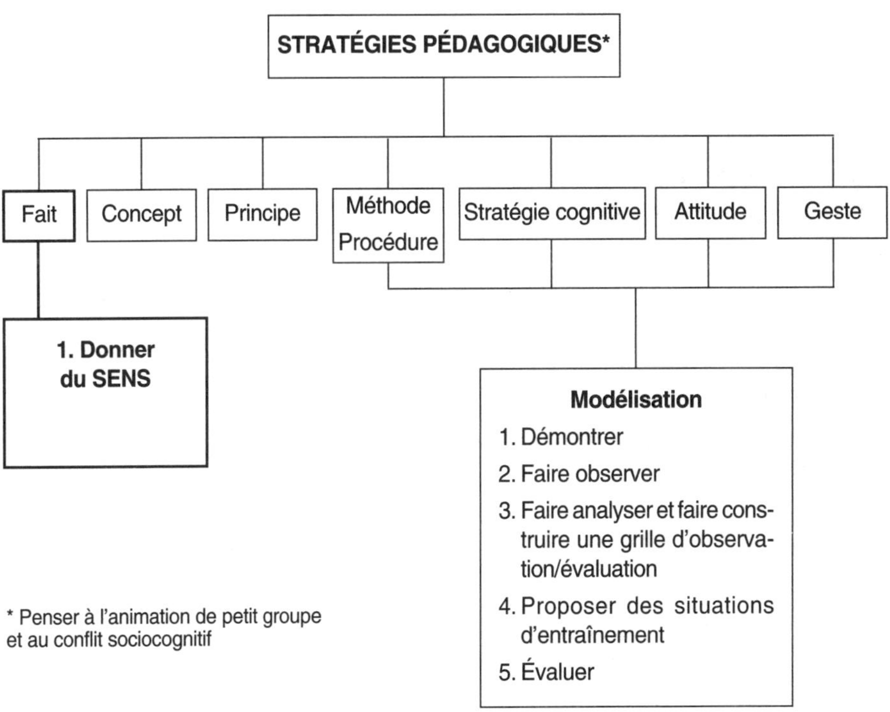

* Penser à l'animation de petit groupe et au conflit sociocognitif

9

Les réponses des cognitivistes

Deuxième partie : La mémoire à long terme

Nous venons de voir le « schéma général du traitement de l'information chez l'homme » et nous avons analysé le phénomène perceptif et le phénomène de création du sens, vous possédez donc maintenant dans votre cerveau des accrocheurs cognitifs efficaces pour acquérir de nouvelles connaissances relatives à la manière dont l'homme traite les informations.

Dans ce chapitre, je vais tenter de répondre à la question : « Sous quelles formes les connaissances sont-elles stockées en mémoire à long terme ? »

Quelques tests pour commencer

Prenez donc un crayon et répondez par écrit, le plus spontanément possible, aux quatre questions suivantes :

1. Citez le nom d'un oiseau : ....
2. Citez le nom d'un outil : ....
3. Citez le nom d'une couleur : ....
4. Pour la quatrième question, il s'agit d'une sorte de jeu d'association d'idées, notez vos réponses par écrit si vous souhaitez pouvoir les comparer à celles que j'obtiens généralement lorsque je réalise cette expérience avec des étudiants ou avec des stagiaires.

Listez tous les mots qui vous viennent à l'esprit lorsque vous entendez le mot : ROUGE.

....

....

....

....

....

....

La mémoire à long terme

Abordons donc la première question que j'ai posée au début de ce chapitre et que vous avez sûrement oubliée (il serait d'ailleurs intéressant, si mon hypothèse est exacte, de savoir pourquoi vous l'avez oubliée, alors que vous l'avez effectivement lue) :

Sous quelles formes les connaissances sont-elles stockées en mémoire à long terme ?

1. Stockage sous forme de concepts [1]

L'image qui vient spontanément à l'esprit de celui qui cherche à se représenter la mémoire humaine est celle d'un meuble immense composé de milliers de tiroirs dans lesquels les connaissances seraient stockées au fur et à mesure qu'elles sont apprises.

Cette représentation est bien sûr erronée, car un système de ce genre serait particulièrement peu économique. En effet, si vous rangez dans un tiroir le concept de « voiture », il faut lui adjoindre tous ses attributs pertinents : véhicule automobile, généralement à 4 roues, équipé d'un moteur, d'un habitacle, d'un volant pour diriger le véhicule, pouvant transporter 4 à 5 passagers, etc. Si vous rangez dans un autre tiroir le concept de « camion », il faudra de nouveau ranger avec lui tous les attributs pertinents de ce nouveau concept, et il en ira de même pour le concept de Twingo, de Xantia, etc. ce qui, vous l'avouerez, n'est pas particulièrement économique.

L'organisation hiérarchique en arbre

Les informaticiens travaillant sur le thème de l'intelligence artificielle, à une époque où la « mémoire électronique » était particulièrement rare et chère, durent, bien entendu, trouver une organisation de la mémoire artificielle de leurs ordinateurs plus économique que celle des tiroirs, ce qui les conduisit à proposer une organisation en arbre du type suivant :

1. Les concepts constituent, dans nombre de théories, les éléments de base ou les « briques » permettant de construire et d'organiser les connaissances.

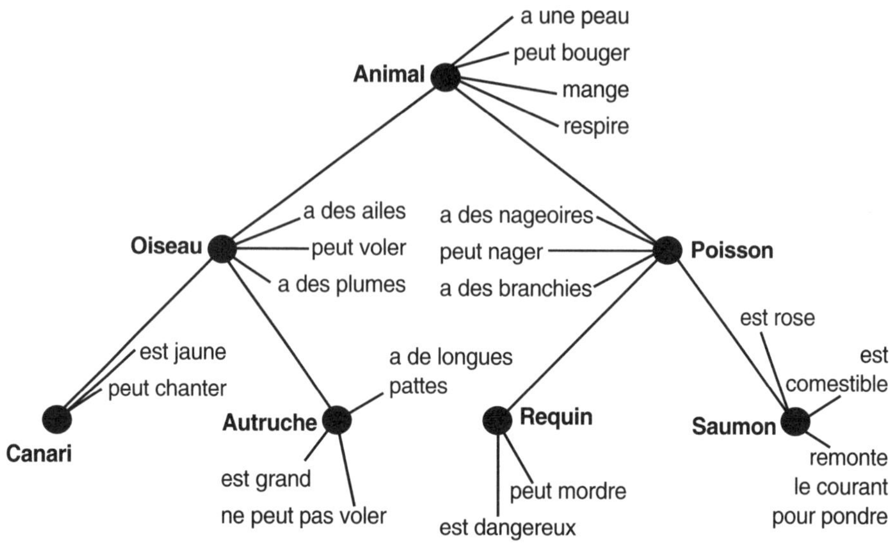

Organisation de la mémoire sémantique de l'automate de Quillian [2]

Les concepts sont stockés à un certain niveau de l'arborescence (les nœuds du réseau) avec leurs attributs (propriétés caractéristiques), les relations (ici la relation « est un… ») sont représentées par les arcs qui relient les concepts ; comme il s'agit d'une organisation hiérarchique verticale (un canari est un oiseau, un oiseau est un animal, etc.) il y a héritage des propriétés. Il n'est donc pas nécessaire de stocker les attributs qui caractérisent le concept « animal » au niveau du concept « oiseau », l'oiseau est simplement un animal qui possède certaines caractéristiques supplémentaires. Ce modèle est donc nettement plus économique que celui des tiroirs.

Les psychologues (White, Collins et Quillian, 1969) s'emparent de ce modèle et cherchent à en vérifier la validité chez le sujet humain. Si ce modèle a une certaine validité psychologique, pensent-ils, alors on doit mettre moins de temps pour répondre à la question : un oiseau est-il un animal ? que pour répondre à la question : une chouette est-elle un animal ? puisque, dans l'arborescence, « chouette » est hiérarchiquement plus loin d'animal que d'oiseau, effectivement cette hypothèse se trouve généralement confirmée par les résultats de la recherche.

L'organisation en grappes ou en réseau

Cependant, le modèle ne fonctionne pas dans tous les cas de figure, et les chercheurs s'aperçoivent rapidement que leurs sujets mettent moins de temps à répondre à la question : un moineau est-il un oiseau ? qu'ils n'en mettent pour

2. Bonnet G., Hoc J.-M., Tiberghien G., *Psychologie, intelligence artificielle et automatique*, Mardaga, 1986, p. 141.

répondre à la question : une autruche est-elle un oiseau ? D'où peut provenir cette différence puisque la distance sémantique est en principe la même ?

Si, en commençant ce chapitre, vous avez effectivement répondu aux trois questions que je vous ai posées, il est fort possible que vous ayez répondu à la question « oiseau » : *moineau, rouge-gorge ou aigle* à la question « outil » : *marteau, tournevis ou scie* à la question « couleur » : *rouge.* En effet, nombre de réponses spontanées correspondent à celles-là.

Pour la question relative à l'association d'idées à partir du mot : rouge, Collins et Loftus (1975) nous donnent les résultats qu'ils obtiennent aux États-Unis et nous proposent une nouvelle hypothèse concernant l'organisation de la mémoire sémantique, une organisation en grappes *(clusters)* ou en réseaux.

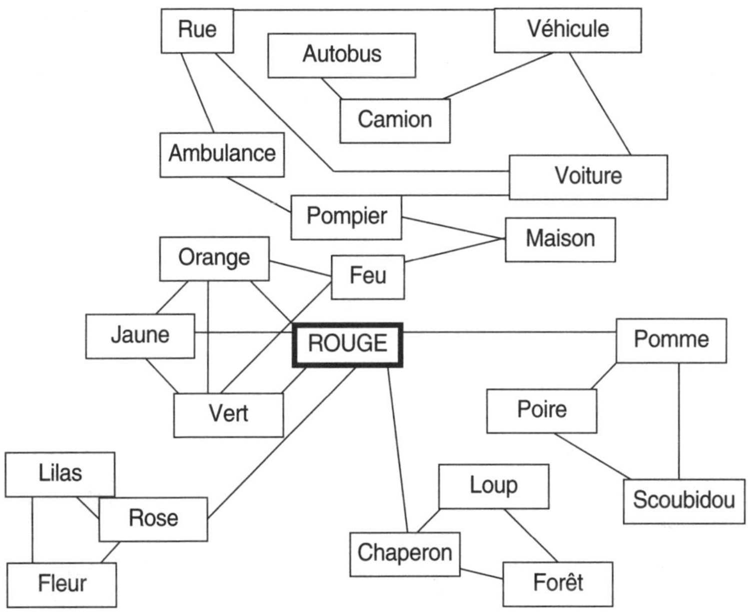

Portion de mémoire sémantique organisée selon le modèle de Collins et Loftus [3]

Mes expériences personnelles en France donnent des résultats un peu différents du schéma ci-dessus ; à partir du mot « rouge », je rencontre très souvent des réseaux organisés autour du concept « sang », d'autres organisés autour du concept « vin », d'autres organisés autour des concepts « drapeau » et « communisme » (il faut noter d'ailleurs que les enseignants français de 40 ans et plus fournissent plus d'associations communisme, drapeau, que les jeunes générations). Il semblerait donc que lorsqu'un concept est activé, il « éveille » d'autres

3. *Ibid.*, p. 146.

concepts proches qui sont ainsi pré-activés et deviennent alors plus facilement accessibles si le besoin de les mobiliser se fait sentir. Cette hypothèse a effectivement été vérifiée par les psychologues, et c'est sur elle qu'est basée la synectique de Gordon (voir chapitre 23).

Dans l'hypothèse d'une organisation en réseaux, la mémoire à court terme n'est plus une entité isolée, mais la partie activée de la mémoire à long terme, c'est la thèse la plus couramment admise à l'heure actuelle ; dans cette hypothèse on ne parle plus de mémoire à court terme, mais de mémoire de travail.

Donc à la question : Sous quelles formes les connaissances sont-elles emmagasinées dans la mémoire à long terme ? On peut déjà répondre : sous forme de concepts, reliés les uns aux autres par des relations d'appartenance hiérarchique (arbre des concepts) et/ou par des relations de contiguïté (les réseaux sémantiques). Le sens attribué à un mot dépend donc du réseau sémantique dans lequel le mot s'inscrit dans le cerveau de l'individu. Ce réseau sera nécessairement différent pour un enseignant et pour un élève, et l'enseignement consiste entre autres à faire construire ce réseau ou/et à modifier le réseau existant.

Stockage des connaissances en mémoire à long terme sous forme de schémas

Les connaissances ne sont pas uniquement stockées sous forme de concepts. Pour vous le prouver, voici le compte rendu d'une expérience que je fais fréquemment avec mes stagiaires.

Lisez les deux lignes suivantes, à la suite desquelles je vous poserai quatre questions :
« Si je lis dans un roman : il prit rendez-vous chez le médecin. À l'heure dite il se présenta. Une jeune fille le fit entrer : il y avait trois personnes assises qui lisaient des illustrés... » [4]
et si je vous demande : qui est cette jeune fille ?... qui sont les personnes assises ?... dans quelle pièce sont-elles assises ?... quels sont ces illustrés que lisent ces personnes ?... vous n'aurez sûrement aucun mal à me répondre : la jeune fille est la secrétaire du médecin, les personnes sont des patients qui attendent leur tour dans la salle d'attente, quant aux illustrés il s'agit de revues diverses que les médecins mettent dans la salle d'attente à la disposition de leurs patients. Ces réponses sont bien sûr exactes, pourtant rien de tout cela n'est précisé dans le texte que je vous ai proposé. L'explication, nous disent les psychologues, c'est que l'individu humain stocke dans sa mémoire des « schémas de connaissance » : visite chez le médecin, repas au restaurant, fête familiale, visite au musée, etc., c'est-à-dire des structures qui lui permettent de se construire des systèmes d'attentes tels que si un ami nous dit : *« Tu sais, hier j'ai découvert un excellent restaurant ! »*, nous acti-

4. Richard J.-F., *Les activités mentales*, A. Colin, 1990, p. 98-99.

vons le schéma « prendre un repas au restaurant » et non le concept « restaurant », et nous actualisons un certain nombre de variables, de « slots » disent les informaticiens, d'accrocheurs cognitifs dit Develay, de cases momentanément vides dirons-nous, qui caractérisent le repas au restaurant.

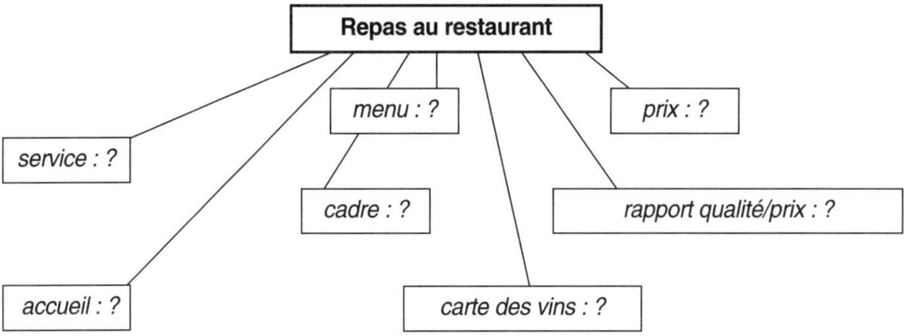

Schéma : repas au restaurant

Ces « variables » activées, nous attendons les informations qui ne peuvent manquer de suivre et qui se fixeront d'autant mieux dans notre mémoire qu'elles correspondront plus exactement au menu, au prix, au rapport qualité/prix, à la qualité du service, à l'amabilité de la patronne, etc., c'est-à-dire aux « ancres » (aux accrocheurs cognitifs) que nous aurons activées pour les recevoir.

Le schéma est donc une sorte de structure composée de variables à actualiser, de places vides qu'il ne reste qu'à remplir. Une fois activée, cette structure d'accueil des informations dirige les attentes et permet de mieux comprendre les informations issues de l'environnement puisqu'elle facilite grandement les raisonnements et autres inférences que peut faire l'individu récepteur, si les informations qu'il reçoit sont éventuellement lacunaires.

Nombre de connaissances sont donc stockées dans notre mémoire sous forme de schémas.

Les schémas sont très importants dans l'activité de compréhension, car lorsque vous donnez une information à un individu sur la base d'un schéma qui vous paraît évident comme le schéma « restaurant », vous espérez, sans en être vraiment conscient d'ailleurs, que votre interlocuteur activera le même schéma que vous !... Que ce schéma pour une raison quelconque ne s'active pas chez lui « normalement » (c'est-à-dire de la même manière que chez vous), et nombre des inférences qu'il devrait effectuer pour comprendre votre message ne pourront se produire. C'est souvent le problème qui se pose dans les rapports interculturels, et également dans nos classes lorsque, en tant que professeur appartenant à une catégorie sociale ou à une culture déterminée, nous faisons appel à des représentations inexistantes chez certains de nos élèves qui appartiennent à une culture ou à une classe sociale différente.

Stockage des connaissances en mémoire à long terme sous forme de procédures

Concepts, schémas, deux formes de stockage des connaissances particulièrement importantes bien sûr, mais il en existe d'autres.

Vous avez sûrement pu constater qu'il vous arrive parfois de savoir faire des choses, mais que vous pouvez être parfaitement incapable de décrire la manière dont vous les exécutez... Si cette affirmation vous surprend, lisez l'anecdote suivante.

Piaget, spécialiste d'épistémologie génétique (genèse des connaissances), animait un jour un colloque international auquel participaient de doctes personnages. À un certain moment, il demanda à l'honorable assemblée si quelqu'un pouvait décrire la manière dont un homme marche à quatre pattes... et comme les participants, interloqués, éprouvaient quelques difficultés à répondre, il leur suggéra, ce qu'ils firent d'ailleurs, de marcher réellement à quatre pattes dans les allées de la salle des congrès pour le vérifier. Le spectacle devait avoir un côté légèrement surréaliste, mais c'était pourtant le meilleur moyen de répondre à cette question pour un être humain normalement constitué.

Un autre exemple pour illustrer le même phénomène.

Lorsque la Fédération française de tennis a décidé, à la fin des années soixante, de créer le professorat de tennis, certains excellents joueurs, situés immédiatement au-dessous des internationaux (classement zéro et moins pour les connaisseurs), ont passé les épreuves. On s'est alors aperçu, avec stupéfaction, que s'ils étaient tous parfaitement capables de mettre la balle le long de la ligne ou de la croiser à la demande, en coup droit ou en revers, ce qui n'avait rien de surprenant, ils étaient par contre totalement incapables d'expliquer comment ils le faisaient. Ils avaient des connaissances procédurales (des savoir-faire) disent les psychologues, et pas de connaissances déclaratives (des savoirs). Nous avons donc ainsi identifié une troisième forme d'emmagasinage des connaissances : l'emmagasinage sous forme de procédures.

Réseaux de concepts, schémas, procédures [5], quelles sont les relations de ces entités avec les schèmes piagétiens ? Empruntons notre réponse à Inhelder et Crapona [6]. D'après eux, les schémas et les procédures sont des espèces de schèmes, c'est-à-dire des structures adaptatives, anticipatives, inscrites en mémoire, et susceptibles d'aider l'individu à répondre de manière adaptée à son environnement. Il s'agit pour l'individu de retrouver dans son environnement des caractéristiques structurales qui permettent d'apporter des réponses identiques et efficaces à des situations légèrement différentes des situations antérieurement rencontrées mais considérées comme **identiques par assimilation**.

---

5. Il existe d'autres manières de coder l'information : scripts, cadres... Voir : Raynal F., Rieunier A., *Pédagogie, dictionnaire des concepts clefs*, ESF éditeur, 1998.
6. In Inhelder B., Célérier C. (dir.), *Les cheminements des découvertes chez l'enfant*, A. Colin, 1997, p. 41.

Stockage des connaissances en mémoire à long terme sous forme d'images

Il est bien évident que les trois formes de stockage : réseaux, schémas, procédures, ne recouvrent pas toutes les formes d'emmagasinage possibles. Je vous ai tout à l'heure posé la question : *« Combien de fenêtres y a-t-il dans votre appartement ou dans votre maison ? »*

Généralement, pour trouver la réponse à cette question, les sujets procèdent différemment s'ils habitent dans un appartement ou s'ils habitent dans une maison individuelle. S'ils habitent un appartement ils visualisent l'appartement et comptent les fenêtres au fur et à mesure où elles apparaissent lors de leur promenade imaginaire à l'intérieur de l'appartement ; s'ils habitent dans une maison individuelle, ils font le tour par l'extérieur en visualisant les façades. Une quatrième forme d'emmagasinage des connaissances est donc le stockage sous forme d'images.

Le pédagogue qui sommeille toujours en chaque enseignant s'éveille alors et pose immédiatement la question : *« Quelle est la forme de stockage qui garantit le meilleur rappel ? »* Eh bien, cela dépend !... c'est selon !... Selon quoi ? interrogerez-vous !... Selon...

Si vous le voulez bien, je répondrai à cette question ultérieurement (chapitre 14) en vous proposant d'utiliser différentes techniques de mémorisation.

Je reviendrai par ailleurs, dans les chapitres 10 à 12 (pédagogie spiralaire) sur d'autres manières de concevoir la mémoire (connexionnisme, contextualisation) et sur leurs conséquences quant au phénomène d'apprentissage.

Les différents registres de mémoire à long terme

Terminons ce chapitre en décrivant rapidement (aucune théorie ne fait à l'heure actuelle l'unanimité) la manière dont les psychologues imaginent aujourd'hui la mémoire [7].

7. Lire : Baddeley A.D., *La mémoire humaine, théorie et pratique*, Grenoble, PUG, 1993 ;

Lieury A., *Les procédés mnémotechniques, science ou charlatanisme ?*, Dessart, Mardaga, 1980 ;

Lieury A., *Mémoire et réussite scolaire*, Dunod, 1991 ;

Lieury A., *Méthodes pour la mémoire, historique et évaluation*, Dunod, 1996 ;

Richard J.-F., *Les activités mentales*, A. Colin, 1995 ;

Tiberghien G., *La mémoire oubliée*, Mardaga, 1997 ;

Tardif J., *Pour un enseignement stratégique*, Éd. Logiques, 1997, p. 155- 216 ;

Costermans J., *Les activités cognitives. Raisonnement, décision et résolution de problèmes*, De Boeck Université, 1998.

La mémoire serait constituée d'après divers spécialistes :

– de la mémoire sémantique, voir ci-dessus les réseaux sémantiques ;

– de la mémoire opérationnelle, mémoire transitoire liée à la réalisation de la tâche ;

– de la mémoire procédurale, la mémoire gestuelle et la mémoire des savoir-faire ;

– de la mémoire épisodique, la mémoire de notre vie de tous les jours ;

– de la mémoire iconique, mémoire des images.

La mémoire sémantique

C'est la mémoire qui contient tout ce qui nous permet de donner du sens (sémantique) aux informations issues de notre environnement, c'est la mémoire déclarative, la mémoire des savoirs, la mémoire du sens des mots. Elle est différente de la mémoire lexicale (mémoire des mots, de leur orthographe et de leur graphisme). La mémoire sémantique serait organisée sous forme propositionnelle, donc sous une forme qui permet le calcul (computation – voir un exemple chapitre 12).

La mémoire opérationnelle

Concept créé par Bisseret (1970), la mémoire opérationnelle « *concerne la mémorisation d'informations transitoires liées à la réalisation de la tâche. La mémoire opérationnelle est une mémoire transitoire par rapport à la mémoire à long terme (les informations sont oubliées une fois que la tâche est terminée) mais elle est beaucoup moins fugace que la mémoire à court terme* », (voir Richard, 1995, p. 35-36).

La mémoire procédurale

Comme nous l'avons vu plus haut, c'est la mémoire des savoir-faire, la mémoire gestuelle, la mémoire des procédures d'action. On sait marcher à quatre pattes mais on a des difficultés à expliquer comment on le fait.

La mémoire épisodique

C'est la mémoire de notre vie de tous les jours, la mémoire qui nous permet de répondre aux questions : que faisiez-vous hier au soir à 21 heures ? qui est président de la République en France à l'heure actuelle ? celle qui permet de nous souvenir de votre dernier rendez-vous amoureux, c'est la mémoire au quotidien, la mémoire des amants. C'est également, mais ne voyez là aucune relation de cause à effet une mémoire hautement sujette à l'oubli.

CONSÉQUENCES PRATIQUES

1. Si les connaissances sont organisées en réseaux de concepts, alors apprendre consiste à introduire de nouveaux concepts dans les réseaux existants, à relier un concept déjà existant à des concepts auxquels il n'était pas relié avant l'apprentissage, donc à créer de nouveaux arcs.

Enseigner revient donc à modifier les réseaux de concepts qui se trouvent dans la tête de l'apprenant, d'où la nécessité :

– de **FAIRE JAILLIR LES REPRÉSENTATIONS** pour savoir sur quelles fondations l'on s'appuie pour construire ;

– d'**enseigner de nouveaux concepts** pour qu'ils s'inscrivent dans les réseaux existants, et créent ainsi de nouveaux arcs donc de nouveaux réseaux ;

– d'**enseigner des principes** (relations entre les concepts, les arcs des réseaux).

2. Si les connaissances sont également organisées en schémas, alors on comprend la différence de qualité de mémorisation, donc de vitesse d'apprentissage, entre un enfant qui a la même culture que l'enseignant (il possède les schémas adéquats pour comprendre et mémoriser) et un enfant qui a une culture différente.

Ces deux remarques soulignent une fois encore l'**importance des PRÉREQUIS** [8] auxquels la littérature pédagogique accorde manifestement trop peu d'importance.

8. Voir l'article : « Prérequis » et les résultats de la recherche de Scandura sur ce sujet, in Raynal F., Rieunier A., *Pédagogie, dictionnaire des concepts clés*, ESF éditeur, 1998.

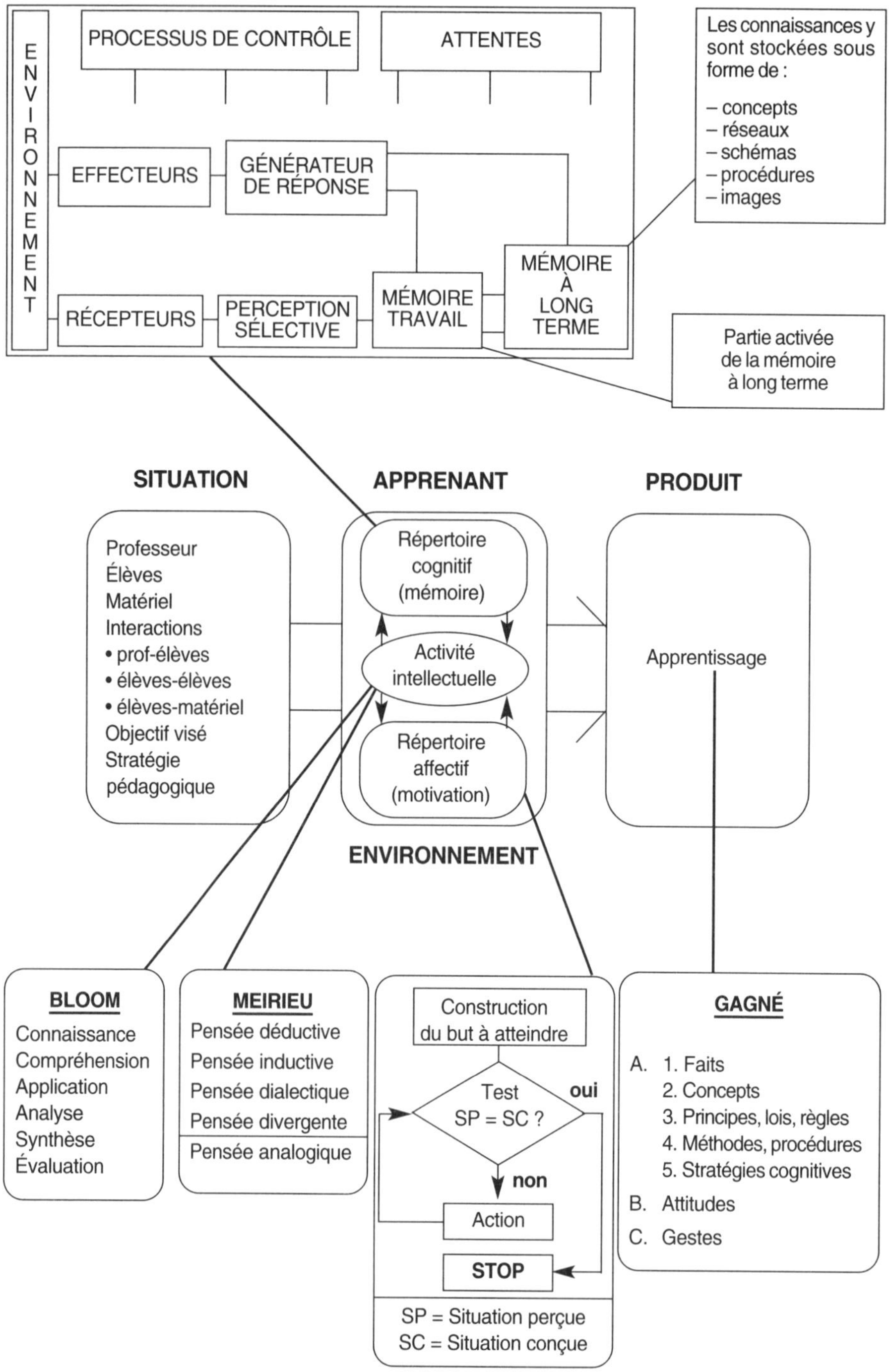
ENVIRONNEMENT
PROCESSUS DE CONTRÔLE
ATTENTES
EFFECTEURS
GÉNÉRATEUR DE RÉPONSE
RÉCEPTEURS
PERCEPTION SÉLECTIVE
MÉMOIRE TRAVAIL
MÉMOIRE À LONG TERME
Les connaissances y sont stockées sous forme de :
– concepts
– réseaux
– schémas
– procédures
– images
Partie activée de la mémoire à long terme
SITUATION
APPRENANT
PRODUIT
Professeur
Élèves
Matériel
Interactions
• prof-élèves
• élèves-élèves
• élèves-matériel
Objectif visé
Stratégie pédagogique
Répertoire cognitif (mémoire)
Activité intellectuelle
Répertoire affectif (motivation)
Apprentissage
ENVIRONNEMENT
BLOOM
Connaissance
Compréhension
Application
Analyse
Synthèse
Évaluation
MEIRIEU
Pensée déductive
Pensée inductive
Pensée dialectique
Pensée divergente
Pensée analogique
Construction du but à atteindre
Test SP = SC ?
oui
non
Action
STOP
SP = Situation perçue
SC = Situation conçue
GAGNÉ
A. 1. Faits
2. Concepts
3. Principes, lois, règles
4. Méthodes, procédures
5. Stratégies cognitives
B. Attitudes
C. Gestes

AVERTISSEMENT AU LECTEUR

Le lecteur qui souhaite continuer à travailler sur des thèmes directement liés à la manière d'enseigner et de préparer une leçon passera directement au chapitre 14, p. 175, il reviendra ultérieurement à la partie théorique qui suit et qui traite du phénomène d'apprentissage vu par les connexionnistes, du transfert, et de la résolution de problèmes.

Le lecteur qui préfère comprendre d'abord ce que les psychologues et les neurophysiologistes actuels croient savoir de l'apprentissage et du phénomène de transfert continuera sa lecture au chapitre suivant.

10

Les réponses des connexionnistes (Varela)

Nous avons vu dans les chapitres précédents que les cognitivistes et les informaticiens confrontés au problème de la mise en mémoire des informations chez l'homme et dans la machine avaient envisagé des solutions telles que les arbres de concept, les réseaux sémantiques, les objets structurés (schémas). En utilisant ces constructions théoriques, les informaticiens ont construit les ordinateurs à architecture classique dits type Von Neumann [1], lesquels se sont montrés particulièrement performants dans les années cinquante à soixante-dix.

Ces ordinateurs se caractérisent par la représentation symbolique de la réalité, c'est-à-dire qu'un objet du monde extérieur est représenté par un symbole et que celui-ci est placé par la machine à une certaine adresse pour être ultérieurement retrouvé et retiré en cas de besoin.

Or, dès le début des années soixante-dix, les chirurgiens constatent qu'un individu qui a subi l'ablation d'une petite partie du cerveau lors d'un accident ou d'une opération chirurgicale perd souvent certains souvenirs de sa vie personnelle, mais que dans nombre de cas, ces souvenirs reviennent ultérieurement par bribes, puis se reconstituent de manière approximative comme si d'autres parties du cerveau prenaient le relais des parties manquantes. Ce rappel mnémonique serait impossible dans l'hypothèse de souvenirs stockés dans un endroit particulier du cerveau détruit au moment d'un accident. D'autre part, le cerveau humain semble fonctionner selon un système de traitement parallèle (un système à multiprocesseurs), les informations semblent être traitées simultanément et de différentes manières par différents systèmes de traitement, et certains pensent même que le système fonctionne sans chef d'orchestre pour coordonner le tout.

Le modèle classique du traitement de l'information par les ordinateurs à architecture Von Neumann (un seul microprocesseur et des tiroirs, les adresses, pour stocker l'information) se révèle donc insuffisant pour expliquer le fonctionnement de l'esprit humain et les psychologues reprennent au milieu des années soixante-dix l'hypothèse des réseaux neuronaux de McCulloch [2].

---

1. Voir note 5 p. 97.
2. Voir page suivante. Lire également le chapitre 6 de Pélissier A., *Tête A., Sciences cognitives, textes fondateurs* (1943-1950), PUF, 1995, « Du cerveau comme calculateur », McCulloch W.S., p. 189-214.

Les réseaux neuronaux

Le réseau neuronal a été imaginé en 1943 par Warren McCulloch en tant qu'entité susceptible d'expliquer le fonctionnement du cerveau humain.

Pour vous expliquer l'importance du réseau neuronal dans la conceptualisation de l'intelligence artificielle et de l'intelligence tout court, il me faut revenir un siècle en arrière. On sait depuis 1854 grâce à l'ouvrage de Georges Boole : *Les lois de la pensée*, que *« l'on peut coder les démarches de la pensée à l'aide de trois propositions ET, OU, NON, mises en pratique à l'aide de portes qui ne possèdent que deux états ZÉRO-UN ; OUI-NON ; OUVERT-FERMÉ. »* [3] ce qui signifie que l'on peut coder tout le langage et toute la pensée en utilisant uniquement deux symboles 1 et 0, donc les portes booléennes.

En 1937, Shannon montre que les portes booléennes *« sont réalisables ou matérialisables dans un circuit électrique »* [4].

En 1937 également, Turing décrit une machine théorique [5] extrêmement simple, qui constitue *« le premier modèle mathématique de l'ordinateur programmable »* [6].

En 1943, Wiener (créateur de la cybernétique), Bigelow et Rosenblueth, font de la **rétroaction** et de la **téléologie** (comportement dirigé par un but) les mécanismes de base du comportement intelligent.

En 1943, McCulloch et Pitts écrivent un article intitulé : « A logical Calculus Immanent in Nervous Activity » [7], article dans lequel *« le cerveau est décrit comme une entité dont les constituants ou neurones* ***incarnent*** *des principes logiques. Chaque neurone est imaginé comme un automate à seuil dont l'état, actif ou non, désigne une valeur logique, vrai ou faux selon le cas. De tels neurones peuvent alors être interconnectés de façon à former des portes logiques ("ET", "NON", et ainsi de suite). Ainsi, le cerveau tout entier peut être compris comme une machine déductive. Dans les mains de John von Neumann, à Princetown, ces idées vont devenir un des principaux catalyseurs dans l'invention de l'ordinateur. »*

---

3. Birrien J.-Y., *Histoire de l'informatique*, PUF, « Que sais-je ? », 1990, p. 23.
4. Andler D., *Introduction aux sciences cognitives*, Gallimard, 1992, p. 27.
5. Voir : « Turing (machine de…) » in Raynal F., Rieunier A., *Pédagogie, dictionnaire des concepts clefs*, ESF éditeur, 1998.
6. Vignaux G., *Les sciences cognitives*, Gallimard, 1991, p. 8.
7. Lire l'article dans : Pélissier A., Tête A., *Sciences cognitives, textes fondateurs (1943-1950)*, PUF, 1995.

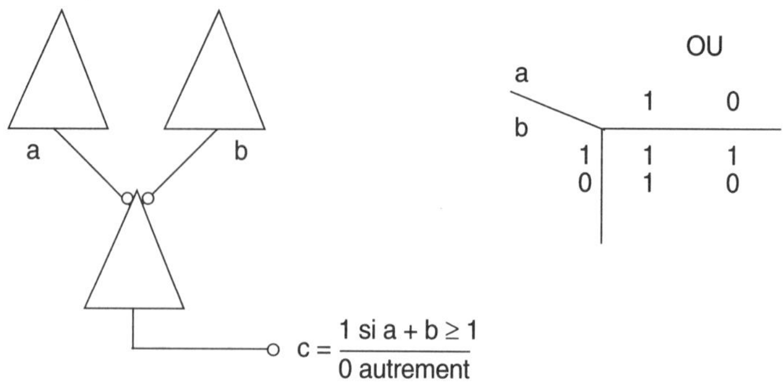

Trois neurones de Mc Culloch-Pitts sont reliés pour effectuer l'opération logique OU. Le neurone *c* est activé quand l'un des deux ou les deux autres neurones sont eux-mêmes activés. Un comportement identique à la table de vérité de l'opération OU. », Varela F., *Invitation aux sciences cognitives*, Le Seuil, 1996, p. 31.

En 1948, Donald Hebb suggère que *« l'apprentissage peut être basé sur les modifications du cerveau émanant du degré d'activité corrélé entre les neurones. »*

Après 1954 (invention du transistor 1947, mais utilisation du silicium pour sa fabrication 1954), on crée des réseaux neuronaux artificiels dans lesquels les transistors remplacent les neurones et c'est Rosenblatt qui en 1958 crée le Perceptron, machine construite sur des réseaux neuronaux et destinée à percevoir et à reconnaître des formes, solution qui donne d'excellents résultats dans ce domaine.

Les réseaux neuronaux sont particulièrement intéressants car ils ont la particularité de sécréter de l'ordre (ils adoptent spontanément certaines configurations particulières dites « attracteurs ») et **ils ont également la capacité d'apprendre**.

Imaginons un réseau constitué d'une couche de cellules réceptrices imitant la rétine, de diverses couches de neurones disposant d'un mécanisme d'apprentissage [8] et d'une couche d'unités effectrices permettant de donner une forme à la réponse. Si l'on met à l'entrée du système le stimulus A et que l'on décide qu'en sortie c'est la cellule 3 de la ligne 1 qui sera active et seulement celle-là (toutes les autres cellules prenant la valeur 0), il suffit de présenter le stimulus A à l'entrée et le résultat attendu en sortie (cellule 3 de la ligne 1 active et seulement celle-là), et de laisser le système fonctionner.

8. Sur les réseaux de neurones artificiels et sur les mécanismes d'apprentissage des neurones lire : Chaudet H., Pellegrin L., *Intelligence artificielle et psychologie cognitive*, Dunod, 1998.
Sur le connexionnisme et sur les mécanismes d'apprentissage des neurones, lire : Pinker S., *Comment fonctionne l'esprit*, O. Jacob, 2000, p. 94-155.

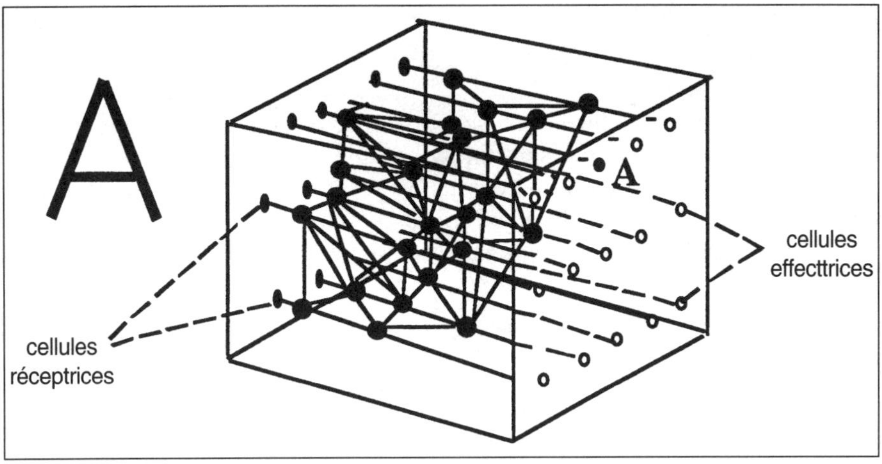

Si le résultat proposé par le système ne correspond pas au résultat attendu (cellule 3 de la ligne 1 active et seulement celle-là), le système modifie le poids des connexions entre les neurones pour tenter de s'approcher de la configuration attendue en sortie. Le système effectue plusieurs cycles de traitement (plus de 400 pour un traitement simple), calcule les écarts entre le résultat attendu et le résultat effectivement obtenu, modifie à chaque fois le poids des connexions synaptiques, et après divers ajustements de ce type, le réseau fournit la réponse : « cellule 3, ligne 1, active et seulement celle-là » si on lui présente le stimulus A. Le réseau a appris, et **il a appris sans passer par l'intermédiaire d'une représentation**.

La signification émerge ainsi progressivement d'un état particulier du réseau (les poids synaptiques des différentes connexions entre neurones). Chose intéressante, le résultat final : « cellule 3, ligne 1, active et seulement celle-là », peut être obtenu à partir de différentes configurations dudit réseau. Cela constitue un avantage indiscutable par rapport à l'approche classique (celle des ordinateurs de type Von Neumann) qui code la signification par l'intermédiaire d'un symbole et range ce symbole à une adresse déterminée de la mémoire. En effet, si l'information est placée à une adresse déterminée, et si cette information disparaît de cette adresse, il est impossible de la récupérer. Ce n'est pas du tout le cas avec l'hypothèse du réseau neuronal, puisque le même état final (la même signification) peut être obtenu à partir d'états différents d'un même réseau (les différents poids synaptiques pouvant se compenser pour aboutir au même résultat final). Cela explique qu'en cas de destruction de certains neurones, un individu puisse passer par une phase d'amnésie puis recouvre en partie ses facultés car d'autres neurones prennent alors le relais des neurones défaillants.

De nombreux neurobiologistes et de nombreux psychologues pensent que la perception humaine s'effectue par l'intermédiaire de réseaux neuronaux.

Pour essayer d'illustrer leur théorie, procédons à une expérience de perception amusante que Schyns explique (voir plus bas) en s'appuyant sur les théories connexionnistes.

Consigne. Observez le cube ci-dessous (dit cube de Necker). En centrant votre regard sur le point noir pendant une vingtaine de secondes, le cube devrait « bouger » (soit il est vu par le dessus, le point noir semble situé sur l'arête supérieure la plus proche de vous, soit il est vu par le dessous, le point noir semble situé sur l'arête supérieure la plus éloignée).

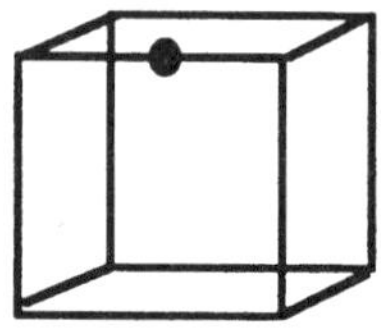

Schyns explique ainsi ce phénomène : *« Le cube de Necker présente un phénomène perceptif intrigant, l'interprétation de la figure est ambiguë. Il peut être perçu comme un cube [...] vu de haut ou vu d'en bas. Mais plus intrigante encore est l'impossibilité d'une expérience simultanée des deux interprétations : une espèce de "commutateur mental" détermine la perception a ou b, et ce, malgré notre connaissance explicite de l'inhérente ambiguïté de la figure. L'analogie de l'esprit comme système dynamique offre une élégante explication du phénomène. Puisque nous avons connaissance des deux interprétations, celles-ci peuvent correspondre à deux états attracteurs distincts dans l'espace des états d'une mémoire.*

La dynamique du système oscille entre les deux états stables qu'elle atteint tour à tour, donnant lieu à une perception bi-stable. Au niveau microscopique, le calcul est parallèle. Les unités crépitent et les nombreux échanges d'information donnent au réseau des allures de central téléphonique. Pendant ce temps, au niveau macroscopique, la cognition émergente est strictement sérielle ; elle répond au slogan "une pensée à la fois" » [9].

L'énaction

Le traitement de l'information par réseau neuronal qui relève des théories connexionnistes nous conduit directement au concept d'« énaction ». Ce concept est utilisé par Francisco Varela [10] pour nommer la capacité particulière qu'a le cerveau humain de faire émerger du sens à partir de stimuli multiples non organisés.

9. Schyns P.G., in Le Ny J.-F. (dir.), *Intelligence naturelle, intelligence artificielle*, PUF, 1993, p. 338.
10. Varela F., *Invitation aux sciences cognitives*, Le Seuil, 1996, p. 91.

Pour Varela, la caractéristique « *la plus importante de toute cognition vivante est la faculté de poser les questions pertinentes qui surgissent à chaque moment de notre vie. Elles ne sont pas prédéfinies mais énactées, on les fait émerger sur un arrière-plan.* » Pour lui, « *l'intelligence la plus profonde et la plus fondamentale n'est pas l'intelligence de l'expert mais l'intelligence du bébé qui acquiert le langage à partir d'un flot quotidien de bribes dispersées, ou encore qui reconstitue des objets signifiants à partir d'un flux informe de lumière* » [11].

Cette faculté qu'à le cerveau humain de créer du sens à partir d'un ensemble chaotique de stimuli, Varela la nomme « énaction ». Pour lui, le monde que nous percevons n'est pas un monde objectif préexistant à l'individu mais un monde construit par lui.

> Si la finalité de tout être vivant est de survivre, tout être vivant qui survit est un être qui a réussi par l'intermédiaire du couplage structurel entre lui et son environnement à faire émerger un monde de pertinence inséparable de son vécu mais cohérent pour sa survie et qui constitue LE monde, de son point de vue.

Varela nous donne une image intéressante pour expliquer le concept d'énaction.

Si nous sommes en train de conduire un véhicule automobile, notre monde sera différent de celui qui est le nôtre lorsque nous sommes piéton ou lorsque nous enseignons. Parmi tous les stimuli que nous envoie notre environnement, notre cerveau en sélectionne quelques-uns et construit une signification en fonction de la connaissance du monde emmagasinée dans notre mémoire à long terme. Exemple : lorsqu'un élève pose une question à l'enseignant pendant un cours, l'enseignant débutant répond immédiatement, il montre son savoir. Un pédagogue chevronné renvoie en général la question au groupe en espérant qu'un autre élève pourra éventuellement apporter la réponse. Les deux enseignants ne voient manifestement pas le monde de la même manière. Si nous revenons à l'image ambiguë du chapitre 7, l'image de la jeune fille ou de la sorcière, le concept d'énaction nous permet d'expliquer pourquoi certains voient une jeune femme alors que d'autres voient une vieille femme : c'est que parmi tous les stimuli potentiels que recèle cette image, nous décidons de choisir certains stimuli et de leur donner une interprétation en fonction d'un vécu antérieur qui dirige notre perception.

Dans le cas du visage féminin, seule votre histoire personnelle permet d'expliquer pourquoi vous voyez la jeune ou la vieille ; dans le cas du dalmatien, c'est parce que vous connaissez l'animal que vous parvenez à le voir.

11. *Ibid.*, p. 56 et 91.

Connexionniste convaincu, Varela ne pense pas cependant que l'émergence subsymbolique (le traitement par réseau neuronal) doive totalement se substituer au traitement symbolique (computation) pour expliquer le fonctionnement de l'esprit humain, il pense que « *les deux approches sont complémentaires, l'une ascendante, l'autre descendante. [...] Un exemple typique serait de décrire les premières phases de la vision en termes connexionnistes, disons jusqu'au cortex visuel primaire. Puis, au niveau du cortex inférotemporal, la description serait fondée sur des programmes symboliques. [...] De notre point de vue, la relation la plus intéressante entre l'émergence subsymbolique et la computation symbolique est une relation d'inclusion.* » [12]

CONSÉQUENCES PRATIQUES

Si le cerveau humain fonctionne sur la base des réseaux neuronaux, alors la CONNAISSANCE DU BUT À ATTEINDRE (connaissance de l'objectif) et la MESURE DE L'ÉCART entre le résultat visé et le résultat obtenu (évaluation formative et évaluation formatrice) sont essentiels pour l'apprentissage.

12. Varela F., *Connaître les sciences cognitives*, Le Seuil, 1996, p. 80.

11

Les réponses des neurobiologistes [1] (Karli) Apprentissage et affectivité, la couleur des concepts

Comme je l'ai souligné dans le préambule de cet ouvrage, je suis de plus en plus persuadé que la dimension émotionnelle est une dimension essentielle de l'apprentissage. Je m'interroge depuis longtemps sur un élément qui est absent de tous les ouvrages techniques sur l'enseignement des concepts, et que j'appellerai, faute de mieux : la « **couleur des concepts** ». Pour moi, pour qu'un apprentissage important se produise, il faut parvenir à toucher l'affectivité en faisant vivre des situations **émotionnellement fortes**. C'est lorsque mes apprenants ont l'impression de toucher du doigt une évidence, du fait que ce que j'affirme est totalement confirmé par leur vécu du moment [2], qu'ils apprennent réellement. J'ai donc été ravi de découvrir les réponses des neurobiologistes relativement à l'apprentissage car elles confirment quelque chose d'évident pour tous les pédagogues : le cognitif est totalement imbriqué dans l'affectif et fortement dépendant de celui-ci, la couleur affective d'une situation a une incidence primordiale sur l'apprentissage. Les travaux des neurobiologistes soulignent également autre chose de beaucoup moins évident : les connaissances **semblent étroitement contextualisées**.

Durant la première moitié du XXe siècle, donc jusqu'aux années cinquante, les psychologues qui étudient l'apprentissage en sont réduits à faire des hypothèses sur le fonctionnement du cerveau en analysant l'environnement de l'individu et le comportement produit par celui-ci en réponse aux stimuli perçus. À partir du milieu du XXe siècle et plus particulièrement à partir de la décennie soixante-dix, les moyens

1. Le lecteur intéressé lira sur le sujet : Changeux J.-P., *L'homme neuronal*, Fayard, 1983 ; Karli P., *L'homme agressif*, O. Jacob, 1987 ; Rosenzweigh M., Leiman A., *Psychophysiologie*, InterÉditions, 1991 ; Damasio A. R., *L'erreur de Descartes,* O. Jacob, 1994 ; Mc Carthy R. A., Warrington E. K., *Neuropsychologie cognitive. Une introduction clinique*, PUF, 1994 ; Karli P., *Le cerveau et la liberté*, O. Jacob, 1995.

2. Carl Rogers a déjà dit cela bien avant moi, ce n'est en rien une découverte, mais la dimension émotionnelle me paraît de plus en plus importante si j'analyse les expériences que je vis avec mes stagiaires. Sur le sujet, lire les superbes ouvrages : Rogers C., *Le développement de la personne*, Dunod, 1966 ; Rogers C., *Liberté pour apprendre*, Dunod, 1976.

d'investigation deviennent beaucoup plus efficaces car les neurobiologistes commencent à étudier directement le fonctionnement du cerveau en activité :

– par l'intermédiaire de micro-électrodes qui permettent d'étudier la réponse d'un groupe de neurones lors du traitement de l'information par l'individu ;

– par l'intermédiaire du phénomène de résonance magnétique qui permet, sans léser le cerveau, d'identifier quel ensemble de neurones est activé lorsqu'un individu parle, lorsqu'il est joyeux, lorsqu'il est triste, lorsqu'il écoute un concerto, lorsqu'il calcule, lorsqu'il lit de la poésie, etc.

Les circuits de récompense et de punition

L'expérience de Olds et Milner (1954) constitue l'expérience princeps de ce type de recherches.

« Olds et Milner (1954) ont implanté des électrodes dans diverses régions du cerveau, chez le rat, et ils ont donné à l'animal la possibilité de se stimuler lui-même ("autostimulation") en actionnant un levier. Ils ont constaté que le comportement de l'animal était très différent selon le lieu d'implantation de l'électrode active […]. Pour certains points intracérébraux, l'animal se stimulait de façon presque continue ; pour d'autres, au contraire, il évitait soigneusement de toucher au levier de stimulation ; pour d'autres (points "neutres") enfin, il "ne faisait rien pour obtenir ou pour éviter la stimulation" ». [3]

Delgado et ses collaborateurs (1954) ont implanté des électrodes dans le cerveau d'un chat, qui *« apprend rapidement à tourner une petite roue qui lui permet de mettre fin à une stimulation désagréable qui lui est imposée »*, et qui apprend également *« à éviter la nourriture même s'il est affamé, dès lors que la prise alimentaire est régulièrement "punie" par cette stimulation. »*

« De l'ensemble de ces données expérimentales se dégage la conclusion générale que voici : certains points au sein du cerveau font partie d'un système neuronique dont l'activation induit des effets que l'animal recherche (système de récompense, d'appétence, de plaisir) et qui renforcent positivement tout comportement qui leur donne naissance (système de renforcement positif) ; alors que d'autres font partie d'un système neuronique dont l'activation induit des effets que l'animal cherche à éviter (système de punition, d'aversion, de déplaisir) et qui renforcent négativement tout comportement qui leur donne naissance (système de renforcement négatif), tout en renforçant de façon positive tout comportement susceptible d'y mettre un terme. » [4]

3. Karli P., *L'homme agressif*, O. Jacob, 1987, p. 149.
4. *Ibid.*, p. 150.

Relations : action, apprentissage, structures mentales

À partir de ce type de recherches, les neurobiologistes ont cherché à identifier les circuits neuronaux liés à un comportement particulier de l'individu, et il semble aujourd'hui confirmé que l'apprentissage correspond à la modification de circuits neuronaux (groupes de neurones plus ou moins importants) qui, en fonction d'un stimulus déterminé, modifient leur type de réponse spontané et répondent ensuite d'une manière constante dès lors que l'individu a appris [5].

« C'est ainsi que tel neurone d'une structure limbique, qui répond au départ de façon identique à deux sons de fréquence différente (par exemple 1 000 et 1 500 c.s.) présente progressivement des patterns de décharge différents et caractéristiques en réponse à l'un et à l'autre de ces deux sons, au fur et à mesure que ces derniers acquièrent une signification particulière pour l'animal, l'un annonçant la présentation de nourriture, l'autre laissant prévoir l'application d'un choc électrique douloureux ; et ces patterns de décharge sont bien fonction de la nature du renforcement que le son laisse prévoir, car ***ils s'inversent dès lors qu'on inverse la signification (appétitive ou aversive) attachée à l'un et l'autre des deux sons****.* [6] *[…] »*

Relation : cognition et affectivité

Ce qu'il est important de comprendre, c'est que la mémorisation d'un événement est totale, c'est-à-dire que **sont mémorisés en même temps** non seulement les contenus sémantiques d'une situation, mais également **les contenus affectifs et les contenus émotionnels**, et que la situation se charge entre autres de signification pour un individu déterminé en activant des circuits neuronaux reliés aux réseaux de récompense ou aux réseaux d'aversion qui lui donnent sa coloration affective (il existe dans le cerveau de nombreux points d'autostimulation positive et d'autostimulation aversive).

Ce qu'il est important de comprendre également, c'est que le développement est une **construction circulaire** due aux gènes qui programment ce développement et à l'environnement qui provoque un développement différent selon les expériences des individus.

---

5. À condition que l'environnement demeure stable et que les conséquences du comportement satisfassent toujours les attentes de l'individu.
6. *Ibid.*, p. 171. C'est nous qui soulignons.

« Lorsque l'individu biologique a pleinement acquis ses capacités sensori-motrices caractéristiques de l'espèce, grâce à la différenciation et à la stabilisation des circuits nerveux dont l'activité sous-tend ces "compétences", un rôle de plus en plus important est joué par la ***contingence*** *par les* ***conditions particulières de réalité,*** *par la réalisation de* ***possibles non programmés.*** *Le dialogue avec l'environnement se singularise alors progressivement du fait qu'il s'adapte non seulement aux caractéristiques objectives d'un milieu particulier qui est propre à l'individu, mais aussi – et surtout – aux expériences que ce dernier vit et accumule dans ce milieu. Les succès et les échecs vécus dans le dialogue sont enregistrés et mémorisés par le cerveau avec les expériences affectives qui constituent des éléments essentiels de leur "contexte". C'est ainsi que s'élaborent les représentations internes des relations de l'individu avec son environnement et c'est par référence à ces représentations que des significations particulières – cognitives et affectives – viennent s'attacher tant aux informations émanant du monde réel actuel qu'aux stratégies comportementales susceptibles d'être mises en œuvre. Le but à atteindre, qui correspond à une attente fondée sur le vécu, devient primordial, c'est lui qui oriente à la fois l'exploration active de l'environnement et la sélection de la stratégie qui paraît appropriée. »*[7]

Si un stimulus quelconque provoque un comportement qui aboutit à l'activation d'un circuit de récompense, ce stimulus sera ultérieurement reconnu comme susceptible de provoquer un résultat agréable, donc recherché de manière préférentielle dans une situation ; si un stimulus quelconque provoque un comportement qui aboutit à l'activation d'un circuit de punition, ce stimulus provoquera ultérieurement une réaction d'évitement ou une modification de la réponse au stimulus en question.

Avec ce type d'interprétation du phénomène d'apprentissage, le lecteur pressé risque de conclure que nous sommes revenus aux théories behavioristes du comportement, sauf que, dans cette hypothèse explicative, le déclencheur de la conduite n'est pas le stimulus extérieur mais l'interprétation individuelle du stimulus, la **représentation**, le **sens** que l'individu donne au stimulus à partir de ce qu'il a ressenti lors de ses expériences antérieures. N'oublions pas que l'attribution causale (l'attribution de la cause de l'événement) effectuée par le sujet peut être fausse, et que l'individu peut parfaitement attribuer à des stimuli un sens qu'ils n'ont absolument pas (cas des conduites superstitieuses), c'est donc le sens produit par l'individu qui déclenche le comportement et non le stimulus physique, nous sommes donc très loin des théories behavioristes du comportement.

Nous sommes également très loin de la manière dont les théoriciens du traitement de l'information (voir chapitres 8 et 9) conçoivent l'intelligence humaine avec les premières théories cognitivistes du traitement de l'information par l'homme.

---

7. Karli P., *Le cerveau et la liberté*, O. Jacob, 1995, p. 65-66.

Ce que soulignent les travaux des neurobiologistes actuels, c'est que l'apprentissage correspond aussi bien à des modifications de la capacité de transmission des messages chimiques d'un neurone à un autre, qu'à une modification du nombre des synapses et de la localisation géographique de leurs points d'arrivée : « *Si l'on applique sur des fibres présynaptiques un train de chocs électriques à fréquence élevée, on induit une facilitation persistante du fonctionnement synaptique (très marquée pendant quelques minutes, elle décline ensuite mais reste nette pendant des heures). [...] Des modifications plus profondes, – biochimiques et morphologiques – du neurone sont nécessaires pour que se constitue le support de la mémoire à long terme. [...] Quant aux modifications morphologiques, une véritable réorganisation structurale de certaines synapses peut être observée dans l'hippocampe chez ces rats soumis à l'apprentissage d'un comportement d'évitement actif* (Van Rempt *et coll.* 1992). *Il faut ajouter que l'acquisition et la rétention des informations ne se traduisent pas seulement par des modifications durables affectant des synapses préexistantes, mais aussi par une augmentation du nombre des jonctions synaptiques, dans l'hippocampe comme au sein du cortex cérébral* (voir Rosenzweig, 1990). » [8]

Le développement d'un individu pourrait ainsi se comparer à la fabrication d'un tissu qui se tisserait au fil des jours durant toute la vie de l'intéressé : la trame dépendrait de sa programmation génétique, les motifs dépendraient de ses expériences individuelles qui, minute après minute, interfèrent avec la programmation pour construire dialectiquement un individu nécessairement différent de tous les autres, donc original, car ses caractéristiques dépendent autant de ses expériences individuelles et de leurs résultats que de sa programmation [9].

Si certaines jonctions synaptiques dépendent des résultats des expériences de l'individu, on peut comprendre pourquoi des expériences identiques effectuées très tôt (lutte avec un congénère) aboutissant à des résultats différents (victoire ou défaite) auront un retentissement différent quant à la personnalité de l'individu. Certains stimuli seront dorénavant considérés comme appétitifs par certains individus, alors qu'ils seront considérés comme aversifs par d'autres. Le sens donné à une situation changera selon les expériences passées et leurs conséquences émotionnelles. Ces conséquences émotionnelles contribueront à la construction des réseaux sémantiques en attribuant à la situation, donc aux concepts liés à cette situation, une « couleur » particulière qui rendra la situation agréable ou désagréable, donc appétitive ou aversive. On comprend enfin pourquoi les règles pédagogiques énoncées par Skinner et les behavioristes (utilisation permanente du renforcement positif) sont si efficaces.

8. *Ibid.*, p. 147-148.

9. Tout ne peut pas être appris cependant : quelles que soient ses expériences, il est exclu qu'un rat apprenne à voler ! Il y a des limites physiologiques à l'apprentissage.

Relations : apprentissage, affectivité, traits de personnalité

« Il existe chez le chat, une corrélation entre certaines caractéristiques fonctionnelles individuelles de l'amygdale [...] et un "trait de personnalité" à savoir une certaine prédisposition individuelle à manifester, face aux menaces les plus diverses, une attitude résolument offensive, ou au contraire, plutôt craintive et défensive. Or une stimulation répétée de l'amygdale (klinding) a pour effet de transformer, de façon durable, une attitude initialement offensive du chat en une attitude de plus en plus craintive et défensive. Et il se trouve que cette même stimulation provoque – de façon parallèle – un changement permanent de certaines caractéristiques neurophysiologiques et de la connectivité de l'amygdale, qui évoluent vers ce qui est normalement observé chez l'animal spontanément craintif et défensif (Adamec et Starck Adamec, 1984). *[...] Chez la souris, la tendance de l'animal à adopter, face à une attaque, une attitude de soumission ne dépend pas du taux de corticostérone plasmatique existant à ce moment-là, mais de l'ampleur de la baisse que ce taux a subie précédemment lors d'une défaite. En d'autres termes, la baisse du taux de corticostérone plasmatique provoquée par une défaite face à un congénère, détermine – par son ampleur – la façon dont cette défaite est vécue et mémorisée et, partant, la façon dont elle retentit – dans le sens de la soumission – sur le comportement ultérieur de l'animal confronté à la même situation. »* [10]

Les traits de personnalité, que l'on a souvent tendance à considérer comme des éléments intangibles, comme des constituants innés de la personnalité de l'individu dus à l'hérédité, ne sont peut-être rien d'autre que les conséquences des réponses qu'un individu a donné un jour à son environnement et au résultat qu'il a alors obtenu (le rat qui n'a pas eu de chance et qui s'est affronté très tôt dans son existence avec des rats plus puissants que lui deviendra un rat soumis ayant tendance à fuir les altercations avec ses congénères alors que le même rat qui aurait été confronté à des congénères moins puissants serait devenu un rat dominant à caractéristiques agressives). On comprend ici (en admettant que l'on puisse extrapoler ces phénomènes à l'être humain), à quel point l'histoire des succès et des échecs des individus est susceptible de façonner la personnalité. Dans cette hypothèse, les pédagogies coercitives, les pédagogies dans lesquelles l'enseignant est tout-puissant et dans lesquelles l'élève attend tout de l'enseignant ne peuvent constituer des réponses satisfaisantes si l'on vise le développement harmonieux de l'individu.

10. Karli P., *Le cerveau et la liberté*, O. Jacob, 1995, p. 165-167.

Le contrôle de l'activité [11]

L'homme a un besoin impératif d'avoir le sentiment qu'il a le pouvoir de contrôler son environnement. Pour se sentir bien, pour avoir confiance en lui, pour continuer à agir, il a besoin d'être persuadé qu'il est en mesure de contrôler les situations dans lesquelles il vit.

Si l'apprentissage du sens d'une information est lié à la coloration affective dans laquelle cette information est acquise, donc à l'émotion éventuellement éprouvée lors de l'apprentissage, ce que je constate régulièrement dans mes séminaires, si le besoin de sécurité (le besoin de contrôle de l'environnement) est un besoin de base, alors le pédagogue doit choisir des pédagogies ludiques et des pédagogies qui donnent à l'élève un maximum de contrôle sur son environnement. Il doit choisir des pédagogies « démocratiques », des pédagogies du « contrat » en lieu et place des pédagogies traditionnelles ou pédagogies de « l'attente », où tout dépend du maître, en particulier le moment où « tomberont » les interrogations écrites surprises, le moment où l'on connaîtra ses résultats, le moment où l'on sera enfin informé de ce que l'on doit faire, etc.

Souligner l'importance de l'affectivité dans le phénomène d'apprentissage n'a rien de particulièrement original, tous les pédagogues sont conscients de l'importance de la motivation chez celui qui doit apprendre. Ce qui est nouveau avec les travaux des neurobiologistes, c'est l'imbrication totale des dimensions affectives et cognitives, c'est que si l'apprentissage se passe comme les neurobiologistes le décrivent, alors le climat dans lequel baigne l'apprenant est essentiel, l'atmosphère de la classe devient primordiale, la **« couleur » de la situation** provoquée par l'enseignant pour faire apprendre tel ou tel concept est au moins aussi importante, sinon plus que la démarche mise en œuvre.

Comme je l'ai dit plus haut, je m'intéresse de plus en plus à la **« couleur » des concepts**. Je pense que l'émotion [12] (la couleur du concept) qui accompagne éventuellement l'apprentissage constitue un facilitateur ou un inhibiteur dudit apprentissage, d'où l'importance de la motivation, de l'atmosphère facilitante ou non, de l'activation des ancres (les berceaux susceptibles d'accueillir la nouvelle information), en bref de tout l'environnement de l'apprenant.

Une pédagogie spiralaire [13], grâce à laquelle les apprenants apprennent sans avoir l'impression de faire d'énormes efforts, réussit fréquemment et sont donc renforcés

---

11. Sur le sujet, lire l'excellent ouvrage de Dubois N., *La psychologie du contrôle*, PUG, 1987.

12. Rimé B., Scherer K. (dir.), *Les émotions*, Delachaux et Niestlé, 1993 ; Rimé B., « Émotion et cognition », in Leyens J.-P., Beauvois J.-P., *L'ère de la cognition*, PUG, 1997, p. 107-125.

13. Doublée de la possibilité d'utiliser des dossiers de formation individualisés, voir : *Préparer un cours. Applications pratiques.*

positivement en permanence permet de créer ces émotions positives qui soutiennent la motivation, le désir d'apprendre, donc l'apprentissage de la ténacité.

CONSÉQUENCES PRATIQUES

1. Si le cerveau est organisé autour de circuits de récompense et de punition qui déterminent en partie ce qui sera considéré comme aversif ou appétitif en fonction des expériences passées et de leurs conséquences favorables ou défavorables, alors il faut enseigner en **faisant vivre fréquemment des situations de réussite**.

2. Dans cette perspective, la couleur affective des situations d'apprentissage est essentielle.

Pour que l'apprentissage s'effectue efficacement, il faut absolument **provoquer des émotions positives** et pour cela :

– donner du sens ;
– doser la difficulté ;
– proposer des situations ludiques ;
– provoquer la réussite ;
– renforcer positivement ;
– manifester de l'empathie ;
– **utiliser la formation individualisée** [14].

14. Voir divers exemples du dossier de formation individualisée dans *Préparer un cours – 1. Applications pratiques.*

12

La nature du raisonnement

La modification la plus importante de cette dernière décennie dans l'étude et la compréhension du raisonnement et de l'intelligence chez l'homme est sûrement « **le caractère contextualisé des connaissances humaines**, et la centration sur les **processus d'activation des connaissances** par rapport aux processus d'élaboration ou de raisonnement, objet essentiel des études antérieures. »

Bastien, (1997) [1]

Logique, ordinateur, raisonnement

Qu'est-ce que raisonner ? Raisonner c'est inférer, c'est produire une information nouvelle à partir de l'information existante en respectant les règles de la logique. L'ordinateur étant conçu pour traiter l'information sur les bases de la logique, essayons de suivre les étapes du « raisonnement » effectué par un ordinateur. Nous verrons dans un deuxième temps les caractéristiques du raisonnement humain et l'influence primordiale du contexte sur ce raisonnement.

L'esprit de décision de Mme Minx [2]

« Horreur en plein cœur du Sahara : l'avion en partance de Plogastel-Saint-Germain n'est jamais arrivé à Tombouctou, mais s'est bel et bien écrasé.

Quelques voyageurs ont survécu à la catastrophe, et Mme Minx raconte :

"Je devais faire vite avant que l'avion n'explose, aussi ne m'enquerrai-je que de quelques objets indispensables à ma survie. Je pouvais saisir ou une paire d'après-ski ou une brosse à dents, l'une étant à ma droite et l'autre étant à ma gauche. Mais si je prenais les après-skis je ne pouvais pas emmener l'indispensable crème solaire.

Il m'était aussi offert de choisir entre la boussole du commandant de bord ou quelques grains de sel, mais là encore, si je prenais le sel je ne pouvais pas emmener la gourde débordante d'eau fraîche et puis si je choisissais la boussole je n'aurais pas pu emporter la brosse à dents ce qui m'était insupportable.

Et puis autre chose me tracassait : je ne pouvais que laisser ou emmener avec moi et la gourde et mon mari blessé, les deux étant "indissociables". Et si je n'emmenais pas mon mari, je pouvais sauver mon adorable caniche…

---

1. Bastien C., *Les connaissances de l'enfant à l'adulte*, A. Colin, 1997, p. 7.
2. Friant J., L'Hospitalier Y., *Jeux. Problèmes. De la logique à l'intelligence artificielle*, E. O., 1986, p. 112.

J'ai finalement opté pour la crème solaire. En ce qui concerne les autres objets je ne sais plus très bien." » Pouvez-vous aider Mme Minx à s'y retrouver ?

Voyons comment un ordinateur résoudrait ce problème. Un ordinateur traduirait d'abord les propositions en langage symbolique à l'aide des connecteurs logiques : ET, OU inclusif, OU exclusif, NON, etc., de façon à pouvoir effectuer les calculs (computation) qui simulent le raisonnement.

1. a w br	après-ski ou/exclusif brosse à dents
2. $a \rightarrow \bar{c}$	si après-ski alors pas crème solaire
3. bo w s	boussole ou/exclusif grains de sel
4. $s \rightarrow \bar{g}$	si sel alors pas gourde d'eau
5. $bo \rightarrow \overline{br}$	si boussole alors pas brosse à dents
6. $g \leftrightarrow m$	gourde si et si seulement mari
7. $\bar{m} \rightarrow ca$	si pas mari alors caniche
8. c	crème solaire

Voilà donc le problème représenté différemment. L'ordinateur ordonne les propositions, et à partir des tables de vérité et de règles particulières comme la règle A : « si problème lié à individus perdus, choisir boussole », tire les conclusions de chacune d'elles.

Que savons-nous de certain ?

– que Mme Minx a pris la crème solaire donc 8 est vrai ;
– d'après (2) si crème solaire alors pas après-ski, donc « pas après-ski » est vrai ;
– d'après (1) si pas après-ski alors brosse à dents, donc « brosse à dents » est vrai ;
– d'après (5) choix possible : brosse à dents ou boussole, appliquons la règle A : boussole ;
– d'après (3) si boussole alors pas grains de sel ;
– d'après (4) si pas grains de sel alors gourde d'eau ;
– d'après (6) si gourde d'eau alors mari ;
– d'après (7) si mari alors pas caniche.

Traduit de cette manière, on comprend qu'un ordinateur puisse résoudre ce type de problème, s'il utilise un programme de traitement construit pour effectuer les calculs logiques.

D'après les tenants de l'hypothèse cognitiviste forte : Fodor, Pylyshyn, l'homme n'est rien d'autre qu'un ordinateur hautement sophistiqué et le calcul (computation) effectué pour résoudre les problèmes est un raisonnement. Pour les prosélytes de cette école, pensée = programme.

Cette hypothèse achoppe cependant totalement sur le problème du SENS car l'ordinateur se contente de manipuler des symboles, l'esprit est pour le moment absent de la machine [3].

---

3. Rialle V., Fisette D. (dir.), *Penser l'esprit. Des sciences de la cognition à une philosophie cognitive*, PUG, 1996. Sur la théorie computationnelle de la pensée, lire Spinker S., *Comment fonctionne l'esprit*, O. Jacob, 1999, chapitre 2.

L'être humain raisonne-t-il à la manière d'un ordinateur ?

Comme on peut le voir avec le problème de Mme Minx, un ordinateur « compute » (calcule), donc simule le raisonnement humain, uniquement à partir d'un calcul basé sur la logique formelle. L'homme raisonne parfois à partir des mêmes bases, mais il raisonne également de manière tout à fait différente et l'exemple des cartes de Wason va nous permettre de mieux comprendre l'originalité du raisonnement humain.

Le problème de Wason (1966) repris par Wason et Johnson Laird (1970 et 1983) [4]

Problème 1. *Soit quatre cartes sur lesquelles on trouve des lettres sur une face et des chiffres sur l'autre, les quatre cartes sont présentées avec une seule face visible et vous voyez : E, K, 4 et 7. Il s'agit de vérifier si la règle : « si une carte a une voyelle d'un côté alors elle aura un nombre pair sur l'autre » est vérifiée par ces quatre cartes, ce en retournant le moins de cartes possible.*

Quelle(s) carte(s) retourneriez-vous pour vérifier cette proposition ?

E	K	4	7

Ami lecteur, tentez de répondre à cette question avant de lire la suite.

4. Ce problème est extrêmement célèbre, il a été cité et commenté par de très nombreux auteurs (liste non exhaustive) :
Richard F., *Les activités mentales*, A. Colin, 1990, p. 209-211 ;
George C. in Le Ny J.-F. (dir.), *Intelligence naturelle, intelligence artificielle*, PUF, 1993, p. 100-102 ;
Gardner H., *Histoire de la révolution cognitive*, Bibliothèque scientifique Payot, 1993, p. 411-412 ;
Houdé O., Miéville D., *Pensée logico-mathématique*, PUF, 1993, p. 73-74 ;
Richard J.-F., Ghiglione R., *Cours de psychologie*, t. 6, Dunod, 1993, p. 328-330, 334 *sqq* ;
Johnson-Laird P. N., *L'ordinateur et l'esprit,* O. Jacob, 1994, p. 236-248 ;
Julo J., in Lieury (dir.), *Manuel de psychologie de l'éducation et de la formation*, Dunod, 1996, p. 166-169 ;
Bastien C., *Les connaissances de l'enfant à l'adulte*, A. Colin, 1997, p. 28-29 ;
Drozda-Senkowska E., *Les pièges du raisonnement*, Retz, 1997, p. 105-108 ;
George C., *Polymorphisme du raisonnement humain*, PUF, 1997, p. 58-60 ;
Costermans J., *Les activités cognitives*, De Boeck Université, 1998, p. 163-173.

En bonne logique (celle des logiciens, et la vôtre lorsque vous raisonnez sur des contenus familiers) il suffit de retourner deux cartes, celle qui porte la lettre E et celle qui porte le chiffre 7. La plupart des individus retournent E bien sûr, mais ils retournent aussi 4 car ils imaginent que la relation est bijective, c'est-à-dire que la proposition « si une carte a une voyelle d'un côté alors elle a un chiffre pair sur l'autre », implique « si une carte a un chiffre pair d'un côté alors elle a une voyelle sur l'autre », raisonnement qui n'est absolument pas valide (si tous les oiseaux ont des ailes, tout ce qui a des ailes n'est pas un oiseau, pensez à l'avion). Si vous vous êtes trompé, ne soyez pas trop déçu, 90 % des individus se trompent lorsqu'ils sont confrontés à ce problème.

Johnson Laird et Legrenzi, intrigués par ces résultats, imaginent alors d'autres problèmes construits sur la même structure mais différents quant à leurs contenus :

Problème 2. *Vous êtes un élève policier chargé de vérifier si la règle : « si quelqu'un consomme de l'alcool, il doit avoir plus de 18 ans », est ou non respectée dans un débit de boisson hypothétique pour lequel on vous présente quatre cartes dont les faces visibles portent les inscriptions suivantes :*

– individu buvant un cognac (âge précis au dos de la carte) ;

– individu buvant une menthe à l'eau (âge au dos de la carte) ;

– homme de 50 ans (boisson bue au dos de la carte) ;

– enfant de 12 ans (boisson bue au dos de la carte).

Quelles cartes retournez-vous ?

COGNAC	MENTHE À L'EAU	HOMME 50 ANS	ENFANT 12 ANS

Ce problème est extrêmement simple, tentez de le résoudre avant de poursuivre votre lecture.

Dans le cas du problème 2 (débit de boisson), 90 % des personnes interrogées répondent juste : individu buvant du cognac (âge au dos de la carte), enfant de 12 ans (boisson bue au dos de la carte). Le fait de tourner les deux autres cartes (individu buveur de menthe à l'eau ou homme de 50 ans) n'apporte aucune information pertinente par rapport à la question posée.

Ce qui est surprenant, c'est que 90 % de la population répond juste au deuxième problème alors que moins de 10 % de la population répond juste au premier [5]. Ce résultat est en totale contradiction avec les thèses de ceux qui prétendent que l'individu raisonne en s'appuyant inconsciemment sur les structures logiques (Piaget et Bruner entre autres), mais semble corroborer parfaitement les thèses de ceux qui estiment aujourd'hui que les connaissances humaines sont étroitement contextualisées [6].

Si vous avez réussi le problème 2, il serait peut-être intéressant pour vous de tenter d'**identifier la structure** sur laquelle est bâti le raisonnement qui permet de trouver la solution de ces deux problèmes (il s'agit ici d'abstraire afin de pouvoir généraliser).

Pour vous aider, voici un autre petit problème du même type et son résultat.

Problème 3. *Vérifier que la règle « Si la lettre est cachetée, alors elle porte un timbre à 3 F » est ou non respectée par les cartes suivantes :*

lettre cachetée	lettre ouverte	enveloppe timbrée à 3 F	enveloppe timbrée à 2 F

Quelles lettres retournez-vous pour vérifier que la règle est respectée ?

Réponse au problème 3 : il faut retourner la lettre cachetée et la lettre timbrée à 2 F. *« À la différence de ce que l'on observe dans le problème 1, la plupart des sujets, les trois quarts, retournent les deux cartes nécessaires et elles seules. Pour expliquer cette différence, on a d'abord invoqué le caractère concret de la situation. Des expériences récentes montrent qu'en fait c'est la connaissance qu'avaient les sujets de ce type de réglementation qui rend le problème plus facile. Il se trouve que la règle dont les sujets de Johnson Laird et Legrenzi avaient à vérifier l'application correspond à une réglementation qui était alors en vigueur en Grande-Bretagne et également en France. Le courrier posté au tarif lent ne devait pas être cacheté. La réglementation a changé depuis lors, de sorte que la comparaison de sujets assez âgés pour avoir connu cette réglementation et de sujets plus jeunes qui n'ont pas pu la connaître permet d'estimer l'effet de la connaissance de la réglementation.*

5. Chiffres approximatifs ; selon les auteurs et la manière d'« habiller » le problème, les chiffres vont de 7 % à 93 % ou de 30 % à 70 %, mais la différence entre les deux présentations demeure tout de même impressionnante.

6. Voir sur le sujet : Rey B., *Les compétences transversales en question*, ESF éditeur, 1997.

L'expérience a été faite par Golding (1981, cité in Griggs, 1983) en utilisant le même matériel. Les différences sont importantes et témoignent du rôle de l'expérience : 59 % des sujets plus âgés et 9 % seulement des sujets plus jeunes font une sélection correcte. » [7]

Ces expériences semblent donc confirmer que l'homme ne raisonne pas comme un ordinateur, c'est-à-dire à partir de principes généraux [8] qu'il appliquerait systématiquement à tous les cas particuliers qui relèvent du même traitement, mais à partir de cas particuliers qu'il généralise s'il le peut par induction ou par analogie [9].

Cette conclusion est très importante pour le pédagogue, parce qu'elle signifie que les structures générales de raisonnement du type (si p alors q) sur lesquelles sont basés les trois problèmes ci-dessus (voir plus bas), structures que certains individus manipulent de manière remarquable, relèvent éventuellement de la logique de l'expert mais surtout pas de la logique de celui qui apprend.

> Ce n'est pas parce qu'un individu découvre, après de multiples expériences, qu'une structure (mathématique ou autre) peut subsumer toute sa connaissance dans un domaine particulier et que cette formalisation le rend plus efficace dans nombre de situations, qu'il faut en conclure qu'il est préférable d'enseigner d'abord ladite structure car cela devrait faire gagner un temps précieux à l'apprenant ; la structure n'est efficace pour le « découvreur » que parce qu'elle peut **s'appuyer sur un grand nombre de cas concrets** dont elle tire sûrement son efficacité.

Structure, abstraction, généralisation

Revenons sur le problème 1 : « Si une carte a une voyelle d'un côté alors elle aura un nombre pair sur l'autre. » Vous avez probablement eu des difficultés à résoudre ce problème lorsque je vous l'ai proposé, alors que vous maîtrisez pourtant parfaitement le raisonnement qui permet de le résoudre ; si vous en doutez, lisez la suite.

---

7. Richard J.-F., *Les activités mentales. Comprendre, raisonner, trouver des solutions*, A. Colin, 1995.

8. Bastien C., *Les connaissances de l'enfant à l'adulte*, A. Colin, 1997 et George C., *Polymorphisme du raisonnement humain*, PUF, 1997.

9. Sur le raisonnement par analogie, lire le remarquable ouvrage de Gineste M.-D., *Analogie et cognition*, PUF, 1997.

Problème 4. *Imaginons que vous ne soyez jamais allé en Espagne, vous vous rendez dans ce pays et vous quittez les autoroutes pour visiter l'Espagne profonde. Un matin vous quittez l'hôtel au petit jour et comme vous ne respectez pas la limitation de vitesse dans les villages (50 km/h), vous êtes surpris et perplexe car dans les quatre premiers villages pratiquement déserts à cette heure très matinale, vous avez été stoppé par des feux qui passaient au rouge alors que vous vous approchiez d'eux, et qui repassaient au vert immédiatement après que vous vous soyez arrêté. Vous faites alors l'hypothèse que les feux en Espagne ne sont peut-être pas réglés comme ils le sont en France et que c'est votre voiture qui provoque le passage au rouge parce que vous dépassez la vitesse autorisée 50 km/h en agglomération.*

Votre hypothèse peut donc s'écrire : si je roule à moins de 50 km/h alors le feu reste au vert.

Appelons (p) la proposition « rouler à moins de 50 km/h » et (q) la proposition « le feu reste au vert » ; Qu'allez-vous faire pour vérifier que votre hypothèse n'est pas infirmée par les faits ? [10]

Rouler à moins de 50 km/h (p) et vérifier que le feu ne passe pas au rouge à votre approche (non q), vous vérifiez donc qu'il n'y a pas de concomitance entre (p) et (non q) [11].

Rester au niveau des solutions concrètes ne suffit pas ; pour devenir efficace il faut généraliser, monter d'un degré dans l'abstraction, c'est-à-dire se dégager de la prégnance des contenus, de l'aspect sensible des choses, de l'aspect figuratif du problème **donc raisonner au niveau des structures**.

Reprenons les différents problèmes de ce chapitre. En les formalisant par l'intermédiaire des lettres (p) et (q), on se rend compte qu'ils sont tous quatre conçus sur la structure : si p alors q.

– Si une carte a une voyelle d'un côté (p) alors elle aura un nombre pair sur l'autre (q) ;
– Si la lettre est cachetée (p) alors elle porte un timbre à 3 francs (q) ;
– Si quelqu'un consomme de l'alcool (p) il doit avoir plus de 18 ans (q) ;
– Si je roule à moins de 50 km/h (p) le feu reste au vert (q).

---

10. En bonne logique, vous ne cherchez qu'à infirmer votre hypothèse, mais si vous n'avez pas particulièrement étudié la logique, vous avez peut-être le sentiment que vous cherchez d'abord à la vérifier.

Le lecteur intéressé par la logique lira :

Blanché R., *Introduction à la logique contemporaine*, A. Colin, 1996 ;

Doweck G., *La logique*, Flammarion, 1995 ;

Hottois G., *Penser la logique*, De Boeck Université, 1989 ;

Thiry P., *Notions de logique*, De Boeck Université, 1996.

11. Vous appliquez sans le savoir la règle : pour vérifier qu'une hypothèse (si *p* alors *q*) n'est pas invalidée, il faut vérifier que l'on ne se trouve **jamais** dans la situation (*p* et *non q*). Bien évidemment en excluant que le feu est passé au rouge parce qu'il est temporisé pour laisser passer les voitures venant de l'autre voie du carrefour.

Représentons graphiquement les quatre situations :

(p)	(non p)	(q)	(non q)
E	K	4	7
Lettre cachetée	Lettre non cachetée	Timbre à 3 francs	Timbre à 2 francs
Cognac	Menthe à l'eau	50 ans	12 ans
< 50 km/h	> 50 km/h	feu reste vert	feu au rouge

La structure de ces problèmes, « si (p) alors (q) », est absolument identique, raison pour laquelle si l'on souhaite les résoudre on s'y prend de la même manière :

1. On cherche d'abord à **infirmer l'hypothèse** en vérifiant que (p) n'est pas suivi de (non q) [on tourne la carte (p) de façon à vérifier que (q) se trouve bien de l'autre côté].

2. On vérifie que l'hypothèse n'est pas non plus **infirmée** par la deuxième possibilité [on tourne donc la carte (non q) de façon à vérifier que (p) ne se trouve pas de l'autre côté].

L'individu qui est capable d'identifier la structure « si p alors q » sur laquelle sont construits ces problèmes les résout sans difficulté, quel que soit le contenu. Si vous souhaitez vérifier si vous avez vraiment compris, il faut tenter de créer un petit problème de ce type et chercher à identifier quelle est la proposition qui correspond à (p) et quelle est la proposition qui correspond à (q).

La plupart des étudiants et enseignants en formation continue auxquels je propose ces problèmes ont des difficultés pour transférer la solution du premier problème aux problèmes isomorphes (de même structure) que je leur propose ensuite. Ils ont donc des difficultés à percevoir la structure qui est cependant évidente pour celui qui connaît bien ces problèmes. Ce constat confirme parfaitement les conclusions de Richard : *« Une relation maîtrisée dans un domaine ne se généralise pas immédiatement à un autre domaine ; il faut une expérience propre au nouveau domaine et un apprentissage spécifique dans ce nouveau domaine pour reconnaître que la relation s'applique. »*

Enfin, **et cette remarque me paraît essentielle pour le pédagogue**, *« ce qui permet de reconnaître qu'un problème appartient à une classe connue c'est le fait de se rendre compte que le processus de solution est le même »* ; Richard, 1995, p. 161-162.

La théorie des micro-vues de Lawler

Le constat effectué à partir des expériences de Wason *et col.* (voir plus haut) est en parfaite cohérence avec la théorie des micro-vues de Lawler.

Lawler, cité par Linard [12], est un cognitiviste américain qui s'inspirant de Piaget, a observé minutieusement le développement de sa fille et plus particulièrement, pendant plus de 100 séances, cette même petite fille (6 ans) dans sa démarche d'apprentissage du langage LOGO. Il constate que l'individu construit d'abord des « micro-procédures » ou « micro-vues » élémentaires qui permettent de résoudre des problèmes particuliers. Puis, à partir de ces espèces de solutions partielles, l'enfant reproduit les expériences en modifiant un paramètre, s'entraîne, échoue, recommence, réussit, refait des dizaines de fois sans rien modifier (confirme par répétition), pour *« passer ensuite par une forme de généralisation concrète, par laquelle il transforme une procédure utilisée avec succès dans un cas spécifique en un outil utilisable plus librement à l'intérieur d'un petit domaine d'application. Ce n'est qu'une fois confirmée par répétition puis décollée de son objet immédiat par "clivage" que la procédure peut devenir un élément cognitif réutilisable à un niveau supérieur de contrôle* [13].

Ainsi fonctionnalisées, la répétition et l'imitation ne sont plus des activités triviales. Ce sont au contraire des moments clefs d'élaboration qui permettent l'accès à un niveau supérieur de généralisation à partir de l'exécution maintes fois reprise "d'une procédure réussie avec de petites variations d'application (maîtrise par la répétition du même et contrôle par le constat de ses limites d'application)".

De même, l'induction par analogie devient-elle un processus primordial pour la structuration des relations entre micro-vues. Quoique imparfait et limité, ce mode élémentaire "non logique" de raisonnement intuitif par assimilation de

12. Linard M., *Des machines et des hommes*, Paris, Éditions Universitaires, 1990, p. 153 sqq.
13. *Ibid.*

propriétés à partir d'aspects partiels de ressemblance ou de contiguïté entre objets reprend l'importance centrale qui lui a toujours été déniée par la logique déductive classique. » [14]

Partant de ces observations, il s'interroge sur le développement de l'intelligence chez l'enfant et propose une théorie intermédiaire entre les thèses piagétiennes et les thèses connexionnistes.

« Contrairement à Piaget, Lawler part moins du principe de l'unité des fonctions et des processus de structuration cognitive individuelle qu'il ne s'efforce d'y arriver.

Tout l'accent est mis au départ sur l'aspect foncièrement "disparate" des différents éléments sensori-moteurs et perceptifs (kinesthésiques, sensitifs, moteurs, gustatifs, auditifs, visuels), produits par les automatismes neurophysiologiques qui sous-tendent nos premiers modes corporels de contact avec le réel. Ces premières expériences entraînent la constitution de "micro-procédures" ou "micro-vues" élémentaires inspirées de certains modèles de l'intelligence artificielle et équivalents aux schèmes piagétiens, mais dont l'aspect éclaté et hétérogène est non pas négligé mais mis au centre même de la théorisation.

C'est donc une connaissance fragmentée et une base radicalement conflictuelle qui est donnée à la genèse cognitive. »

Par ces observations *« il confirme bien la devise célèbre de J. Piaget "pas de structure sans genèse, pas de genèse sans structure", mais il nuance fortement l'universalisme théorique du modèle piagétien. »* [15]

Pour le pédagogue, tout cela signifie qu'il faut d'abord **partir du concret** comme l'ont toujours proposé ceux qui ont bâti leurs théories à partir d'une expérience de terrain, Claparède, Dewey, Freinet, Montessori, etc., puis **tenter de généraliser** en proposant des formalisations plus abstraites (formalisation mathématique si le sujet s'y prête), car ces généralisations permettent ultérieurement la mise en œuvre de stratégies cognitives beaucoup plus performantes.

Il est aussi dommageable pour les élèves de vouloir leur faire franchir toutes les étapes d'un seul coup, en traitant d'abord du cas général et en leur laissant la charge de transférer ces connaissances aux différents cas concrets qu'ils rencontreront ultérieurement, que de les maintenir dans la gangue de la réalité en leur proposant de résoudre uniquement des problèmes concrets et en oubliant de généraliser, sous prétexte qu'ils ne seraient pas capables de comprendre la formalisation.

14. Couplée avec la répétition, la pensée analogique constitue pour certains auteurs la voie royale vers l'abstraction. Bien sûr, certains individus sont capables de raisonner en se fondant uniquement sur les règles classiques de la logique formelle, comme le pensent Piaget, Bruner, etc., mais ce n'est pas le cas de la majorité des adultes, comme vous avez sûrement pu le vérifier à la suite des expériences relatives aux cartes de Wason.
Sur le raisonnement par analogie, lire le remarquable ouvrage de Gineste M.-D., *Analogie et cognition*, PUF, 1997.

15. Linard M., *op. cit.*

Connaissances déclaratives, connaissances procédurales

Nécessairement, les psychologues et les informaticiens sont conduits à se poser la question des formes sous lesquelles les connaissances sont stockées dans le cerveau et de la forme sous laquelle il est souhaitable d'implanter ces connaissances dans la mémoire des ordinateurs pour rendre les logiciels plus performants. Nous avons vu chapitre 8 que différentes formes sont proposées par les théoriciens : les arbres de concepts, les réseaux sémantiques, les schémas, les procédures. Les informaticiens se posent donc la question de savoir s'il est préférable de stocker la connaissance sous la forme déclarative (savoirs généraux, définitions diverses) donc de généralisations qui devront ultérieurement être opérationalisées ou sous la forme procédurale (règles d'action précises du type « SI (conditions)..., ALORS (faire)...», solution adoptée par les premiers logiciels d'intelligence artificielle et plus particulièrement par le langage LISP.

Après des débats houleux, la plupart des protagonistes admettent aujourd'hui *« que toutes les fonctions de calcul ne s'exécutent pas mieux avec un mode de représentation qu'avec l'autre, et qu'en fait, certains problèmes sont mieux résolus par l'un des modes de représentation et d'autres par son rival »* [16].

Si nous admettons que l'ordinateur peut, dans une certaine mesure, constituer un modèle de la manière dont l'être humain traite l'information [17], cela signifie que pour résoudre un problème, nous utilisons, soit des connaissances déclaratives (appui sur la théorie), soit des connaissances procédurales (appui sur l'expérience, appui sur le concret), ce qui n'est pas une grande découverte, et selon les situations l'individu fait donc appel à un mode de traitement ou à un autre.

> Rester pragmatique car *« en pédagogie, est bon ce qui réussit »* devrait donc demeurer la **règle d'or** de la pédagogie.

Bien entendu, si l'on fait une entrée par les cas concrets (démarche inductive en pédagogie) il faudra généraliser ensuite, et si l'on fait une entrée par le cas général (démarche déductive) il faudra faire appliquer la connaissance à de nombreux cas particuliers afin de s'assurer que cette connaissance est effectivement devenue opératoire.

16. Gardner H., *Histoire de la révolution cognitive*, Bibliothèque scientifique Payot, 1993, p. 393.
17. C'est la position des premiers concepteurs de logiciels d'intelligence artificielle, Newell et Simon entre autres.

Cependant, mes expériences personnelles me prouvent qu'il est généralement beaucoup plus efficace d'**enseigner des opérateurs cognitifs directement liés au savoir-faire** (connaissances procédurales organisées sous forme d'algorithmes par exemple), que d'enseigner des formulations générales que l'apprenant devra transformer ultérieurement, s'il le peut, en règles opératoires, voir encadré p. 152 (conséquences pratiques). Voir également dans *Préparer un cours – 1. Applications pratiques* l'exemple relatif aux fonctions de l'adjectif qualificatif.

La reconnaissance des concepts et la typicalité de Rosh [18]

Pour décider si un objet appartient bien à une catégorie, pour décider si un animal est un oiseau par exemple (cas typique de la reconnaissance de concept), Aristote et ses successeurs pensent que l'individu confronté à ce problème mobilise une connaissance déclarative (la définition de l'oiseau) et cherche à vérifier si tous les attributs du concept sont bien présents dans l'« objet » inconnu : *« Cet animal a-t-il des plumes ?... a-t-il des ailes ?... pond-il des œufs ?...»*

Pourtant, nous avons tous l'intuition que nous ne procédons pas ainsi dans la réalité. Pour l'être humain, certains oiseaux sont plus oiseaux que d'autres, un moineau ou un rouge-gorge sont plus oiseaux qu'un pingouin ou qu'une autruche. C'est Eleanor Rosh qui a souligné pour la première fois que les individus ont tendance à classer les « objets » dans une catégorie en fonction de leur ressemblance avec certains individus prototypiques, et non comme le fait un ordinateur en cherchant à vérifier si les attributs pertinents du concept sont présents dans l'individu à classer (démarche qui correspond à la théorie classique de la reconnaissance des concepts depuis Aristote). Après de nombreux débats, l'hypothèse de Rosh semble confirmée par les résultats de la recherche et Howard Gardner confirme que : *« les données dont on dispose sur la reconnaissance ou sur la mémoire donnent à penser que les sujets classent mieux les formes s'ils construisent un prototype plutôt que de dresser une liste de critères »* [19]. Cette conclusion plaide une fois encore en faveur de la démarche inductive en pédagogie, c'est-à-dire en faveur d'une **démarche qui va du concret à l'abstrait**.

---

18. Sur le sujet, lire : Cordier F., *Les représentations cognitives privilégiées*, PUL, 1993. Voir également chapitre 9, p. 112 (« Citez un oiseau, un outil, le nom d'une couleur... »).
19. Gardner H, *Histoire de la révolution cognitive,* Bibliothèque scientifique Payot, p. 190.

> Si Eleanor Rosh a raison, le **choix des exemples** ou des situations sélectionnés par l'enseignant pour illustrer un concept ou un principe devient donc absolument **crucial**, car ces exemples ou ces situations risquent de constituer pour un temps non négligeable le prototype à partir duquel l'apprenant retrouvera ou non le concept ou le principe lorsqu'il tentera de le mobiliser pour résoudre un problème.

Les connaissances procédurales sont sûrement premières [20], les connaissances déclaratives ne viennent **qu'ensuite**, et seulement si l'enseignant fait un travail sérieux pour les faire acquérir.

L'abstraction réfléchissante s'appuie sur la résolution empirique (résolution par essais et erreurs, résolution par insight) d'un problème particulier, puis sur la résolution de problèmes du même type par l'intermédiaire du raisonnement analogique. L'individu fait alors l'hypothèse qu'il s'agit d'un problème qui appartient à la même catégorie et si l'hypothèse est vérifiée, la réussite facilite la prise de conscience de la structure du problème : « *Ça se résout pareil, donc c'est la même chose* ». Enfin, dans un troisième temps et seulement dans le meilleur des cas, interviendra peut-être une « formalisation abstraite » de la solution, formalisation qui servira à résoudre ultérieurement tous les problèmes du même type (voir le problème de Wason).

En conséquence, **l'action de l'enseignant est fondamentale**, c'est lui qui doit faire accéder à la prise de conscience de la structure afin d'augmenter l'efficacité de l'individu, et cela passe par le pontage *(bridging)* entre le concret et l'abstrait, par la contextualisation, décontextualisation, recontextualisation proposée par Brousseau [21] et Meirieu et Develay [22], cela passe aussi par l'activité de métacognition et/ou d'abstraction réfléchissante gérée par l'enseignant [23], ou pour utiliser un vocabulaire différent, par la pause méthodologique de Meirieu (voir chapitre suivant).

---

20. C'est indiscutable dans le cas de l'enfant qui ne parle pas encore, et cela reste vrai de très nombreuses années.

21. Brousseau G., *Théorie des situations didactiques*, La Pensée sauvage, 1998.

22. Meirieu P., Develay M., *Émile, reviens vite… Ils sont devenus fous*, ESF éditeur, 1992.

23. Sur le sujet, Meirieu P. (dir.), Grangeat M. (coord.), *La métacognition, une aide au travail des élèves*, ESF éditeur, 1997.

CONSÉQUENCES PRATIQUES

1. Si les connaissances sont étroitement contextualisées, comme on le pense aujourd'hui, alors c'est à l'enseignant d'assurer le transfert des connaissances, donc leur généralisation. Cette généralisation passe par l'abstraction qui donne accès aux structures, mais il semble préférable de **partir du concret** et de **généraliser seulement ensuite**.

2. Les connaissances sont à **enseigner sous forme procédurale**, exemple :

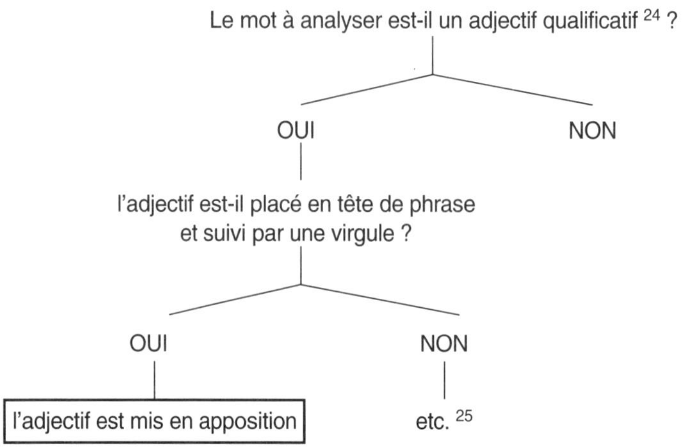

plutôt que sous forme déclarative : « Un adjectif qualificatif qui est placé au début de la phrase et séparé du reste de la phrase par une virgule est dit : mis en apposition. »

3. Partir du **CONCRET** signifie entre autre **donner des exemples**.

Les exemples utilisés pour enseigner jouent le rôle d'ancres pour fixer les connaissances.

Du bon choix des exemples dépendent la mémorisation et le retrait ultérieur des informations.

Il faut **donner au moins deux exemples** différents pour toute information importante.

24. La leçon sur l'adjectif qualificatif est traitée dans *Préparer un cours. Applications pratiques*.

25. Voir schéma complet dans *Préparer un cours. Applications pratiques*.

13

Former des individus intelligents

La structure, les stratégies cognitives, le transfert [1]

L'intelligence [2]

Qu'est-ce que l'intelligence ? Question délicate à laquelle je répondrai en citant Binet qui disait en 1905 « *l'intelligence, c'est le bon sens, le sens pratique, l'initiative, la faculté de s'adapter* » [3], et qui disait également en guise de boutade « *c'est ce que mesurent mes tests* ». On peut également paraphraser Piaget et dire « *c'est l'aptitude à percevoir des relations et à résoudre des problèmes pour s'adapter à son environnement* ».

Les définitions possibles sont évidemment multiples et toutes contiennent sûrement une part de vérité, mais je m'en tiendrai à ces propositions car elles me paraissent suffisamment larges pour intégrer l'intelligence académique (celle qui permet de résoudre les problèmes scolaires), l'intelligence sociale (l'intelligence des rapports avec autrui), l'intelligence pratique (la capacité à résoudre des problèmes de bricolage à la maison, ou de construction d'une charpente pour un artisan de cette spécialité). Résumons tout cela en disant que l'intelligence, c'est l'aptitude à mobiliser ou à inventer des stratégies cognitives efficaces pour s'adapter à son environnement.

Qu'est-ce qu'un individu, un élève intelligent ? S'il est difficile de définir l'intelligence, il est pratiquement impossible de répondre à la question : « Qu'est-ce qu'un individu intelligent ? » Les facettes de ce que l'on nomme « intelligence » sont tellement multiples que cette question n'a quasiment pas de sens [4]. Pour réduire la

1. Sur le transfert, lire la revue *Éducations*, n° 15, *Les transferts de connaissances*, mars-avril 1998, revue dans laquelle vous trouverez l'article : Raynal F., Rieunier A., « Transfert et psychologie cognitive », dont ce chapitre et le chapitre précédent reprennent l'essentiel.

2. Lire : Fournier J.-Y., *À l'école de l'intelligence*, ESF éditeur, 1999 et Huteau M., Lautrey J., *Évaluer l'intelligence*, PUF, 1999.

3. Cité par Huteau M., Lautrey J., *Évaluer l'intelligence*, PUF, 1999, p. 20.

4. Gardner H., *Les formes de l'intelligence*, O. Jacob, 1997.

difficulté, essayons de répondre à la question « qu'est-ce qu'un élève intelligent ? », car nous ne nous occupons plus alors que de l'intelligence académique, entité que les enseignants semblent plus ou moins en mesure d'appréhender, puisqu'ils s'accordent généralement pour reconnaître « qu'Arthur est plus intelligent que Jules quoique Arthur ne soit pas très travailleur ».

Les enseignants font une différence très nette entre l'« élève laborieux » et l'« élève intelligent, voire brillant », et manifestent toujours une admiration inquiétante pour cette capacité que semblent posséder quelques rares individus à tout comprendre d'emblée, à saisir les relations avant même qu'elles n'aient été soulignées, à connecter, à anticiper sur le discours. Il existe une espèce de fascination devant ce mystère de l'enfant qui semble en mesure de tout comprendre dès la première présentation, de celui qui fait des anticipations géniales, de celui qui est capable de transférer ses connaissances d'une situation (a) à la situation (aa) sans qu'il soit nécessaire de lui mettre les trémas sur les *ï*. La capacité à percevoir des relations, donc en extrapolant : la capacité de transfert, me semble constituer un bon critère pour différencier, dans le cadre scolaire, un individu intelligent d'un autre qui le serait moins.

Le transfert

Tout le monde en parle, mais personne ne sait vraiment de quoi il s'agit. Bien sûr, chacun à la sensation confuse que l'individu intelligent est celui qui est capable de percevoir les structures sous les différents oripeaux, c'est celui qui, lisant le problème de Wason (le problème des quatre cartes), et le problème du débit de boisson et de la règle d'interdiction, perçoit immédiatement l'identité de structure (si p alors q), sous des éléments de surface éminemment dissemblables. L'individu intelligent c'est celui qui, ayant résolu par essais et erreurs ou par analyse un premier problème du type « allumettes de Katona » (voir chapitre 17 et annexe), réfléchit quelques instants pour formaliser la manière dont il s'y est pris pour trouver la solution (abstraction réfléchissante), formule le principe qui permet de résoudre le problème et résout ensuite les problèmes du même type sans difficulté car il a parfaitement perçu l'isomorphisme (l'identité de structure) entre les différentes propositions. L'individu intelligent c'est celui qui, après avoir joué et perdu au jeu de Nim (voir chapitre 18), trouve les situations gagnantes dès la deuxième ou troisième partie et découvre rapidement ces mêmes situations lorsque vous lui proposez la course à 21 (p. 244) [5].

5. J'ai utilisé ces différents problèmes pendant des années avec des étudiants et des enseignants débutants ou confirmés, je peux affirmer que si les individus capables d'identifier les structures et de les transférer existent, ils sont tout de même très rares.
Si le lecteur est formateur de formateurs, ou s'il a la possibilité de travailler avec des adolescents, je lui conseille de faire l'expérience de la leçon sur le jeu de Nim (voir chapitre 18), elle se passe toujours très bien, et de proposer en évaluation finale la résolution du problème de la « course à 21 » (voir p. 244), il risque d'avoir des surprises.
Le problème du transfert est un problème extrêmement complexe, à l'évidence non résolu pour le moment.

L'individu intelligent c'est celui qui *« voit le même sous le différent »*, celui qui perçoit des relations que les autres ne perçoivent pas, celui qui est capable d'analyser, de faire des synthèses, d'évaluer et d'inventer des solutions nouvelles [6].

Le problème de l'enseignant qui souhaite rendre ses élèves intelligents consiste donc à les doter de lunettes à rayons XX (de lunettes à percevoir les structures) [7].

Pour m'assurer que nous nous comprenons bien lorsque j'utilise le terme « transfert », tentez de résoudre les deux problèmes suivants : « tour de Hanoi à 3 et 4 disques (transfert proche) », « tour de Hanoi à 3 disques et monstres (transfert éloigné) » [8]. Le transfert proche correspond à des situations identiques quant à leur structure et semblables par leurs traits de surface, le transfert éloigné correspond à des situations identiques quant à leur structure mais très différentes par leurs traits de surface, ce qui rend le transfert beaucoup plus difficile.

TRANSFERT PROCHE

Problème 1. La tour de Hanoi [9]

Déplacer les trois disques du plot n° 1 sur le plot n° 3.

1. *On ne peut déplacer qu'un disque à la fois.*
2. *Plusieurs disques : on ne peut prendre que le plus petit.*
3. *On ne peut poser un disque plus grand sur un disque plus petit.*

---

6. Nous retrouvons ici les niveaux supérieurs de la taxonomie de Bloom.

7. Le lecteur intéressé par le concept de transfert trouvera dans cet ouvrage quatre situations de transfert : la tour de Hanoi et les Monstres (pages suivantes), les WEZ (chapitre 16), les allumettes de Katona (chapitre 17), le jeu de Nim et la course à 21 (chapitre 18). Si vous voulez comprendre l'intérêt du passage par les structures, il faut vous soumettre à ces expériences, tenter de résoudre les problèmes, et ne consulter qu'ensuite les solutions (on n'apprend qu'en faisant).

8. Richard J.-F., *Les activités mentales. Comprendre raisonner, trouver des solutions*, A. Colin, 1995, p. 124-127.

9. Le lecteur intéressé par la résolution de problèmes lira également : Costermans J., *Les activités cognitives, raisonnement, décision et résolution de problèmes*, De Boeck, 1998 ; Fustier M., *La résolution de problèmes*, ESF, 1977 ; Friant J., L'Hospitalier Y., *Jeux. Problèmes. De la logique à l'intelligence artificielle*, E.O., 1986 ; Poirier Proulx L., *La résolution de problèmes en enseignement*, De Boeck, 1999 ; Richard F., Les activités mentales, A. Colin, 1995 ; Tardif J., *Pour un enseignement stratégique. L'apport de la psychologie cognitive*, Éd. Logiques, 1997.

Solution problème 1

Déplacer les trois disques du plot n° 1 sur le plot n° 3.
On ne peut déplacer qu'un disque à la fois.
Si plusieurs disques on ne peut prendre que le plus petit.
On ne peut poser un disque plus grand sur un disque plus petit.

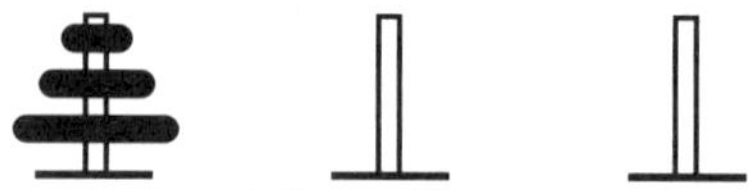

Pour résoudre ce problème une heuristique efficace consiste à se donner comme objectif intermédiaire : poser le grand disque sur la base du plot 3. Cette aide suffit généralement à mes étudiants pour qu'ils résolvent le problème sans difficulté.

La difficulté dans ce type de problème dépend de la capacité limitée de traitement de notre mémoire de travail (voir chapitres 8 et 9). Il faut donc changer de point de vue (partir de la fin, partir du but visé et remonter vers les données). Cette stratégie moyens/fin permet souvent de résoudre le problème posé lorsque le nombre d'étapes de résolution du problème dépasse les possibilités de traitement simultané de la mémoire à court terme (surcharge cognitive).
Pour se trouver dans la position finale (F),

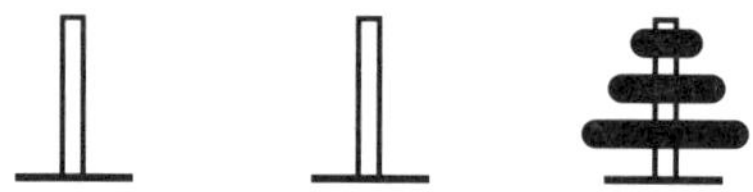

il faudrait se trouver à (F –1) dans la position ci-dessous

donc à F –2

à F –3

à F –4

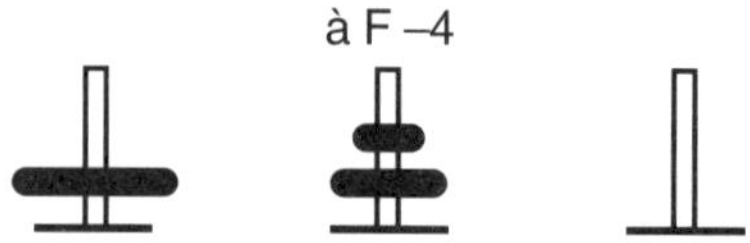

position qu'il est facile d'atteindre à partir de la position initiale (voir le haut de la page).

Forts de ces indications, essayez donc de résoudre le problème de la tour de Hanoi à quatre degrés que vous trouverez ci-dessous (transfert proche).

Problème 1 bis

Il faut passer les quatre disques du plot 1 sur le plot 3 en observant les mêmes règles que précédemment.

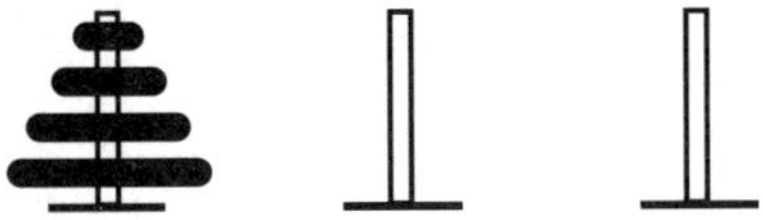

Essayez de résoudre ce problème avant de lire la suite.
Bien évidemment la stratégie à utiliser peut être identique à la précédente (stratégie moyens/fins), en se fixant des objectifs intermédiaires en partant de la fin (F), (F –1), (F –2), etc.
À partir de quelle situation serait-il extrêmement facile de se retrouver dans la situation finale attendue ? Appelons cette situation, situation (F –1).

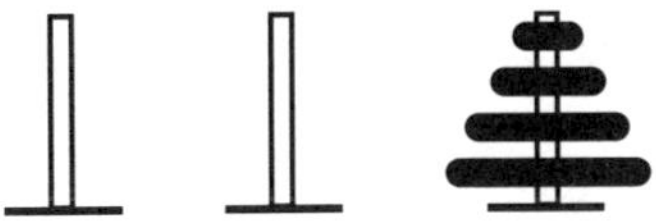

Situation finale F

Situation F –1

Peut-on passer facilement de la situation initiale à la situation (F –1) ? Réponse : non !... Construisons donc une situation (F –2), intermédiaire entre la situation initiale et la situation (F –1) situation qui permettrait de se retrouver facilement dans la situation (F –1).

Situation F – 2

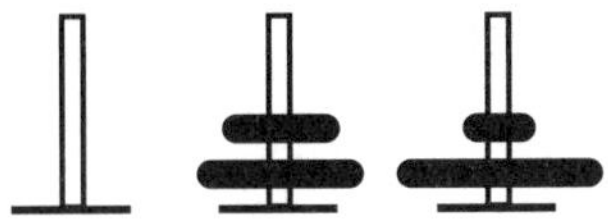

Situation F – 3

etc.

On peut aussi se demander si ce problème ne ressemble pas à un problème connu ? Nous savons résoudre le problème de la tour de Hanoi à trois étages (voir page précédente).

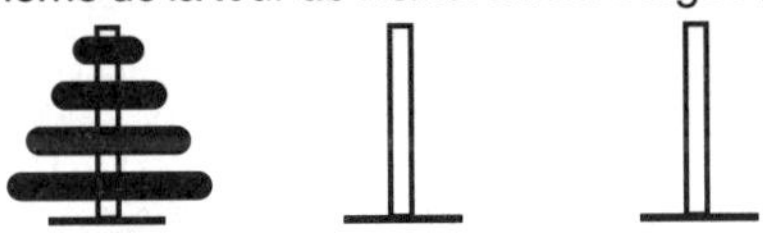

Oublions le disque inférieur et appliquons la solution à trois étages (de la page précédente) pour nous retrouver dans la situation suivante :

Passons le disque inférieur (le plus grand) du plot 1 sur le plot 3, il reste alors à appliquer une solution identique à celle de la page précédente pour passer des trois étages sur le plot 2, à quatre étages sur le plot 3, puisque le disque le plus grand sur le plot 3 ne joue plus aucun rôle.
Si les situations de transfert proche ne posent pas trop de problème aux apprenants, il n'en va pas de même pour les situations de **transfert éloigné** (voir pages suivantes), situations dans lesquelles les éléments de surface du problème sont fondamentalement différents et où seule la structure est identique.

TRANSFERT ÉLOIGNÉ

Problème 2. Les monstres

Trois monstres extra-terrestres à cinq mains tenaient trois globes de cristal. À cause des particularités de la mécanique qui règnent sur ce monde, les globes et les monstres ne peuvent avoir que trois tailles : petit, moyen et grand. Le petit monstre tenait le grand globe ; le monstre de taille moyenne tenait le petit globe ; et le grand monstre tenait le globe de taille moyenne. Comme cette situation offensait leur sens de la symétrie, ils se mirent à se donner les globes l'un à l'autre de manière à ce que chacun ait un globe proportionné à sa taille.

L'étiquette à laquelle ils sont astreints a compliqué la solution du problème, car elle comporte les règles suivantes :

1. Un globe seulement peut être donné à la fois.

2. Si un monstre tient deux globes, seulement le plus grand peut être donné.

3. Un globe ne peut pas être donné à un monstre qui en tient déjà un plus grand.

Comment les monstres ont-ils pu résoudre ce problème ?

Essayez de résoudre ce problème avant de lire la solution.

Analyse

En réalité les 2 problèmes sont **isomorphes** (ils ont la même structure), même si celle-ci ne vous apparaît pas immédiatement. En effet, on peut traduire les énoncés de la manière suivante :

Problème 1	Problème 2
1.1. On ne peut déplacer qu'un disque à la fois.	2.1. On ne peut déplacer qu'un globe à la fois.
1.2. Si plusieurs disques, déplacer le plus petit.	2.2. Si plusieurs globes, déplacer le plus grand.
1.3. Impossible poser grand sur petit.	2.3. Impossible poser petit sur grand.

À ce niveau de formulation, la structure est déjà fort semblable, mais dans les deuxième et troisième propositions les rapports petit/grand, et dessus/dessous, sont inversés.

Poursuivons la formalisation.

Ces problèmes se réduisent à déplacer 3 « objets » (x), (y), et (z), selon certaines règles.

Si nous attribuons les valeurs suivantes aux lettres :

– problème 1 : x = grand, y = moyen, z = petit ;

– problème 2 : x = petit, y = moyen, z = grand ;

les deux problèmes se présentent alors de la manière suivante :

Soit trois objets x, y, z.

1. On ne peut déplacer qu'un « objet » à la fois.

2. Si plusieurs « objets » déplacer z (si z sur y ou z sur x), déplacer y (si y sur x).

3. Interdit de poser x sur y, x sur z, ou y sur z.

La structure est totalement identique, donc la résolution obéit aux mêmes procédures.

Problème 2 (solution)

1. Un globe seulement peut-être donné à la fois.
2. Si un monstre tient deux globes, seulement le plus grand peut être donné.
3. Un globe ne peut pas être donné à un monstre qui en tient déjà un plus grand.

Comment les monstres ont-ils pu résoudre ce problème ?

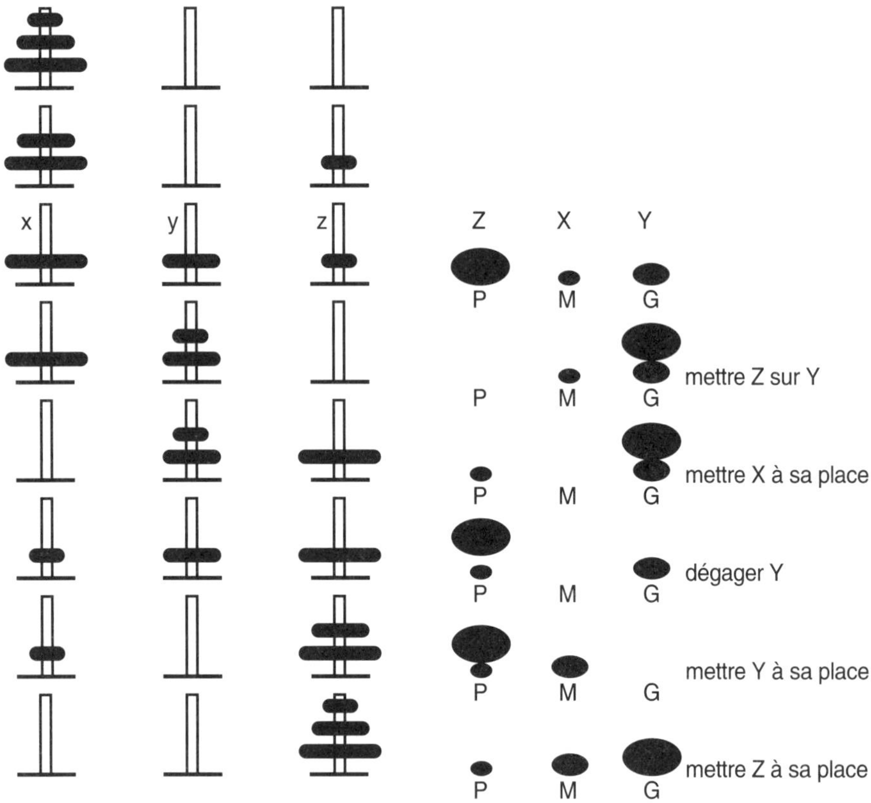

Si vous avez eu des difficultés à résoudre le problème des monstres, ne vous en étonnez pas car cela confirme parfaitement les constats des psychologues : « *On observe en général très peu de transfert entre les problèmes qui sont véritablement isomorphes, si ces problèmes se ressemblent peu par les traits de surface.* » [10]

10. Richard J.-F., *Les activités mentales. Comprendre raisonner, trouver des solutions*, A. Colin, 1990, p. 125.

> Il faut absolument que les enseignants prennent conscience de cette difficulté, et se persuadent qu'il faut impérativement aider l'apprenant à identifier les structures. Il faut donc mettre les trémas sur les *ï*, s'assurer que le transfert s'effectue et ne pas laisser ce travail délicat à la discrétion de l'élève, qui n'a généralement pas les moyens d'assumer seul cette responsabilité.

Après cet exemple et celui des cartes de Wason cité dans le chapitre précédent, tentons de définir le concept de transfert. Le transfert c'est l'application d'une solution efficace dans une situation (a) à une situation (aa) que l'on n'a jamais rencontrée mais qui appartient à la même catégorie de situations (A) car elle a la même structure. Plus la situation nouvelle est perceptivement éloignée de la situation initiale plus le transfert est difficile, car **il faut avoir rencontré une très grande quantité de situations** pour percevoir la structure sous des « habillages » très différents, c'est le cas de l'expert.

Fort de ces quelques expériences, des travaux de la plupart des chercheurs dans le domaine, et de constats multiples effectués sur le terrain, je pense que faire une leçon sur un plan général, puis laisser aux élèves le soin d'assurer les transferts aux situations concrètes sous prétexte que l'essentiel serait fait, est une escroquerie. Cela est particulièrement vrai pour les élèves les plus démunis, ceux qui n'ont personne à la maison pour les aider à « s'en sortir ». Les transferts doivent être assurés par l'enseignant, qui doit s'assurer que tout le monde comprend, c'est-à-dire que chacun identifie l'isomorphisme, l'« identité de structure » sous les différentes formulations. Pour obtenir ce résultat, il faut **demander de résoudre des problèmes** différents par leurs traits de surface, mais identiques par leur structure (décontextualiser, recontextualiser), tout en faisant prendre conscience de ladite structure par le constat : « Ça se résout de la même manière, donc c'est la même chose ».

• Tardif, dans un excellent un ouvrage [11], cite les cinq conditions identifiées par Perkins et Salomon (1989) pour que le transfert ait de bonnes chances de se produire :

« 1. L'intervenant doit montrer à l'apprenant comment les différents problèmes qu'il travaille se ressemblent.
2. L'intervenant doit diriger l'attention de l'apprenant vers les données de base et non vers les données superficielles ou de surface.
3. Il est souhaitable que l'apprenant soit familier du domaine de connaissance auquel appartiennent les problèmes à résoudre.
4. Les exemples présentés doivent être accompagnés de règles, idéalement formulées par l'apprenant lui-même. »

11. Tardif J., *Pour un enseignement stratégique. L'apport de la psychologie cognitive*, Éd. Logiques, 1997.

Enfin :

« 5. Il est souhaitable que l'apprentissage se produise dans un contexte social, comme l'enseignement réciproque où les justifications, les principes et les explications sont socialement générés discutés et reliés entre eux. » [12]

Le transfert passe donc par l'identification et la formalisation des structures, c'est-à-dire par l'abstraction.

L'abstraction

Abstraire, c'est percevoir les structures, c'est *« penser à part ce qui ne peut être donné à part »*, c'est se dégager de l'aspect sensible des choses pour accéder à l'essentiel, c'est percevoir le même sous le différent, c'est être en mesure de généraliser la solution trouvée pour résoudre un problème à la classe de problèmes à laquelle le premier problème appartient (voir les monstres et la tour de Hanoi, ou les problèmes des quatre cartes de Wason et Johnson Laird), c'est se donner la possibilité de mieux comprendre le monde qui nous entoure et d'être plus efficace dans la vie de tous les jours.

Exemple a. Pour montrer à quel point le passage par les structures est efficace pour augmenter l'efficacité du raisonnement, voici un exemple fourni par George [13].

« Ainsi des problèmes comme calculer l'augmentation de la surface d'un carré de 10 cm de côté si la longueur du côté augmente de 1 cm peuvent être envisagés de plusieurs façons. L'une consiste à calculer la surface d'un carré de 10 cm de côté puis la surface d'un carré de 11 cm de côté et enfin à faire la différence. La seconde consiste à se représenter un carré de 10 cm de côté, plus deux bandes de 10 cm, plus un petit carré de 1 cm de côté (voir figure ci-dessous).

La troisième consiste à traduire le problème sous forme algébrique :

$x = (10+1)^2 - 10^2 = [10^2 + (2 * 10) + 1^2] - 10^2 = (2 * 10) + 1$

12. *Ibid.*, p. 279.
13. George C., in Mathieu J., Thomas R., *Manuel de psychologie*, Vigot, p. 214.

La deuxième procédure est immédiatement transposable à des problèmes du même type avec des carrés, tandis que la troisième procédure est transposable à d'autres figures comme des cercles (si on augmente le rayon d'un cercle de 1 cm, sa surface augmentera de :

$$\Pi (R + 1)^2 - \Pi R^2 = 2 \Pi R + \Pi.$$

En revanche, la deuxième procédure ne suggère aucune solution pour évaluer la surface de l'anneau supplémentaire. »

La traduction du problème en langage mathématique, donc dans un langage plus abstrait que le langage courant, dans un langage de plus haut niveau diraient les informaticiens, permet de percevoir des relations qui n'apparaissent pas lorsque l'on demeure au niveau linguistique.

Pas de généralisation hâtive cependant, l'abstraction ne passe pas nécessairement par la formalisation mathématique, quoique cette formalisation favorise grandement l'activité d'abstraction et de généralisation, donc le transfert.

Exemple b. J'ai également utilisé une formulation plus abstraite que la formulation linguistique lorsque j'ai tenté de montrer l'isomorphisme entre la tour de Hanoi et les Monstres en utilisant les lettres (x), (y), et (z).

Exemple c. L'outil que je vous ai proposé dans le chapitre 2, l'approche systémique, est une autre manière d'abstraire, un autre moyen d'utiliser un langage de haut niveau, un métalangage en quelque sorte qui permet de traiter de la même manière toutes les situations relevant du domaine de l'action, **les situations de projet par exemple**.

Les questions :

– quelle est l'entrée ?

– quelle est la sortie attendue ?

– quelles sont les contraintes ?

– quels sont les moyens ?

etc.

sont les questions à se poser si l'on souhaite augmenter l'efficacité de son action, que cette action s'exerce dans le domaine pédagogique, ou dans tout autre domaine.

Autre exemple d'abstraction qui ne fait pas appel à une formalisation mathématique : la proposition de Gagné développée dans cet ouvrage : réduire toute l'activité d'enseignement à quelques types d'apprentissage : *faits, concepts, principes, méthodes, stratégies cognitives, gestes, attitudes.* Cette proposition permet bien entendu de généraliser par l'intermédiaire de l'abstraction puisque l'on se rend compte qu'enseigner le concept de « transfert » en psychopédagogie, le concept de « dévaluation » en économie, le concept de « résilience » en mécanique, correspond au même problème pour l'enseignant, donc relève du même type de démarche pédagogique.

> En définitive, toute activité qui vise à :
> – identifier la catégorie de problèmes en précisant les critères d'appartenance à la catégorie ;
> – décrire une méthode ou construire un algorithme pour résoudre cette catégorie de problèmes ;
> est un moyen de développer l'aptitude à l'abstraction et la capacité à résoudre des problèmes [14].

« Développer l'aptitude à l'abstraction, apprendre à résoudre des problèmes », sont des énoncés qui semblent bien résumer quelques-unes des principales finalités de l'enseignement, malheureusement personne ne sait vraiment comment faire pour atteindre ce type d'objectif.

Je ne prétends pas être en mesure d'apporter une réponse définitive à des questions aussi complexes, mais si chaque leçon que vous préparez vise réellement deux objectifs :
– contribuer à enseigner un contenu déterminé (objectif de contenu) ;
– développer une stratégie cognitive chez vos élèves (objectif méthodologique) ;
c'est-à-dire si vous travaillez durant quelques minutes par leçon (objectif méthodologique) à un niveau d'abstraction plus élevé que celui auquel vous travaillez d'ordinaire (abstraction réfléchissante de Piaget, ou pause méthodologique de Meirieu), il n'est peut-être pas stupide de penser que vous ayez quelques chances supplémentaires de développer l'aptitude à l'abstraction chez vos élèves.

Le sens, clef de l'accès aux structures

1. L'individu fonctionne-t-il toujours à son niveau optimal ?

Dans le cadre d'une recherche visant à concevoir une théorie du développement humain améliorée par rapport aux propositions de Piaget, Fischer et Farrar, deux chercheurs américains qui s'inscrivent dans le courant néo-piagétien ou néo-structuraliste estiment que le **SENS** qu'un individu peut donner au matériel sur lequel il travaille modifie considérablement ses capacités cognitives. Au vu des résultats obtenus, il semble que la capacité à manipuler un certain type de raisonnement soit acquise beaucoup plus tôt que ne le croyaient les psychologues qui s'appuyaient sur les résultats des expériences piagétiennes classiques. Les dates changent si l'on utilise un matériel différent et si l'on pose les questions différemment. Les enfants

14. Sur les activités cognitives et la résolution de problèmes, deux ouvrages récents et intéressants :
Costermans J., *Les activités cognitives*, De Boeck, 1998 ;
Poirier Proulx L., *La résolution de problèmes en enseignement,* De Boeck, 1999.

se mettent à raisonner plus précocement et de manière plus efficace si on leur propose des supports mieux adaptés à leur âge ou à leurs intérêts.

De multiples expériences montrent que les modes de raisonnement qu'un individu est capable de mettre en œuvre seraient différents selon les contenus sur lesquels on lui demande de raisonner (voir les expériences de Wason et Johnson Laird chapitre précédent).

Ce constat qui surprend les chercheurs n'a rien de tellement surprenant pour un pédagogue. Il correspond au constat que font régulièrement les enseignants lorsqu'ils disent en parlant d'un élève : *« En mathématiques ou en physique, il ne comprend rien, mais lorsqu'il s'agit de réparer la mobylette ou la chaîne stéréo alors il devient beaucoup plus intelligent ».*

Forts de constats de ce type, les Américains Fisher et Farrar ont fait en 1988 l'hypothèse selon laquelle l'individu serait capable de fonctionner à différents niveaux [15] :

– un **niveau optimal** (en fonction de son développement du moment bien sûr). L'individu fonctionnerait à son niveau optimal, si le matériel, le support sur lequel on lui demande de travailler est un **support à haut niveau de performance**, c'est le cas de la **mobylette** ou de la **chaîne stéréo** pour l'élève cité plus haut ;

– **un niveau suboptimal**, dans lequel l'individu serait moins efficace. Cela se produirait lorsque le **support** qu'on lui propose est lui-même **suboptimal**, ce qui est sûrement le cas du matériel généralement utilisé par Piaget et ses chercheurs et de la quasi-totalité des contenus sur lesquels nous faisons travailler les élèves en situation scolaire.

Pour faire travailler les élèves à leur niveau optimal, c'est-à-dire au niveau le plus élevé auquel ils sont capables de fonctionner il faudrait donc leur proposer des **supports à haut niveau de performance**. C'est-à-dire donner un SENS beaucoup plus fort aux situations qu'on leur propose, ce qui revient à travailler sur des contenus familiers (voir les cartes de Wason et le débit de boisson) avant de passer à des contenus plus abstraits et à une formalisation plus poussée. Voyons quelques exemples de supports à haut niveau de performance.

2. Utiliser des supports à haut niveau de performance

Exemple 1

La plupart des élèves de première et de terminale ont des difficultés pour comprendre les tables de vérité et les connecteurs logiques : ET, ET/OU, OU exclusif, NON, IMPLIQUE, etc. lesquels se traduisent par les symboles :

et	$\wedge$	ou (et/ou)	v	ou (exclusif)	w
non	$\bar{x}$	si… alors…	$\rightarrow$	si et seulement si	$\leftrightarrow$

symboles qui sont difficiles à apprendre pour la majorité des individus.

15. O. Houdé, *Catégorisation et développement cognitif*, PUF, 1992, p. 46 *sqq*.

Les concepteurs du module Tanagra, devant enseigner ce contenu à des ouvriers immigrés de chez Renault, ont imaginé la roulette de Venn, support à haut niveau de performance car véhiculant un sens très fort pour l'apprenant.

Il s'agit d'un jeu de roulette dont le tapis pourrait se présenter de la manière suivante (les chiffres marqués en gras sont les chiffres rouges) [16].

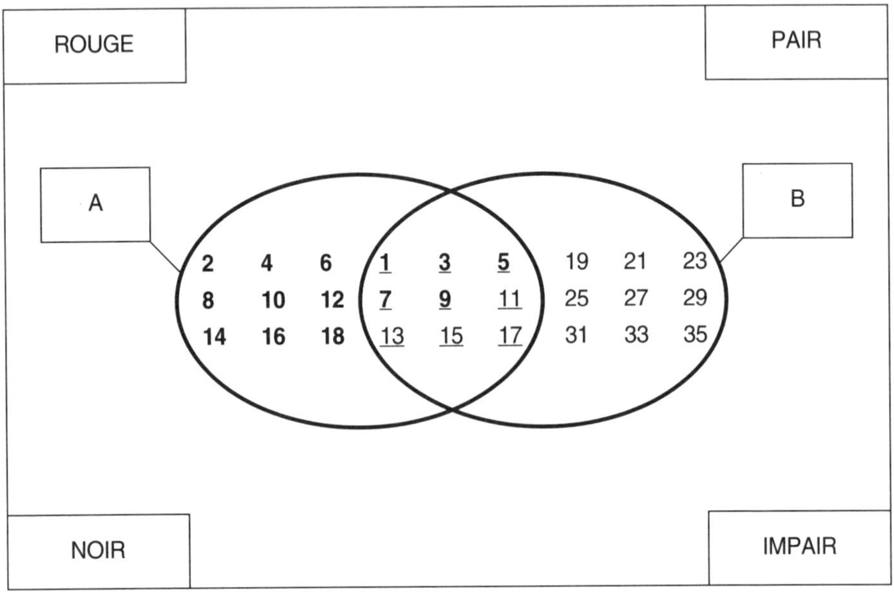

Les élèves peuvent jouer en misant sur : pair, impair, rouge, non rouge, ensemble A, ensemble B, et sur toutes les combinaisons possibles de ces différents éléments.

Il suffit donc de faire miser sur les zones (ensemble A, ensemble B, intersection, extérieur droit, extérieur gauche, cheval), et de tirer des cartes sur lesquelles on a écrit :

– numéros pairs et rouges ;
– numéros impairs ou (pair et rouges) ;
– numéros (rouges ou pairs) sauf (rouges et pairs) ;
– numéros A ;
– numéros B ;
– numéros A ou B sauf A et B ;
etc.,

16. Si vous ne savez pas jouer à la roulette, ce support ne peut guère vous être utile. Mais si vous savez jouer ou si vous apprenez à jouer (ce qui est très rapide car les règles sont très simples), ce support vous aidera grandement à apprendre les connecteurs logiques, car il permet une approche ludique qui donne enfin du sens à un code particulièrement abscons sans cela.

pour que s'engagent des débats homériques pour savoir qui a gagné, qui a perdu et pourquoi.

Il est bien évident qu'ensuite le formateur utilisera les signes : $\wedge$ (et), **v** (ou inclusif), **w** (ou exclusif), etc. et qu'il transformera les propositions : rouge en « q » et pair en « p » pour se retrouver à un niveau d'abstraction relativement élevé du type :

p et q	ou encore	$p \wedge q$
non p ou (p et q)	ou encore	$\bar{p} \vee (p \wedge q)$
(q ou p) et (non q et non p)	ou encore	$(q \vee p) (\bar{q} \wedge \bar{p})$

Si vous jouez la zone des chiffres soulignés et que la carte tirée soit : A v B, c'est-à-dire (A ou B), vous avez gagné puisqu'il s'agit du ou « inclusif », mais si la carte tirée est : A w B, c'est-à-dire (A ou « exclusif » B), vous avez perdu (seules les parties non communes des ensembles A et B sont gagnantes dans ce cas). Les signes **prennent alors du SENS** par rapport à votre vécu, et ce vécu à une **couleur affective particulière**, vous accrochez une nouvelle information à des connaissances déjà acquises, l'enseignant effectue ce faisant le *bridging* de Bruner, c'est-à-dire le pontage entre le connu et l'inconnu, il vous aide à intégrer l'information nouvelle à vos schémas de connaissance, il vous aide à **connecter**, à relier l'information nouvelle à des connaissances se trouvant déjà dans votre cerveau, c'est-à-dire à comprendre.

Lorsque l'on souhaite enseigner des concepts, problème auquel se trouve confronté celui qui doit enseigner les connecteurs logiques : (OU inclusif, OU exclusif, ET, etc.), il ne faut jamais se contenter de fournir un seul exemple, raison pour laquelle si vous étiez mes élèves et si je devais vous enseigner les connecteurs logiques, j'utiliserais également « L'esprit de décision de Mme Minx », voir chapitre 12.

Avec ces deux exemples, il est évident que l'enseignant **donne du SENS** à ce qu'il enseigne. La présentation des objets d'apprentissage (ici les connecteurs logiques) par l'intermédiaire de petits problèmes ludiques permet de jouer sur la motivation provoquée par le jeu, et de rendre moins rébarbatif un contenu qui, a priori, n'a aucune raison de soulever l'enthousiasme des apprenants. Revenons maintenant à des contenus plus scolaires.

Exemple 2

Vous souvenez-vous du développement de l'identité remarquable : $(a + b)^2$? Lorsque je fais ce test avec de jeunes enseignants fraîchement sortis de l'université, seulement 60 % de mon public environ retrouve le résultat attendu : $a^2 + 2\,ab + b^2$. Je pense que l'échec des autres vient uniquement du fait qu'on leur a demandé, autrefois, d'apprendre cette formule par cœur, sans passer par des présentations qui donnent du sens mais qui demandent plus de temps au moment de l'enseignement et de l'apprentissage. Cependant ce sont ces représentations qui garantissent la compréhension et la rétention.

Consigne : Dans le problème suivant, remplacez les points d'interrogation par leur valeur.

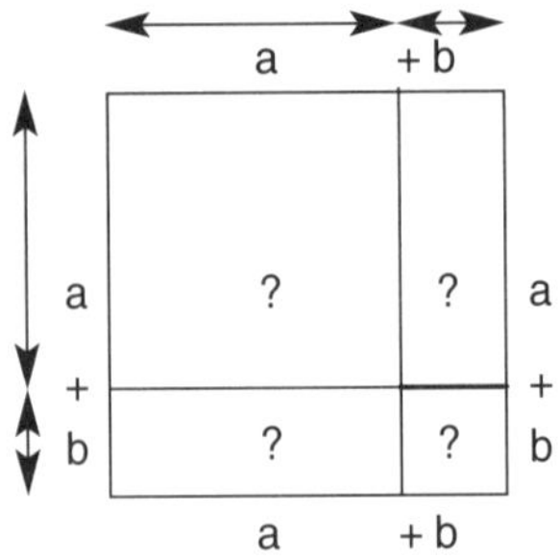

La solution est bien sûr très simple,

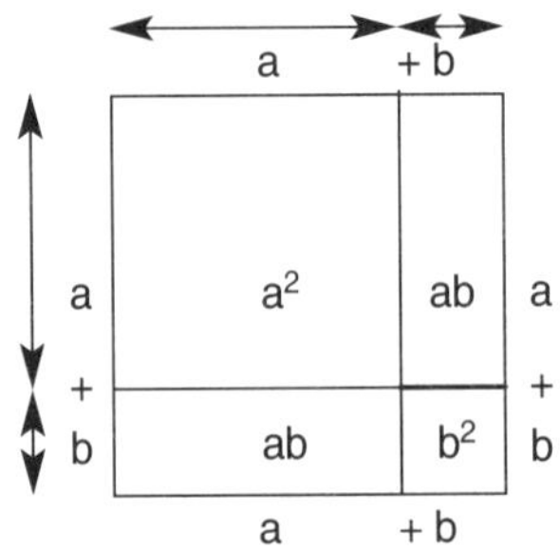

On peut ensuite poser le problème de George (voir exemple a, p. 162), et demander aux élèves de trouver par équipes la représentation graphique de l'identité remarquable $(a-b)^2$.

Je ne reviendrai pas sur l'enseignement de l'identité (a + b) (a-b) (voir *Préparer un cours – 1. Applications pratiques,* chap. 18 p. 280-281).

Exemple 3 [17]

Pour enseigner le théorème de Pythagore que je rappelle à ceux qui l'auraient oublié : « Dans un triangle rectangle le carré de l'hypoténuse est égal à la somme des carrés des deux autres côtés ». Pourquoi ne pas diviser la classe en petites équipes et leur donner à résoudre les puzzles suivants. Chaque équipe résout les deux puzzles et tente de tirer une conclusion générale quant aux valeurs de a^2, b^2, et c^2.

Puzzle 1.

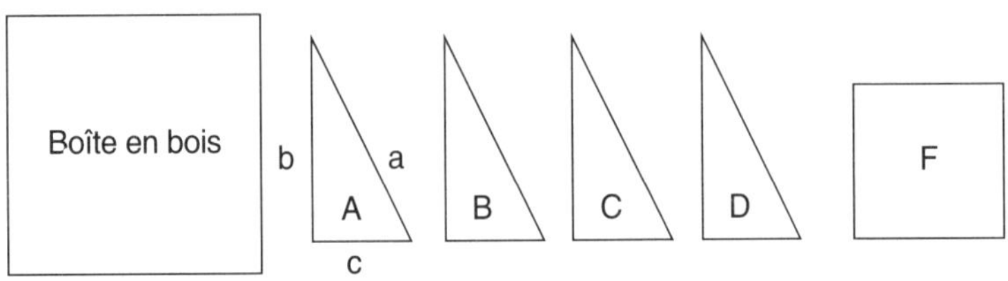

À l'aide des pièces A, B, C, D, F, reconstituer un puzzle qui rentre exactement dans la boîte en bois.

17. Minder M., *Didactique fonctionnelle*, De Boeck, 1996, p. 229.

Puzzle 2.

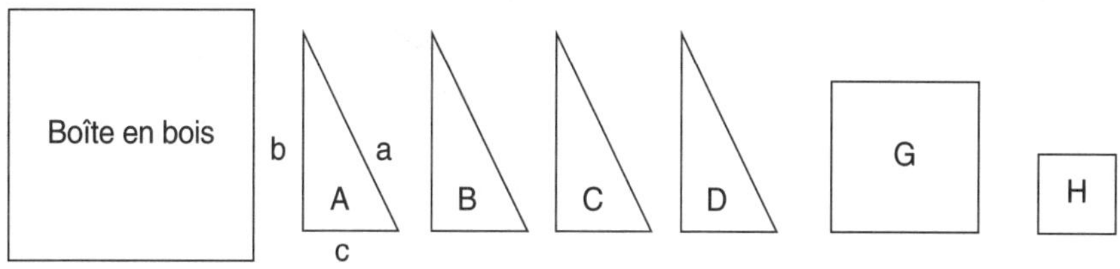

À l'aide des pièces A, B, C, D, G, H, reconstituer un puzzle qui rentre exactement dans la même boîte en bois que celle utilisée pour le puzzle A.

Solutions. En comparant les deux solutions ci-dessous, on se rend bien compte que le carré F, du puzzle 1, a une superficie égale à la somme des carrés G et H du puzzle 2, donc que $a^2 = b^2 + c^2$ puisque les triangles A, B, C, D, sont identiques dans les deux cas. L'espace occupé par le carré a^2 (le carré de l'hypoténuse de l'un des triangles rectangles) est bien égal à la somme des carrés des deux autres côtés : $b^2 + c^2$.

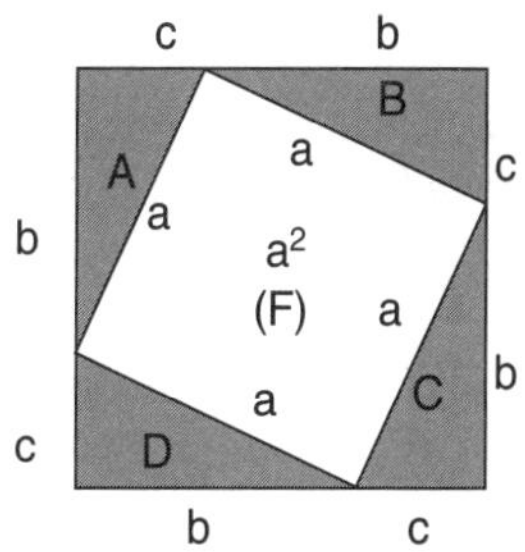

Puzzle 1.

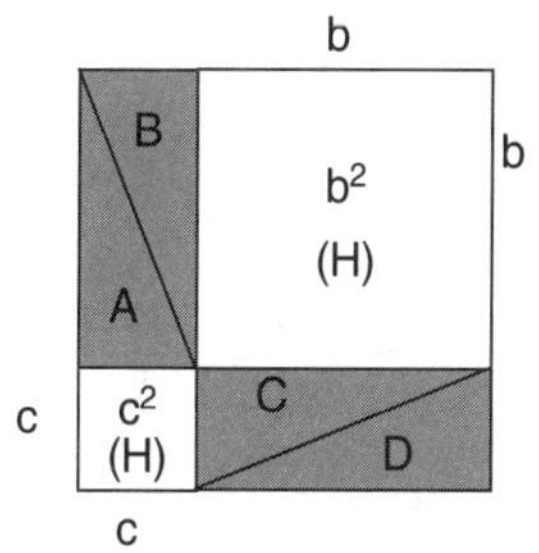

Puzzle 2.

La transposition didactique

Les supports à haut niveau de performance sont des supports qui donnent du **SENS** aux savoirs. L'école a tendance à oublier les savoirs pragmatiques des situations sociales de référence qui sont à l'origine des savoirs universitaires (ou savoirs savants). Ces savoirs savants sont généralement obtenus par l'intermédiaire de l'abstraction réfléchissante, c'est-à-dire par un traitement qui permet de formaliser des pratiques qui ont réussi. Mais si les savoirs et les savoir-faire du praticien sont directement accessibles à l'apprenti en situation d'apprentissage chez un artisan ou en situation professionnelle parce que le sens est parfaitement clair pour celui qui apprend, le vocabulaire utilisé pour décrire les savoirs savants à l'université est un vocabulaire plus abstrait (parce que plus général) que le vocabulaire utilisé par les hommes de l'art, donc un vocabulaire difficilement accessible au profane.

Les savoirs universitaires ou savoirs savants sont ensuite à l'origine des savoirs scolaires qui ne sont que des savoirs simplifiés, édulcorés, éventuellement bâtards. Ces savoirs sont parfois totalement insensés (au premier sens du terme), c'est-à-dire privés de sens pour les élèves, car ceux qui les enseignent (les professeurs) ont souvent appris ces savoirs dans les livres et ne sont plus capables d'établir les ponts indispensables entre les savoirs et les situations sociales de référence qui leur ont donné naissance.

Le rôle de l'enseignant consiste entre autres à retrouver le sens originel et à le faire partager à l'apprenant. Les supports à haut niveau de performance constituent un bon moyen de tenir cette gageure.

CONSÉQUENCES PRATIQUES

Si la majorité des individus raisonne beaucoup mieux à partir de contextes signifiants qu'à partir de structures abstraites, il faut tout de même reconnaître que la maîtrise des structures, donc le fonctionnement à un niveau d'abstraction élevé, facilite la résolution des problèmes si l'on est capable d'identifier le type de problème par l'intermédiaire de sa structure.

En conséquence il faut :

1. Travailler d'abord avec les élèves à partir de **cas concrets (donner du SENS)** pour que tout le monde puisse comprendre. Cela signifie qu'il faut **privilégier la démarche inductive**.

2. Faire effectuer de nombreux exercices « habillés » de différentes manières et assurer un « pontage » permanent *(bridging)* entre le concret et l'abstrait (contextualiser, décontextualiser, recontextualiser) afin de **donner accès aux structures**, seule garantie du transfert.

QUESTIONS À SE POSER POUR PRÉPARER UNE LEÇON

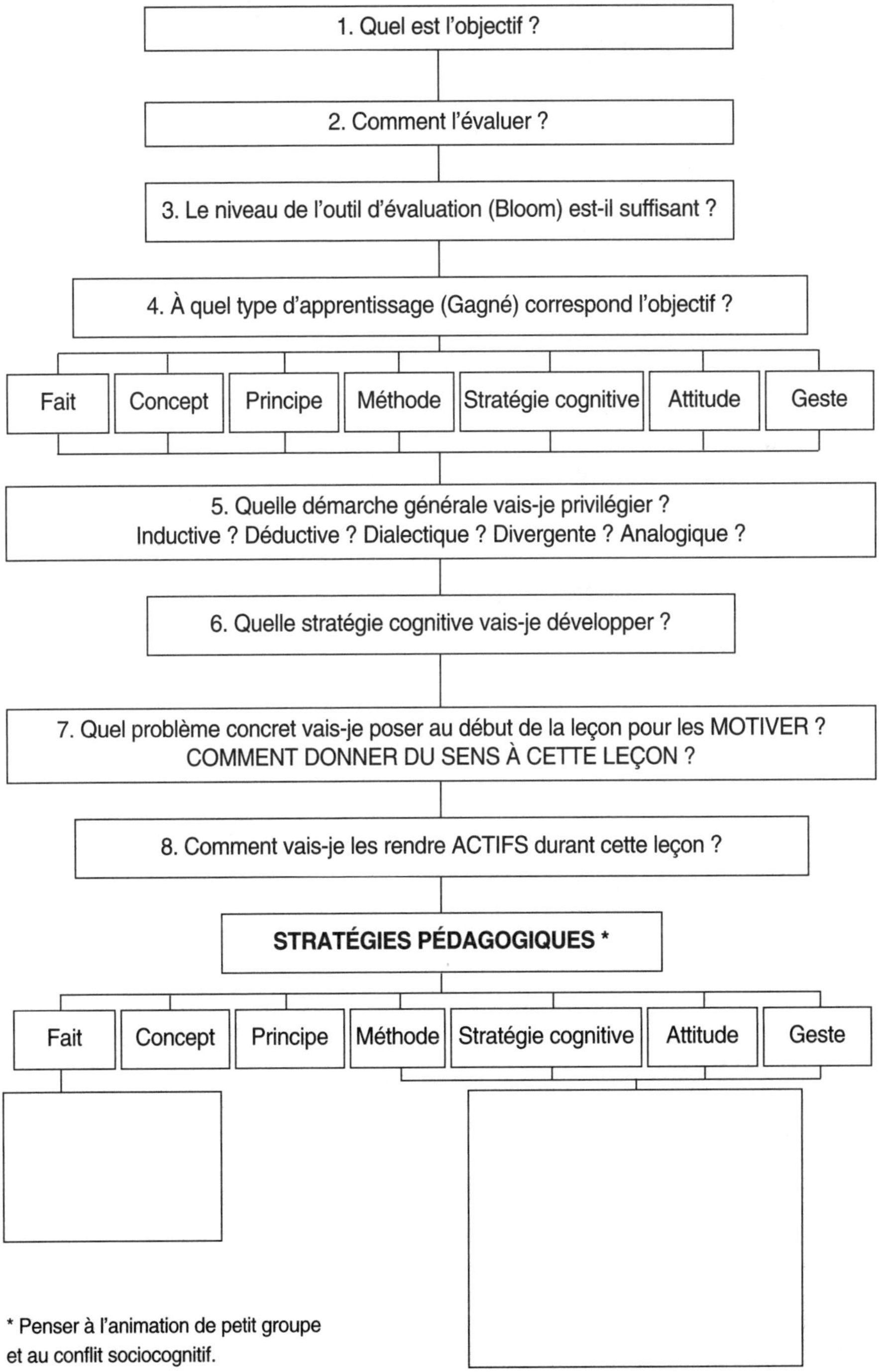

* Penser à l'animation de petit groupe
et au conflit sociocognitif.

Troisième partie

Les stratégies pédagogiques

AU LECTEUR

Grâce aux théories psychologiques décrites dans la première partie de cet ouvrage, nous avons défini les principales questions à se poser pour préparer une leçon (voir p. 171), et nous avons également commencé à identifier les stratégies pédagogiques canoniques correspondant à quelques types d'apprentissages.

Je vais maintenant décrire en détail les stratégies pédagogiques canoniques permettant d'enseigner des faits, des concepts, des principes, des méthodes, des stratégies cognitives, des attitudes, des gestes, enfin tous les types d'apprentissage définis par Gagné, sans oublier la production divergente d'idées, la créativité.

14

Enseigner des faits et des stratégies cognitives

Améliorez vos techniques de mémorisation

Quelques tests pour commencer

Modifiez en premier lieu votre attitude psychologique confortable de lecteur-récepteur pour passer à une attitude plus volontariste, plus impliquée, d'apprenant. Prenez donc un crayon, une montre permettant de compter les secondes, une feuille de papier, et cachez d'abord la liste du bas de la page.

Consigne. *Tentez de mémoriser les 15 mots de la liste ci-dessous. Prenez votre montre ou votre chronomètre et accordez-vous 45 secondes pour cela. Concentrez-vous et essayez de mettre en œuvre une stratégie cognitive efficace pour retenir le maximum de mots.*

Relisez la consigne, puis, si votre montre est sous vos yeux, et si vous êtes prêt, tentez de mémoriser les mots ci-dessous :

Liste des mots à retenir (accordez-vous 45 secondes pour cela).

pilote	voiture
sauvage	Venise
sucre	lait
masque	carburateur
roue	farine
animal	loup
gâteau	bateau
faim	

Écrivez ci-dessous (sans regarder la liste précédente) le maximum de mots de cette liste.

. . . .

. . . .

. . . .

J'espère que vous avez effectué cet exercice et que vous êtes satisfait de la performance que vous avez réalisée. Si c'est le cas, bravo, mais si vous êtes déçu par vos résultats, rassurez-vous, je vais maintenant vous proposer quelques techniques de mémorisation qui se révèlent généralement efficaces pour ce type de matériel.

Sachez d'abord que lorsque je fais cette expérience avec des groupes d'enseignants, je constitue deux sous-groupes A et B équivalents en capacité de mémorisation, je traite d'abord le groupe A en lui présentant un mot toutes les 4 secondes et j'obtiens un taux de rétention moyen de 5 à 7 mots sur 15. Bien sûr, la dispersion des résultats est énorme et les résultats peuvent aller de zéro (rare) à 15 (rarissime) mais la moyenne ne change guère, elle tourne autour de 5/6 mots retenus, 7 exceptionnellement pour les groupes atypiques.

Je traite ensuite le groupe B de manière à faciliter l'activité de mémorisation (je fais de la pédagogie, voir le schéma page suivante), et j'obtiens alors un taux de rétention de 10 à 12 mots sur 15 avec le groupe B.

Conclusion. Les enseignants, sauf cas particuliers, ne possèdent pas de stratégies cognitives (stratégies personnelles de traitement de l'information) vraiment efficaces pour mémoriser, en conséquence ils ne peuvent pas les enseigner à leurs élèves.

Le traitement pédagogique de l'information

Dans le premier chapitre, j'ai précisé que la pédagogie pouvait être définie comme une action visant à faciliter les apprentissages et je ne cesse d'affirmer que développer des stratégies cognitives chez les élèves devrait être l'une des principales préoccupations de l'enseignant.

Le moins que l'on puisse dire, c'est que vous proposer de retenir 15 mots présentés en désordre et vous laisser vous « débrouiller » pour les mémoriser n'a rien de particulièrement pédagogique. Par ailleurs, ce type d'exercice n'a que très peu de chances de développer quelque stratégie cognitive que ce soit chez les personnes qui le subissent, vous en l'occurrence.

Mémoriser une suite de mots totalement arbitraire relève de l'« **apprentissage de FAITS** », (référence Gagné). Que pourrait donc faire un pédagogue qui souhaiterait présenter pédagogiquement ce type de matériel ? ou pour formuler la question différemment : comment préparer une leçon visant l'apprentissage de faits ?

Pour préparer une leçon visant l'apprentissage de faits, il faut jouer sur les variables clefs de la mémorisation que je vais vous présenter par l'intermédiaire de l'expérience suivante.

Prenez d'abord une montre ou un chronomètre, et une feuille de papier (cache).

Consigne. *Vous trouverez ci-dessous deux tableaux très peu chargés en information. Accordez-vous* ***45 secondes*** *pour les mémoriser. Consacrez 10 à 15 secondes au premier tableau et 25 à 30 secondes au second.*

L'exercice est très facile à réaliser si vous focalisez réellement votre attention sur cette activité.

Relisez la consigne afin de bien la comprendre, puis, lorsque vous êtes prêt, passez à l'exercice.

Tableau 1. *Apprenez ce tableau pendant 10 secondes*

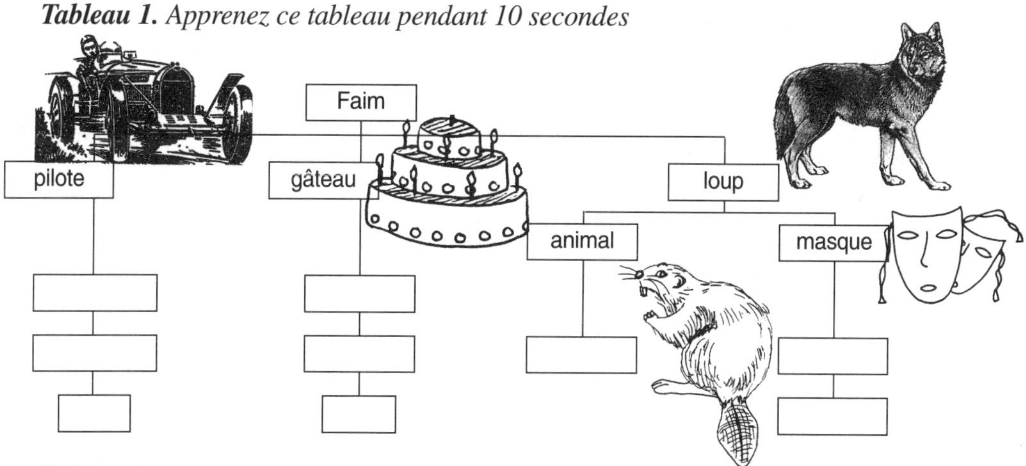

Tableau 2. *Apprenez ce tableau pendant 35 secondes*

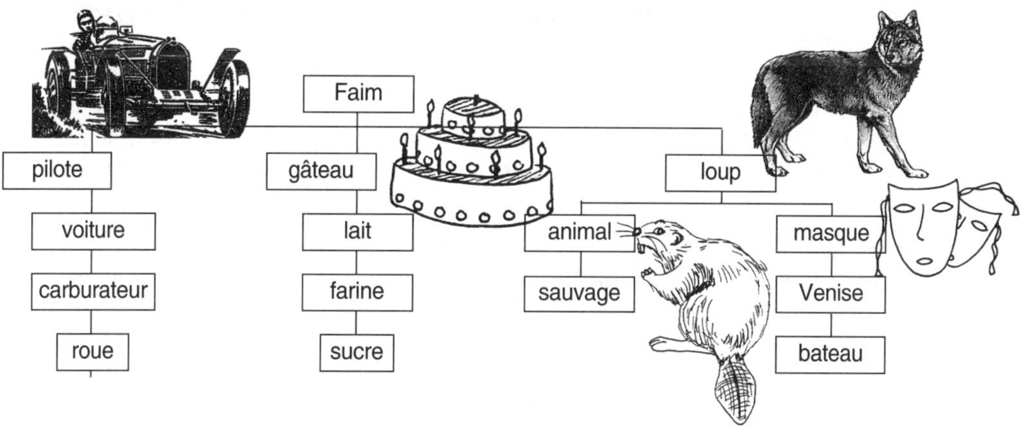

Cachez maintenant les tableaux ci-dessus et tentez de remplir le tableau suivant.

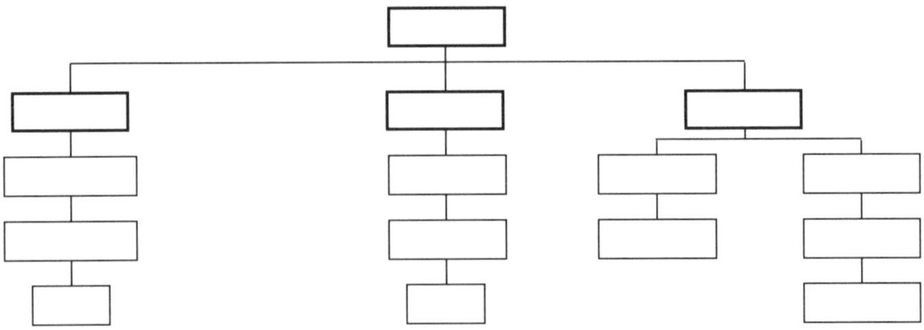

Généralement, avec ce type de présentation, j'obtiens un taux de rétention de 10 à 12 mots sur 15 pour le groupe B (contre 5 à 7 mots sur 15 pour le groupe A) et nombre de sujets du groupe B retiennent parfaitement les 15 mots alors que cette performance n'est jamais atteinte dans le cas des 15 mots présentés en désordre (groupe A).

Remarquons tout de même, en supposant que vous ayez effectivement retenu 15 mots sur 15, ce qui signifie que mon objectif serait atteint à 100 %, que même dans ce cas, je suis malgré tout très loin d'avoir atteint tous les objectifs que doit se fixer un bon pédagogue. Pour quelle raison ?

Vous trouverez la réponse à cette question dans la définition du concept de pédagogie que j'ai donnée chapitre 1 : le but du pédagogue consiste à *« construire une action de formation de longue durée, ayant pour but, au travers des stratégies pédagogiques qu'il met en œuvre tous les jours dans ses différentes leçons et qui visent à faciliter les apprentissages journaliers, à rendre ses élèves capables, à terme, de traiter l'information de manière efficace et cela en totale autonomie »*.

Un individu efficace, c'est celui qui, confronté à l'apprentissage des 15 premiers mots que je vous ai proposés au début du chapitre met en œuvre une stratégie cognitive performante et retient les 15 mots. Si vous ne l'avez pas fait, à ce moment-là, c'est que personne ne vous a jamais appris à le faire, ce qui est tout de même dommage… et un peu inquiétant pour l'efficacité de l'enseignement que vous avez reçu dans votre jeunesse, et pour celui que vous dispensez aujourd'hui.

En dehors des contenus que vous devez indiscutablement enseigner, vous devez également enseigner des stratégies cognitives. Vous devez donc traiter d'abord l'information à la place de vos élèves, c'est la première étape de votre travail (vous donnez du poisson à l'élève), mais votre action ne sera terminée que lorsque l'élève aura appris à utiliser, voire à inventer, des stratégies efficaces de traitement de l'information (lorsqu'il aura appris à pêcher).

Quelles sont donc les variables que j'ai manipulées dans cette expérience pour vous aider à mieux mémoriser ?

Variables favorisant la mémorisation

1. La première variable favorisant la mémorisation, c'est le **SENS** que vous pouvez attribuer à une information, c'est-à-dire la possibilité que vous avez de lier l'information nouvelle à une information existant déjà dans votre cerveau. Il faut donc créer d'abord des accrocheurs cognitifs (voir schéma p. 107).

2. La deuxième variable, c'est le taux d'imagerie. Les individus se souviennent beaucoup plus facilement des **IMAGES** que d'un texte, et si l'on peut coder une information par l'intermédiaire du **SENS** et d'une **IMAGE** on a de très grandes chances de la mémoriser.

3. La troisième variable c'est l'**ORGANISATION**. Un matériel présenté sous une forme organisée sera beaucoup mieux mémorisé qu'un matériel inorganisé.

Je vais maintenant vous proposer d'utiliser une nouvelle technique de mémorisation, qui s'appuie sur les trois variables précédentes.

Créons d'abord vos accrocheurs cognitifs : apprenez par cœur les 15 propositions ci-dessous.

Pour mémoriser ces médiateurs [1] : « 1 est un HUN », par exemple, essayez de voir un cavalier, (Attila si vous le pouvez), avec le n° 1 inscrit sur son bouclier.

Faites effectivement l'effort de **visualiser** chaque proposition, fermez les yeux et concentrez-vous sur l'image que vous parvenez à créer.

Pour la deuxième phrase, 2 est un FEU, visualisez un magnifique feu avec des flammes immenses et le chiffre 2 fait de branchages et de feuilles tressées en train de brûler dans ces flammes.

Faites calmement cet exercice sur les 15 propositions suivantes. Vous n'êtes pas limité par le temps.

1 est un HUN
2 est un FEU
3 est un ROI
4 est une TARTE
5 est une MAIN
6 est une VIS
7 est un CEP (de vigne)
8 est une TRUITE
9 est un ŒUF
10 est un LYS
11 est un BONZE
12 est une BOUSE
13 est une BRAISE
14 est une ROSE
15 est un SINGE

1. On appelle aussi cela des « indicateurs de retrait ».

Si vous avez mémorisé les 15 médiateurs ci-dessus, cela vous aidera pour le prochain exercice, mais si vous ne l'avez pas fait je vais vous présenter le nouveau test de mémorisation de telle manière que vous puissiez le réussir tout de même.

Consignes.

Il s'agit de tenter de mémoriser une fois encore 15 mots et le chiffre auquel ils sont liés.

1. voiture

2. cafetière

Que devez-vous faire ? Utiliser la liste de médiateurs que nous venons d'apprendre :

1 est un HUN

2 est un FEU

etc.

afin de **construire des images** *avec les médiateurs HUN, FEU, etc., que vous venez d'apprendre et les mots que je vous proposerai dans la nouvelle liste.*

Ainsi, si je vous propose :

1. voiture

essayez de voir Attila (HUN) en train de conduire la voiture ; tentez effectivement de visualiser son image sur votre « cinéma » intérieur, voyez-le, debout, sortant la tête par le toit ouvrant, éructant, furieux, conduisant avec une seule main, etc., puis passez au deuxième mot.

2. cafetière

vous avez en mémoire : 2 est un FEU, il faut relier par une image : FEU et cafetière.

Vous avez sûrement visualisé une « cafetière sur le gaz allumé », image qui devrait vous permettre ultérieurement de retrouver l'information. Sachez cependant que plus l'image que vous construirez sera bizarre, exagérée, **dynamique**, humoristique, sexuelle, etc. [2] plus vous aurez de chances de la rappeler correctement par la suite.

2. Les expériences effectuées dans les laboratoires ne montrent aucune supériorité des images bizarres, sexuelles, etc., sur les autres, cependant les sujets qui mémorisent facilement utilisent souvent ce type d'image auquel ils accordent une efficacité certaine.

Couples à mémoriser

1. (Hun) VOITURE

Concentrez-vous sur cette image pendant 4 à 5 secondes (fermez les yeux, essayez de la voir).

2. (feu) CAFETIÈRE

*Imaginez une **cafetière** qui fond sur un feu allumé, vous la voyez fondre au point qu'elle éteint le gaz. (Fermez les yeux et visualisez l'image intérieurement pendant 4 secondes.)*

3. (Roi) TABLE

Imaginez une TABLE avec une galette des rois immense qui la recouvre en entier. (Visualisez.)

4. (tarte) PALMIER

Imaginez un PALMIER, auquel sont pendues des tartes qui se balancent au vent. (Visualisez.)

5. (main) MAISON

Imaginez une main immense qui écrase une petite MAISON. (Visualisez 4 secondes.)

6. (vis) MAGNÉTOSCOPE

Imaginez votre MAGNÉTOSCOPE, en pièces dans le salon avec toutes les vis par terre.

7. (cep) LIVRE

Imaginez un magnifique cep de vigne sur la couverture d'un LIVRE. (Visualisez 4 secondes.)

8. (truite) RADIATEUR

Imaginez une truite qui saute sur votre RADIATEUR (il faut qu'elle bouge, (Visualisez 4 secondes.)

9. (œuf) FLEUR

À vous de créer vos images et de les visualiser pendant 4 secondes.

10. (lys) MOUTON

11. (bonze) TRANSISTOR

12. (bouse) TÉLÉPHONE

13. (braise) CRAYON

14. (rose) TABLEAU

15. (singe) CHANDELIER

Si vous commencez par la fin pour compléter la liste de rappel, inutile de coder cette dernière information. Commencez donc par la ligne 15. CHANDELIER et remontez vers la ligne 1.

LISTE À COMPLÉTER

HUN	1.
FEU	2.
ROI	3.
TARTE	4.
MAIN	5.
VIS	6.
CEP	7.
TRUITE	8.
ŒUF	9.
LYS	10.
BONZE	11.
BOUSE	12.
BRAISE	13.
ROSE	14.
SINGE	15.

J'espère que cette expérience a été concluante pour vous et que vous pourrez en tirer d'utiles enseignements pour améliorer vos capacités de mémorisation. Cependant, comme chaque individu apprend à sa manière il n'est pas certain que la stratégie cognitive proposée ait été efficace pour vous. Si votre résultat ne vous paraît pas satisfaisant, c'est que vous « fonctionnez » sans doute d'une autre manière et qu'il vous faudrait un autre système de mémorisation. Il en existe sûrement un qui correspond à votre manière d'apprendre, mais il m'est bien sûr difficile de vous le proposer sans vous connaître.

J'ai souligné dans ce chapitre que si vous devez donner du poisson à l'élève (lui faire acquérir des connaissances), vous devez surtout lui apprendre à pêcher (lui faire acquérir des métaconnaissances, des stratégies cognitives). Je termine toujours l'expérience décrite ci-dessus par un travail de réflexion (abstraction réfléchissante) relatif à la démarche utilisée, puis (après un petit entraînement) je fais réaliser un dernier test sur 15 mots nouveaux (test final) et le taux de mémorisation moyen du groupe augmente généralement de 40 à 50 % (parfois plus) par rapport au test initial. Cela prouve que l'on peut enseigner des stratégies cognitives, à condition de les connaître, et de les enseigner effectivement.

Conclusion. Faire de la pédagogie, c'est dans un premier temps traiter l'information à la place de l'apprenant pour que celui-ci puisse se l'approprier plus facilement, c'est ensuite et surtout tenter de lui faire acquérir des stratégies cognitives efficaces (les boucles de **régulation interne** du chapitre 2, page 25) pour qu'il devienne un jour totalement autonome sans notre aide.

CONSÉQUENCES PRATIQUES

MÉMORISER

Quatre éléments :
- le SENS (lier l'information nouvelle à une information existant déjà dans le cerveau) ;
- l'imagerie ;
- l'organisation ;
- l'aptitude à travailler consciemment sur ses processus de pensée (métacognition) ;

constituent les clefs des méthodes visant à améliorer la capacité de mémorisation.

ENSEIGNER DES FAITS [3]

Pour enseigner des FAITS il faut :
1. Donner du SENS, c'est-à-dire : établir des liens entre l'information nouvelle et une information déjà mémorisée.
2. Faire traiter l'information en profondeur (faire extraire les idées principales, demander de résumer, de synthétiser, etc.).
3. Proposer des images.
4. Présenter une information organisée.
5. Faire pratiquer la métacognition.

ENSEIGNER DES STRATÉGIES COGNITIVES

Pour enseigner des stratégies cognitives il faut :
1. Poser un problème qui se résout en appliquant la stratégie cognitive à enseigner.
2. Démontrer la stratégie à enseigner, en verbalisant à haute voix son langage intérieur au moment où l'on met en œuvre ladite stratégie cognitive.
3. Faire vivre des situations qui prouvent que la stratégie est efficace lorsque l'élève la met en œuvre.
4. Faire analyser le vécu (métacognition) pour formaliser la stratégie cognitive utilisée.
5. Proposer à l'apprenant des situations lui permettant de s'entraîner et dans lesquelles il réussit [4].

---

3. Le lecteur trouvera un exemple d'application de cette stratégie d'enseignement de FAITS dans le module de formation individualisée « Les vins de Bordeaux », présenté dans *Préparer un cours – 1. Applications pratiques.*

4. Le lecteur trouvera différents exemples d'enseignement de stratégie cognitive dans *Préparer un cours – 1. Applications pratiques.*

QUESTIONS À SE POSER POUR PRÉPARER UNE LEÇON

1. Quel est l'objectif ?

2. Comment l'évaluer ?

3. Le niveau de l'outil d'évaluation (Bloom) est-il suffisant ?

4. À quel type d'apprentissage (Gagné) correspond l'objectif ?

Fait | Concept | Principe | Méthode | Stratégie cognitive | Attitude | Geste

5. Quelle démarche générale vais-je privilégier ?
Inductive ? Déductive ? Dialectique ? Divergente ? Analogique ?

6. Quelle stratégie cognitive vais-je développer ?

7. Quel problème concret vais-je poser au début de la leçon pour les MOTIVER ?
COMMENT DONNER DU SENS À CETTE LEÇON ?

8. Comment vais-je les rendre ACTIFS durant cette leçon ?

STRATÉGIES PÉDAGOGIQUES *

Fait | Concept | Principe | Méthode | **Stratégie cognitive** | Attitude | Geste

Fait

1. Donner du SENS
Relier les informations nouvelles à des informations se trouvant déjà dans le cerveau

2. Utiliser des images

3. Organiser l'information

4. Faire pratiquer la métacognition

Stratégie cognitive

1. Démontrer la stratégie

1bis. Verbaliser la stratégie au moment où on la met en œuvre

2. Faire vivre des situations qui prouvent que la stratégie est efficace

3. Faire analyser le vécu (métacognition)

4. Proposer des situations d'entraînement

5. Évaluer

Modélisation (Méthode, Attitude, Geste)

1. Démontrer
2. Faire observer
3. Faire analyser et faire construire une grille d'observation/évaluation
4. Proposer des situations d'entraînement
5. Évaluer

* Penser à l'animation de petit groupe et au conflit sociocognitif.

15

Enseigner un concept

Première partie : théorie

En écrivant cet ouvrage je souhaite bien sûr vous aider à apprendre à mieux préparer une leçon. J'utiliserai donc diverses techniques pédagogiques (c'est bien le moins que je puisse faire) et je traiterai ce chapitre sous forme de dialogue socratique, technique très utile lorsque l'on a besoin de diversifier les supports d'enseignement pour travailler en pédagogie différenciée par exemple.

L'étudiant (futur enseignant) : Donc si je vous comprends bien, tous les apprentissages peuvent, grâce à la taxonomie de Gagné (faits, concepts, principes, etc.) se réduire seulement à quelques-uns, et il suffit, pour concevoir une stratégie d'enseignement efficace, d'appliquer les stratégies types permettant d'enseigner des faits, des concepts, des principes, des méthodes, etc., soit les types d'apprentissage que vous avez définis dans le chapitre 3.

Enseigner un concept, 50 % de notre activité d'enseignement

L'auteur : C'est tout de même un peu plus compliqué, mais pour répondre à votre question sachez « qu'enseigner un concept » représente près de 50 % de l'activité d'enseignement, donc si vous savez reconnaître un concept et si vous connaissez les deux principales stratégies qui vous permettent de l'enseigner, vous pouvez gagner un temps considérable lors de vos préparations.

L'étudiant : Enseigner un concept représente 50 % de mon activité d'enseignement !… Vous êtes certain de ce que vous affirmez ?

L'auteur : Oui, mais les enseignants n'en sont généralement pas conscients. L'expérience m'a d'ailleurs appris qu'ils ont du mal à définir le mot « concept », et qu'ils ignorent totalement qu'enseigner un concept est une leurs activités principales. Ils font comme Monsieur Jourdain : de la prose sans le savoir. Ils ont des connaissances procédurales (ils savent faire) mais pas de connaissances déclaratives (pas de savoirs verbalisables) sur ce sujet.

L'étudiant : Enseigner un concept représente 50 % de mon activité d'enseignant !... Vous pouvez me le démontrer ?

L'auteur : Sans difficulté. Reprenons le fil de notre discours. Je disais donc que les enseignants que je rencontre dans mes stages ne maîtrisent généralement pas la signification du mot « concept ». Tous ont pourtant rencontré ce terme très fréquemment dans leurs lectures, l'utilisent régulièrement dans leur discours, mais lorsque je leur demande de bien vouloir m'expliquer ce qu'est un « concept » et de m'en donner une définition un peu précise, ils rencontrent généralement de sérieuses difficultés.

Le concept de concept ?... un concept difficile !...

Tenez, essayons de vérifier mes assertions, quelle est votre définition du mot concept ? Prenez quelques minutes pour réfléchir à cette question et tentez de donner votre définition par écrit.

....

....

(Ami lecteur, prenez donc quelques minutes pour répondre à la question, le sujet mérite vraiment quelques instants de réflexion).

J'espère que vous avez pu fournir une première définition. Pour aller un peu plus loin, tentez de citer ci-dessous six concepts que vous devez enseigner dans le cadre de votre enseignement.

....

....

L'auteur : Alors, quel est le résultat de votre réflexion ?

L'étudiant : Eh bien... je pense qu'un concept c'est un mot et qu'enseigner un concept, c'est enseigner le sens de ce mot. La preuve, à l'heure actuelle vous cherchez à m'enseigner le concept de « concept » et vous me demandez une définition.

L'auteur : Excellent !... non pas votre définition sur laquelle nous reviendrons un peu plus tard, mais votre analyse de mon activité, je cherche effectivement à vous enseigner le concept de « concept », c'est vrai. Profitons de vos bonnes dispositions, continuez à analyser ce que je fais, et dites-moi quelle est d'après vous la première étape « d'enseignement de concept » ?

L'étudiant : Si je me fie à ce que vous venez de faire... il faut demander à l'apprenant de définir le mot que l'on veut enseigner !...

L'auteur : Non, ça c'est la deuxième étape, j'ai fait quelque chose auparavant...

L'étudiant : ?...

L'auteur : J'ai cherché à vous **motiver**, à donner du **SENS** à mes propos en vous expliquant l'importance de l'enseignement de concept. J'ai commencé par affirmer : les enseignants passent 50 % de leur temps à enseigner les concepts.

L'étudiant : Oui, mais il s'agit là de « cuisine pédagogique », vous ne rentrez vraiment dans le vif du sujet que lorsque vous me demandez de définir le mot.

L'auteur : Nous reviendrons sur cette deuxième affirmation un peu plus tard. Pour le moment, conservons cette question au « frigidaire » et récapitulons. Pour enseigner un concept il faut :

1. Motiver.

2. Faire jaillir les représentations.

L'étudiant : Ah, voilà ce que j'admire chez les pédagogues : la langue de bois !... « faire jaillir les représentations !... » Vos talents linguistiques sont admirables mais la magnificence du verbe ne garantit pas l'intérêt de la chose, si l'apprenant sait définir le mot que vous souhaitez enseigner, il est inutile de l'enseigner et s'il ne sait pas le définir, il est également inutile de lui demander de donner une définition qu'il ignore.

L'auteur : Plaçons encore cette remarque au « frigidaire », nous y reviendrons lorsque vous en saurez un peu plus, et profitons de l'occasion pour faire un peu de pédagogie par objectifs.

Les objectifs de ce chapitre

L'auteur : À l'issue de ce chapitre et du chapitre suivant j'espère que vous serez en mesure :

1. De donner une définition précise du mot « concept ».

2. De citer les étapes classiques d'enseignement de concept.

3. De citer six concepts que vous devez enseigner.

4. D'appliquer la méthode proposée à un concept particulier que vous devez enseigner.

Je ne pense pas que vous soyez en mesure d'atteindre l'objectif n° 4 à l'issue de la lecture de ce chapitre, mais comme je reviendrai sur ce sujet tout au long de cet ouvrage (je pratique une pédagogie spiralaire), vous maîtriserez sûrement l'objectif n° 4 avant la fin de l'ouvrage si vous faites effectivement les exercices que je vous proposerai.

L'étudiant : Je peux donc conclure de l'énoncé de vos objectifs que si je dois être capable de définir correctement le mot « concept » à la fin de ce chapitre, c'est que la définition que je vous ai donnée tout à l'heure n'est pas satisfaisante.

Une stratégie d'enseignement de concept

L'auteur : Exactement, je suis donc en train de vous enseigner le concept de « concept », et pour enseigner un concept on passe habituellement par 4 étapes :

1. Faire jaillir les représentations.
2. Donner des exemples et des contre-exemples.
3. Faire produire la définition.
4. Évaluer la compréhension du concept.

Appliquons donc ces 4 étapes.

1. Faire jaillir les représentations : pour vous, qu'est-ce qu'un concept ?

Revenons sur votre représentation. Pour vous, un concept c'est un mot et enseigner un concept c'est enseigner le sens de ce mot.

L'étudiant : Tout à fait.

L'auteur : D'où l'intérêt de « faire jaillir les représentations », car avant d'enseigner, il est préférable d'identifier les représentations de l'apprenant pour savoir ce que l'on doit modifier, c'est le seul moyen d'adapter nos interventions aux problèmes que rencontre effectivement l'apprenant. Dans la mesure où vous m'avez donné votre définition, je sais exactement où vous en êtes et il m'est plus facile de vous proposer maintenant une situation qui j'espère vous permettra de progresser.

L'étudiant : C'est vrai que ce n'est pas stupide, je retire ma remarque de tout à l'heure à ce sujet.

L'auteur : Merci. Tentez donc d'analyser les propositions suivantes et de répondre à la question posée : qu'est-ce qu'un concept ?

2. Donner des exemples et des contre-exemples : le concept de voiture

Soit le concept de VOITURE.

Est-ce que le concept c'est :

– l'idée de VOITURE en soi ?

– l'idée de VOITURE que vous avez dans la tête ?

– la VOITURE de votre père ?

– le mot VOITURE ?

– le parc des VOITURES existant dans le monde ?

– la définition du mot VOITURE ?

Ami lecteur, choisissez l'une des réponses proposées ci-dessus, avant de lire la suite.

L'étudiant : J'imagine que ce n'est pas le mot VOITURE, car c'est ma réponse de tout à l'heure.

L'auteur : Exactement ! Le mot n'est qu'un moyen de représenter le concept, Britt-Mari Barth dit que le mot c'est l'« étiquette » qui représente le concept.

L'étudiant : Oui, c'est « VOITURE » en français et « CAR » en anglais par exemple.

L'auteur : C'est exact.

L'étudiant : « La voiture de mon père » ou « la mienne » sont sûrement des exemples du concept.

L'auteur : Encore juste, on dit généralement des exemplaires.

L'étudiant : L'ensemble des voitures du monde entier, c'est l'ensemble des exemplaires qui exemplifient momentanément le concept. Mais demain, une marque de véhicules peut créer une nouvelle voiture et des milliers d'exemplaires supplémentaires existeront sans que le concept soit modifié.

L'auteur : Parfaitement exact !

L'étudiant : J'aurais donc envie de répondre : « c'est le sens que l'on donne au mot », où puisque vous ne me proposez pas cette réponse, c'est la définition du mot, cependant je suis gêné car je me souviens maintenant que le concept c'est une idée. Or vous me proposez l'alternative :

– l'idée de VOITURE ;

– l'idée de VOITURE que j'ai dans la tête.

C'est sûrement l'idée de VOITURE car l'idée de VOITURE que j'ai dans la tête peut être fausse.

L'auteur : Tout à fait exact, le concept de VOITURE c'est l'idée de voiture.

L'étudiant : Et l'idée de voiture que j'ai dans ma tête c'est ma **représentation** du concept de voiture, d'où la nécessité de « faire jaillir les représentations », car l'enseignant identifie alors la forme de l'idée de l'élève (son pseudo-concept) en quelque sorte et sait alors sur quels éléments il faut travailler pour que cette représentation se rapproche du concept scientifique.

L'auteur : Exactement, et vous mettez ici le doigt sur une distinction que les chercheurs soulignent de plus en plus et qui est importante pour comprendre certains phénomènes : en français, nous n'utilisons qu'un seul mot pour parler des connaissances dites scientifiques, celles qui sont validées par les chercheurs et que l'on peut trouver dans les ouvrages de référence et les connaissances que chacun d'entre nous a dans sa tête, connaissances qui d'ailleurs peuvent être vraies ou fausses par rapport aux connaissances officielles. Certains auteurs utilisent le terme « connaissances » pour les connaissances individuelles et « savoirs » pour les connaissances emmagasinées dans les bibliothèques, mais ce vocabulaire n'est pas définitivement fixé [1].

Un autre exemple, le concept de carré

L'auteur : Prenons un autre exemple. Si je me propose d'enseigner le concept de « carré » à de jeunes enfants et que je leur propose le test suivant pour faire jaillir les représentations :

« Parmi les figures géométriques suivantes, entourez tous les carrés » :

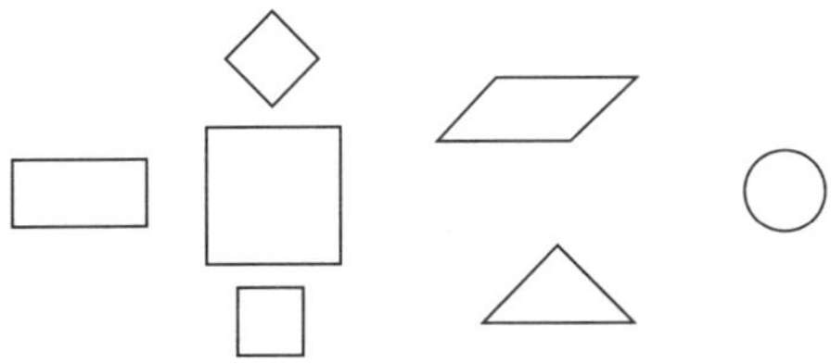

et s'ils me répondent tous de la manière suivante :

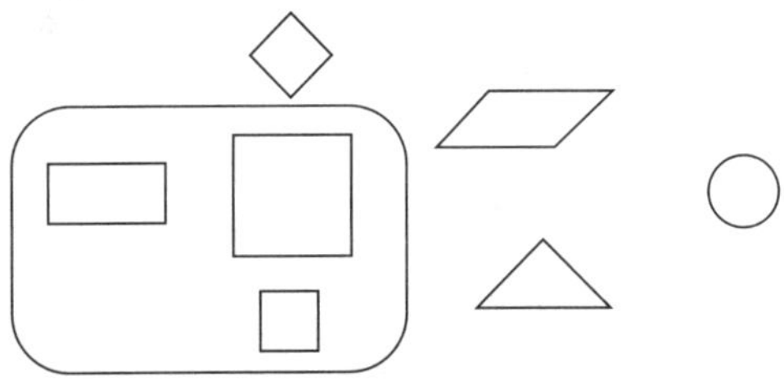

je sais exactement où ils en sont, et dans quel sens il va falloir modifier leur représentation pour les faire passer du pseudo-concept au véritable concept. Je sais qu'il faut les faire passer de la représentation ci-dessus à la représentation ci-dessous.

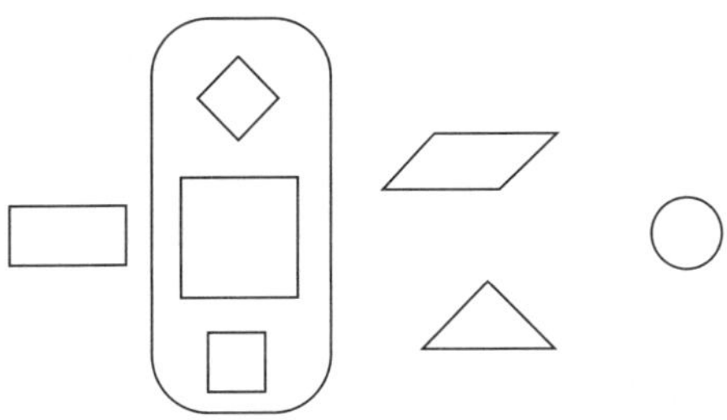

1. J.-F. Le Ny utilise les termes « connaissances » pour les connaissances que l'on trouve dans les bibliothèques et le terme « cognition » pour les connaissances individuelles, qu'elles soient vraies ou erronées par rapport aux connaissances scientifiques.

L'étudiant : Parfaitement clair, un carré ne cesse pas d'être un carré parce qu'il est placé sur la pointe. Mais, pour en revenir à votre définition, l'idée, ce n'est pas très différent de la définition tout de même.

L'auteur : Si, une idée en soi, c'est tout de même autre chose qu'une définition.

L'étudiant : Oui, bien sûr ! la définition n'est qu'un moyen de communiquer une idée.

L'auteur : Exactement.

3. Enfin généraliser, faire produire la définition : le concept de concept

L'auteur : Dans ce cas le concept de VOITURE serait ?...

L'étudiant : L'idée de voiture située dans le ciel des Idées de Platon, et dont chacun peut se construire une représentation soit à partir des exemplaires qu'il connaît, soit en utilisant la définition reconnue correcte par les scientifiques ou par les spécialistes.

Quant à la définition du mot VOITURE, c'est une définition, rien de plus, mais surtout pas un concept si celui-ci est défini comme une idée.

L'auteur : Parfaitement d'accord avec vous. Un concept c'est une idée, on ajoute d'habitude, générale. Et à quoi servent les concepts d'après vous ?

L'étudiant : À quoi servent les concepts ?... À nommer les objets, donc à mettre de l'ordre !

L'auteur : C'est tout à fait juste, conceptualiser c'est classer, c'est créer des catégories, c'est mettre de l'ordre, et les concepts servent effectivement à organiser les connaissances.

L'étudiant : Si je résume ce que j'ai compris, un concept c'est donc une idée générale permettant de classer les objets, de manière à organiser les connaissances.

L'auteur : Parfaitement exact. Je reformulerai votre définition de la manière suivante :

Un concept est une idée générale et abstraite attribuée à une catégorie d'objets et servant à organiser les connaissances.

Ami lecteur, comparez cette définition à celle que vous avez vous-même proposée au début du chapitre, analysez votre proposition et cherchez à bien situer les différences s'il y en a.

De l'importance des concepts

L'auteur : Faisons un pas de plus, revenons un moment sur l'organisation de la connaissance. En quoi est-ce important de pouvoir organiser les connaissances ?

L'étudiant : C'est important si l'on veut les apprendre, si l'on veut les enseigner…

L'auteur : Et quelle est la brique qui permet de construire les connaissances ?

L'étudiant : Le concept bien sûr.

L'auteur : Entièrement d'accord, nous avons vu dans les chapitres 8 à 13 que tout le fonctionnement intellectuel est basé sur :

– l'aptitude à mobiliser et à manipuler des concepts pour enrichir les réseaux sémantiques, donc pour construire les connaissances ;

– l'aptitude à utiliser les connaissances pour agir et résoudre des problèmes ;

– l'aptitude à analyser les résultats des actions et à en tirer des conclusions (abstraction réfléchissante) pour construire de nouvelles connaissances, donc de nouveaux concepts, de nouveaux schémas, de nouveaux principes ou de nouvelles stratégies cognitives.

L'étudiant : Le concept est donc l'unité de base du fonctionnement intellectuel… ce qui explique l'importance de l'enseignement de concept dans l'activité d'enseignement.

L'auteur : Oui, les concepts (les nœuds des réseaux sémantiques) et les principes (les arcs de ces mêmes réseaux) constituent sûrement les briques de la connaissance

L'étudiant : Oui, ça paraît effectivement essentiel… Donc pour maîtriser un domaine particulier du savoir, il faut maîtriser les concepts de ce domaine et leurs relations.

L'auteur : Exactement. Analysez un peu ce que je fais depuis le début de cet ouvrage…

L'étudiant : Ce que vous faites depuis le début de cet ouvrage ?… Voyons :

– dans le chapitre 1, vous avez d'abord défini le concept de pédagogie, puis vous avez abordé les concepts : « apprendre », « enseigner », « motiver » ;

– dans le chapitre 2 vous avez traité des concepts de : « méthodologie de l'action », d'« approche systémique », d'« objectif » et d'« outil d'évaluation » ;

– dans le chapitre 3 vous avez traité le concept de « taxonomie » (classification hiérarchisée) et plus particulièrement des taxonomies de Gagné et de celle de Bloom ;

– dans le chapitre 4 vous avez traité le concept de « stratégie cognitive » ;

– dans le chapitre 5 vous avez traité le concept de motivation ;

– dans le chapitre 6 vous avez traité le concept d'« apprentissage », ainsi que les concepts « de déséquilibre, assimilation, accommodation, équilibration » de Piaget, sans parler du concept de « renforcement » de Skinner, celui de « zone proximale de perfectionnement » de Vygotski et celui de « conflit sociocognitif ». Dans le chapitre 9 il s'agissait du concept de « traitement de l'information chez l'homme », d'« enseigner des faits », ce qui nous a conduits aux techniques de mémorisation et m'a permis de modifier ma représentation du concept de « mémoire ».

Maintenant vous traitez du concept de « concept ».

L'auteur : Vous y êtes ! Et vous commencez peut-être à percevoir l'importance de ce type d'apprentissage dans n'importe quelle discipline.

L'étudiant : Oui, je crois que je commence à percevoir l'importance de la chose.

L'auteur : Parfait, essayons d'aller un peu plus loin, car « comprendre » est une chose, mais être en mesure d'utiliser ses connaissances, de les appliquer, comme dirait Bloom, en est une autre.

Reprenons votre proposition de tout à l'heure car elle est loin d'être stupide : « Enseigner un concept c'est enseigner le sens d'un mot ».

L'étudiant : Oui, c'est peut-être formellement inexact, mais cette définition me paraît tout à fait opératoire. Chaque fois que j'enseigne le sens d'un mot j'enseigne un concept.

L'auteur : Exactement, appliquons cette connaissance et dites-moi, par exemple, quels concepts doit enseigner un professeur de français ? *[Ami lecteur, cherchez donc une fois encore à répondre à cette question avant de lire la suite].*

L'étudiant : Tous les concepts grammaticaux : nom, verbe, adjectif qualificatif [2], adverbe, attribut, apposition, proposition principale, proposition subordonnée, article, etc. plus tous les mots nouveaux qu'il rencontre avec ses élèves au hasard de ses lectures, c'est impressionnant.

L'auteur : Et un professeur d'histoire ?

L'étudiant : C'est pareil : démocratie [3], autocratie, suffrage universel, Constitution, serf, vassal, suzerain, royauté absolue, royauté constitutionnelle, république, siècle des Lumières, etc., inutile de parler du professeur de géographie ou du professeur de sciences naturelles, encore moins du professeur de physique : masse, entropie, distance focale, réfraction, etc., et je pense qu'il en va exactement de même pour les professeurs de l'enseignement technique.

---

2. Le lecteur trouvera un exemple de leçon visant l'enseignement du concept d'adjectif qualificatif, et l'enseignement des concepts d'épithète et d'attribut, dans *Préparer un cours – 1. Applications pratiques*.

3. Le lecteur trouvera un exemple de stratégie d'enseignement du concept d'adverbe au chapitre suivant, et du concept de démocratie, chapitre 25 de cet ouvrage.

L'auteur : Bien évidemment, le technicien a besoin de nommer les choses de manière précise ; si je prends l'exemple de la mécanique : vernier, micromètre, directrice, génératrice, degré de liberté, jeu, résilience, etc.

L'étudiant : C'est vrai, les concepts sont indiscutablement les briques qui permettent de construire la connaissance.

L'étudiant : Revenons au concept de VOITURE et à ce que nous avons dit tout à l'heure.

Conceptualiser c'est classer, c'est créer des catégories. C'est (A) et (non A) en quelque sorte.

Conceptualiser c'est ranger dans un sac, grouper tout ce qui se ressemble à partir de critères.

L'auteur : Exactement, effectuez par exemple l'exercice suivant : sur l'image ci-dessous, entourez tous les éléments qui sont des voitures.

L'étudiant : J'ai compris, c'est la même chose qu'avec le « carré », si je réussis, cet exercice, cela prouve que j'ai acquis le concept de voiture.

L'auteur : Bien évidemment. Conceptualiser, c'est classer en fonction d'attributs (de caractéristiques de l'objet) pertinents pour le concept en question. Pour décider si l'objet dessiné est effectivement une voiture (un exemplaire du concept de voiture), vous cherchez les attributs pertinents du concept : (4 roues + volant + moteur), et vous négligez les attributs (caractères) non pertinents (taille, couleur, détails de la forme, etc.).

L'étudiant : Quatre roues n'est pas nécessairement un attribut pertinent du concept de voiture.

L'auteur : Non, certaines voitures peuvent avoir trois roues.

L'étudiant : Bon, résumons-nous, si je veux enseigner un concept [4],

1. Je motive.
2. Je fais jaillir les représentations.
3. Je donne des exemples (A) et des contre-exemples (non A).
4. Je fais produire la définition exacte.
5. J'évalue en faisant appliquer le concept.

L'auteur : C'est exactement cela, mais vos troisième et quatrième étapes mériteraient d'être nettement plus détaillées, nous verrons les détails de la stratégie d'enseignement de concept dans le chapitre suivant.

ENSEIGNER UN CONCEPT

L'une des activités principales de l'enseignant consiste à **enseigner le sens de mots nouveaux** pour les élèves, donc à **enseigner des concepts**.

Pour enseigner un concept, en démarche inductive [5] il faut :

1. Motiver.
2. Faire jaillir les représentations.
3. Donner des exemples et des contre-exemples.
4. Faire produire une définition satisfaisante.
5. Donner d'autres exemples et d'autres contre-exemples afin de faire appliquer cette définition.

---

4. L'activité qui consiste à analyser une action que l'on vient d'effectuer, à verbaliser la procédure mise en œuvre, donc à la formaliser afin de **réfléchir** à l'efficacité ou à la non-efficacité de ladite action, correspond à **l'abstraction réfléchissante** de Piaget et à la métacognition (analyse de ses propres processus de pensée) des psychologues.

5. Démarche inductive : aller du particulier (les exemples) au général (la définition).

16

Enseigner un concept

Deuxième partie : pratique

L'auteur : Poursuivons notre discussion sur l'enseignement de concept, qu'avez-vous retenu de notre dernière conversation ?

L'étudiant : Trois choses :

1. Un concept est une idée qui sert à organiser les connaissances ;

2. Chaque fois que j'enseigne le sens d'un mot j'enseigne un concept ;

3. Pour enseigner un concept, il faut proposer des exemples et des contre-exemples de ce concept et faire produire une définition satisfaisante.

Vous m'avez dit par ailleurs qu'il était souhaitable de détailler quelque peu cette stratégie et vous m'avez dit encore qu'il y avait deux grandes stratégies d'enseignement de concept.

Démarche déductive/démarche inductive

L'auteur : Commençons par ce dernier point. Faites-vous une différence entre une démarche déductive et une démarche inductive en pédagogie ?

L'étudiant : Oui, mais je confonds toujours les deux. Il s'agit, je crois, d'une stratégie générale d'enseignement, dans un cas on va du général au particulier et dans l'autre du particulier au général, ou pour m'exprimer autrement, dans un cas on va du concret (les exemples) à l'abstrait (la définition ou le principe) et dans l'autre de l'abstrait (la définition ou le principe) au concret (les exemples). C'est ça… non ?

L'auteur : Exactement. Et pour le cas particulier de l'enseignement de concept, comment traduiriez-vous ces deux démarches ?

L'étudiant : Si je vais du général au particulier, je donne la définition d'abord et je propose des exemples ensuite afin d'illustrer la définition :

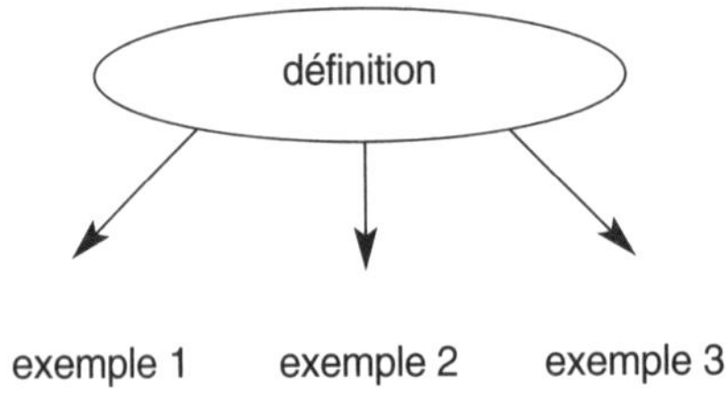

Démarche déductive

L'auteur : Et il s'agit alors d'une démarche **d**éductive, on **d**escend de la **d**éfinition vers les cas particuliers, ici les exemples.

L'étudiant : Ah oui, moyen mnémotechnique : **dé**, **d**escend, **d**éductive.

Et si je vais du particulier (je donne des exemples), au général (je fais produire la définition), j'utilise donc une démarche inductive.

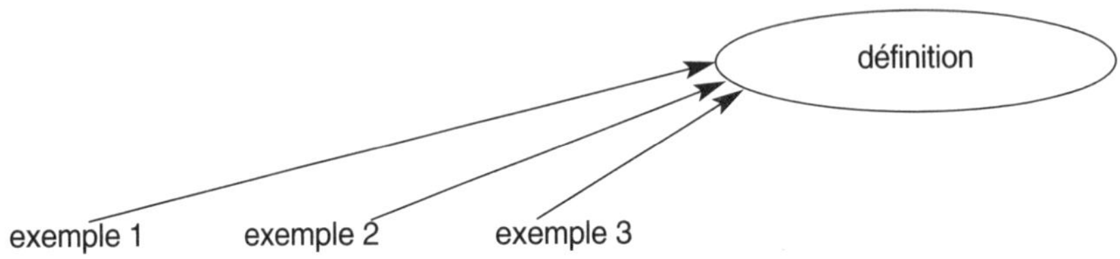

Démarche inductive

L'auteur : Exactement, mais je vous proposerai personnellement une autre représentation graphique :

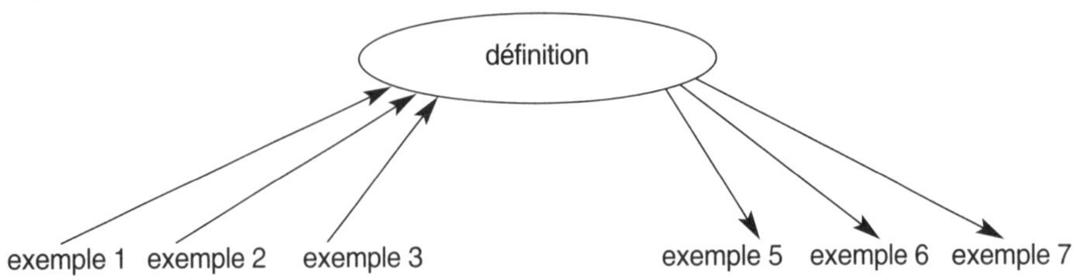

Démarche de l'arche

L'étudiant : Ah, oui ! on donne des exemples, on fait produire la définition et on fait appliquer cette définition sur de nouveaux exemples, toujours votre souci de vérifier que les connaissances sont effectivement intégrées en vérifiant qu'on est en mesure de les appliquer.

L'auteur : Exactement. On appelle d'ailleurs cette démarche : démarche de l'arche.

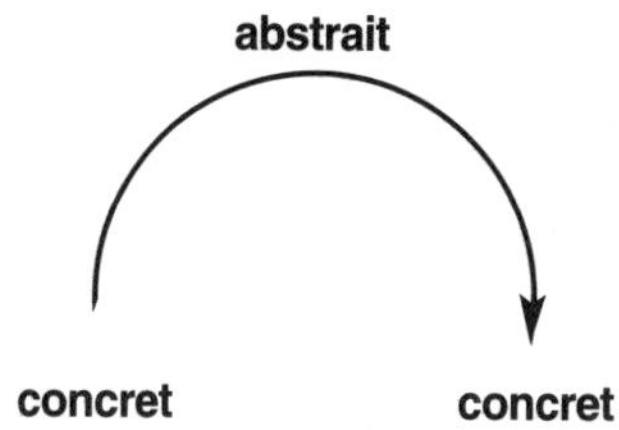

L'étudiant : Démarche de l'arche ?... D'accord, on part d'en bas à gauche, on décrit une courbe vers le haut en passant par la définition et on revient en bas à droite, ce qui correspond à une arche [1].

Encore un enseignement de concept

L'auteur : Parfait, profitons de l'occasion et vérifions si vos connaissances se sont modifiées. Depuis le début de ce chapitre, sur quel type d'apprentissage travaillons-nous ?

L'étudiant : Sur quel type d'apprentissage ?

L'auteur : Oui !

L'étudiant : Je ne comprends pas le sens de votre question ! [2]

L'auteur : Remarque très intéressante qui montre à quel point il est difficile d'appliquer les connaissances. Gagné a défini des types d'apprentissage : faits, concepts, principes, etc. Je vous demande donc, en faisant référence à la taxonomie de Gagné, sur quel sujet travaillons-nous depuis le début de ce chapitre ?

L'étudiant : Ah, bon !... Nous essayons de préciser le sens des expressions « démarche inductive » et « démarche déductive ».

L'auteur : Exactement.

L'étudiant : J'y suis, vous m'enseignez le sens de ces mots, il s'agit donc encore pour moi d'un apprentissage de concept, donc pour vous d'un enseignement de concept.

1. La démarche de l'arche est très ancienne. Comme c'est fréquemment le cas en pédagogie, elle a été « oubliée » par les théoriciens pendant des décennies, mais elle retrouve fort heureusement aujourd'hui un regain de vitalité avec les concepts de contextualisation, décontextualisation, recontextualisation.

2. Constat que tous les enseignants font tous les jours : si la question n'est pas posée de manière canonique, les élèves qui semblaient avoir compris ne savent plus répondre. Nous sommes alors au niveau 1-2 de Bloom (connaissance- compréhension), et non au niveau 4 (intégration). Au point où nous en sommes de votre apprentissage, il est probable que vous n'êtes pas encore en mesure de répondre à cette question sans réflexion approfondie, d'où l'intérêt d'une pédagogie spiralaire.

L'auteur : Excellent !... vous êtes en pleine activité d'abstraction réfléchissante, poursuivez dans cette voie, analysez la démarche que j'utilise.

L'étudiant : 1. Nous sommes « partis » de ma représentation, vous m'avez d'abord demandé si je faisais la différence entre démarche déductive et démarche inductive ?

Je vous ai répondu : « je sais ce que c'est mais je les confonds », vous savez donc quelle est la « forme » de mon pseudo-concept, la forme de ma représentation, donc ce sur quoi il vous faut faire porter votre enseignement.

2. Nous avons alors précisé le sens des deux expressions (des deux concepts) en nous appuyant sur un exemple concret, et sur un schéma.

3. Vous m'avez fourni une image, et un moyen mnémotechnique : **d**é, comme **d**escend et comme **d**éductive.

L'auteur : Parfait ! Ai-je manipulé les quatre variables qui permettent de faciliter la mémorisation ?

L'étudiant : Attendez !...

– vous avez donné du sens par l'intermédiaire des exemples ;

– proposé une image (les schémas) ;

– tenté de rattacher la nouvelle information à une information déjà existante dans le cerveau par l'intermédiaire du moyen mnémotechnique.

Je ne perçois pas l'utilisation de l'organisation sinon par l'intermédiaire des deux schémas.

L'auteur : Exact, il ne me reste plus qu'à abstraire, qu'à décontextualiser pour élargir le champ des possibles. Je vais le faire en vous enseignant un nouveau concept, ce qui me permettra en outre de préciser la stratégie d'enseignement de concept comme je l'avais prévu au chapitre précédent.

LES WEZ [3]

1. Problème. Vous êtes un linguiste distingué et un hélicoptère envoyé par la présidence de la République est venu vous chercher, chez vous, en catastrophe, car ce matin à 6 heures les extraterrestres ont posé leur soucoupe volante dans le parc de l'Élysée [4]. Ils cherchent à entrer en contact avec nous mais ils utilisent bien sûr un langage que nous ne comprenons pas et il s'agit de décoder le premier message qu'ils nous ont fait parvenir.

Le général commandant l'opération « EXTRA » vous reçoit et vous dit :

« Vos collègues linguistes, arrivés avant vous, ont déjà réussi à comprendre le sens général de la première phrase du message qu'ils nous ont envoyé, mais nous ne sommes guère plus avancés, je vous remets une enveloppe dans laquelle se trouve ce message, et je vous isole dans une pièce sans fenêtres, car nous souhaitons comparer les réponses des spécialistes sans que ceux-ci aient, dans un premier temps, la possibilité de se concerter. »

On vous enferme dans une salle, vous ouvrez l'enveloppe dans laquelle vous trouvez :

Tous les dessins ci-dessous représentent des Wez

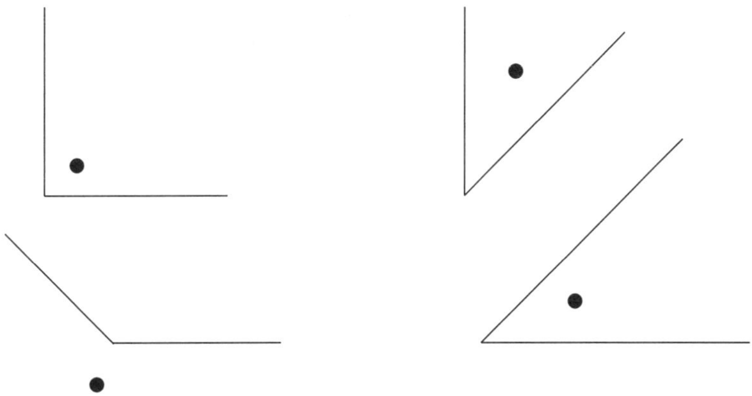

Analysez ces dessins et donnez par écrit votre définition du Wez, n'hésitez pas à écrire tout ce qui vous passera par la tête (toutes les étapes de votre réflexion, aussi bizarres ou saugrenues qu'elles puissent vous paraître), car la progression de vos idées est au moins aussi intéressante qu'une définition totalement élaborée.

Définition :

3. Cet exemple est emprunté à Smoke (1932) cité par Fraisse P., *Manuel pratique de psychologie expérimentale*, PUF, 1974, p. 262-265. Il a été repris et remarquablement exploité par Barth B. M., *L'apprentissage de l'abstraction*, Retz, 1977, ouvrage dont je saurais trop conseiller la lecture à tout enseignant.

4. Ne vous focalisez pas sur les extraterrestres, ils ne jouent aucun rôle dans cet exercice, ce n'est qu'un habillage pédagogique. Le problème consiste pour vous à construire le concept de WEZ et à analyser (métacognition) comment vous vous y prenez pour cela.

Parmi les formes géométriques qui sont dessinées sur cette page, certaines sont des Wez, certaines n'en sont pas.

En appliquant la définition que vous avez trouvée page précédente, barrez toutes les formes géométriques qui ne sont pas des Wez.

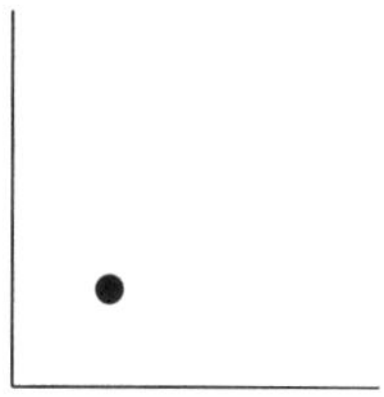

1

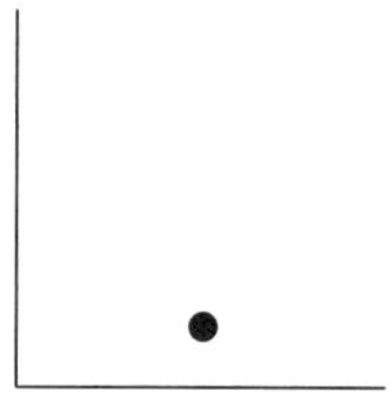

2

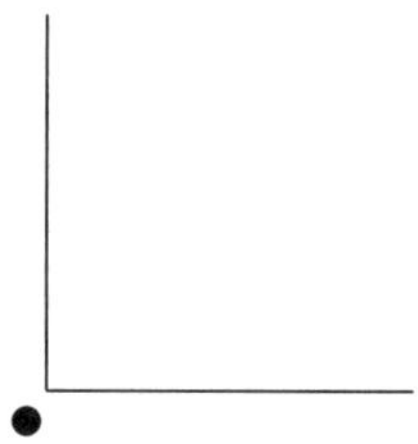

3

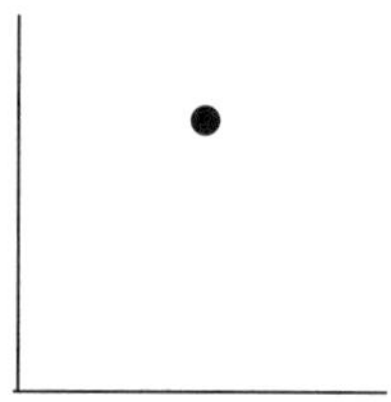

4

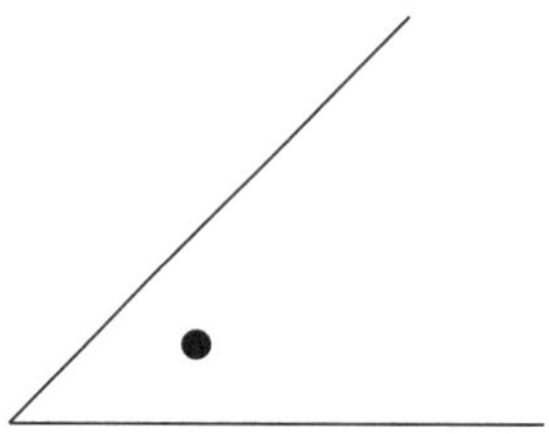

5

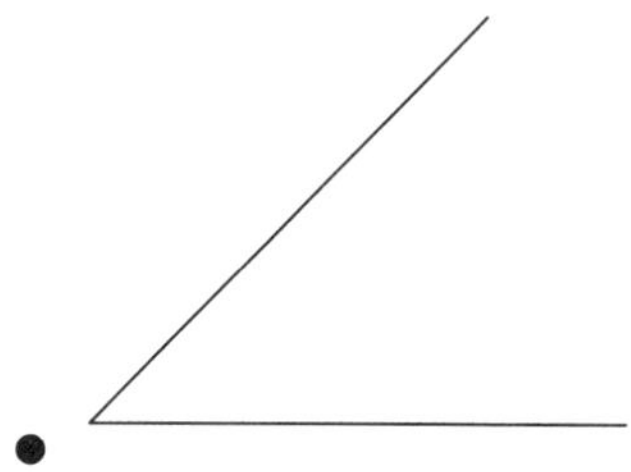

6

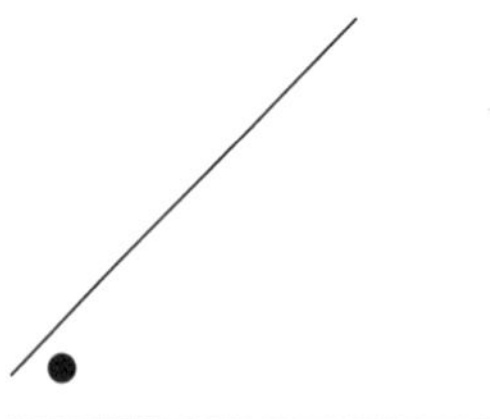

7

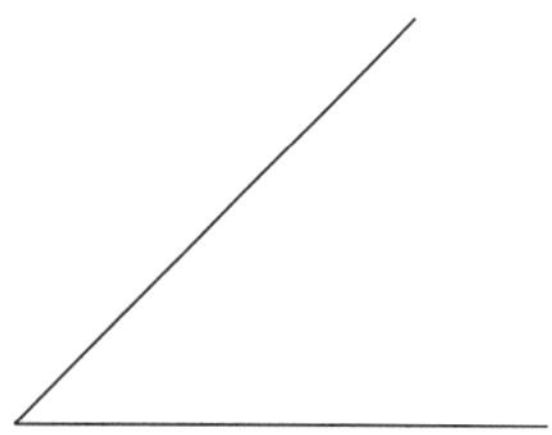

8

Si pour effectuer ce travail, vous avez utilisé une nouvelle définition, écrivez-la ci-dessous.

LES WEZ CORRIGÉ 1re ÉTAPE

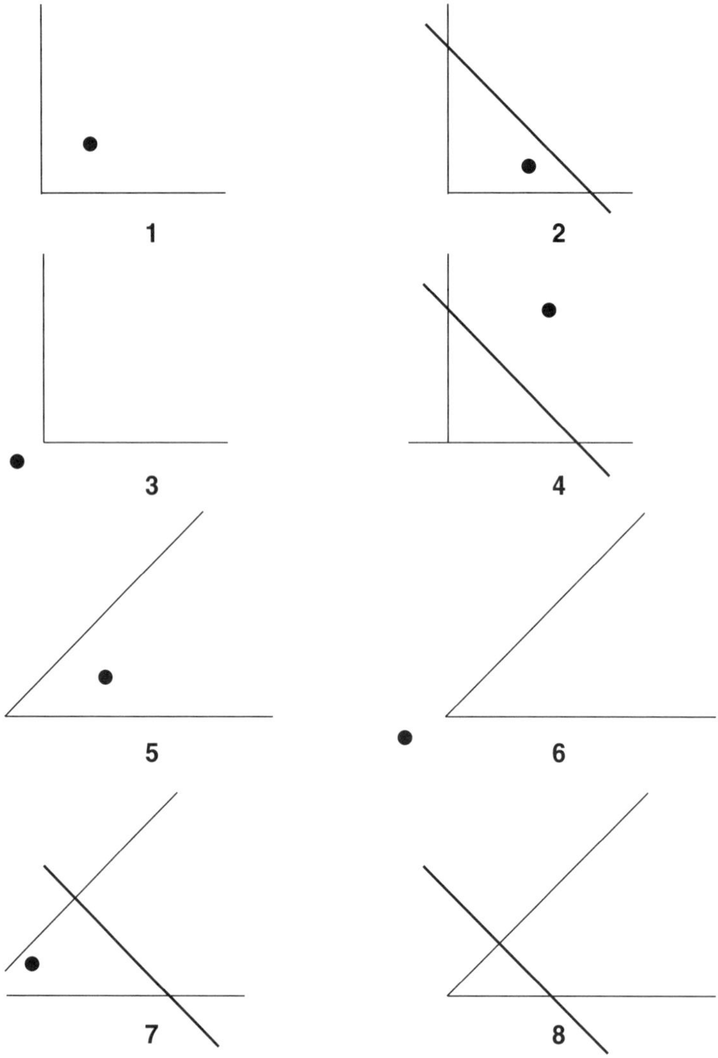

Fort des nouvelles informations fournies par ce corrigé, tentez maintenant de donner une nouvelle définition Wez :

CORRIGÉ 2e ÉTAPE

Consultez la définition ci-dessous avant de passer à l'évaluation.

Définition du Wez

Un Wez est une figure géométrique plane formée d'un angle, de deux côtés égaux et d'un point situé sur la bissectrice de cet angle.

ÉVALUATION
VEUILLEZ DESSINER TROIS WEZ DANS LE CADRE CI-DESSOUS

Vous venez donc d'acquérir le concept de « Wez » : « Figure géométrique composée d'un angle, formé de deux côtés égaux et d'un point situé sur la bissectrice de cet angle ».

Faisons un exercice d'abstraction réfléchissante et analysons la démarche que j'ai utilisée pour vous enseigner ce concept. Relisez l'exercice et faites la liste des étapes que j'ai suivies pour vous enseigner ce concept, il y en a 8.

CONSÉQUENCES PRATIQUES

Pour enseigner un concept, on peut utiliser une démarche inductive ou une démarche déductive.

Si on utilise la démarche inductive et si l'on passe par toutes les étapes il faut :

1. Poser un problème (motiver).
2. Fournir des exemples et faire produire une première définition hypothétique à partir de ces exemples (faire jaillir les représentations).
3. Faire appliquer la définition sur des exemples et des contre-exemples jamais rencontrés.
4. Informer l'apprenant des résultats de l'exercice donné en 3. en se contentant de préciser ce qui est juste et ce qui est faux (sans expliquer pourquoi).
5. Faire produire une nouvelle définition si la première n'était pas satisfaisante.
6. Demander de discriminer entre de nouveaux exemples et nouveaux contre-exemples.
7. Corriger, faire produire une définition satisfaisante.
8. Évaluer en faisant produire des exemples nouveaux du concept.

Voilà donc une stratégie classique d'enseignement de concept un peu plus sophistiquée que celle que je vous ai proposée dans le chapitre précédent.

Vérifions donc au passage que vous avez compris le sens de « démarche inductive » et de « démarche déductive ». Quelle démarche ai-je suivie pour vous enseigner le concept de Wez ?

L'étudiant : Attendez, repartons du procédé mnémotechnique : **d**é, **d**escend, **d**éductif !

Bon ! vous m'avez d'abord proposé des exemples puis nous avons produit la définition, nous sommes donc **remonté** des cas particuliers vers le cas général, c'est une démarche inductive classique. Quand nous avons trouvé la définition, vous m'avez demandé de l'appliquer à des exemples nouveaux, vous avez donc utilisé la démarche de l'arche.

L'auteur : Parfait ! quelle autre stratégie aurais-je pu utiliser ?

L'étudiant : Quelle autre stratégie ?... eh bien, me donner la définition d'emblée et me la faire appliquer sur des exemples et des contre-exemples.

L'auteur : Exactement, et dans ce cas il s'agirait d'une démarche ?

L'étudiant : Déductive !

L'auteur : Parfait, nos démarches d'enseignement de concept s'enrichissent, nous en verrons d'autres ultérieurement.

QUESTIONS À SE POSER POUR PRÉPARER UNE LEÇON

1. Quel est l'objectif ?

2. Comment l'évaluer ?

3. Le niveau de l'outil d'évaluation (Bloom) est-il suffisant ?

4. À quel type d'apprentissage (Gagné) correspond l'objectif ?

Fait | Concept | Principe | Méthode | Stratégie cognitive | Attitude | Geste

5. Quelle démarche générale vais-je privilégier ?
Inductive ? Déductive ? Dialectique ? Divergente ? Analogique ?

6. Quelle stratégie cognitive vais-je développer ?

7. Quel problème concret vais-je poser au début de la leçon pour les MOTIVER ?
COMMENT DONNER DU SENS À CETTE LEÇON ?

8. Comment vais-je les rendre ACTIFS durant cette leçon ?

STRATÉGIES PÉDAGOGIQUES *

Fait | Concept | Principe | Méthode | Stratégie cognitive | Attitude | Geste

Fait

1. Donner du SENS
   Relier les informations nouvelles à des informations se trouvant déjà dans le cerveau
2. Utiliser des images
3. Organiser l'information
4. Faire pratiquer la métacognition

Concept

Démarche inductive

1. Faire jaillir les représentations
2. Donner exemples et contre-exemples
3. Faire produire la définition
4. Proposer des situations d'entraînement
5. Évaluer

Démarche déductive

1. Faire jaillir les représentations
2. Donner définition
3. Faire appliquer sur des exemples et sur contre-exemples
4. Proposer des situations d'entraînement
5. Évaluer

Méthode / Stratégie cognitive

1. Démontrer la stratégie

1bis. Verbaliser la stratégie au moment où on la met en œuvre

2. Faire vivre des situations qui prouvent que la stratégie est efficace
3. Faire analyser le vécu (métacognition)
4. Proposer des situations d'entraînement
5. Évaluer

Modélisation

1. Démontrer
2. Faire observer
3. Faire analyser et faire construire une grille d'observation/évaluation
4. Proposer des situations d'entraînement
5. Évaluer

* Penser à l'animation de petit groupe et au conflit sociocognitif.

Application : Préparer une leçon visant un apprentissage de concept

Pour présenter l'activité de préparation et d'animation de leçon, j'aime bien utiliser l'analogie du comédien et de l'auteur de la pièce de théâtre. Pour moi, préparer une leçon, c'est concevoir le scénario d'une pièce de théâtre de 3 à 5 actes.

1. Le premier acte (voir chapitre 5) correspond à la phase de motivation, à la phase d'exposition du problème, situation qui comprend souvent un test initial (moyen facile de poser un problème et de donner du sens), et qui vise à faire comprendre à l'élève ce que l'on espère lui faire apprendre aujourd'hui.

2. Le dernier acte permet de contrôler que l'on est bien en mesure de résoudre le problème posé ; c'est le test final (souvent identique au test initial) grâce auquel l'apprenant et l'enseignant peuvent vérifier si la leçon du jour a servi à quelque chose.

3. Le ou les actes intermédiaires correspondent à des situations qui permettent à chacun de construire progressivement les connaissances nécessaires pour résoudre le problème qui a été posé par l'intermédiaire du test initial.

La première question à se poser pour préparer une leçon est donc :

1. Que seront-ils en mesure de **FAIRE** à la fin de l'heure qu'ils n'étaient pas capables de faire au début ? (Ce qui revient à définir l'objectif spécifique de la leçon), puis l'on se demande :

2. Comment pourrons-nous (eux et moi) **VÉRIFIER que l'objectif est bien atteint** ? (Ce qui revient à construire l'outil d'évaluation de fin de leçon) [5].

Je vais préparer succinctement sous vos yeux une leçon visant l'apprentissage d'un concept. Cette leçon reprend la structure développée dans l'exemple relatif aux WEZ. J'ai traité d'abord l'enseignement de concept dans les chapitres 15 et 16, j'ai ensuite décontextualisé avec les WEZ, je dois recontextualiser immédiatement de manière à vous aider à effectuer le transfert. Pour ce faire, je choisirai deux concepts que les élèves ont souvent des difficultés à maîtriser : le concept d'adverbe et le concept de préposition en grammaire.

Que faut-il retenir des théories de l'apprentissage présentées dans les chapitres précédents ?

Pour que l'élève apprenne il faut :

– qu'il ait compris ce que l'on attend de lui (que ce qu'il doit faire soit clair dans son esprit, que la situation ait du **SENS** pour lui) ;

---

5. Si l'enseignant travaille en utilisant l'évaluation formatrice, il se demande à ce moment de l'action : « Quels sont mes critères d'évaluation de la performance attendue de l'élève ? » et il construit la grille d'évaluation qu'il fera ultérieurement construire par les élèves au début de la leçon. (Voir un exemple d'utilisation de l'évaluation formatrice dans *Préparer un cours – 1. Applications pratiques*, p. 57-59.)

– que l'apprenant soit **ACTIF** donc qu'il soit forcé de produire des réponses ;
– que l'apprenant reçoive de multiples retours d'information (feed-back) quant à la qualité de ses réponses, et qu'il soit souvent **RENFORCÉ POSITIVEMENT**.

D'où une première étape qui consiste à définir d'abord le cadre général (les périphériques) de la leçon et qui reprend évidemment les questions à se poser pour préparer une leçon de la page 208.

L'ADVERBE ET LA PRÉPOSITION

A. Analyse de l'action

1. Quel sujet dois-je traiter aujourd'hui ? [6]

L'adverbe.

2. Que seront-ils capables de FAIRE (objectif) **à la fin de l'heure qu'ils n'étaient pas capables de FAIRE au début au sujet de l'adverbe ?**

Objectif. Reconnaître un adverbe ou une préposition dans une phrase donnée.

NB. Je choisis de traiter simultanément les deux concepts adverbe et préposition car il est beaucoup plus facile d'enseigner un concept (A) si on enseigne simultanément le concept (non A). Essayez d'enseigner le concept de « droite » sans enseigner le concept de « gauche ».

Il est bien évident qu'une leçon ne suffira pas pour atteindre définitivement l'objectif ci-dessus et qu'il faudra poursuivre l'entraînement pendant d'autres leçons.

3. Comment vérifierai-je que nous avons atteint l'objectif ci-dessus ? En leur demandant de répondre au test final (voir ci-dessous) que j'utiliserai d'ailleurs en tant que test initial.

TEST INITIAL
(qui sera également utilisé en test final)

Dans les phrases suivantes, les mots soulignés sont soit des adverbes, soit des prépositions. Soulignez de deux traits les adverbes.

1. Tu vas trop vite, ralentis un peu.
2. Je suis enfermé dans une boîte.
3. Il est à cheval sur la plus grosse branche de l'arbre.
4. Il a été totalement trahi par son associé.
5. Tu chantes trop fort.

---

6. Je me pose cette question car les enseignants font généralement une entrée par les contenus. Si je travaillais réellement par objectifs, l'objectif du jour serait inclus dans une progression d'objectifs visant des objectifs intermédiaires et des objectifs généraux (voir : *Préparer un cours – 1. Applications pratiques*, chapitre 1), mais rares sont les enseignants qui travaillent ainsi.

Transformer un contenu en objectif n'est pas orthodoxe, c'est même hérétique par rapport à la méthodologie de définition des objectifs, mais cela permet de bénéficier d'une partie des avantages de la pédagogie par objectifs sans imposer l'utilisation d'une technologie éducative qu'ignore la majorité des enseignants.

6. L'élève a bien parlé pendant la réunion.
7. Tout à coup, il partit vers la maison.
8. Il ne mangeait pas de salade pendant son repas.
9. Il est parti entre deux gendarmes.
10. Dès son réveil, il regarde la télévision.

4. À quel niveau (chez Bloom) se situe l'outil d'évaluation ?

Au niveau application, c'est cohérent avec l'objectif et avec mes intentions, inutile de modifier l'outil d'évaluation.

5. Quels sont les opérateurs cognitifs qui permettent de répondre juste à l'outil d'évaluation ?

L'**adverbe** est un mot invariable qui modifie le sens d'un verbe, d'un autre adverbe ou d'un adjectif. Si on le supprime dans une phrase, celle-ci conserve presque toujours son sens général.

La **préposition** est un mot invariable qui introduit un complément, on ne peut pas la supprimer sans que la phrase ne perde son sens.

6. À quel type d'apprentissage (Gagné) fait référence l'objectif défini en 2 ?

À un apprentissage de concept.

7. Quelle stratégie vais-je mettre en œuvre ?

Une stratégie inductive d'enseignement de concept identique à celle utilisée pour enseigner le concept de WEZ [7].

8. Quelle stratégie cognitive vais-je développer ?

Je profiterai de cette leçon pour faire prendre conscience de la manière dont on construit intellectuellement un concept en démarche inductive : partir de cas concrets pour généraliser ensuite par une définition. Je vais les faire réfléchir à la manière dont ils apprennent, leur faire prendre conscience de leurs mécanismes intellectuels, commencer à travailler sur la métacognition.

9. Quels sont les prérequis ?

Il faudrait qu'ils soient capables d'identifier un nom, un verbe, un adjectif qualificatif, un article.

10. Comment vais-je les intéresser, les motiver, quel problème vais-je poser au début de la leçon ?

L'analyse de la langue [8] et la classification de certains mots en adverbes et prépositions n'intéressent que les adultes spécialistes de la chose et indiffèrent les autres adultes et a fortiori les enfants, il ne reste donc qu'à jouer sur la motivation épistémique, c'est-à-dire à scénariser.

---

7. Je fais du transfert, j'applique la même structure.

8. L'enseignant intéressé par l'enseignement de la grammaire lira l'excellent ouvrage : Campana M., Castincaud F., *Comment faire de la grammaire*, ESF éditeur, 1999.

Des extraterrestres nous visitent et ils essayent de nous apprendre leur langage, ils utilisent des mots bizarres comme : adverbe, préposition, et ils nous donnent des indications pour que nous parvenions à construire le sens de ces mots. D'abord, ils vérifient ce que nous savons à ce sujet.

Faire lire le test initial (voir page précédente).

Cette « motivation » n'a rien d'extraordinaire, mais on ne peut pas être génial tous les jours et les enfants aiment bien jouer et résoudre des énigmes (vous pouvez donc utiliser la motivation épistémique). Si vous animez correctement cette leçon, si vous jouez réellement avec eux, s'ils s'amusent et **s'ils réussissent à la fin**, ils ne demanderont pas mieux ultérieurement que de jouer avec vous à n'importe quel jeu.

11. Comment vais-je les rendre actifs durant cette leçon ?

Je vais privilégier une animation basée sur un travail en duo ou sur un travail en équipes de trois ou quatre, avec de fréquentes synthèses partielles que j'animerai.

Mes « périphériques » étant en place, la phase d'**ANALYSE DE L'ACTION** étant effectuée, je peux entrer dans les détails de la préparation et dans la phase de **PLANIFICATION DE L'ACTION.**

B. Planification de l'action

Acte 1. Motivation

Cette première phase de l'action vise à **faire énoncer l'objectif de la leçon par les élèves** afin de vous assurer qu'ils ont compris ce que vous voulez faire avec eux. À l'issue de cette phase ils doivent dire : « *À la fin de la leçon on sera capable de reconnaître les adverbes et les prépositions.* »

Pour présenter le problème aux élèves, dire (comme nous l'avons décidé) **:**

« *Des extraterrestres nous visitent, etc. (voir plus haut).* »

Faire lire rapidement le test initial aux élèves.

Production attendue à la suite de la lecture : on ne sait pas faire.

Faire énoncer l'objectif de la leçon par les élèves, en leur posant la question : que serez-vous capables de faire à la fin de la leçon ?

> **Objectif :** À la fin de la leçon on sera capable de reconnaître les adverbes et les prépositions.

Acte 2. Phase 1 de l'apprentissage du concept d'adverbe

Travail en duos : distribuer le document 1 (voir page suivante).

DOCUMENT 1

Consigne. Tous les mots soulignés dans les phrases suivantes sont des ADVERBES, étudiez ces phrases puis essayez de proposer une première définition de ce qu'est un adverbe :

Tu es déjà là ?

Je n'oublierai jamais ce que tu as fait pour moi.

Vous êtes trop gentil avec lui.

Ils marchent lentement.

Ils sont revenus hier.

J'en ai vu beaucoup de ces gens-là.

Les laisser travailler, passer dans les groupes pour les dynamiser, faire produire pour parvenir après quelques minutes à :

Synthèse des productions élèves (SPE) attendue : un adverbe est un mot invariable.

Acte 3. Deuxième phase d'acquisition du concept d'adverbe

Travail en duos.

Consigne. Dans les phrases suivantes, certains mots sont soulignés d'un trait, ce sont des adverbes. Les mots soulignés **d'un trait et en caractère gras** sont des prépositions.

Faites la liste (deux colonnes) des adverbes et des prépositions cités dans les phrases.

Modifiez éventuellement votre définition précédente pour pouvoir différencier adverbe et préposition.

Ce cheval est probablement malade.

L'oiseau est enfermé **dans** la cage.

Désormais on ne nous verra jamais ensemble.

Oui ! je serai là-bas **à** dix heures.

Henri part aujourd'hui **avec** Joëlle.

Tu t'es encore disputé **avec** Henri ?

Il faut passer **entre** les deux églises.

Il marche **vers** son destin.

Je suis mal assis **sur** ce siège.

Il est monté **sur** le toit.

Il monte lentement vers la lumière.

Je suis parti me promener **au** soleil.

Je mange **pour** passer le temps.

Nouvelle définition :

Adverbe :

Préposition :

L'enseignant passe dans les groupes, fait parler les élèves, leur donne des pistes de recherche et fait régulièrement le point au niveau général pour que les travaux avancent à peu près au même rythme dans les différents groupes.

Si les élèves se bloquent sur : « ce sont tous des mots invariables », leur suggérer : « rappelez-vous la leçon que nous avons faite sur les fonctions de l'adjectif qualificatif » et la manière de différencier les objectifs épithètes et les adjectifs attributs [9].

Synthèse des productions** (réponses) **attendues (SPE) :

***L'adverbe** est un mot invariable qui modifie le sens d'un verbe, d'un autre adverbe ou d'un adjectif. Si on le supprime dans une phrase, celle-ci conserve presque toujours son sens général.*

***La préposition** est un mot invariable qui introduit un complément, on ne peut pas la supprimer sans que la phrase ne perde son sens.*

Acte 4. Test final

Pour vérifier ce que l'on a appris, on refait passer le test initial qui prend maintenant le nom de test final.

TEST FINAL
(corrigé)

Dans les phrases suivantes, les mots soulignés sont soit des adverbes, soit des prépositions. Soulignez de deux traits les adverbes.

1. Tu vas **trop** vite, ralentis **un peu**.
2. Je suis enfermé dans une boîte.
3. Il est à cheval sur la plus grosse branche de l'arbre.
4. Il a été **totalement** trahi par son associé.

9. Voir cette leçon dans *Préparer un cours – 1. Applications pratiques*, p. 105-115.

5. Tu chantes **trop** fort.
6. L'élève a **bien** parlé pendant la réunion.
7. **Tout à coup**, il partit vers la maison.
8. Il ne mangeait pas de salade pendant son repas.
9. Il est parti entre deux gendarmes.
10. Dès le matin, il regarde la télévision.

On peut également considérer ce test comme une situation d'entraînement et construire un autre test en tant que test final.

Acte 5. Métacognition

Je me contenterai dans un premier temps de les faire réfléchir à ce que nous avons fait.
Q. : Qu'avons-nous appris aujourd'hui ?
R. : À reconnaître les adverbes et les prépositions.

Reformulation : donc nous avons appris le sens de deux mots.

Apprendre le sens d'un mot s'appelle apprendre un concept. Comment avons-nous fait pour apprendre le sens de ces mots ?

Je vais ainsi faire découvrir la démarche intellectuelle suivie et fermer rapidement la parenthèse que je réouvrirai à l'occasion du prochain apprentissage de concept. Petit à petit, ils apprendront à faire attention à leurs processus de pensée et à agir sur ceux-ci.

Avertissements et suggestions au lecteur qui voudrait expérimenter cette leçon [10]

À l'issue de cette leçon, les élèves ne maîtrisent pas réellement les concepts d'adverbe et de préposition. Un apprentissage de concept complexe comme les concepts d'adverbe et de préposition ne se réalise pas en une heure.

Les élèves possèdent maintenant les bases pour continuer : il faudra donc les entraîner (lors des heures de cours suivantes) en leur faisant faire des exercices multiples.

Exemples :

Complétez les phrases suivantes avec les adverbes (suivent une liste d'adverbes et une liste de phrases à trous).
Idem avec les prépositions.
Leur demander de construire eux-mêmes des exercices qu'ils proposeront à leurs camarades, Leur faire relever sur un carnet des listes d'adverbes et de prépositions au fur et à mesure des apprentissages et des rencontres, etc.

---

10. Le lecteur trouvera plusieurs leçons visant un enseignement de concept dans : *Préparer un cours – 1. Applications pratiques* :
Leçon sur le concept d'adjectif qualificatif (école primaire) ;
Leçon sur le concept d'épithète et d'attribut (école primaire, collège) ;
Leçon sur le concept d'induction électromagnétique (lycée professionnel) ;
Leçon sur le concept de dévaluation (lycée), traitée sous forme de dossier de formation individualisée.

17

Enseigner un principe, une loi, une règle [1]

Stratégie classique

Pour maîtriser le monde qui l'entoure, l'homme crée les concepts (les nœuds des réseaux sémantiques), ce qui lui permet de nommer les choses, en particulier celles qu'il crée lui-même : le transistor, le laser, le microprocesseur, etc., et cherche à découvrir les principes, les lois, les règles qui gouvernent son environnement afin de contrôler le cours des choses et ne plus être soumis à la fatalité. Enseigner un principe, une loi, une règle (les arcs des réseaux sémantiques, voir page 115), constitue donc, comme « enseigner un concept », une des activités principales de l'enseignant.

Commençons donc par préciser de quoi nous parlons, et définissons d'abord le concept de « principe ».

Définitions et exemples

Qu'est-ce qu'un principe ? Avec cette question, me voici une fois encore confronté à l'enseignement d'un concept : le concept de « principe ».

Utilisons la démarche classique d'« enseignement de concept », et tentez d'énoncer oralement ou par écrit votre définition du terme « principe ». Il s'agit ici, évidemment, de l'étape 1 de toute stratégie d'enseignement de concept : « faire jaillir les représentations » [2].

Utilisons ensuite une démarche inductive et étudions immédiatement quelques exemples de principes.

Loi d'Ohm : $U = R.I.$

Dans un circuit électrique la tension (U) (mesurée en volts) est égale à la résistance (R) (mesurée en ohms) multipliée par l'intensité (I) (mesurée en ampères).

---

1. J'assimilerai momentanément « principe » à « loi » et à « règle », car sur le plan pédagogique, on peut utiliser les mêmes stratégies pour provoquer ces trois types d'apprentissage.
2. Le lecteur notera que je continue à utiliser une pédagogie spiralaire.

Théorème de Pythagore : $a^2 = b^2 + c^2$.

Dans un triangle rectangle le carré de l'hypoténuse est égal à la somme des carrés des deux autres côtés.

Principe d'Archimède

Tout corps plongé dans un liquide au repos subit une poussée verticale de bas en haut égale au poids du liquide déplacé et exercée au centre de gravité de ce liquide.

Règle d'accord du participe passé

Le participe passé employé avec avoir s'accorde en genre et en nombre avec le complément d'objet direct si celui-ci est placé avant.

Voila donc quatre exemples de principes. Quelle définition pourrions-nous donner à ce terme ?

Un principe, c'est la mise en relation de concepts.

Dans ce chapitre, je tenterai de répondre à la question : comment faut-il s'y prendre pour enseigner cette relation ? Donc : comment faut-il s'y prendre pour enseigner un principe ?

Autant les enseignants sont généralement inconscients de la manière dont ils enseignent les concepts, autant ils sont totalement conscients des stratégies qu'ils utilisent pour enseigner des principes. Comment procèdent-ils d'ordinaire ?... Prenons l'exemple de la loi d'Ohm.

Une stratégie classique d'enseignement de principe

Loi d'Ohm : *Dans un circuit électrique, la tension U exprimée en volts est égale à l'intensité exprimée en Ampères multipliée par la résistance exprimée en ohms.*

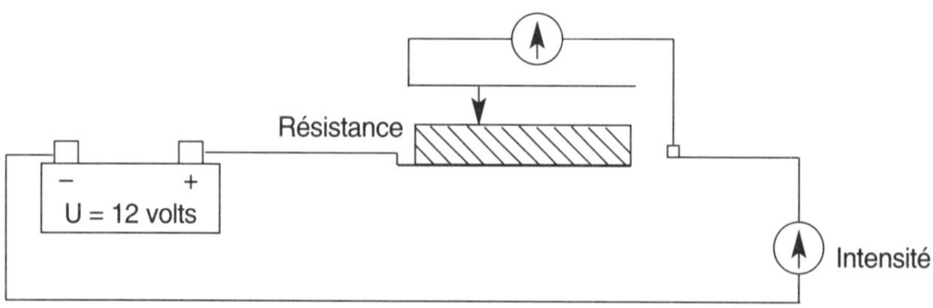

Pour enseigner cette loi, le professeur demande généralement aux élèves d'effectuer diverses expériences et de relever les valeurs sur les cadrans en faisant varier la résistance.

Les élèves obtiennent alors un tableau du type suivant :

U (volts)	R (ohms)	I (ampères)
12	1	12
12	2	6
12	3	4
12	4	3
12	6	2

tableau à partir duquel ils n'ont aucune difficulté à trouver la loi : U = R.I

Dans ce cas, le professeur met en œuvre une stratégie reposant sur une démarche inductive classique. Cette stratégie ne pose aucun problème de conception, car la relation entre les trois variables est facile à mettre en évidence par l'intermédiaire de l'expérience.

Il n'en va pas toujours de même, raison pour laquelle les enseignants se posent un certain nombre de questions quant au **niveau d'aide** (les psychologues parlent de **niveau de guidance**), qu'ils doivent apporter à leurs élèves lors de l'enseignement de principes. Ces questions sont résumées ci-dessous.

Questions généralement posées par les enseignants

Si l'on désire que les élèves apprennent à résoudre un type de problème déterminé qui se résout par l'application d'un principe :

1. Faut-il poser un problème type, les laisser chercher, leur fournir la solution, poser de nouveaux problèmes, etc., jusqu'à ce que par imprégnation l'apprenant résolve tous les problèmes du même type ?
2. Faut-il donner la règle dès le début et se contenter de la faire appliquer maintes fois ?
3. Faut-il aider les élèves, un peu ? moyennement ? beaucoup ?
4. Faut-il les aider au début de l'apprentissage ? au milieu ? à la fin ?
5. Faut-il fournir le principe à appliquer ? faut-il le faire découvrir ?
6. Si l'on décide de fournir le principe, quand est-il préférable de le donner ?
7. Faut-il aller du concret à l'abstrait ou de l'abstrait au concret ?

8. Faut-il favoriser le tâtonnement expérimental ? l'apprentissagc par essais et erreurs ?

9. Où se situent les limites ?

Certains, optant pour la manière forte, s'inspirent de l'image de la « piscine » et affirment que *« pour qu'un élève apprenne à nager il suffit de le jeter à l'eau... après quelques "tasses" il sera bien obligé de nager. »* Bien sûr, ces enseignants n'iront pas jusqu'à laisser l'élève se noyer définitivement, mais enfin, l'élève qui n'est pas capable d'apprendre à nager tout seul ou avec une aide minimale n'a pas tellement sa place dans les classes des prosélytes de cette position.

D'autres, préférant la manière douce, laissent d'abord l'élève hors de l'eau, lui font faire les mouvements sur une chaise, lui proposent une bouée de liège énorme, le placent délicatement dans l'eau et retirent progressivement les différents éléments de la bouée jusqu'à ce que l'élève puisse enfin nager seul.

Dans les deux cas, il semble que les enseignants éprouvent une insatisfaction, une gêne vis-à-vis de ces pratiques : soit on materne trop, soit on ne materne pas assez. On ne sait pas très bien quel modèle choisir, alors on alterne, au gré de l'humeur du jour, en fonction du sentiment *« qu'aujourd'hui ils ont besoin d'être secoués »*, ou de l'impression *« qu'aujourd'hui il serait préférable d'y aller doucement »*.

Il est bien évident que dans le domaine des sciences humaines, il n'y a ni solution miracle, ni réponse définitive. Cependant, lorsque je dois traiter ce problème avec des étudiants ou des enseignants en stage, je leur demande de participer à l'expérience suivante.

Expérience des allumettes de Katona [3]

Il s'agit de résoudre divers petits problèmes d'allumettes.

Faire passer d'abord un test initial pour construire deux groupes équivalents A et B.

TEST INITIAL

3. Ces situations reprennent une expérience très connue de Corman sur les allumettes de Katona (voir Leplat J., Enard C., Weil Fassina A., *La formation par l'apprentissage*, PUF, 1970, p. 147-149).

Consigne : *Vous avez devant vous 5 carrés formés par des allumettes.*

Il faut obtenir seulement 4 carrés de même dimension que les premiers en déplaçant 3 allumettes.

Toutes les allumettes doivent constituer le côté d'un carré.

Toutes les allumettes doivent être utilisées.

Tous les carrés doivent avoir la même dimension que les premiers.

Accordez-vous 10 minutes pour résoudre ce problème.

Après quoi il faut traiter le groupe A selon la méthode dite de la piscine (voir plus haut) et le groupe B en utilisant différents niveaux de guidance (voir description en annexe 1).

Puis on fait passer le même test final à chacun des groupes et l'on compare les résultats.

TEST FINAL

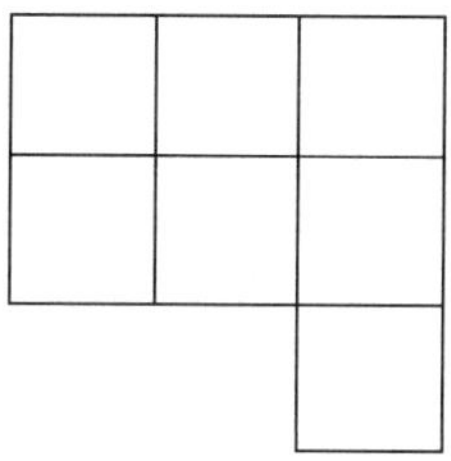

Vous avez devant vous 7 carrés formés par des allumettes.

Il s'agit d'obtenir 5 carrés de même dimension que les premiers en déplaçant 3 allumettes.

Toutes les allumettes doivent constituer le côté d'un carré.

Toutes les allumettes doivent être utilisées.

Tous les carrés doivent avoir la même dimension que les premiers.

Accordez-vous 10 minutes pour tenter de résoudre ce problème.

Pour le lecteur qui n'aurait pas lu les détails de l'expérience en annexe, le déroulement de l'expérience est le suivant :

• **Groupe A, dit groupe piscine ou groupe sans guidance :**

1. Test initial, 10 minutes.
2. Test 1, recherche personnelle pendant 10 minutes.

À l'issue des 10 minutes, donner la solution à ceux qui ne l'ont pas trouvée.

3. Test 2, recherche personnelle pendant 10 minutes.

À l'issue des 10 minutes, donner la solution à ceux qui ne l'ont pas trouvée.

4. Test de transfert (test final, voir ci-dessus), recherche personnelle.

À l'issue des 10 minutes, donner la solution à ceux qui ne l'ont pas trouvée.

5. Test initial bis, 10 minutes.

• Groupe B, dit groupe guidance :

1. Test initial, 10 minutes.

2. Test 1, recherche personnelle pendant 5 minutes. Aide graphique pour trouver la solution, recherche personnelle (5 minutes). Solution pour ceux qui ne l'ont pas trouvée.

2.1. Suggestion : il existe une règle pour résoudre ce type de problème, pourriez-vous la formuler ? Recherche personnelle.

2.2. Niveau de guidance plus élevé pour ceux qui n'ont pas trouvé.

2.3. Faire formuler la règle en utilisant la technique du questionnement.

3. Test 2. Recherche personnelle 10 minutes. Solution + explications détaillées (l'animateur verbalise la stratégie cognitive qu'il utilise en s'appuyant sur la règle).

4. Test final (transfert).

5. Test initial bis, 10 minutes.

Résultats obtenus avec un groupe de 14 stagiaires (deux groupes de 7 personnes).

	Test initial	Test final	Test initial bis
Groupe sans guidance	0/7	1/7	3/7
Groupe guidance	0/7	4/7	6/7

Ces résultats se passent de commentaires. Que pouvons-nous en conclure ?

CONSÉQUENCES PRATIQUES

1. Donner à des élèves la solution d'un problème qu'ils n'ont pu résoudre ne sert pratiquement à rien. Il n'y a pas de transfert sur des problèmes du même type.

2. Donner d'emblée la règle qui permet de résoudre le problème donne de meilleurs résultats, mais ce n'est pas la meilleure attitude.

3. La technique qui donne les meilleurs résultats est l'aide qui permet à l'élève de découvrir le principe de résolution de ce type de problème. Il faut donc aider concrètement l'élève à résoudre le problème et lui fournir le niveau de guidance **juste nécessaire** pour lui permettre de trouver le principe.

4. C'est la formulation du principe la plus simple et **la plus concrète**, qui donne les meilleurs résultats.

Cette expérience et ses résultats nous permettent donc de répondre en partie aux questions posées au début du chapitre. Cependant, je tiens à réaffirmer une fois encore que tout apprentissage doit viser à augmenter la capacité opératoire de l'élève, donc sa capacité de transfert, c'est-à-dire développer en lui les capacités qui lui permettront d'utiliser ses connaissances dans toutes les situations du même type.

Il est donc INDISPENSABLE d'entraîner les élèves à appliquer le principe découvert, en leur proposant de multiples situations d'application constituées de transferts proches (contexte quasi identique) et de transferts éloignés (décontextualisation).

COMMENT ENSEIGNER UN PRINCIPE ? [4]

1. Poser un problème que l'on peut résoudre par l'intermédiaire du principe à enseigner.
2. Bien préciser l'objectif.
3. Faire reformuler le problème dans les termes de l'apprenant.
4. Réactiver les concepts de base nécessaires à la découverte du principe.
5. Laisser l'apprenant travailler, seul, sur le problème avant de lui fournir quelque niveau de guidance que ce soit. (Il faut lui laisser le temps de se pénétrer des données du problème mais ne pas lui laisser le temps de se dégoûter.)
6. Fournir le niveau de guidance juste suffisant pour « faire démarrer » la réflexion (attirer l'attention sur les points critiques, ou/et suggérer des axes de recherche).
7. Faire découvrir et faire formuler le principe.
8. Faire expliquer le principe sur le réel (cas concret si possible).
9. Faire expliquer le principe sur un schéma (symbolisation).
10. Faire transférer le principe à un nouveau cas.
11. Faire résoudre d'autres problèmes du même type.

---

4. Le lecteur trouvera divers exemples d'enseignement de principe(s) dans l'ouvrage *Préparer un cours – 1. Applications pratiques* :
- Chapitre 8. Le principe du courant induit ;
- Chapitre 11. Le principe de lecture du pied à coulisse ;
- Chapitre 16. Le principe de la dévaluation.

Le lecteur trouvera également dans cet ouvrage une méthode très intéressante d'enseignement de principes imbriqués du Russe Landa et de l'Américain Scandura, la méthode algorithmico-heuristique (chapitre 13). Comme son nom l'indique, cette méthode est fondée sur la construction d'algorithmes et le sujet choisi pour illustrer la méthode est l'enseignement des 14 principes qui permettent d'identifier la fonction d'un adjectif qualificatif (épithète, attribut, mis en apposition).

Lorsque l'on doit enseigner l'utilisation de divers principes imbriqués, il faut éventuellement penser à construire un algorithme.

QUESTIONS À SE POSER POUR PRÉPARER UNE LEÇON

1. Quel est l'objectif ?
2. Comment l'évaluer ?
3. Le niveau de l'outil d'évaluation (Bloom) est-il suffisant ?
4. À quel type d'apprentissage (Gagné) correspond l'objectif ?

Fait | Concept | Principe | Méthode | Stratégie cognitive | Attitude | Geste

5. Quelle démarche générale vais-je privilégier ?
Inductive ? Déductive ? Dialectique ? Divergente ? Analogique ?
6. Quelle stratégie cognitive vais-je développer ?
7. Quel problème concret vais-je poser au début de la leçon pour les MOTIVER ?
COMMENT DONNER DU SENS À CETTE LEÇON ?
8. Comment vais-je les rendre ACTIFS durant cette leçon ?

STRATÉGIES PÉDAGOGIQUES *

Fait | Concept | **Principe** | Méthode | Stratégie cognitive | Attitude | Geste

Fait

1. Donner du SENS
Relier les informations nouvelles à des informations se trouvant déjà dans le cerveau
2. Utiliser des images
3. Organiser l'information
4. Faire pratiquer la métacognition

Méthode / Stratégie cognitive

1. Démontrer la stratégie
1bis. Verbaliser la stratégie au moment où on la met en œuvre
2. Faire vivre des situations qui prouvent que la stratégie est efficace
3. Faire analyser le vécu (métacognition)
4. Proposer des situations d'entraînement
5. Évaluer

Attitude / Geste

Modélisation
1. Démontrer
2. Faire observer
3. Faire analyser
et faire construire une grille d'observation/évaluation
4. Proposer des situations d'entraînement
5. Évaluer

Concept

Démarche inductive
1. Faire jaillir les représentations
2. Donner exemples et contre-exemples
3. Faire produire la définition
4. Proposer des situations d'entraînement
5. Évaluer

Démarche déductive
1. Faire jaillir les représentations
2. Donner définition
3. Faire appliquer sur des exemples et sur contre-exemples
4. Proposer des situations d'entraînement
5. Évaluer

Principe

Démarche inductive
1. Poser le problème qui peut être résolu en appliquant le principe
2. Faire résoudre le problème par les élèves
3. Faire énoncer le principe
4. Proposer des situations d'entraînement
5. Évaluer

Démarche déductive
1. Énoncer le principe
2. Poser problème qui peut être résolu en appliquant le principe
3. Résoudre le problème devant les élèves
4. Proposer des situations d'entraînement
5. Évaluer

* Penser à l'animation de petit groupe et au conflit socioc

18

Préparer une leçon selon différentes stratégies avec le jeu de Nim

Chaque fois que j'anime un stage de formation continue ayant pour thème : « Préparer une leçon », je demande à mes stagiaires, en guise de test initial, de bien vouloir préparer une leçon en pédagogie traditionnelle, la même leçon en formation individualisée, et cette même leçon en pédagogie différenciée. Et à chaque fois la réponse est la même : *« Nous sommes totalement incapables de faire ce que vous nous demandez ; en revanche, si vous êtes en mesure de réaliser ce type d'exercice nous serons particulièrement heureux d'assister à votre démonstration. »*

Je prends alors la balle au bond et j'anime, sous leurs yeux (soit avec eux, soit avec de vrais élèves), différentes leçons visant à « apprendre à gagner au jeu de Nim ».

Le jeu de Nim ou jeu de Fort Boyard

Ce chapitre est construit à partir du jeu de Nim, jeu fort connu depuis que l'émission *Fort Boyard* l'a utilisé en tant qu'épreuve intellectuelle, jeu également choisi par de nombreux psychologues pour travailler sur la résolution de problèmes.

À titre personnel, j'utilise ce jeu depuis 1982 pour montrer comment préparer une leçon en utilisant différentes stratégies.

La situation est superbe car elle est ludique et permet en outre de donner des exemples de nombreux concepts pédagogiques complexes :

- évaluation formative ;
- motivation ;
- formation individualisée ;
- transfert ;
- structure de préparation de leçon du domaine cognitif ;
- synthèse des productions élèves (SPE) ;
- stratégie pédagogique ;
- enseignement de principe ;
- enseignement programmé ;
- pédagogie par objectifs ;

– tâche *vs* objectif ;
– micro-objectif ;
– situation adidactique.
– pédagogie différenciée successive ;
– pédagogie différenciée simultanée ;

Je demande **instamment** au lecteur de faire l'effort de **prendre une boîte d'allumettes** et d'apprendre à jouer et à gagner au jeu de Nim en suivant les indications des pages suivantes (il s'agit d'une situation de formation individualisée) traitée en **enseignement programmé ramifié**.

– Vous ferez ainsi connaissance avec la technique de l'**enseignement programmé ramifié** si vous ne l'avez jamais rencontrée ;

– Vous vivrez une expérience de **formation individualisée ;**

– Vous pourrez ultérieurement vous mesurer à une situation de **TRANSFERT** particulièrement intéressante, donc mieux cerner ce concept complexe ;

– Enfin vous comprendrez mieux les **démarches de préparation de leçon** que je vous propose dans ce chapitre parce qu'elles s'appuient sur la connaissance du jeu de Nim.

Apprendre à préparer une leçon par l'intermédiaire du jeu de Nim

Avec le jeu de Nim, je me trouve confronté à un enseignement de principe, car ce jeu est basé sur un principe mathématique qui lorsqu'il est compris permet de gagner à tous les coups à ce jeu et à ses dérivés (situations de transfert).

À l'issue de cette « leçon », j'espère que vous serez en mesure :

– de gagner à tous les coups au jeu de Nim ;

– d'utiliser diverses stratégies pour préparer vos leçons.

Cependant, je ne garantis pas que vous serez en mesure de transférer vos connaissances relatives au jeu de Nim à des situations isomorphes (situations de transfert). Le transfert est un problème complexe qui mérite vraiment réflexion. Vous risquez donc d'avoir des surprises à l'issue de cette leçon, lorsque vous tenterez de transférer vos connaissances, et ces surprises sont bien évidemment porteuses d'apprentissage.

Allez donc chercher une boîte d'allumettes si vous ne l'avez déjà fait !... puis lisez la règle du jeu et tentez l'aventure.

Règle du jeu.

Ce jeu se joue avec des allumettes.

Il se joue généralement à deux, mais ici vous allez jouer seul contre moi qui jouerai par l'intermédiaire de ce livre.

Vous pouvez jouer à partir d'un nombre quelconque d'allumettes entre 15 et 20.
Pour l'exemple concret qui vous permettra d'apprendre, prenez 17 allumettes.
Chaque joueur joue à tour de rôle.
Chacun a le droit de prendre 1 ou 2 allumettes.
On ne peut pas passer son tour.

Celui qui prend la dernière allumette a perdu.

Relisez la règle du jeu, puis passez à la page suivante pour apprendre à jouer au jeu de Nim.

JOUEZ AU JEU DE NIM

Consigne. Pour apprendre à jouer, suivez PAS À PAS les consignes ci-dessous et faites exactement ce qui vous est suggéré, ne cherchez surtout pas à brûler les étapes.

. . . .

Pour la partie que nous allons faire, **disposez devant vous 17 allumettes de la manière suivante**, ça vous simplifiera les comptes :

IIIII IIIII IIIII II

À vous de jouer, prenez une ou deux allumettes (enlevez effectivement 1 ou 2 allumettes aux 17 que vous avez devant vous).

Si vous avez pris 1 allumette passez à A.

Si vous avez pris 2 allumettes passez à B.

. . . .

A : **IIIII IIIII IIIII I**

Il reste 16, c'est à moi de jouer, je prends 1 (une allumette), n'oubliez pas d'enlever l'allumette que je prends, il en reste 15.

IIIII IIIII IIIII

Si vous prenez 1 passez à C.

Si vous prenez 2 passez à D.

. . . .

B : **IIIII IIIII IIIII**

Il reste 15, c'est à moi de jouer, je prends 2 (deux allumettes), enlevez les deux allumettes que je prends il en reste 13.

IIIII IIIII III

Si vous prenez 1 passez à E.

Si vous prenez 2 passez à F.

. . . .

C : **IIIII IIIII IIII**

Il reste 14, je prends 1, n'oubliez pas d'enlever l'allumette que je prends, il en reste 13.

IIIII IIIII III

Si vous prenez 1 passez à E.

Si vous prenez 2 passez à F.

. . . .

D : **IIIII IIIII IIII**

Il reste 13, je prends 1, n'oubliez pas d'enlever l'allumette que je prends, il en reste 12.

IIIII IIIII II

Si vous prenez 1 passez à F.

Si vous prenez 2 passez à G.

....

E : **IIIII IIIII II**

Il reste 12 allumettes, je prends 2, enlevez les deux allumettes que je prends il en reste 10.

IIIII IIIII

Si vous prenez 1 passez à H.

Si vous prenez 2 passez à I.

....

F : **IIIII IIIII I**

Il reste 11 allumettes, je prends 1, enlevez l'allumette que je prends, il en reste 10.

IIIII IIIII

Si vous prenez 1 passez à H.

Si vous prenez 2 passez à I.

....

G : **IIIII IIIII**

Il reste 10 allumettes, je prends 1, enlevez l'allumette que je prends, il en reste 9.

IIIII IIII

Si vous prenez 1 passez à I.

Si vous prenez 2 passez à J.

....

H : **IIIII IIII**

Il reste 9 allumettes, je prends 2, enlevez les 2 allumettes que je prends, il en reste 7.

IIIII II

Si vous prenez 1 passez à K.

Si vous prenez 2 passez à L.

....

I : **IIIII III**

Il reste 8 allumettes, je prends 1, enlevez l'allumette que je prends, il en reste 7.

IIIII II

Si vous prenez 1 passez à K.

Si vous prenez 2 passez à L.

....

J : IIIII II

Il reste 7 allumettes, je prends 1, enlevez l'allumette que je prends, il en reste 6.

IIIII I

Si vous prenez 1 passez à L.

Si vous prenez 2 passez à M.

. . . .

K : IIIII I

Il reste 6 allumettes, je prends 2, enlevez les 2 allumettes que je prends, il en reste 4.

IIII

Si vous prenez 1 passez à N.

Si vous prenez 2 passez à O.

. . . .

L : IIIII

Il reste 5 allumettes, je prends 1, enlevez l'allumette que je prends, il en reste 4.

IIII

Si vous prenez 1 passez à N.

Si vous prenez 2 passez à O.

. . . .

M : IIII

Il reste 4 allumettes, je prends 1, enlevez l'allumette que je prends, il en reste 3.

III

Si vous prenez 1 passez à O.

Si vous prenez 2 passez à P.

. . . .

N. III

Il reste 3 allumettes, je prends 2 et vous avez perdu !

. . . .

O. II

Il reste 2 allumettes, je prends 1 et **vous avez perdu** !

. . . .

P. Il reste 1 allumette, bravo, **vous avez gagné** !

Lorsque vous avez terminé, rejouez éventuellement une deuxième fois, puis lisez la suite.

À l'issue de ce jeu, le lecteur a généralement envie d'apprendre à gagner. C'est ce que je vous propose de faire dans les pages suivantes et puisque « chaque apprenant apprend à sa manière » et qu'il m'est impossible d'être présent physiquement devant vous pour vous enseigner à jouer et à gagner à tous les coups au jeu de Nim, je vais vous proposer différentes situations d'auto-apprentissage de la solution (pédagogie différenciée simultanée).

Adapter les stratégies aux différents types d'apprenants

Puisque « chaque apprenant apprend à sa manière » cela signifie que si certains élèves s'accommodent relativement bien de la situation classique d'enseignement frontal participatif (la méthode la plus couramment utilisée par les enseignants dans nos salles de classe), cette méthode ne convient absolument pas à ceux qui préfèrent l'incertitude de situations problèmes peu structurées dans lesquelles ils peuvent évoluer au rythme de leur fantaisie, et ne convient pas davantage à ceux qui préfèrent un environnement nettement plus sécurisant, ceux qui souhaitent être tenus par la main lors de leur apprentissage et cheminer calmement et sûrement vers un but clairement établi, sans surprises et sans imprévus.

Si vous vous sentez proche de celui qui préfère une situation très structurée, choisissez la situation d'apprentissage A (page suivante), il s'agit d'une situation d'« enseignement programmé » avec laquelle vous êtes certain d'apprendre, **rapidement**, **sans surprise**, à gagner au jeu de Nim.

Si vous préférez une situation peu structurée, plus proche de la résolution de problème, c'est-à-dire une situation dans laquelle vous aurez le loisir de réfléchir par vous-même, de pratiquer éventuellement la stratégie des essais et erreurs, ou toute autre stratégie que vous aurez personnellement choisie pour découvrir la solution, choisissez la situation B (page 236).

Enfin, si vous préférez une situation totalement ouverte, analysez la situation que je vous ai proposée pour apprendre à jouer au jeu de Nim (pages 228-230), et tentez de trouver le moyen de gagner en analysant les différentes propositions,

c'est possible !...

avec 17 allumettes vous pouvez effectivement gagner à tous les coups, si vous commencez, **et** si vous savez jouer.

Quel que soit votre choix, une fois que vous aurez tenté de résoudre le problème, lisez tout de même la situation A avant de passer à la page 239, cela vous permettra :

– de vivre une expérience d'enseignement programmé ;

– d'utiliser la stratégie cognitive que je mets en œuvre dans ce document pour résoudre un autre problème du même type (donc de vivre une situation de transfert).

SITUATION A
(très structurée)

Prenez une boîte d'allumettes et suivez les instructions ci-dessous en manipulant réellement les allumettes.

Cachez les réponses A B C etc., avec une feuille de papier et consultez-les seulement lorsque vous avez répondu en faisant glisser le cache vers le bas.

APPRENEZ À GAGNER AU JEU DE NIM

Si nous jouons ensemble et si je vous laisse dans cette situation :

I (1 allumette)

Que se passe-t-il ?

Vous avez perdu (A).

Vous avez gagné (B).

. . . .

A : Bien entendu puisque vous prenez la dernière allumette et que **1 est une situation perdante pour celui qui joue**.

Bravo ! passez à C.

. . . .

B : Si je vous laisse une allumette, c'est vous qui devez la prendre donc c'est vous qui perdez puisque celui qui prend la dernière a perdu. Revenez à la question et choisissez une autre réponse.

. . . .

C : Si nous jouons ensemble et si je vous laisse dans cette situation :

I I (2 allumettes)

Que faites-vous si vous voulez gagner ?

Vous prenez 1 allumette (D).

Vous prenez 2 allumettes (E).

. . . .

D : Bravo, vous me laissez 1 allumette et vous avez gagné.

Passez à F.

. . . .

E : Dans ce cas vous avez perdu, puisque vous avez pris la dernière allumette. Si vous n'êtes pas masochiste revenez à B et choisissez une autre réponse.

. . . .

F : Si nous jouons ensemble et si je vous laisse dans cette situation :

I I I (3 allumettes)

Que faites-vous ?

Vous prenez 1 allumette (G).

Vous prenez 2 allumettes (H).

. . . .

G : Dans ce cas, j'en prends 1, il vous en reste 1 et j'ai gagné. Revenez à F et choisissez une autre réponse.

. . . .

H : Bien sûr ! vous me laissez à 1 allumette et vous avez gagné ! Passez à I.

. . . .

I : Si nous jouons ensemble et si je vous laisse dans cette situation :

I I I I (4 allumettes)

Que faites-vous ?

Vous prenez 1 allumette (J).

Vous prenez 2 allumettes (K).

Vous avez gagné (L).

Vous avez perdu (M).

. . . .

J : J'en prends 2 et vous avez perdu. Revenez à I et choisissez une autre réponse.

. . . .

K : J'en prends 1 et vous avez perdu. Revenez à I et choisissez une autre réponse.

. . . .

L : Je ne vois pas comment :
– si vous en prenez 1, j'en prends 2 et vous avez perdu car il n'en reste qu'une ;
– si vous en prenez 2, j'en prends 1 et vous avez encore perdu !

Revenez à I et choisissez une autre réponse.

. . . .

M : Bien sûr :
– si vous en prenez 1, j'en prends 2, et vous avez perdu car il n'en reste qu'une ;
– si vous en prenez 2, j'en prends 1, et vous avez encore perdu car je vous laisse à 1 allumette !

Vous perdez dans tous les cas car :
4 est une situation perdante pour celui qui joue.

Passez à N.

. . . .

N : Si 4 est une situation perdante pour celui qui joue, alors votre nouvel objectif est :
- de laisser votre adversaire à 4 (O) ;
- d'essayer de ne pas laisser votre adversaire à 4 (P).

....

O : Évidemment, votre nouvel objectif est maintenant de laisser votre adversaire à 4 allumettes puisque dans ce cas vous êtes certain de le laisser ensuite à 1 allumette donc de gagner.

Retenez bien cela : vous jouez maintenant pour **laisser votre adversaire à 4 allumettes**.

Si nous jouons ensemble et si je vous laisse dans cette situation :

IIII I (5 allumettes)

Que faites-vous ?

Vous prenez 1 allumette (Q).

Vous prenez 2 allumettes (R).

....

P : Si vous avez répondu :

« Essayer de ne pas laisser votre adversaire à 4 » alors que « 4 » est une situation perdante pour celui qui joue, c'est que vous ne désirez pas gagner, ou que votre logique est différente de la mienne.

Revenez à (N) et choisissez une nouvelle réponse.

....

Q : Bravo ! Vous me laissez à 4 et j'ai perdu !

Si nous jouons ensemble et si je vous laisse dans cette situation :

IIII II (6 allumettes)

Que faites-vous ?

Vous prenez 1 allumette (R).

Vous prenez 2 allumettes (S).

....

(R) J'en prends 1, je vous laisse à 4 allumettes et vous avez perdu.

....

(S) Vous me laissez à 4 et vous avez gagné, bravo !

Passez à T.

....

T. Si nous jouons ensemble et si je vous laisse dans cette situation :

I III III (7 allumettes)

Que faites-vous ?

Vous prenez 1 allumette (U).

Vous prenez 2 allumettes (V).

Vous avez gagné (W).

Vous avez perdu (X).

. . . .

U : Vous me laissez à 6, j'en prends 2 et vous êtes à 4, donc vous avez perdu. Revenez à T et choisissez une autre réponse.

. . . .

V : Vous me laissez à 5, j'en prends 1 et vous êtes à 4, donc vous avez perdu. Revenez à T et choisissez une autre réponse.

. . . .

W : Je ne vois pas comment :

Si vous en prenez 1 j'en prends 2 et vous avez perdu car vous êtes à 4 ;

Si vous en prenez 2, j'en prends 1 et vous êtes encore à 4, or 4 est une position perdante pour celui qui joue !

Revenez à T et choisissez une autre réponse.

. . . .

X : Bien sûr :

Si vous en prenez 1 j'en prends 2 et vous avez perdu car il en reste 4 ;

Si vous en prenez 2, j'en prends 1 et vous avez encore perdu car je vous laisse à 4 allumettes !

Vous perdez dans tous les cas car :

7 est une nouvelle situation perdante pour celui qui joue.

Passez à Y.

. . . .

Y : En poursuivant un raisonnement du même type :

Si je vous laisse à 8 que faites-vous ?

Si je vous laisse à 9 que faites-vous ?

etc.

Vous devez être en mesure de trouver les autres situations perdantes.

Si ce n'est pas le cas, vous les trouverez p. 239.

Si vous avez trouvé les situations perdantes, veuillez compléter la phrase suivante qui vous donne la règle pour gagner au jeu de Nim.

Conclusion. Pour gagner au jeu de Nim si l'on peut prendre 1 ou 2 allumettes il faut laisser l'adversaire à : 16, _, _, _, _, 1 allumettes.

Lorsque vous avez terminé lisez rapidement les situations B et C puis passez page 239.

SITUATION B
(peu structurée)

Rappel du règlement du jeu de Nim.

Ce jeu se joue avec des allumettes.

Il se joue à deux.

Chaque joueur joue à tour de rôle.

Chacun a le droit de prendre 1 ou 2 allumettes.

On ne peut pas passer son tour.

Celui qui prend la dernière allumette a perdu.

Prenez 16 allumettes pour apprendre à jouer, disposez-les comme indiqué ci dessous.

IIII IIII IIII IIII

À partir de maintenant, mettez un cache sur la page suivante, ne laissez apparaître que la première ligne et jouez, c'est-à-dire prenez 1 ou 2 allumettes puis dévoilez la ligne deux de la page suivante et suivez la progression en dévoilant les instructions ligne par ligne au fur et à mesure du développement du jeu (jouez réellement avec des allumettes).

Lorsque vous aurez joué deux fois, dévoilez définitivement toute la page, analysez les propositions et cherchez à trouver la solution du problème : comment gagner à tous les coups au jeu de Nim ?

Si à un moment quelconque vous avez l'impression d'être totalement dans une impasse, passez à la situation A (pages précédentes).

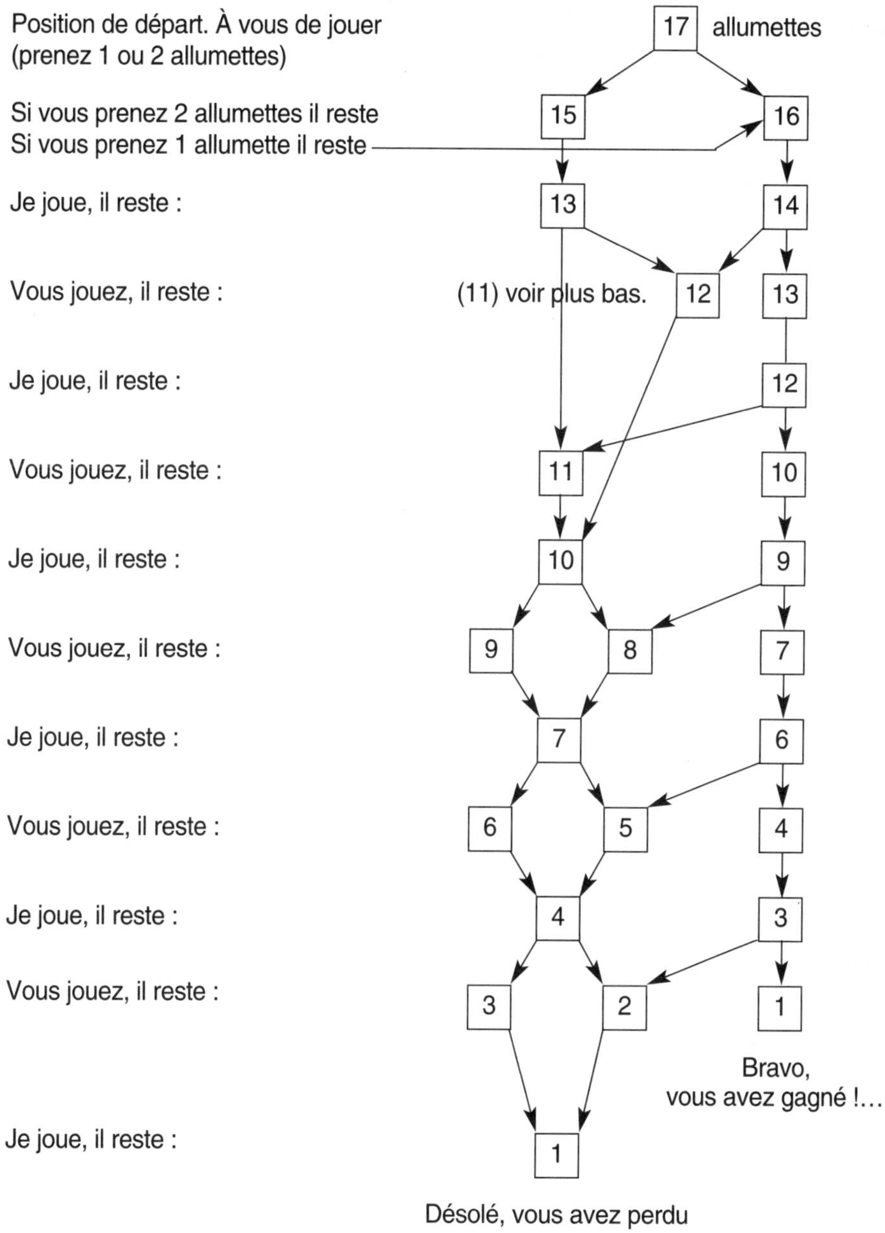

Si vous avez gagné, bravo !…

Si vous avez perdu, rejouez une fois puis, quel que soit votre résultat, aidez-vous de ce schéma, afin de trouver le moyen de gagner à tous les coups au jeu de Nim.

Travaillez seul ou avec un partenaire à votre convenance.

Si vous avez trop de difficultés pour trouver la solution, passez à la situation C.

SITUATION C
(situation ouverte)

Analysez la proposition ci-dessous. Nous avons souligné (carrés blancs), les éléments pertinents de la situation.

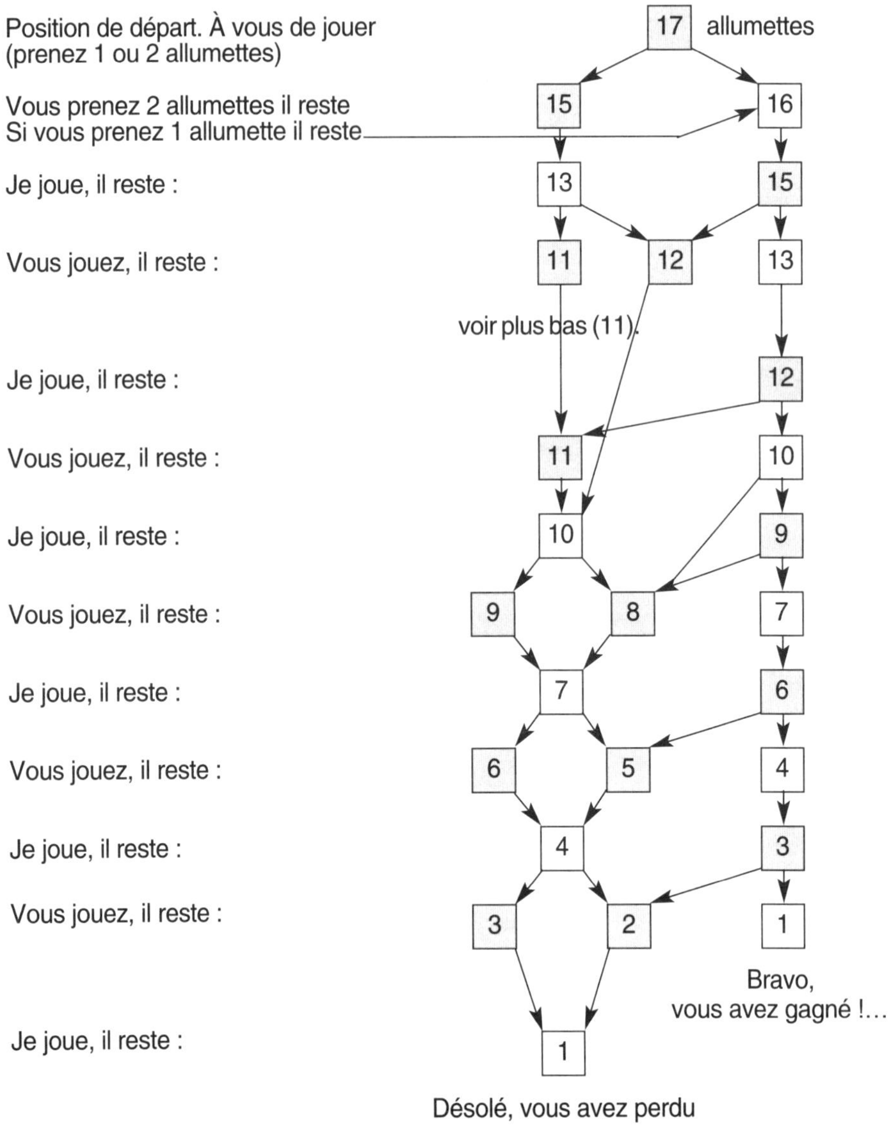

Si vous avez des difficultés pour trouver la solution passez à la situation A.

Si vous avez trouvé la solution, lisez tout de même la situation A pour vivre une expérience d'enseignement programmé.

CONCLUSION. Pour gagner au jeu de Nim si l'on peut prendre une ou deux allumettes il faut laisser l'adversaire à : 16, 13, 10, 7, 4, 1, allumettes.

J'espère que vous avez appris à jouer et à gagner au jeu de Nim, cependant votre apprentissage n'est pas réellement terminé, il faudrait maintenant être capable de gagner si la règle changeait et si l'on pouvait prendre 1, 2, ou 3 allumettes en une seule fois.

Nouvelle règle : on peut prendre 1, 2, ou 3 allumettes en une seule fois.

Cherchez la solution en appliquant la même démarche que celle que j'ai utilisée dans la situation A (si vous n'avez pas lu cette situation, revenez à la page 232 avant de lire la suite).

Si vous avez des difficultés pour trouver les situations gagnantes, vous trouverez la solution dans le chapitre suivant.

L'APPRENTISSAGE INDIVIDUALISÉ
UNE ALTERNATIVE À L'ENSEIGNEMENT FRONTAL

Profitons de l'apprentissage que vous venez de faire pour souligner que l'enseignement frontal, participatif ou non, n'est pas l'unique manière d'enseigner ; il est possible d'envisager l'enseignement d'une manière totalement différente, une manière qui permet d'augmenter considérablement l'activité des apprenants, donc qui augmente nécessairement l'efficacité de l'enseignement.

Vous venez de vivre une situation de formation individualisée, formation qui donne toujours d'excellents résultats si elle est bien conduite, et je suis persuadé que la formation individualisée va prendre un essor considérable dans les vingt années qui viennent. Elle est à l'heure actuelle expérimentée dans le privé, chez Renault, au ministère de l'Agriculture, à EDF, et dans un certain nombre de classes de nos lycées par quelques « aventuriers » de la pédagogie.

Partout où l'expérience est tentée, elle séduit les élèves et les professeurs et a tendance à faire tache d'huile. Le lecteur trouvera divers exemples de modules de formation individualisée dans l'ouvrage : *Préparer un cours – 1. Applications pratiques.*

Pour le moment, revenons à la pédagogie de tous les jours et à la préparation de leçon, voyons comment on pourrait s'y prendre pour préparer la leçon relative au jeu de Nim en pédagogie différenciée successive et en pédagogie différenciée simultanée.

CONSÉQUENCES PRATIQUES

Vous n'êtes pas condamné à pratiquer l'enseignement traditionnel, l'enseignement frontal de nos arrière-grands-parents, vous pouvez pratiquer de temps à autre l'enseignement individualisé et centrer vos situations d'apprentissage totalement sur l'apprenant.

Passer du centre de la classe à sa périphérie vous ouvrira des perspectives qui méritent vraiment d'être explorées.

Préparer une leçon en pédagogie différenciée successive (méthode IPNETP) [1]

Vous savez maintenant jouer et gagner au jeu de Nim. Il m'est donc possible d'utiliser ce support pour vous montrer comment préparer une leçon selon la méthode que nous avons mise au point à l'IPNETP d'Abidjan avec Françoise Raynal il y a maintenant près de vingt ans.

Revenons d'abord sur les conseils pratiques donnés dans cet ouvrage.

1. L'apprenant doit être **actif**.
2. L'apprenant doit être **renforcé positivement** très fréquemment, il faut donc le faire réussir et lui faire connaître les résultats de son activité très rapidement.
3. Si l'on souhaite provoquer des apprentissages, il faut mettre l'individu en situation de **déséquilibre**, donc **commencer la leçon en posant un problème**.
4. Il faut que ce problème ait du **SENS** pour l'individu.
5. Il faut enseigner en s'appuyant sur le **concret**.
6. Si apprendre, c'est modifier des schèmes d'action en les enrichissant, il est indispensable pour celui qui se propose d'enseigner, donc de faire apprendre, d'identifier d'une manière ou d'une autre la forme initiale du schème à modifier chez celui qui doit apprendre. Cela signifie qu'il faut impérativement **faire jaillir les représentations et activer les prérequis** à l'apprentissage.
7. Si apprendre, c'est modifier des schèmes existants ou en créer de nouveaux, le **raisonnement par analogie** est sûrement une stratégie efficace pour provoquer l'apprentissage.
8. Si l'**abstraction réfléchissante**, qui dépend de l'activité de **métacognition**, est le moyen le plus efficace de créer des schèmes d'action performants, il faut inclure un moment réservé à cette activité dans toute situation d'enseignement-apprentissage, car c'est ainsi que l'on met en place cette boucle de régulation interne qui rend l'individu autonome (voir chapitre 2, page 25).

Préparons cette leçon en pédagogie différenciée successive (techniques d'animation différentes pour chaque micro-objectif), car cette pédagogie permet d'appliquer la plupart des principes cités ci-dessus.

Préparer une leçon selon la méthode IPNETP, c'est définir 3 à 5 SPE (synthèse des productions élèves, les étapes de la leçon) et imaginer des situations pour les faire produire.

En outre, il faut bien être conscient que si les élèves sont intéressés par le concret, ils ont furieusement tendance à nous quitter dès que nous théorisons. Il

1. Méthode mise au point avec Françoise Raynal à l'IPNETP (Institut pédagogique national de l'enseignement technique et de la formation professionnelle d'Abidjan, Côte-d'Ivoire) en 1982.

est donc souhaitable, dans une leçon, d'alterner les situations concrètes et les situations abstraites et de revenir au concret dès que l'attention semble se diluer.

PRÉPARER UNE LEÇON

Analyse de l'action

1. Définir l'objectif et l'outil d'évaluation

Q. Que seront-ils capables de **faire** à la fin de la leçon qu'ils n'étaient pas capables de faire au début ?
R. J'espère qu'ils auront compris le principe qui permet de gagner au jeu de Nim.

Q. Comment **vérifierai-je** qu'ils ont compris ?
R. En les faisant jouer et en vérifiant qu'ils sont capables de gagner. Mon objectif peut donc être formulé de la manière suivante :

Objectif : gagner à tous le coups au jeu de Nim [2].

Q. À quel niveau d'activité intellectuelle par rapport à la classification de Bloom se situerait cette évaluation ?
R. Au niveau « application » (ce niveau me paraît satisfaisant, donc inutile de modifier l'objectif).

2. Définir un cadre général

Q. De quel type d'apprentissage s'agit-il ?
R. De l'enseignement d'un principe.

Q. Faut-il vérifier la présence de prérequis ?
R. Il faut un petit niveau 4e en algèbre pour comprendre la généralisation mathématique.

Q. À quel développement de stratégie cognitive se prête cette leçon ?
R. À l'apprentissage de la stratégie moyens/fins (pour résoudre certains problèmes, commencer par la fin et remonter des conséquences aux causes probables).
J'utiliserai une démarche inductive et la pédagogie différenciée successive (techniques d'animation différentes pour chaque micro-objectif).
Il faut bien entendu donner du sens à cette leçon donc penser à la motivation.

3. Concevoir la motivation

Q. Sur quel levier puis-je appuyer pour intéresser les élèves ?
R. Sur le côté ludique, il faut les faire jouer et j'utiliserai également la motivation épistémique, puisqu'ils auront envie de savoir comment on gagne.

---

2. Je vous montrerai tout à l'heure que si cet objectif est clair, il n'est malheureusement pas pertinent (voir page 244).

Q. Comment donner du SENS ?

R. Par l'intermédiaire du jeu.

Q. Quel problème vais-je poser ? Demander à un élève de venir jouer avec moi, il perdra deux fois, les autres comprendront alors « qu'il y a un truc » et ils voudront connaître le « truc » pour jouer avec leurs camarades. Le problème ainsi posé sera résolu à la fin de la leçon.

4. Concevoir l'outil d'évaluation (s'il n'a pas été conçu en 2)

Q. Que vais-je leur proposer comme outil d'évaluation ?

R. Ils joueront les uns contre les autres et s'ils gagnent quand ils en ont la possibilité, cela prouvera qu'ils ont compris [3].

Planification de l'action

5. Concevoir la stratégie

Structure de la leçon : quel est le **produit** final attendu, l'**opérateur cognitif** à faire construire ?

Opérateur cognitif. Pour gagner à tous les coups au jeu de Nim il suffit de laisser l'adversaire à un nombre d'allumettes égal à un multiple du nombre maximum d'allumettes que l'on peut prendre + 1, nombre lui-même augmenté de 1.

ou pour ceux qui préfèrent les formules mathématiques [4] :

$$x = 1 + [N (n + 1)]$$

Par quelles étapes [productions intermédiaires que j'appellerai **synthèses des productions élèves (SPE)**, vais-je passer pour obtenir ce produit final ?

SPE 1. Objectif : gagner à tous les coups au jeu de Nim

SPE 2. Pour gagner, si l'on peut prendre 1 ou 2 allumettes il faut laisser l'adversaire à : 1 – 4 – 7 – 10 – 13 – 16 – etc.

SPE 3. Pour gagner, si l'on peut prendre 1, 2, ou 3 allumettes il faut laisser l'adversaire à : 1 – 5 – 9 – 13 – 17 – etc.

SPE 4. Pour gagner si l'on peut prendre 1 à n allumettes il faut laisser l'adversaire à : $1 + [N (n + 1)]$

J'ai donc quatre étapes, quatre SPE (synthèses des productions élèves).

Tout le problème consiste maintenant à trouver le ou les moyens d'obtenir les quatre SPE. Il s'agit de construire quatre mini-stratégies pour obtenir à chaque fois, en faisant

---

3. En réalité, cette évaluation ne prouve absolument pas qu'ils ont compris le principe, essayez de trouver pourquoi (corrigé page 244).

4. Dans cette formule :
N = variable qui prend toutes les valeurs de 0 à l'infini.
n = nombre d'objets maximum qu'il est possible de prendre.

la synthèse des réponses des élèves, la SPE (synthèse des productions des élèves) attendue (voir préparation détaillée en annexe 2).

Je choisis d'utiliser la pédagogie différenciée successive :
- questionnement frontal pour obtenir la SPE 1 et la SPE 2 ;
- travail individuel pour les micro-évaluations intermédiaires ;
- animation de petits groupes pour obtenir la SPE 3 ;
- questionnement frontal pour obtenir la SPE 4 ;
- travail individuel pour l'évaluation formative finale.

Cette préparation de leçon est largement suffisante pour un enseignant chevronné, mais insuffisante pour un enseignant débutant. Le lecteur qui désire un exemple de préparation beaucoup plus détaillée se reportera à l'annexe 2.

CONSÉQUENCES PRATIQUES 1

Les 3 étapes :

1. «Identification du produit attendu » (construction de l'outil d'évaluation corrigé) ;
2. «Identification de l'opérateur cognitif » (opérateur qui permet de répondre juste à l'outil d'évaluation) ;
3. «Identification des SPE » (synthèse des productions élèves) ;

constituent les étapes clefs de cette méthode de préparation de leçon.

Lorsque cela est réalisé, l'essentiel est fait, un pédagogue confirmé n'a guère besoin d'autre chose pour animer.

CONSÉQUENCES PRATIQUES 2

Si vous souhaitez concevoir une leçon efficace, il vous faut varier vos situations d'**enseignement/apprentissage**, donc vos techniques d'animation. Utilisez la maïeutique (questionnement menant à une découverte) pour certains micro-objectifs, mais utilisez surtout le **travail de petits groupes** et le **travail individuel** pour d'autres.

On apprend en faisant, pas en écoutant, et l'**activité de l'apprenant** demeure le critère numéro 1 de l'efficacité d'une situation d'enseignement/apprentissage.

Apprendre à se taire, tenter de **rendre les apprenants actifs**, donc éviter d'occuper en permanence le devant de la scène, est sûrement la chose la plus difficile à apprendre pour un enseignant.

Il s'agit là d'une révolution copernicienne quant à la représentation du métier d'enseignant. **Le centre du monde**, ce n'est pas vous, **c'est l'élève** !....

Le jour où vous aurez réellement admis cette vérité première, vous aurez fait un très grand pas dans l'apprentissage de votre métier, mais ce type d'apprentissage prend généralement pas mal de temps.

Revenons maintenant sur l'une des activités les plus complexes du métier d'enseignant, celle qui consiste à définir l'objectif spécifique de la leçon et à concevoir l'outil d'évaluation.

L'activité la plus complexe du métier d'enseignant : définir des objectifs et les évaluer

Revenons sur l'objectif défini pour cette leçon : « Gagner à tous les coups au jeu de Nim. » Il semble tout à fait correct et pourtant il est particulièrement mauvais !... pourquoi ?

Parce que mon intention en faisant cette leçon, c'est que les élèves aient compris le principe du jeu de Nim.

« Gagner au jeu de Nim » n'est que le comportement observable qui est censé prouver cette compréhension, la « tâche » de Philippe Meirieu pour ceux qui connaissent les théories de ce chercheur. Or, gagner au jeu de Nim ne garantit pas que l'on a compris le principe. On peut être parfaitement capable de gagner et ne rien avoir compris au principe, il suffit :
– d'apprendre les situations perdantes par cœur : 1, 4, 7, 10, etc. ;
– de laisser systématiquement l'adversaire dans ces situations ;
et l'on gagne !...

La seule évaluation sérieuse de la leçon relative au jeu de Nim consiste à proposer un nouveau jeu, isomorphe au jeu de Nim (basé sur la même structure), donc une situation de transfert, et de demander de jouer et de gagner à ce jeu.

Si vous pensez avoir compris le principe du jeu de Nim tentez de résoudre le problème suivant :

La course à 21

Ce jeu se joue à deux.

Les joueurs jouent alternativement et ne peuvent passer leur tour.

Chaque joueur possède 15 allumettes.

Chaque joueur doit poser 1 ou 2 allumettes sur la table à chaque fois que c'est à lui de jouer.

Celui qui pose la 21e allumette sur la table a perdu !

*Ami lecteur, tentez effectivement de résoudre ce problème avant de lire la suite, vous risquez d'avoir des surprises et vous évaluerez ainsi votre degré de compréhension du principe du jeu de Nim par l'intermédiaire de votre **capacité de transfert**.*

Chacun sent bien confusément, à la lecture de l'énoncé, que le problème de la course à 21 est très proche du problème du jeu de Nim, pourtant lorsque je propose « la course à 21 » à mes enseignants en guise d'évaluation, après avoir fait la leçon relative au jeu de Nim comme je viens de le décrire (pédagogie différenciée successive, annexe 2), de très nombreux enseignants ne parviennent pas à résoudre le problème posé par la « course à 21 ».

Je suis confronté ici à la difficulté de définir les objectifs pédagogiques et au problème du transfert des apprentissages. Si mes stagiaires ne peuvent résoudre ce problème, c'est qu'ils n'ont pas réellement compris le principe sur lequel est basé ce jeu. Ils ont éventuellement appris à gagner dans le cas de figure où l'on peut prendre 1 ou 2 allumettes, mais ils sont incapables de généraliser.

Cela prouve que c'est à l'enseignant d'assurer le transfert en proposant différents problèmes identiques quant à leur structure, mais différents par leurs éléments de surface. C'est en leur faisant résoudre des problèmes identiques mais « habillés » différemment que les apprenants se rendront compte que ces problèmes appartiennent à la même catégorie car ils se résolvent de la même manière.

Pour résoudre le problème posé par la course à 21, il faut utiliser la stratégie cognitive décrite dans ce chapitre, c'est-à-dire utiliser une démarche régressive (partir de la FIN) et se demander, en commençant par la fin, quelle est la première situation perdante pour celui qui joue ? :
– c'est 1 dans le jeu de Nim ;
– c'est 20 dans la course à 21 ;

en effet, si votre adversaire pose la 20e allumette et que ce soit à vous de jouer, vous devez poser une allumette (le jeu s'arrête à 21), donc vous avez perdu.

20 est donc une situation perdante pour celui qui doit jouer ensuite !...

La formule qui permet de trouver les situations perdantes pour celui qui joue est donc :

x = 21 – [1 + [N (n + 1)]

ce qui donne **: 20, 17, 14, 11, 8, 5, 2.**

> Pour être sûr de gagner à la course à 21 si l'on peut poser 1 ou 2 allumettes, il faut :
> – soit commencer et poser 2 allumettes puis laisser systématiquement votre adversaire dans les situations perdantes citées ci-dessus ;
> – soit laisser l'adversaire commencer et attendre l'ouverture pour le mettre en situation perdante.

Un dernier exercice pour vous entraîner à transférer, il s'agit toujours de la course à 21, mais nous changeons légèrement la règle : on peut poser 1 ou 2 allumettes, celui qui pose la 21e allumette **a gagné**.

Trouvez les situations gagnantes (solution page 247, évaluation 3).

Pour continuer cette présentation générale de l'activité possible de l'enseignant lors d'une préparation de leçon, passons à la description de l'animation du jeu de Nim en « pédagogie différenciée simultanée ».

Vous avez en votre possession tous les éléments nécessaires pour préparer cette leçon en pédagogie différenciée simultanée, tentez donc de faire une proposition avant de poursuivre.

Préparer une leçon en pédagogie différenciée simultanée

La différenciation simultanée

Pour préciser et démythifier le concept de pédagogie différenciée, permettez-moi de citer un extrait de l'excellent ouvrage de Meirieu et Guiraud, *L'école ou la guerre civile* : « *La pédagogie différenciée commence dans la classe chaque fois que l'enseignant décide d'organiser le travail des élèves au lieu de dépenser l'essentiel de son énergie à préserver les apparences de l'auditorium-scriptorium* : *"Voilà nos objectifs, voilà les activités que je vous propose. Vous avez déjà une idée de vos besoins ; vous disposez d'une expérience acquise en classe ou à l'extérieur. Choisissez ce qui vous paraît le plus utile et le mieux adapté. Ne vous inquiétez pas si vous vous trompez. Rien n'est ici définitif et il faut parfois prendre des risques pour se découvrir capable de faire ce que l'on n'a jamais tenté. Je suis là, pour ma part, pour vous aider à évaluer les résultats auxquels vous parviendrez".* [5] »

Pour préparer une leçon en pédagogie différenciée simultanée, tout le début de la démarche de préparation demeure identique aux étapes que je vous propose dans cet ouvrage (voir p. 241-242).

1. Définir l'objectif.
2. Construire l'outil d'évaluation.
3. Concevoir la motivation (problème à résoudre).
4. Définir l'opérateur cognitif.
5. Déterminer les étapes du déroulement de la leçon (définition des micro-objectifs et des synthèses des productions élèves).

En revanche, la conception de la stratégie sera cette fois très différente car il faut proposer **trois ou quatre stratégies différentes et simultanées** en fonction des caractéristiques des apprenants, ce en favorisant le travail individuel et/ou le travail en petites équipes de façon à ce que chacun trouve, dans la mesure du possible, une stratégie d'enseignement adaptée à sa manière d'apprendre.

La proposition que je vous ai faite p. 226-239 correspond à une préparation de leçon en pédagogie différenciée simultanée.

---

5. Meirieu P., Guiraud M., *L'école ou la guerre civile*, Plon, 1997.

LE JEU DE NIM
(différenciation simultanée)

Motivation. Identique à la proposition de la p. 241 ou enregistrer au magnétoscope la phase finale de l'émission *Fort Boyard* si les animateurs de cette émission utilisent encore ce problème et passer cette partie de l'émission aux élèves [6].

Stratégie générale. Proposer quatre situations d'apprentissage différentes :
A. Travail individuel à guidance maximum, (situation A : p. 232-235) ;
B. Travail à deux à partir du même matériel ;
C. Travail en petites équipes à partir d'un matériel plus ouvert, (p. 236-238) ;
D. Travail en petites équipes à partir d'un matériel très ouvert, (p. 228-230).

Utiliser ensuite la stratégie présentée en annexe 2 pour la fin de la leçon.

ÉVALUATIONS

Bien souligner que le 1, dans la formule mathématique, correspond à la première situation perdante pour celui qui doit jouer ensuite.

Évaluation 1. «Jeu de Nim », trouver les situations perdantes si l'on peut prendre 1 à 4 allumettes (transfert proche).

Évaluation 2. Trouver la solution pour gagner à tous les coups à la « Course à 21 » (transfert éloigné).

Évaluation 3. Trouver la solution pour gagner à tous les coups à la course à 21 (celui qui pose la dernière allumette a gagné). (Il faut laisser l'autre commencer et poser 3, 6, 9, 12, 15, 18, 21.)

Pour terminer cette présentation générale de l'activité possible de l'enseignant en situation de préparation de leçon, passons à la description de l'animation d'une leçon basée sur les situations adidactiques.

6 Faire entrer ainsi dans la classe un peu d'air frais, s'appuyer sur des choses qu'ils connaissent ne peut que les motiver.

19

Préparer une leçon fondée sur une situation adidactique

(La course à 20)

Il y a de cela bien longtemps, alors que j'expliquais à mon fils (alors élève en CM2) comment programmer une calculette, je découvris fortuitement une situation pédagogique particulièrement intéressante. Lui ayant demandé de construire un programme d'une dizaine de lignes pour fabriquer un « compteur/décompteur » [1], je m'aperçus qu'il acceptait parfaitement que sur un programme de 10 à 15 lignes, une seule ligne erronée le conduise à l'échec total. Si la machine sanctionnait, aucun problème !... En revanche, si je lui avais mis zéro à un travail juste à 90 % ou à 95 %, cette note eût été perçue comme une manifestation intolérable de l'arbitraire paternel.

La machine étant stupide, l'apprenant ne pouvait espérer d'elle la moindre once de compréhension pour ses erreurs ; dans la mesure où le feed-back négatif était donné par la situation : « zut, ça ne marche pas !...», l'enfant se mettait à chercher pourquoi et tentait de comprendre où se situait l'erreur sans manifester de frustration.

Je sentis alors qu'il y avait là une situation particulièrement intéressante pour le pédagogue et je me promis d'y réfléchir sérieusement, mais, repris par l'écume des jours j'oubliais mes bonnes résolutions et ce n'est que quelque vingt ans plus tard, lorsque je découvris les situations adidactiques de Brousseau, que je me souvins de cet événement.

Le puzzle et le concept de proportionnalité

Guy Brousseau, remarquable didacticien des mathématiques à l'université de Bordeaux, s'appuie sur les théories de Piaget, et fait des situations adidactiques (les situations qui fournissent à l'apprenant le feed-back dont il a besoin pour

1. La machine devait afficher tous les chiffres de 0 à 5, s'arrêter 2 secondes sur chacun d'eux, s'arrêter 5 secondes lorsqu'elle arrivait à 5, puis décompter de 5 à 0, et s'arrêter définitivement ensuite.

progresser sans que l'enseignant n'intervienne sur le contenu) l'élément de base d'une didactique des mathématiques particulièrement originale et à mon sens très intéressante [2].

Exemple. Brousseau, pour enseigner la proportionnalité, propose le problème suivant [3] :

Puzzle A.

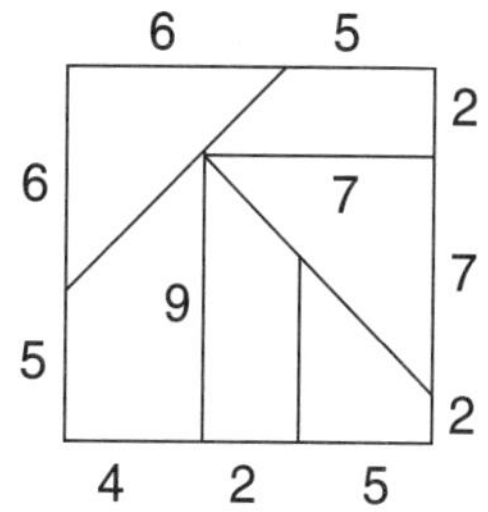

Problème. Fabriquer en équipes des puzzles en carton plus grands que le puzzle A, en respectant la règle : le segment qui mesure 4 cm sur le modèle devra mesurer 7 cm sur votre reproduction.

Les enfants travaillent en équipes, et chacun fait au moins une pièce, ce qui impose de décider ensemble d'une méthode de réalisation.

Les enfants pensent d'abord qu'il faut ajouter 3 cm à toutes les dimensions. Ils réalisent rapidement les morceaux et se rendent compte immédiatement que cela ne marche pas car les morceaux ne raccordent pas. Après ce premier échec, je laisse la parole à Brousseau qui nous décrit le déroulement d'une séance : *« discussions, diagnostics, les leaders accusent leurs camarades d'avoir manqué de soin. Ce n'est pas le modèle, c'est la réalisation qui est mise en accusation, vérifications, certains refont tous les morceaux. Il faut se rendre à l'évidence, ce n'est pas facile ! Le maître n'intervient que pour encourager et constater les faits, sans exigences particulières. »* [4]

Les enfants envisagent alors l'hypothèse que la règle de fabrication retenue est peut-être fausse, et ainsi d'essais en échecs, de réussites partielles en remises en cause, les enfants parviennent à construire le puzzle et commencent à intégrer le concept de proportionnalité sans que l'enseignant n'intervienne jamais sur le contenu.

Brousseau définit la situation adidactique de la manière suivante : *« L'élève sait bien que le problème a été choisi pour lui faire acquérir une connaissance nouvelle, mais il doit savoir aussi que cette connaissance est entièrement justifiée*

2. Brousseau G., *Théorie des situations didactiques*, La Pensée sauvage, 1998.
3. *Ibid.*, p. 237-241.
4. *Ibid.*, p. 59.

par la logique interne de la situation et qu'il peut la construire sans faire appel à des raisons didactiques. Non seulement il le peut mais il le doit aussi car il n'aura véritablement acquis cette connaissance que lorsqu'il sera capable de la mettre en œuvre de lui-même dans des situations qu'il rencontrera en dehors de tout contexte d'enseignement et en l'absence de toute indication intentionnelle. Une telle situation est appelée situation adidactique. » [5]

Le lecteur notera que voilà une nouvelle manière d'enseigner un concept (ici, le concept de proportionnalité).

La course à 20 et le modèle de la situation adidactique

Brousseau utilise depuis trente ans, je l'ai appris à la lecture de son ouvrage, la course à 20 pour montrer les étapes par lesquelles il passe lorsqu'il traite un principe par l'intermédiaire d'une situation adidactique [6]. Il décrit sa leçon sur la course à 20 p. 24-25 de son ouvrage.

Cette préparation de leçon est très proche, sur le plan des étapes de préparation de leçon, des étapes que je vous propose dans cet ouvrage, mais elle est fondamentalement différente de mes propositions quant à la didactique utilisée. Dans la plupart de mes propositions, l'enseignant a prévu le déroulement minute par minute ou presque, et il gère la situation soit par l'intermédiaire de l'enseignement programmé (il est absent mais tout est prévu), soit par l'intermédiaire de ses interventions dans les autres cas de figure.

Dans mes propositions, seuls les élèves qui travaillent sur les documents des pages 228-230 ou ceux qui travaillent sur les documents des pages 236-237 lors de la recherche de la solution du jeu de Nim sont dans une situation qui se rapproche de la situation adidactique de Brousseau.

Dans la proposition de Brousseau, l'enseignant prévoit les étapes de la situation, mais laisse à la dynamique du groupe, et aux contraintes de la situation, le rôle essentiel de régulation des conduites : *« Une situation adidactique est donc une situation conçue avec l'intention didactique de mettre en place des conditions pour favoriser une évolution des connaissances des élèves, qui soit une réponse aux exigences du milieu et non au désir de l'enseignant. Dans une telle situation, ce que l'élève a à faire présente un caractère de nécessité par rapport à des obliga-*

5. *Ibid.*, p. 238.

6. J'utilise personnellement depuis vingt ans le jeu de Nim pour mettre en évidence les étapes de la préparation de leçon type IPNETP.

tions qui ne sont ni arbitraires, ni didactiques, mais de l'ordre du savoir. La situation est donc vécue par l'élève comme non didactique même si elle a été organisée par l'enseignant à des fins didactiques, d'où le nom d'adidactique. » [7]

LA COURSE À 20 DÉROULEMENT DE LA LEÇON

Brousseau procède par étapes comme tous les enseignants :

1. Il joue d'abord contre un élève sous le regard des autres.
2. Un élève vient le remplacer et les deux élèves jouent devant les autres.
3. Il constitue ensuite des équipes et en reprenant la règle du jeu du béret de notre enfance appelle des champions qui représentent leur équipe et qui rapportent un point à l'équipe lorsqu'ils gagnent.
4. Les enfants se consultent pour décider d'une stratégie et l'enseignant appelle un nouveau champion, etc. En une heure, dit Brousseau, les enfants découvrent ainsi les situations gagnantes.

Je reprends ci-dessous le texte de Brousseau qui décrit la leçon relative à l'enseignement du principe de la course à 20.

« 1. Règle du jeu : le jeu se joue à deux.

Chacun joue à tour de rôle et doit dire un chiffre à haute voix.

On commence à 1.

Chacun a le droit d'énoncer un chiffre ou deux.

Le premier peut dire 1 ou 1, 2 ; supposons qu'il dise 1 ; son partenaire peut donc dire ensuite : 2 ; ou 2, 3 ; etc., celui qui dit 20 a gagné [8]. »

[Note de l'auteur : je rappelle au lecteur que pour gagner, il faut dire 2, 5, 8, 11, 14, 17 et 20.]

« 2. Principales phases du jeu.

Phase 1. Explication de la procédure

Le professeur explique la règle du jeu et commence une partie au tableau contre un enfant, puis il cède sa place à un autre enfant.

Phase 2. Jeu à 1 contre 1

Les enfants jouent par groupes de 2, plusieurs parties. Ils marquent sur une feuille les nombres choisis de part et d'autre d'un trait. Cette phase doit comprendre environ quatre parties et durer au moins dix minutes.

---

7. Laborde C., Vergnaud G. in Vergnaud (dir.), *Apprentissages et didactiques, où en est-on ?*, Hachette, 1994, p. 75.
8. Selon que l'on décide que celui qui dit 20 a perdu ou a gagné, les chiffres gagnants sont différents. Dans le cas où si l'on dit 20 on a perdu, il faut dire antérieurement les chiffres : 1, 4, 7, 10, 13, 16, 19, pour être certain de gagner.

Remarque : au cours de cette phase les enfants appliquent la règle.

Certains, sans en avoir bien conscience, se rendent compte que répondre au hasard n'est pas la meilleure stratégie ; ils éprouvent les contraintes du jeu au niveau de l'action et des décisions immédiates et se donnent une suite d'exemples. Certains découvrent implicitement un avantage à dire 17.

Phase 3. Jeu à une équipe contre une équipe
(6 à 8 parties, 15 à 20 minutes)

Les enfants sont partagés en deux équipes. Dans chacune le professeur désigne un champion pour chaque partie en l'appelant par une lettre comme au jeu du béret. Chaque élève pourra être appelé à défendre son équipe au tableau dans une partie que tout le monde verra : s'il gagne il apportera 1 point à son équipe

Les enfants se rendent très vite compte de la nécessité de se concerter et de discuter à l'intérieur de chaque équipe pour se communiquer des stratégies. Les premières apparaissent dès la première partie : “Il faut dire 17”...

Phase 4. Jeu de la découverte
(20 à 25 mn)

Le professeur demande alors aux enfants d'énoncer des propositions.

Ce sont les découvertes qu'ils ont faites et qui leur ont permis de gagner. Ces découvertes énoncées, alternativement par l'équipe A, puis par l'équipe B, sont inscrites sur le tableau par le professeur (suivant la disposition précisée plus loin) et vérifiées aussitôt par l'autre équipe. À ce moment-là elles seront acceptées ou rejetées. Si elles sont acceptées, elles seront conservées sur le tableau.

Découvertes proposées		Score	
Équipe A	Équipe B	A	B

Pour chaque proposition énoncée, l'enfant devra venir prouver à un adversaire qu'elle est vraie ou fausse, soit en jouant, soit par une preuve intellectuelle.

Pour donner plus d'intérêt au jeu, on peut adopter la règle suivante :
- toute proposition énoncée et acceptée par la classe vaut 1 point ;
- toute proposition prouvée fausse donne 3 points à l'équipe qui a prouvé qu'elle l'était.

Remarque : si le jeu de la découverte stagne (les enfants ne trouvent plus de propositions à énoncer), on rejoue à « qui dira 20 ? ».

Observations : très vite les propositions ont été faites :
- si j'écris 17, je suis sûr de gagner ;
- si j'écris 14, je suis sûr aussi de gagner.

Puis les découvertes ont été beaucoup moins importantes :
Exemple : si je dis 16 l'autre peut dire 17 et il gagne.
Si je dis 18, je perds, etc.
Alors on a arrêté le jeu de la découverte et repris celui du béret.

Au bout de 2 parties, les enfants ont découvert qu'en disant 11, puis 14, puis 17 ils gagnaient. Discussion très serrée à propos de 5 : un enfant qui avait écrit 5 au cours du premier jeu à deux avait perdu. Un autre enfant lui montre que s'il sait jouer il doit gagner en disant 5. S'il ne sait pas jouer il est évident qu'il peut perdre. Ces preuves sont toujours apportées en rejouant (à partir de 5 par exemple). Les enfants ont découvert que, pour gagner, il fallait dire 2, 5, 11, 14, 17. » [9]

Je conseille vraiment au lecteur intéressé de se reporter à l'ouvrage de Brousseau, *Théorie des situations didactiques*, La Pensée sauvage, 1998, p. 24 à 42, tout l'ouvrage méritant d'être lu.

Un autre cas de transfert

Enfin, pour terminer sur le thème du transfert, George cité par J.-F. Richard, *Les activités mentales. Comprendre, raisonner, trouver des solutions,* A. Colin 1990, p. 170, utilise une variante du jeu de Nim et de la course à 20 (la variante Whitoff).

« On a au départ deux rangées de jetons, l'une de 7 jetons bleus, l'autre de 5 jetons jaunes. Les deux joueurs jouent à tour de rôle et chacun doit obligatoirement prendre un ou plusieurs jetons en respectant les règles suivantes : on peut prendre autant de jetons qu'on veut d'une même couleur, éventuellement tous ; on peut prendre aussi des jetons de deux couleurs à condition d'en prendre autant de chaque couleur. Celui qui gagne est celui qui prend le dernier jeton. »

Ami lecteur, je vous laisse traiter ce nouveau problème. Vous vivrez ainsi une autre situation de transfert et vous vous persuaderez peut-être que laisser la responsabilité du transfert à l'élève est une escroquerie ; il faut indiscutablement enseigner le transfert par l'intermédiaire de multiples décontextualisations/recontextualisations, sinon nous ne remplissons pas le rôle qui nous est confié par la société : développer les stratégies cognitives chez nos élèves.

9. Brousseau G., *Théorie des situations didactiques, La Pensée sauvage*, 1998, p. 25 à 27.

20

Étapes de préparation de leçon [1]

Synthèse

Préparer une leçon, c'est donc concevoir le scénario de la pièce de théâtre que vous comptez jouer avec les élèves, définir le plan de cette leçon (généralement déterminé par les SPE), et concevoir ensuite les situations qui provoqueront les comportements attendus, c'est-à-dire les SPE.

Pour préparer une leçon selon la méthode IPNETP [2], il faut :

Analyser la situation

Définir les éléments clefs, le cadre de l'action

1. Définir l'objectif à court terme (objectif de contenu), élément normalement issu de la décomposition d'un objectif intermédiaire, lui-même issu de la décomposition d'un objectif général qui vise une compétence [3].
2. Concevoir l'outil d'évaluation corrigé (définir le produit final attendu).
3. Vérifier que le niveau de l'outil d'évaluation (Bloom) est cohérent avec nos intentions.
4. Identifier les prérequis.
5. Identifier l'opérateur cognitif qui permet de répondre juste à l'outil d'évaluation.
6. Définir l'objectif méthodologique ou/et la stratégie cognitive à développer chez les élèves.
7. Décider de la démarche générale qui sera utilisée pour atteindre l'objectif, (démarche inductive, déductive, analogique, dialectique, adidactique).
8. Concevoir la motivation (le problème qui sera résolu pendant la leçon).

---

1. Le lecteur trouvera une manière un peu différente de présenter cette méthode dans l'article : « Questions à se poser pour préparer une leçon », Raynal F., Rieunier A., *Pédagogie, dictionnaire des concepts clés*, ESF éditeur, 1997, p. 202-205.
2. Institut pédagogique national de l'enseignement technique et professionnel d'Abidjan, Côte-d'Ivoire.
3. Voir divers exemples dans l'ouvrage : *Préparer un cours. Applications pratiques.*

Planifier l'action

Décrire les détails de celle-ci

9. Définir les SPE donc la logique du déroulement du cours qui permet d'aboutir au produit final attendu (voir en 2).
10. Définir les micro-objectifs.
11. Définir les micro-stratégies.
12. Concevoir le tableau final.

Lorsque l'on sait parfaitement ce que l'on veut, c'est-à-dire lorsque l'on a :
– conçu l'outil d'évaluation corrigé ;
– défini l'opérateur cognitif qui permet de répondre juste au test final ;
– déterminé les SPE (synthèses des productions élèves) qui jalonneront la progression intellectuelle des apprenants ;
il est relativement facile d'imaginer des stratégies différentes et de les mettre en œuvre si l'on a une certaine expérience de l'enseignement.

Cette démarche est utilisable quelle que soit la discipline que vous enseignez, quelles que soient les techniques que vous utilisez : la maïeutique, l'enseignement programmé, la pédagogie différenciée ou les situations adidactiques. Nous l'avons testée pendant quinze ans à l'IPNETP d'Abidjan et dans différents pays d'Afrique, et depuis dix ans, je la teste en France dans des institutions très différentes (ministères de l'Éducation nationale, de la Santé, de la Justice, des Affaires étrangères, en entreprise, etc.), tous ceux qui l'ont essayée lui reconnaissent une efficacité certaine.

Le lecteur trouvera 11 exemples supplémentaires de préparation de leçon traitant de disciplines différentes et de niveaux scolaires différents (du primaire à l'enseignement supérieur) dans l'ouvrage *Préparer un cours – 1. Applications pratiques*.

21

Enseigner une procédure une méthode

Synthèse

On enseigne une procédure chaque fois que l'on enseigne une suite d'opérateurs ; on enseigne une procédure chaque fois que l'on peut dire :

« Pour obtenir tel résultat dans telle situation il faut :

1° ....

2° ....

etc. »

J'ai tenté de vous enseigner de nombreuses procédures par l'intermédiaire de cet ouvrage, essayez donc de les identifier avant de lire la suite.

Les étapes de préparation de leçon (chapitre précédent), les questions à se poser pour préparer une leçon que vous trouvez à la fin de nombreux chapitres, correspondent à l'évidence à des procédures. La stratégie canonique d'enseignement de FAITS, les stratégies canoniques d'enseignement de CONCEPT, la stratégie d'enseignement de PRINCIPE, la stratégie d'enseignement de PROCÉDURE, en constituent évidemment d'autres.

Enseigner une procédure

Les deux étapes clefs de l'enseignement d'une procédure sont :

1. La présentation de cette procédure à l'aide d'une démonstration, d'un exemple.

Si l'on veut enseigner une procédure, il faut appliquer la procédure sous les yeux de celui qui doit l'apprendre, et verbaliser à haute voix son discours intérieur au moment de l'action.

2. La formalisation de la procédure par l'intermédiaire d'une « check-list » ou d'un algorithme.

La stratégie de base est donc une stratégie de modélisation.

Deux démarches possibles

Comme toujours, la démarche inductive et la démarche déductive.

Démarche inductive : on présente un modèle qui met en œuvre la procédure (cas particulier) puis on fait faire la liste des étapes (check-list) par lesquelles on doit passer.

Démarche déductive : on donne la suite d'opérateurs (check-list), et on l'applique à un cas particulier.

Le lecteur trouvera dans le chapitre sur l'enseignement d'un geste (chapitre 24) la description de la méthode TWI, méthode qui permet de décomposer une procédure gestuelle en phases et en points clefs, puis d'identifier la liste des opérateurs. La méthode TWI peut se transposer sans difficulté à l'enseignement d'une procédure intellectuelle, raison pour laquelle je suggère au lecteur qui veut connaître les détails de l'enseignement d'une procédure de se reporter au chapitre 24.

Le lecteur trouvera en outre dans : *Préparer un cours – 1. Applications pratiques,* un chapitre conséquent sur le sujet, avec l'exemple de l'enseignement de la procédure à appliquer pour faire un exposé et une technique particulièrement efficace pour enseigner une procédure : la technique des cartons (chapitre relatif à l'enseignement du concept de « dévaluation » en économie).

QUESTIONS À SE POSER POUR PRÉPARER UNE LEÇON

1. Quel est l'objectif ?

2. Comment l'évaluer ?

3. Le niveau de l'outil d'évaluation (Bloom) est-il suffisant ?

4. À quel type d'apprentissage (Gagné) correspond l'objectif ?

Fait | Concept | Principe | Méthode | Stratégie cognitive | Attitude | Geste

5. Quelle démarche générale vais-je privilégier ?
Inductive ? Déductive ? Dialectique ? Divergente ? Analogique ?

6. Quelle stratégie cognitive vais-je développer ?

7. Quel problème concret vais-je poser au début de la leçon pour les MOTIVER ?
COMMENT DONNER DU SENS À CETTE LEÇON ?

8. Comment vais-je les rendre ACTIFS durant cette leçon ?

STRATÉGIES PÉDAGOGIQUES *

Fait | Concept | Principe | Méthode Procédure | Stratégie cognitive | Attitude | Geste

Fait

1. Donner du SENS
2. Utiliser des images
3. Organiser l'information
4. Faire pratiquer la métacognition

Stratégie cognitive

1. Démontrer la stratégie
1bis. Verbaliser la stratégie au moment où on la met en œuvre
2. Faire vivre des situations qui prouvent que la stratégie est efficace
3. Faire analyser le vécu(métacognition)
4. Proposer des situations d'entraînement
5. Évaluer

Méthode Procédure – Modélisation

1. Démontrer
2. Faire observer
3. Faire analyser
   et faire construire une grill
   d'observation/évaluation
4. Proposer des situations d'entraînement
5. Évaluer

Concept

Démarche inductive
1. Faire jaillir les représentations
2. Donner exemples et contre-exemples
3. Faire produire la définition
4. Proposer des situations d'entraînement
5. Évaluer

Démarche déductive
1. Faire jaillir les représentations
2. Donner définition
3. Faire appliquer sur des exemples et sur contre-exemples
4. Proposer des situations d'entraînement
5. Évaluer

Principe

Démarche inductive
1. Poser problème qui peut être résolu en appliquant le principe
2. Faire résoudre le problème par les élèves
3. Faire énoncer le principe
4. Proposer des situations d'entraînement
5. Évaluer

Démarche déductive
1. Énoncer le principe
2. Poser problème qui peut être résolu en appliquant le principe
3. Résoudre le problème devant les élèves
4. Proposer des situations d'entraînement
5. Évaluer

* Penser au conflit soc

22

Enseigner des stratégies cognitives

Le modèle de Hilda Taba

Depuis le début de cet ouvrage, je vous ai proposé diverses manières d'enseigner des stratégies cognitives : exemple de mathématiques (chapitre 4), stratégies cognitives de mémorisation (chapitres 8 et 14), voici maintenant une autre solution, celle proposée par un chercheur américain des années soixante : Hilda Taba.

Séduisante, élégante, intelligente, cette proposition montre parfaitement qu'enseigner des stratégies cognitives est une affaire de longue haleine, et que l'on ne peut réussir dans cette entreprise que si l'on sait parfaitement quelle stratégie cognitive l'on souhaite enseigner et si l'on s'y emploie avec ténacité.

Enseigner à penser : (Taba)

Hilda Taba, chercheur américain, particulièrement intéressée par tout ce qui concerne la définition des objectifs en pédagogie et son corollaire direct, l'interdisciplinarité, a tenté de traiter par une nouvelle entrée un problème maintes fois débattu depuis l'Antiquité : « comment enseigner à penser ? »

Trois postulats sont à la base de ses propositions :

1. On peut apprendre à penser.
2. La pensée est une transaction active entre l'individu et les données.
3. Des stratégies spécifiques doivent être utilisées pour développer les opérations mentales particulières.

Pour développer l'aptitude à penser, Taba imagine donc une série de stratégies d'enseignement qui s'inscrivent dans le cadre des théories du traitement de l'information chez l'homme et ont pour but le développement inductif des processus mentaux. Elle propose de diviser le processus inductif en trois étapes ou trois tâches :

1. Construire des concepts.
2. Interpréter des données.
3. Appliquer des principes pour expliquer des phénomènes nouveaux ou formuler des prévisions ou des hypothèses.

Elle décompose ensuite chacune de ces tâches en trois catégories :
– comportement observable (produit attendu) ;
– opération mentale, supposée mise en œuvre lors du comportement observable défini précédemment (activité intellectuelle) ;
– questions à poser par le maître pour obtenir le déclenchement du comportement observable supposé représentatif d'une opération mentale déterminée (situation).

Elle propose enfin trois stratégies d'enseignement destinées à :
1. Construire des concepts.
2. Interpréter des données.
3. Appliquer des principes.

1. Construire des concepts

Comportement observable	Opération mentale	Questions à poser
1. Énumérer, lister	Différencier	Que voyez-vous ? Qu'entendez-vous ? Que notez-vous ?
2. Grouper	Identifier les propriétés communes, abstraire	Qu'est-ce qui va ensemble ? Sur quels critères ?
3. Nommer, catégoriser	Déterminer l'ordre hiérarchique des items	Comment appelez-vous ces groupes ? Qu'est-ce qui appartient à quoi ?

Il est bien entendu parfaitement possible de représenter cette situation d'enseignement par l'intermédiaire de notre schéma du chapitre 2 :

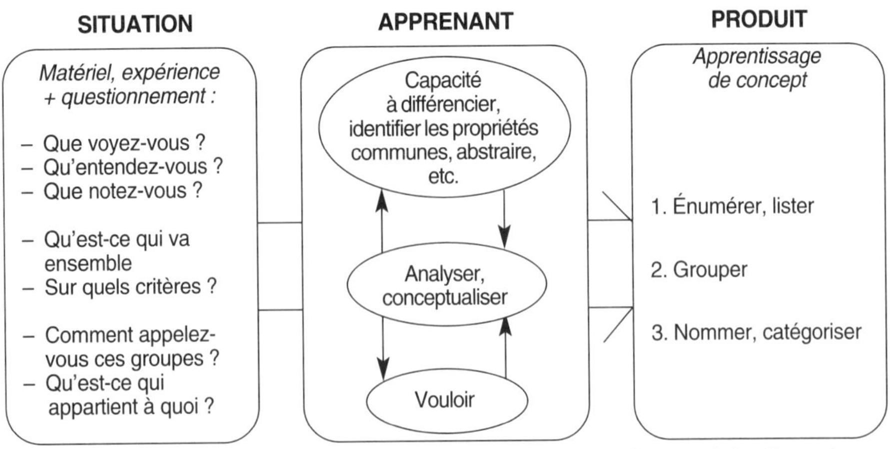

et vous trouvez donc ici une autre manière de présenter la stratégie d'enseignement de concept.

2. Interpréter des données

Comportement observable	Opération mentale	Questions à poser
1. Identifier des points	Différencier des éléments	Qu'avez-vous noté ? Vu ? Trouvé ?
2. Expliquer les items identifiés plus haut	Mettre en relation les éléments identifiés Déterminer les causes et effets de ces relations	Pourquoi cela s'est-il passé ?
3. Inférer	Aller au-delà des données Trouver des explications Extrapoler	Qu'est-ce que ceci signifie ? Quelle image cela crée-t-il dans votre esprit ? Que concluriez-vous ?

3. Appliquer des principes

Comportement observable	Opération mentale	Questions à poser
1. Prévoir les conséquences Expliquer un phénomène peu familier Faire des hypothèses	Analyser la nature d'un problème Déterminer les causes et effets de ces relations	Qu'arriverait-il si ?
2. Apporter des arguments à l'appui des prédictions ou hypothèses	Mettre en relation les éléments identifiés Déterminer les causes et effets de ces relations	Pourquoi pensez-vous que cela arriverait ?
3. Vérifier des hypothèses	Utiliser les connaissances factuelles ou les principes logiques pour déterminer les conditions nécessaires pour…	Que faudrait-il pour que cette vérité soit générale ou que cela soit probablement vrai ?

Le modèle étant ainsi défini, Hilda Taba cherche à répondre à la question : est-ce que des maîtres informés de ces stratégies et capables de les mettre en œuvre parviendraient à élever le niveau d'activité intellectuelle de leurs élèves après avoir conçu et animé des leçons ayant pour but :

– d'énumérer, grouper, catégoriser ;
– d'interpréter et d'inférer ;
– de prévoir des conséquences et de faire des hypothèses ?

De Landsheere et Bayer [1] nous donnent les résultats de cette recherche : « *Il se confirme notamment qu'en leur fournissant des indications précises, on peut*

1. De Landsheere G., Bayer G., *Comment les maîtres enseignent*, ministère de l'Éducation nationale et de la Culture française, Bruxelles, 1974.

amener les maîtres à conduire systématiquement leurs élèves vers une activité intellectuelle de plus en plus élevée, des progrès importants étant observés chez les élèves de quotient intellectuel bas ou élevé. »

Apprendre à penser : la pause méthodologique

Cette manière d'enseigner les stratégies cognitives implique que chaque fois que la leçon s'y prête, on devra réserver un certain temps pour réfléchir à la manière dont on s'y est pris pour traiter l'information (phase métacognitive ou pause méthodologique de Meirieu).

D'autres méthodes permettant d'enseigner des stratégies cognitives sont à la mode aujourd'hui [2] : mais les propositions de Taba ont l'immense intérêt de se « fondre » dans la dynamique naturelle d'une leçon. Les étapes que propose ce chercheur sont celles que tout enseignant met en œuvre dès l'instant où il décide de commencer une leçon en présentant une expérience, en proposant une situation problème, en utilisant une démarche inductive.

Il s'agit de faire des constats (décrire), d'émettre des hypothèses au sujet de ce que l'on a constaté, de chercher à vérifier ces hypothèses et de tenter de généraliser. L'originalité de la proposition, à la date où elle est faite (1964), vient du fait que Taba propose de faire prendre conscience aux enseignants et aux élèves de la démarche intellectuelle qu'ils utilisent et que l'on peut donc volontairement essayer de la mettre en œuvre lorsque l'on est ultérieurement confronté à un problème quel qu'il soit. Cela demande bien sûr que l'enseignant soit parfaitement conscient de ce qu'il fait et poursuive dans toute leçon des objectifs à court terme (objectifs de contenu) et des objectifs à moyen ou long terme (objectifs méthodologiques ou de développement de stratégies cognitives), thème que je n'ai cessé de développer dans cet ouvrage.

Pour donner un exemple plus simple mais qui va tout à fait dans le même sens, Meirieu décrit dans : *Enseigner, scénario pour un métier nouveau*, l'expérience suivante : *« Des instituteurs [...] avaient engagé, il y a quelques mois, avec leurs élèves, ce qu'ils avaient nommé l'"Opération Trois Mots Magiques" ;*

2. Le développement des opérations mentales de Joffre Dumazedier, le PEI de Feuerstein, Tanagra de la Sinnorg, les Ateliers de raisonnement logique (ARL) de Nancy, la pédagogie médiationnelle de De la Garanderie, le Gerex Soutien de Chirivella.

Sur le sujet lire en outre :

Beghin E., Ducros J., Farine M., Maumont A., Mevel Y., Sullerot N., Wintrebert R., *Aider à apprendre, quelles stratégies ?*, CRDP, Lille, 1994.

Vergnaud G. (dir.), *Apprentissages et didactiques où en est-on ?*, Hachette, 1994.

Martin J., Paravy G. (dir.), *Pédagogies de la médiation. Autour du PEI*, 1990, Chronique sociale.

pour chaque leçon ils s'efforçaient chacun de formuler l'énoncé ainsi : "J'aurais réussi SI..., pour cela je DOIS... et pour y parvenir je PEUX..." Après trois mois d'entraînement ils suspendirent l'expérience et découvrirent alors que la plupart de leurs élèves parvenaient à fonctionner ainsi de leur propre initiative, allant même jusqu'à inscrire les trois mots sur leur cahier de brouillon pour organiser leur réflexion quand ils se trouvaient confrontés à un travail personnel d'une certaine difficulté ».

Meirieu ajoute :

« On voit que l'importance de l'acquisition effectuée ici est telle qu'elle retentira nécessairement sur l'ensemble des activités scolaires de l'élève et, si le travail est relayé par la suite, sur ses activités professionnelles futures ».

Enseigner des stratégies cognitives devrait donc être une des préoccupations permanentes de l'enseignant ; les exemples empruntés à Taba ou à Meirieu dans ce chapitre montrent qu'il est possible d'atteindre cet objectif, à condition d'être persuadé que cela est important.

Toute leçon qui s'y prête **devrait** réserver une place, un temps, au « conseil méthodologique », à l'« activité de métacognition ».

C'est durant cette phase de la leçon que peuvent se développer les stratégies cognitives (stratégies personnelles de traitement de l'information) qui devraient constituer la préoccupation permanente de tout enseignant.

ENSEIGNER UNE STRATÉGIE COGNITIVE [3]

Si l'on veut enseigner une stratégie cognitive, il faut :

1. Identifier cette stratégie cognitive.
2. La formaliser sous forme de check-list ou d'algorithme pendant la phase de préparation de leçon.
3. La mettre en œuvre sous les yeux des élèves (démontrer).
4. Verbaliser les raisons de l'action (le dialogue intérieur) au moment de l'action.
5. Provoquer dans chaque leçon des temps de **métacognition**, d'**abstraction réfléchissante**, permettant de construire la check-list ou l'algorithme de résolution du problème.
6. Proposer aux élèves des situations perceptivement différentes qui se résolvent pourtant par la stratégie cognitive à apprendre, la faire appliquer, montrer que « ça marche ».
7. Proposer des entraînements jusqu'à maîtrise de la stratégie.

3. Le lecteur trouvera dans *Préparer un cours – 1. Applications pratiques*, un exemple d'utilisation des stratégies cognitives définies par Taba (voir la leçon sur le courant induit).

QUESTIONS À SE POSER POUR PRÉPARER UNE LEÇON

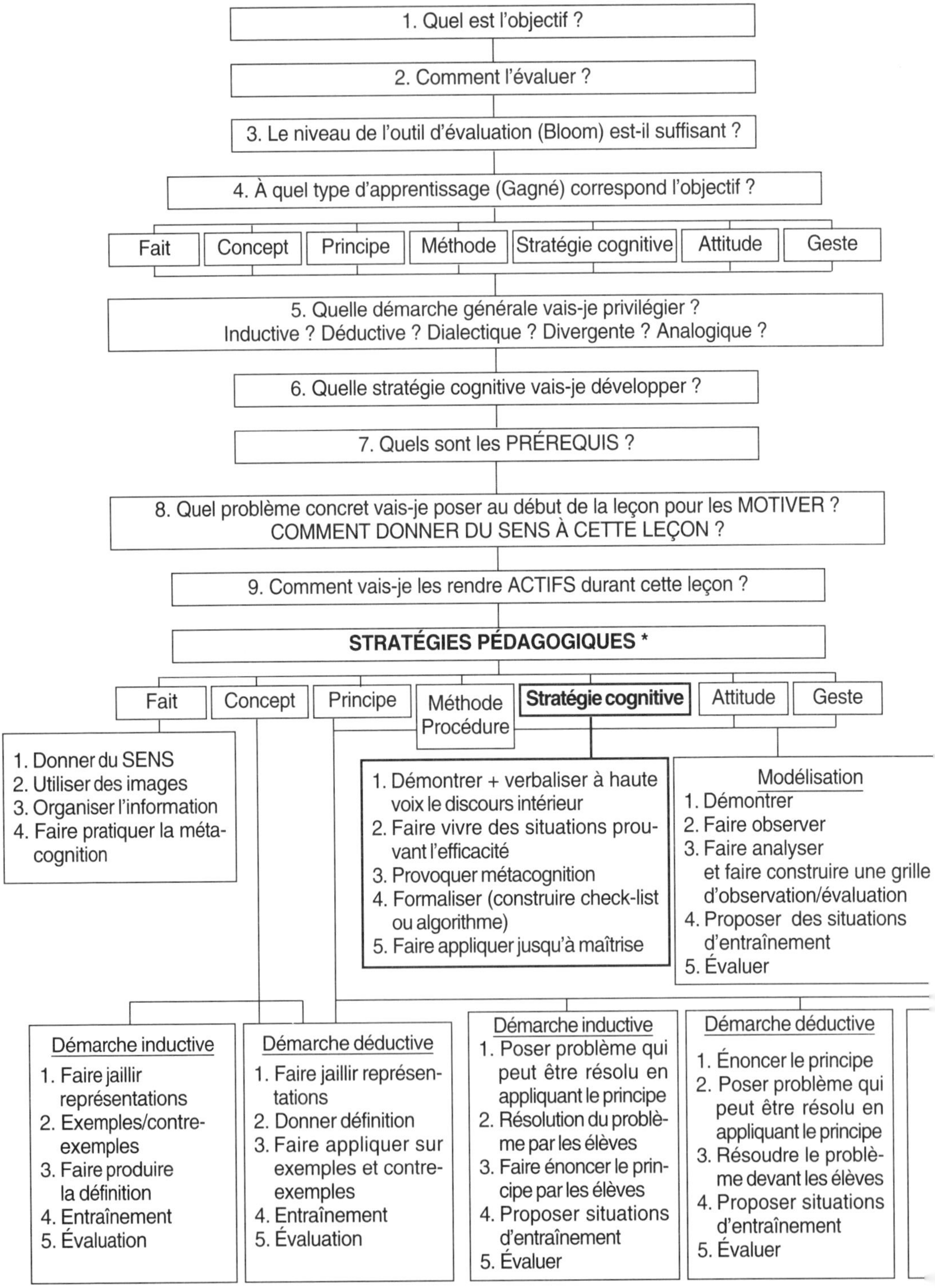

* Penser à l'enseignement programmé et à l'individua
Penser à l'animation de petits groupes et au conflit socio
Penser à la situation adid

23

Développer la créativité

La synectique de Gordon

Jusqu'ici toutes mes propositions ont porté sur ce que Guilford appelle la production convergente d'idées. Toutes les stratégies d'enseignement de faits, de concept, de principe, de méthode, etc., que je vous ai proposées posent l'hypothèse qu'il y a d'abord un contenu à apprendre (des faits, un concept, un principe, une méthode, etc.), que ce contenu est clairement identifié et qu'il peut se caractériser par un objectif et une tâche définis par l'enseignant dans le but de faire apprendre.

La meilleure manière de préparer ce type de leçon, consiste à commencer par la fin, donc à rédiger d'abord l'outil d'évaluation corrigé, à déterminer l'opérateur cognitif qui permet de répondre juste à l'outil d'évaluation, à concevoir une démarche globale (inductive, déductive, analogique, dialectique, adidactique) pour faire construire cet opérateur.

Cela est vrai pour nombre de leçons que l'on doit faire à l'école et qui visent à provoquer des productions convergentes, mais l'activité intellectuelle essentielle pour vivre pleinement c'est l'imagination, la création, la production divergente d'idées, la fluidité de la pensée, la capacité à inventer et/ou à mettre en œuvre des stratégies cognitives.

Imagination et créativité

La capacité à imaginer différentes solutions, donc à produire des idées divergentes et non des idées convergentes comme on l'apprend d'ordinaire à l'école, est sûrement une capacité essentielle qu'il faut indiscutablement tenter de développer.

On ne peut pas se contenter d'écrire en guise de commentaire d'une rédaction d'élève de 5e ou d'une dissertation d'élève de première : *« Idées pauvres, plan peu clair, manque d'originalité ! 5/20 »*. Le malheureux à qui sont destinés ces commentaires voudrait bien avoir des « idées riches », savoir « construire un plan », « faire preuve d'originalité », mais dans la majorité des cas on ne lui enseigne pas ces choses-là et pourtant, on l'évalue sur la maîtrise de compétences qu'on ne lui a jamais enseignées. Il ressent cela au mieux comme une fatalité (il ne fait pas partie du peuple élu), ou plus généralement comme une injustice flagrante (il ne fait pas partie des « héritiers »), et celui qui est chargé de « l'enseigner » n'a souvent même pas conscience d'être le bras armé d'un déterminisme sociologique évident.

Comment développer l'imagination ?... La créativité ?... Une réponse : la synectique de Gordon

Dans ce chapitre je tenterai de répondre à la question : « Comment développer la fluidité de la pensée ? », ce qui revient à essayer de répondre une fois encore à la question centrale de cet ouvrage : comment développer des stratégies cognitives chez nos élèves ? Pour répondre à cette question, je choisirai cette fois la synectique [1] de Gordon.

Mon propos demeure toujours le même, essayer de vous « outiller », pour mieux préparer vos leçons, essayer de vous aider à « outiller » vos élèves pour les rendre plus efficaces dans le traitement autonome de l'information.

Gordon identifie deux stratégies différentes selon qu'il s'agit de créer quelque chose de totalement nouveau, domaine de la créativité pure (stratégie 1), ou selon qu'il s'agit d'apprendre un concept nouveau pour l'apprenant (stratégie 2). Pour vous présenter ces stratégies, je vais vous faire le compte rendu d'une expérience effectuée avec un groupe d'enseignants en formation continue sur le thème de la préparation de leçon (stratégie 1), et sur l'enseignement du concept de « pédagogie différenciée » (stratégie 2).

Stratégie 1

Phase 1. Présenter le problème

Je souhaite vous présenter une méthode particulière d'aide au déblocage de l'imagination et au développement de la créativité, la synectique de Gordon. Pour ce faire, je pense que la meilleure solution consiste à vous mettre dans la situation des élèves qui subiraient ou bénéficieraient de cette leçon.

---

1. Le lecteur trouvera une autre technique, l'utilisation de la méthode algorithmico-heuristique de Landa et Scandura dans : *Préparer un cours – 1. Applications pratiques.*

La première étape de la méthode consiste à apporter de l'information sur le sujet que l'on doit traiter, à définir la tâche à accomplir en quelque sorte. Supposons qu'il s'agisse de rédiger un court paragraphe ayant pour thème : « l'automne ».

Pour commencer, l'enseignant peut soit proposer un premier texte de quelques lignes sur le sujet (si celui-ci est inconnu), soit demander aux élèves de rédiger un court paragraphe sur le thème à traiter. Dans le cas présent il est préférable de demander de rédiger car cela constitue un test initial qui, comparé à la production finale, permettra de mesurer les progrès accomplis et permettra également de mesurer l'efficacité de la méthode. Je vous demande donc, dans un premier temps, de bien vouloir rédiger individuellement, trois à cinq lignes ayant pour thème : » l'automne ».

Ami lecteur, rédigez donc rapidement un texte de trois à quatre lignes sur ce sujet.

Je rappelle qu'il n'est pas question de travailler le texte pendant des heures, le texte doit être rédigé en deux ou trois minutes maximum.

Texte proposé par un stagiaire (test initial).

> En automne la température diminue, les jours raccourcissent, les feuilles jaunissent et tombent, la nature s'endort, la pluie revient, c'est l'époque des marrons, de la rentrée, c'est la fin des vacances et des amours de vacances, c'est le prélude de l'hiver [2].

Phase 2. Analogie directe

L'enseignant travaille maintenant avec le groupe en enseignement frontal participatif. *« Bien, chacun de vous a produit un texte de trois ou quatre lignes, mettez cette "production" au "frigidaire", nous y reviendrons ultérieurement.*

Nous allons maintenant sortir du cadre, nous donner de l'air, aller voir ailleurs, nous libérer du carcan des habitudes. Si vous deviez comparer l'automne à une machine quelle machine choisiriez-vous ?... Si l'automne était une machine, ce serait... ?

– Une locomotive à vapeur ; une énorme voiture marron ; un pressoir ; un broyeur ; une machine à vendanger ; un Caterpillar ; un phaéton...

– Peux-tu expliquer ce qu'est un phaéton ?

– Une des premières voitures automobiles fabriquée au début du siècle, en bois, légère, décapotée, laissant les voyageurs supporter les caprices du temps, vent, pluie, soleil...

2. Comme chacun peut le constater, rien d'extraordinaire.

– Bien, qu'est-ce que ça pourrait être encore ?

– Une machine à fabriquer des bonbons de toutes les couleurs ; une machine à fabriquer des tissus multicolores, des patchworks…

– Parfait, qu'est-ce que vous choisissez comme machine ? Je vous pose cette question, parce que la prochaine étape que je vais vous proposer consiste à explorer cette machine. »

Les stagiaires choisissent la locomotive à vapeur.

« Bon, dans un premier temps, vous allez décrire cette locomotive, décrivez-la simplement ou en utilisant des images, essayez de la voir, que voyez-vous ?

– C'est noir ; je vois des étincelles ; c'est puissant ; monumental ; écrasant ; c'est un félin au repos, etc.

– Essayez maintenant d'imaginer la locomotive en gardant en arrière-plan l'idée de l'automne, allez-y, imaginez, tentez de voir cette locomotive en automne !…

– Elle s'enfonce dans une forêt bariolée ; c'est une explosion de teintes ocre, bariolées, mordorées ; les feuilles tombent sur la voie ; la locomotive s'enfonce et disparaît dans la nuit…

– Elle roule vers son destin inéluctable ; c'est la bête humaine ; elle tire un train de voyageurs qui n'en peuvent mais… ; c'est un monstre de fer et de feu éructant, piaffant qui va où il veut.

– Tous les voyageurs dorment, épuisés, prostrés, indifférents ; un groupe de jeunes fait la fête au wagon-restaurant. »

Phase 3. Analogie personnelle

« Parfait, maintenant vous êtes la locomotive, que ressentez-vous si vous tentez de vous mettre "dans sa peau" ?

– Je ressens ma puissance contenue lorsque je suis à l'arrêt ; je piaffe d'impatience de me lancer à l'assaut des rails et de partir en voyage ; j'ai hâte d'être approvisionnée en eau et en charbon et de me sentir vivre ; j'ai une relation amoureuse avec l'un de mes conducteurs qui me bichonne, huile mes rouages, vérifie le bon fonctionnement de tous mes organes, quand il arrive je ronronne ; je crains d'être remplacée par ces machines modernes, ces TGV luxueux et hautains qui me doublent ou me croisent à des vitesses folles sans m'accorder le moindre regard. »

Phase 4. Reprise de la phase 2 et de la phase 3 avec un autre type d'analogie

« Bien, travaillons sur un nouveau type d'analogie. L'automne est une saison, il s'agit donc d'un phénomène cyclique, quelque chose qui se reproduit régulièrement. Cherchons d'abord une analogie avec un phénomène cyclique, qu'est-ce qui revient régulièrement comme l'automne ?

– La rentrée des classes ; les vacances ; la lune (les quatre phases) ; la mode ; les âges de la vie ; la guerre et la paix ; les élections ; les impôts ; le jour et la nuit.

– Bon, choisissez une analogie que nous allons approfondir. »

Les stagiaires choisissent d'explorer l'analogie avec la lune.

« Parfait, commençons par décrire la lune.

– C'est l'astre des nuits ; le symbole des poètes (Cyrano) ; le refuge des amoureux ; une planète ; c'est un point sur un i *; un astre sur son déclin ; c'est Sélène ; le modèle de la mélancolie ; la fin d'une époque (la troisième phase de la lune)...*

– Parfait c'est la troisième phase de la lune... Si vous étiez la lune, je vous rappelle qu'elle est dans son troisième quartier, que ressentiriez-vous ?... Faites-la parler, que diriez-vous ?...

– Je me sens affaiblie, alanguie ; je sais que je vais disparaître, ce sont mes dernières lueurs ; je jette mes derniers feux ; je suis triste, mélancolique, mais je sais que je vais renaître ; blafarde j'attends que mon demi-cercle se transforme en croissant ; j'attends Pierrot mon amoureux ; j'en ai assez que les hommes me bombardent avec leurs fusées, abandonnent leurs déchets à ma surface une fois qu'ils sont venus chez moi ; je voudrais bien respirer, recréer une atmosphère autour de moi, revoir mes chers petits Sélénites. »

Phase 5. Solliciter un autre sens : l'ouïe par exemple

« Maintenant une dernière étape avant de revenir à l'automne et à la rédaction : l'automne peut faire penser à la musique m'avez-vous dit, abîmons-nous dans la musique, laissons-nous pénétrer par elle, qu'entendez-vous ?...

– Des sons, du rythme ; des sonorités cristallines ; des sonorités graves ; des sonorités claironnantes, cuivrées.

– Automne et musique, à quoi cela vous fait-il penser, que ressentez-vous ? Vous êtes sur une terrasse un soir d'automne, vous observez la lune, essayez d'entendre la musique...

– Nostalgie, mélancolie, douceur ; charme attendrissant de ce qui va finir ; alanguissement, violons, engourdissement ; douceur, calme et volupté ; Baudelaire ; Verlaine ; les symbolistes.

– Vous êtes la musique, que ressentez-vous ? Parlez à la première personne.

– Je suis gaie, vive, primesautière ; je m'alanguis, je me coule, je pleure ; je suis triste, désemparée, abandonnée ; je me relève, enfle, grandis, emplis tout l'espace ; je pars dans les airs, je me pose sur les lèvres d'une jeune fille, un ouvrier siffle ma mélodie ; je suis la grande musique, je prends de grands airs, je ne me commets pas avec n'importe qui ; il y a des symphonies, des concerts, des femmes avec de grands chapeaux, des messieurs empesés, un parterre, une scène, des musiciens. »

Phase 6. Le conflit comprimé

« Parfait, une dernière étape, celle que les spécialistes appellent l'étape du conflit comprimé. Il s'agit de choisir un mot parmi les mots que nous avons évoqués : automne, musique, etc. et de lui associer son contraire pour créer un sens nouveau. Il faut mobiliser des cadres de référence hétérogènes.

– Prenons un exemple : si je vous dis “attaque”, vous me dites ?...

– Défense !...

– Parfait, si nous poursuivions l'exploration par association d'idées, nous pourrions aboutir à une association du type : attaque salvatrice, et l'exemple même de l'attaque salvatrice c'est le vaccin.

– Commençons avec l'automne, proposez-moi une association anormale, contradictoire... automne – renaissance ; parfait, explorez cette association : automne – utopie ; oui..., utopie-automnale, c'est bien !... à quoi cela pourrait-il nous faire penser ?... pourrions-nous imaginer une utopie automnale ?...

– Oui, l'été indien !... Excellent !... Continuons ainsi, partons de “musique” : musique – tristesse ; musique – désespoir ; musique – désespérance ; musique – mortelle ; bon, en automne une musique mortelle, qu'est-ce que ça pourrait-être ?... un ouragan, des arbres qui cassent, la bise sifflante sur des arbres blancs de givre, ce qui annonce l'arrivée d'un hiver prématuré.

– Oui, c'est tout à fait cela. Et si nous passions à des associations gaies à partir de l'automne ? Automne – renouveau ; automne – naissance ; automne – espoir ; espoir d'automne.

– Très bien “espoir d'automne”, à quoi cela vous fait-il penser ?...

– À la présentation des collections de printemps qui se fait justement en automne ; au nom d'un parfum, etc.

– Parfait, nous sommes allés suffisamment loin dans les explorations, il est temps maintenant de revenir à notre propos initial, rédiger quelques lignes ayant pour thème l'automne.

– Écrivez ce qui vous vient à l'esprit, vous structurerez ensuite, profitez de l'état de libération auquel vous êtes peut-être parvenu maintenant, laissez courir la plume sur le papier. »

Test final. Textes proposés par le stagiaire qui a rédigé le test initial, et par un autre qui n'avait rien rédigé :

L'automne. Période évanescente, mélancolique, aux mille couleurs mordorées. Troublante beauté d'une nature jetant ses dernières forces dans une symphonie de couleurs, une débauche d'ocres, de jaunes, de verts, de camaïeux... l'été indien, un embrasement, un éblouissement, le charme attendrissant de ce qui va finir... et puis plus rien !... les arbres morts, la grisaille, le vent, le froid, la bruine, le brouillard, les flaques d'eau, les premières gelées, une nature en deuil.

L'automne !... Tristesse !..., sentiment que rien, plus jamais, ne sera comme avant..., que l'on a vieilli, inéluctablement vieilli... et que malgré le retour programmé de juvéniles printemps... le temps, lui, implacable, imperturbable, sourd... coule comme le Styx et nous emporte inexorablement vers la barque de Caron !

Phase 7. Étape d'abstraction réfléchissante

Après ce travail, il est temps d'arriver à l'étape de la « pause méthodologique » de Philippe Meirieu, à l'étape d'« abstraction réfléchissante » si nous retenons le vocabulaire de Piaget, à l'étape de « métacognition » si nous retenons le langage des psychopédagogues.

De quoi s'agit-il ? Il s'agit de formaliser le modèle, afin que les apprenants, vous en l'occurrence, puissent ultérieurement se passer de l'enseignant pour utiliser le modèle lorsqu'ils en éprouveront le besoin. (Voir la formalisation p. 277.)

Comme vous l'avez vu, la synectique est basée sur l'hypothèse selon laquelle on peut apprendre à penser [3], et mieux, sur l'hypothèse que la « pensée créative » n'a rien de particulièrement miraculeux. D'après Gordon, on peut la développer chez n'importe qui, à condition d'identifier les méthodes et les techniques que met en œuvre l'individu créatif de manière spontanée, et l'une des solutions passe par l'analogie.

Une fois encore, nous sommes confrontés à l'enseignement de la méthodologie, donc au développement des stratégies cognitives.

Comme je l'ai précisé plus haut, Gordon identifie deux stratégies différentes selon qu'il s'agit de créer quelque chose de totalement nouveau, stratégie 1 (celle que je viens d'illustrer), ou selon qu'il s'agit de rendre quelque chose d'étranger familier (un concept rarement rencontré par exemple), c'est la stratégie 2.

Stratégie 2

Comme je l'ai précisé dans le chapitre 18, les enseignants en formation continue à qui je demande de préparer une leçon en utilisant la pédagogie différenciée s'interrogent fortement sur ce concept qui ne leur a jamais été vraiment présenté et leur discours est généralement le suivant : *« Tous les ouvrages de pédagogie parlent aujourd'hui de pédagogie différenciée, les inspecteurs utilisent le mot comme si la pratique allait de soi, à l'IUFM c'est le discours dominant, mais personne ne nous montre jamais la chose, nous faisons donc semblant de savoir de quoi il retourne mais en réalité nous ne savons absolument pas ce qui se cache derrière le mot, et si vous pouviez nous aider "à ne pas mourir idiots" nous en serions ravis. »*

J'utilise alors le jeu de Nim comme je l'ai décrit dans le chapitre 18, et je travaille ensuite sur le concept de pédagogie différenciée en utilisant la synectique de Gordon.

Voici donc une nouvelle manière d'envisager l'enseignement d'un concept, la stratégie 2 de Gordon, une autre manière d'utiliser la synectique.

---

3. Voir également chapitre 21 : Taba.

Phase 1. Fournir de l'information

Si l'on vise l'objectif : « clarifier le concept de pédagogie différenciée » :

– la première étape consiste à donner un exemple du concept, personnellement j'utilise la leçon sur le jeu de Nim pour cela, j'utilise aussi avec les étudiants la leçon sur l'apprentissage selon Piaget [4] ;

– il faut ensuite travailler sur le concept et fournir un matériel de départ (ici un texte) à partir duquel il sera possible d'engager des explorations multiples.

Je distribue donc le texte suivant [5] :

LA PÉDAGOGIE DIFFÉRENCIÉE

Les psychologues de l'apprentissage nous apprennent que :

– chaque apprenant apprend à son rythme et à sa manière ;

– un apprenant actif apprend mieux qu'un apprenant passif ;

– le conflit sociocognitif (conflit d'idées entre deux individus) favorise l'apprentissage, en conséquence, l'efficacité de l'enseignement traditionnel (un maître qui parle devant des élèves qui écoutent) est nécessairement très faible, surtout si le public auquel s'adresse l'enseignant a une culture différente de la sienne et si les cultures des apprenants sont en outre fort différentes les unes des autres.

En conséquence, seule une pédagogie qui rend chaque élève actif, et qui lui propose des supports différents pour le même apprentissage, peut permettre à chacun de trouver un support adapté à sa « personnalité d'apprenant », donc permettre d'optimiser les résultats de l'enseignement.

Deux techniques sont donc à privilégier en pédagogie différenciée : le travail individuel et le travail de groupe, organisés à partir de supports, donc de situations d'apprentissage différentes selon les individus.

Le rôle de l'enseignant en pédagogie différenciée est donc triple :

– observer les apprenants en situation d'apprentissage de façon à identifier leurs points forts et leurs points faibles ;

– concevoir des situations d'apprentissage adaptées à la personnalité donc à la manière d'apprendre de chacun ;

– corriger les dérives éventuelles en profitant des situations d'apprentissage individualisé.

Les apprenants lisent le texte, tentent de le comprendre, discutent entre eux (à deux ou trois), posent des questions d'éclaircissement au formateur qui répond, puis on passe à la phase 2.

4. Voir cette leçon in *Préparer un cours – 1. Applications pratiques.*

5. On pourrait aussi distribuer le texte de Guiraud et Meirieu cité page 246.

Phase 2. Établir une analogie directe

« Pour tenter de mieux comprendre ce texte, vous allez comparer la "pédagogie différenciée" au corps humain. Vous trouverez ci-dessous quelques éléments qui permettent de décrire le corps humain (colonne de gauche), nommez (colonne de droite) les éléments qui vous paraissent avoir la même fonction en pédagogie différenciée. »

Corps humain	Pédagogie différenciée
Cellules	–
Muscles	–
Squelette	–
Cerveau	–
Ensemble du corps	–
Maladie	–

Voici à titre d'exemple la production d'un groupe de stagiaires en formation continue.

Corps humain	Pédagogie différenciée
Cellules	Élèves
Muscles	Techniques pédagogiques
Squelette	Philosophie sur laquelle s'appuie la méthode
Cerveau	Maître
Ensemble du corps	Classe
Maladie	Perfectionnisme

« Parfait, maintenant écrivez quelques lignes dans lesquelles vous développerez cette analogie. Prenez soin de bien différencier les points pour lesquels l'analogie semble pertinente et ceux pour lesquels elle ne le semble pas. »

Exemple de production obtenue

« Si l'on compare la pédagogie différenciée au corps humain, son squelette, ce qui la soutient, ce sont les "mythes fondateurs". Le squelette est constitué par sa philosophie en quelque sorte, par les valeurs sur lesquelles elle s'appuie, valeurs soutenues par les constats effectués par les psychologues de l'apprentissage :

– on apprend en faisant, pas en écoutant ;

– chaque apprenant apprend à son rythme et à sa manière ;

– le conflit sociocognitif est un moteur essentiel des apprentissages.

Les muscles, ce sont bien sûr les techniques pédagogiques utilisées : travail individuel, travail de groupe, situations d'apprentissage individualisées, identification des besoins, groupe d'apprentissage, etc.

Les cellules, ce sont les élèves.

L'ensemble du corps, c'est la classe constituée des élèves et du maître.

Le cerveau, c'est le maître, mais ce sont aussi les élèves.

La maladie, c'est le désir de tout faire parfaitement. Il est impossible de tout gérer en pédagogie différenciée, mais si l'on parvient à rendre les apprenants beaucoup plus actifs qu'en pédagogie traditionnelle, si on leur fournit des feed-back fréquents et argumentés, si l'on tente d'adapter les supports aux caractéristiques des apprenants, cette pédagogie sera sûrement plus efficace que la pédagogie traditionnelle (chaque apprenant sera beaucoup plus actif).

L'analogie a tout de même ses limites :
– les cellules du corps humain sont toutes finalisées, c'est-à-dire qu'elles ont des fonctions très précises (cellules visuelles, cellules olfactives, reproductrices, etc.) et visent généralement (sauf maladie) le même but : le maintien de la survie, donc l'adaptation à l'environnement du corps auquel elles appartiennent ;
– les élèves au contraire sont d'abord autonomes et ont nécessairement un destin individuel. »

Durant les productions, discuter avec les groupes pour stimuler la production.

À la fin de la production, faire lire certains extraits devant le grand groupe, faire préciser, ouvrir des débats.

Phase 3. Analogie personnelle

« Maintenant, vous allez effectuer le même travail à partir d'une autre analogie, choisissons un mot très éloigné du domaine de la pédagogie, par exemple le mot automobile.

Automobile	**Pédagogie différenciée**
Roues	–
Carrosserie	–
Moteur	–
Carburant	–
Voyageurs	–
Chauffeur	–
Rôle	–
Connotation sociale	–

Exemple de production

Automobile	**Pédagogie différenciée**
Roues	Techniques pédagogiques
Carrosserie	Formes extérieures, (classe au travail en petits groupes, etc.)
Moteur	Philosophie qui soutient le modèle
Carburant	Convictions du maître, amélioration des résultats des élèves, d'où augmentation de la motivation des élèves et du maître
Voyageurs	Élèves
Chauffeur	Maître
Rôle	Faire réussir une majorité d'élèves
Connotation sociale	Modernisme "branché"

Écrivez maintenant quelques lignes dans lesquelles vous développerez cette analogie. Prenez soin de bien différencier les points pour lesquels l'analogie semble pertinente et ceux pour lesquels elle ne le semble pas. »

« Comme une automobile, la pédagogie différenciée sert à celui qui l'utilise à se positionner socialement. Être un prosélyte de la pédagogie différenciée signifie être pédagogiquement ailleurs que la plupart des enseignants, être "pédagogiquement branché". Ça signifie également que l'enseignant cherche à améliorer son enseignement, qu'il se situe dans une mouvance pédagogique particulière, qu'il est intéressé, voire passionné par son travail.

Le moteur de la pédagogie différenciée, c'est la philosophie qui sous-tend ce modèle (voir production antérieure), en particulier la volonté de combattre l'échec scolaire. Les roues ce sont les techniques pédagogiques, la carrosserie, c'est ce qui se voit de l'extérieur, la forme donnée au travail scolaire : le travail individualisé, le travail de petits groupes, etc. Le carburant, ce sont les convictions du maître, l'intérêt des élèves pour ce type de pédagogie, l'amélioration des résultats.

La limite de l'analogie est atteinte lorsque l'on envisage le rôle de l'automobile et le rôle de la pédagogie différenciée. L'automobile sert à transporter des gens, à gagner éventuellement de l'argent pour celui qui la vend, la pédagogie différenciée vise à augmenter l'efficacité de l'enseignement, à lutter contre l'échec scolaire, à mieux éduquer.

Les champs d'application du constructeur d'automobile et du pédagogue sont fondamentalement différents. »

Lecture de différentes productions, apports d'information de l'animateur à la demande en fonction des besoins.

Dire ensuite :

« Après ces exercices de rédactions très dirigés et en vous inspirant de notre débat, rédigez maintenant, individuellement ou par équipes, un texte libre de quelques lignes relatif à la pédagogie différenciée. Si vous deviez présenter succinctement ce type de pédagogie à un collègue de votre groupe qui est absent aujourd'hui, mais qui maîtrise parfaitement le vocabulaire de la pédagogie, que lui diriez-vous ? »

Exemple de production

« La pédagogie différenciée vise à augmenter l'efficacité de l'enseignement, donc à diminuer l'échec scolaire, en s'inspirant de trois grands principes :

– un apprenant actif apprend mieux qu'un apprenant passif ;

– chaque apprenant apprend à son rythme et à sa manière ;

– le conflit sociocognitif est un moteur puissant des apprentissages.

En conséquence, pour enseigner en pédagogie différenciée, on doit :

– identifier les caractéristiques des apprenants : points forts, points faibles, modes d'apprentissage préférentiels, lacunes, afin de constituer des groupes d'élèves :

– soit du même type (mêmes points forts et mêmes points faibles),

– soit complémentaires, chacun fera ce que l'autre ne sait pas faire ;

– privilégier des approches caractérisées par le travail individualisé (développement de l'activité de l'apprenant) ou par le travail de petits groupes (condition favorisant la confrontation des idées, donc le conflit éventuel).

Le travail individualisé est particulièrement favorable à la différenciation de la pédagogie puisque l'enseignant peut observer les élèves, identifier leurs difficultés, leurs points forts, leurs points faibles afin de constituer ultérieurement des groupes d'apprentissage ou des groupes de besoin en fonction des difficultés qu'il a identifiées ou des objectifs particuliers qu'il poursuit.

Cette pédagogie, fille de la pédagogie de la maîtrise, et petite-fille de la pédagogie par objectifs, suppose bien entendu : des objectifs clairs et des outils d'évaluation correctement conçus, c'est une pédagogie du processus **et** *du produit alors que la pédagogie de la maîtrise est seulement une pédagogie du produit. »*

Voici donc une nouvelle manière d'envisager l'enseignement d'un concept. Votre trousse à outils pédagogiques continue à s'enrichir, votre concept de « pédagogie différenciée » se précise sûrement et votre concept de « concept » acquiert probablement une forme plus précise.

DÉVELOPPER LA FLUIDITÉ DE LA PENSÉE LA SYNECTIQUE !

Pour développer la créativité des individus, une solution consiste à utiliser l'analogie. Gordon identifie deux stratégies différentes selon qu'il s'agit de créer quelque chose de totalement nouveau, domaine de la créativité pure (stratégie 1), ou selon qu'il s'agit d'apprendre un concept nouveau pour l'apprenant (stratégie 2).

STRATÉGIE 1

Phase 1. Présenter le sujet.

Présenter le travail à faire, l'objectif à atteindre, la tâche à accomplir, le problème à résoudre.

Phase 2. Travailler sur des analogies directes.

Si vous deviez comparer le X à un Y, quel Y choisiriez vous ?...

Tentez de répondre à la question suivante : si le X était un Y ce serait... ?

Choisissez un Y parmi tous les Y précédemment cités.

Phase 3. Travailler sur des analogies personnelles.

Si vous étiez le Y, que diriez-vous ? que ressentiriez-vous ?

Associez maintenant le Y et le X.

Répéter 2 et 3 en modifiant le canal sensoriel.

Phase 4. Conflit comprimé.

Chercher les oppositions, les images, solliciter des cadres de référence hétérogènes, débloquer, utiliser des adjectifs.

Phase 5. Travailler sur des analogies directes suggérées par le conflit comprimé.

Phase 6. Réexaminer le problème initial et tenter de le résoudre en utilisant les informations et la flexibilité acquise grâce aux exercices effectués.

STRATÉGIE 2

Après avoir posé le problème et formulé l'objectif, on passe par 6 étapes pour enseigner le concept.

Phase 1. Faire rédiger un texte succinct pour définir et expliciter le concept afin de faire jaillir les représentations.

Phase 2. Fournir de l'information :

Fournir un matériel de départ apportant des informations, matériel à partir duquel il sera possible d'engager des explorations multiples.

Phase 3. Établir une analogie directe (ex. pédagogie différenciée/corps humain).

Phase 4. Utiliser l'analogie personnelle (ex. pédagogie différenciée/automobile).

Phase 5. Rédiger un texte à partir de l'analogie.

Phase 6. Rédiger un texte pour définir et expliciter le concept.

24

Enseigner un geste

Enseigner un geste relève du domaine psychomoteur, et je souhaite attirer l'attention du lecteur sur le fait que dans psychomoteur il y a d'abord « psycho », ce qui signifie que ce type d'apprentissage intègre nécessairement une dimension cognitive essentielle à la réalisation correcte du geste.

L'apprentissage d'un geste complexe : saut à la perche, service de tennis, etc., dépend pour la majorité des individus adultes ou adolescents de la représentation mentale (image motrice) que s'en fait celui qui cherche à l'exécuter, et cette représentation (essentiellement cognitive) est primordiale puisque c'est elle qui dirige le processus de contrôle.

> Sans représentation mentale correcte du geste à reproduire, peu d'espoir de bien exécuter le geste. [1]

« Apprendre à faire » c'est donc d'abord « apprendre à voir », et « apprendre à voir » c'est « apprendre à nommer ». Lorsque l'on peut nommer les étapes d'un geste et critiquer le geste fait par un autre ou le sien propre (vidéo), en expliquant pourquoi il est bon, pourquoi il est mauvais, et ce qu'il faudrait faire pour le rendre meilleur, on est déjà notablement engagé dans la voie de l'apprentissage du geste en question. Une fois encore, l'affectif, le cognitif et le psychomoteur sont indissolublement liés.

Les différents types de gestes

Les comportements : déboucher une bouteille à l'aide d'un tire-bouchon, changer une roue crevée, caler un allumeur, dresser une surface à la main à l'aide d'une lime et obtenir une planéité du centième de millimètre, effectuer un service de tennis avec effet de gauche à droite, sont des comportements à classer

1. Sauf pour ceux qui ont appris très jeunes et qui se sont construit un geste parfois extrêmement efficace uniquement par un apprentissage du type « essais et erreurs ».

dans le domaine psycho-sensori-moteur, mais cette catégorisation est beaucoup trop générale pour nous permettre de tirer des conclusions quant aux stratégies pédagogiques à développer pour enseigner un geste.

Pour des gestes tels que le drive de golf, le lancer du poids, la coordination du geste, son rythme (son « timing »), sont particulièrement importants ; pour l'apprentissage de l'écriture, la coordination est essentielle mais le « timing » est secondaire ; pour d'autres gestes encore, changer une roue crevée, caler un allumeur, le « timing » et la coordination sont accessoires.

Nous pouvons donc classer les gestes en trois catégories :

1. Le **geste simple** : dévisser une vis, déboucher une bouteille, serrer un écrou, etc.

2. Le **geste complexe à dominante cognitive** : changer une roue crevée.

3. Le **geste complexe à dominante coordination et finesse des sensations kinesthésiques** (messages que nous recevons de nos muscles et de nos membres lorsqu'ils sont en mouvement) : service de tennis, smash de volley-ball, dressage d'une surface métallique à l'aide d'une lime, etc.

L'apprentissage d'un geste simple

Pas de problème particulier, il suffit de montrer le geste (déboucher correctement une bouteille de champagne en école hôtelière), d'insister sur un ou deux points clefs (entourer la bouteille d'une serviette pour éviter de laisser couler de l'eau sur les genoux des clients, tenir le bouchon pour l'empêcher de partir, ne pas oublier d'enlever le fil de fer...), de faire reproduire plusieurs fois le geste et de corriger immédiatement les erreurs éventuelles pour que le geste soit appris.

L'apprentissage d'un geste complexe à dominante cognitive (le TWI) [2]

C'est l'apprentissage de la majorité des gestes professionnels : « changer des vis platinées sur un véhicule automobile, changer une roue crevée, etc. » Si vous devez enseigner un geste de ce type, il suffit d'appliquer la méthode TWI (Training Within Industry) inventée aux États-Unis en 1941 par Dooley à l'époque où il était nécessaire de former de très nombreux ouvriers et cadres

2. Bazin R., *La formation par les méthodes TWI, OM, SORA*, Paris, ESF éditeur, 1976.

(effort de guerre) en modifiant rapidement leur qualification. Cette méthode, initialement conçue pour l'enseignement individuel, a été ultérieurement adaptée à l'enseignement des petits groupes.

Soit à enseigner : « Comment changer une roue crevée ». Pour ce faire, vous devez procéder en respectant deux grandes étapes : 1. Préparer votre intervention. 2. Enseigner.

1. Préparer l'intervention

Vous allez d'abord exécuter le geste à enseigner une première fois, même si vous le connaissez parfaitement afin de l'analyser et d'identifier :

– les phases ;

– les opérations à exécuter.

Puis vous exécuterez le geste une deuxième fois pour identifier :

– les points clefs de chacune des phases.

Exécuter le geste une première fois pour identifier les phases et les opérations

Une phase est une partie du geste qui marque l'achèvement d'une étape : on n'a pas fini, mais on a déjà nettement commencé, l'opération que l'on vient de faire marque l'achèvement d'une étape. Dans l'exemple du changement de roue, les phases pourraient être les suivantes :

Phases

A. Cric positionné.

B. Roue crevée dégagée et posée au sol.

C. Roue de secours positionnée, boulons serrés à la main.

D. Voiture au sol, boulons définitivement serrés.

E. Voiture prête à partir.

Phases et opérations

Cric positionné

– Garer la voiture sur un endroit plat et non dangereux pour soi ou pour les autres ;

– Engager le frein à main ;

– Engager une vitesse ;

– Caler la voiture (roue opposée en diagonale à la roue à changer) ;

– Sortir le cric et la manivelle, les poser par terre sur un chiffon propre ;

– Débloquer les boulons de la roue (débloquer en croix), sans les enlever ;

– Placer le cric à l'endroit prévu à cet effet pour ce type de voiture ;

– Monter le cric jusqu'à ce qu'il soit bloqué par le poids de la voiture.

B. Roue crevée dégagée et posée au sol

– Monter le cric jusqu'à ce que la roue crevée puisse être dégagée, et que la roue qui n'est pas crevée puisse effectivement passer quand on l'engagera ;
– Finir de dévisser les boulons ;
– Poser les boulons sur le chiffon propre dans l'ordre du démontage ;
– Sortir la roue, la poser par terre.

C. Roue de secours en place

– Mettre en place la nouvelle roue ;
– Remettre les boulons à leur place, en fonction de l'identification du démontage ;
– Visser les boulons en croix, à la main, et positionner correctement la roue.

D. Voiture au sol, boulons serrés

– Descendre le cric ;
– Sortir le cric ;
– Serrer les boulons en croix à l'aide de la manivelle ou du croisillon ;
– Ranger le cric dans son logement.

E. Voiture prête

– Ranger le matériel dans le coffre ;
– Faire réparer la roue crevée ;
– Remettre la roue de secours à sa place.

Exécuter le geste une deuxième fois pour identifier les points clefs du geste

Un point clef est une opération qui, si elle est oubliée ou mal exécutée, peut remettre en cause la totalité de l'ouvrage.

Si vous oubliez de caler la voiture, celle-ci peut glisser et s'écrouler.

Si vous ne débloquez pas les boulons avant de monter la voiture par l'intermédiaire du cric, vous ne pourrez pas débloquer les boulons ensuite lorsque la roue sera libre.

Pour préparer l'enseignement d'un geste à dominante cognitive, il faut donc **refaire le geste** afin d'**identifier les points clefs**.

Par rapport à notre exemple cela donnerait :

Phases et opérations

A. Cric positionné

– Garer la voiture sur un endroit **plat et non dangereux** ;
– **Engager frein à main ;**
– Engager une vitesse,
– **Caler la voiture (roue opposée en diagonale à la roue à changer)** ;

– Sortir le cric et la manivelle, les poser par terre sur un chiffon propre ;
– **Débloquer les boulons de la roue (débloquer en croix)**, sans les enlever ;
– Placer le cric **à l'endroit prévu à cet effet** pour ce type de voiture ;
– Monter le cric jusqu'à ce qu'il soit bloqué par le poids de la voiture.

B. Roue crevée dégagée et posée au sol

– Monter le cric jusqu'à ce que la roue crevée puisse être dégagée, et que la roue qui n'est pas crevée puisse effectivement passer quand on la remettra ;
– Finir de dévisser les boulons ;
– Poser les boulons sur le chiffon propre dans l'ordre du démontage ;
– Sortir la roue la poser par terre.

C. Roue de secours placée

– Mettre en place la nouvelle roue ;
– Remettre les boulons à leur place, en fonction de l'identification au démontage ;
– **Visser les boulons en croix**, **à la main**, et positionner correctement la roue.

D. Voiture au sol, boulons serrés

– Descendre le cric ;
– Sortir le cric ;
– **Serrer les boulons en croix** à l'aide de la manivelle ou du croisillon.

E. Voiture prête

– Ranger le matériel dans le coffre ;
– **Faire réparer la roue crevée** ;
– Remettre la roue de secours en place.

Le lecteur attentif aura remarqué qu'au-delà de la bonne fin de l'activité, tout ce qui concerne la sécurité est nécessairement considéré comme un point clef.

Les phases et points clefs ayant été identifiés, il faudra bien sûr traiter pédagogiquement en profondeur les points clefs identifiés, en attirant l'attention de l'apprenant sur le **POURQUOI** des points clefs et sur les **conséquences** d'un mauvais traitement de ces opérations.

2. Enseigner

Pour enseigner selon la méthode TWI il faut procéder en suivant cinq étapes [3] :

a) Faire sans expliquer

Démontrer calmement, en silence, en marquant clairement les étapes. Demander aux élèves d'observer et de prendre des notes.

3. Cette méthode ou ses dérivés : diminuer le nombre d'étapes en rassemblant (1 et 2) puis (3 et 4), ce qui réduit les étapes à 3, donne généralement de bons résultats à condition de ne pas écourter la dernière étape : l'entraînement personnel.

À la fin de la démonstration, récapituler les phases au tableau avec l'aide des élèves.

Ajouter ensuite les opérations oubliées.

b) Faire en expliquant

Refaire la démonstration, **dire ce que l'on fait et souligner explicitement l'importance des points clefs et le pourquoi de ceux-ci**.

Souligner les points clefs au tableau.

c) Faire faire en expliquant

À l'issue de la démonstration, un élève exécute la première phase sous le contrôle des autres élèves qui suivent et corrigent éventuellement les erreurs en s'aidant si nécessaire de leurs notes personnelles. L'élève qui exécute le geste le commente en expliquant ce qu'il fait et pourquoi. S'il a des difficultés, ses camarades lui viennent en aide.

Changer d'élève et procéder de la même manière pour chacune des phases.

d) Faire faire sans expliquer

Même démarche que précédemment, mais cette fois le professeur fait faire sans explications, il espère que le commentaire qui accompagne l'action va commencer à être intériorisé.

e) Demander de s'entraîner

Chacun va sur son poste de travail et exécute le geste à son rythme en s'aidant de ses notes.

Le professeur surveille, corrige, et lorsqu'une erreur importante est commise, il n'hésite pas à réunir les élèves pour souligner le problème et leur demander de corriger.

Comme dans toute leçon, il faut bien sûr motiver les élèves, donc commencer par poser réellement un problème.

Soit à « animer » une leçon sur « le calage de l'allumeur ».

Le professeur a préalablement « décalé » l'allumeur, donc mis le moteur en panne (moteur au banc). Il demande à un élève de bien vouloir faire démarrer le moteur à l'aide de la clef de contact, le moteur refuse obstinément de démarrer. Le professeur et les élèves font ensemble l'analyse du problème et des symptômes de la panne, puis le professeur nomme la panne et fait la démonstration de la réparation en utilisant la démarche TWI.

À l'issue de la démonstration (réparation), le professeur demande au même élève de faire démarrer le moteur et celui-ci démarre « au quart de tour » (renforcement positif), ce qui prouve la réussite de l'opération. Les élèves refont l'opération de calage de l'allumeur sous le contrôle des autres élèves et sous le contrôle de l'enseignant puis passent sur les postes de travail, identifient la panne (deux pannes possibles, le problème traité lors d'une leçon précédente et celui de l'allumeur), effectuent la réparation et vérifient d'eux-mêmes que le résultat est ou non satisfaisant. Le moteur démarre ou ne démarre pas.

Enseigner un geste complexe à dominante coordination

Bien sûr, tous les gestes à enseigner ne relèvent pas des gestes à dominante cognitive. Certains gestes, en particulier les gestes sportifs complexes, service de tennis, saut à la perche, drive de golf, relèvent de la coordination générale, d'un « timing » parfaitement respecté, donc d'une bonne représentation mentale du geste et de la bonne prise en compte des sensations kinesthésiques (messages que nous recevons de nos muscles et de nos membres lorsqu'ils sont en mouvement). Certains gestes professionnels qui relèvent uniquement de la dextérité (dresser une surface métallique à la lime) appartiennent également à cette catégorie.

Si le geste est véritablement complexe, avec de nombreux segments en mouvement dans un ordre précis et dans des positions relatives complexes (passing shoot de revers lifté, smash de volley-ball), et si celui-ci doit se dérouler dans un temps très limité (saut en hauteur, retour de service, etc.), alors il sera très difficile de l'enseigner car sa maîtrise repose :

– sur une bonne représentation du geste ;

– sur la capacité à reproduire un geste complexe ;

– sur un entraînement quotidien particulièrement intense ;

– sur une intégration de ce geste à la structure cognitive, donc sur une automatisation quasi totale du geste en question.

Une pareille intégration ne peut se faire qu'après des dizaines de milliers de répétitions (voire des centaines de milliers), ce qui demande nécessairement beaucoup de temps, de volonté, d'argent parfois, et explique donc parfaitement la différence de maîtrise et d'efficacité entre le geste d'un sportif professionnel et celui de l'amateur, aussi éclairé soit-il.

Que faire si l'on doit provoquer ce type d'apprentissage, que faire si l'on doit enseigner un geste complexe à base de coordination sensori-motrice ?

1. Pour qu'un individu reproduise correctement un geste complexe basé sur des coordinations multiples, il faut, avons-nous dit plus haut, qu'il en ait une bonne représentation mentale, donc il faut qu'il ait construit une bonne image motrice de ce geste. Il est donc nécessaire de lui proposer différents modèles, et de parvenir à lui en faire abstraire les éléments pertinents. L'utilisation de la vidéo est ici particulièrement conseillée.

2. Avoir construit une bonne image motrice ne suffit pas, il faut également que l'individu soit capable de reproduire fidèlement l'image qu'il s'est construite.

Avec ces deux éléments apparaissent déjà des difficultés difficiles à surmonter.

A. Première difficulté. Comment faire pour identifier l'image motrice [4] que se construit celui qui apprend (alors que cette image est totalement personnelle et incommunicable par l'intermédiaire du langage) ? Si l'image (le modèle interne) est mauvaise, il y a peu de chances que le geste soit correct.

B. Deuxième difficulté. Supposons que l'image interne soit bonne (ce que l'enseignant aura beaucoup de mal à déterminer), l'apprenant n'est pas nécessairement capable de la reproduire fidèlement, soit parce qu'il manque des moyens musculaires indispensables, soit parce qu'il manque de la coordination nécessaire, soit pour d'autres raisons.

Donc, lorsque nous voyons un apprenant exécuter un geste de manière incorrecte, nous ne savons jamais si la cause de l'échec vient d'une mauvaise représentation du geste à exécuter (première difficulté) ou d'une quelconque incapacité à exécuter le geste (deuxième difficulté).

Comment résoudre le problème ?...

Présenter le geste en utilisant la vidéo et des développés photographiques du geste (12 images secondes) :

– présenter différents modèles de manière à fournir une bonne image motrice [5], décomposer le geste en phases et en points clefs comme avec l'exemple de la roue de secours ;

– souligner l'importance de deux ou trois moments qui serviront d'ancrage au mouvement. Pour ce faire on choisit souvent la position de départ et deux points clefs du geste, points clefs qui seront différents selon les difficultés rencontrées par l'apprenant et l'analyse qu'en fera son entraîneur ;

– faire faire le geste à vide : sans balle (tennis golf), sans poids (lancer du poids), avec un objet plus léger (lancer disque, lancer javelot), avec un objet plus lourd : swinguer à vide avec deux ou trois clubs (golf). Il s'agit d'empêcher le

4. Chose intéressante, alors que le TWI est « oublié » depuis très longtemps, ce sont les 4 étapes du TWI que Doly A.-M. propose d'utiliser pour développer la compétence métacognitive chez les élèves, in Meirieu P. (dir.), Grangeat M. (coord.), *La métacognition, une aide au travail des élèves*, ESF éditeur, 1997, p. 32-33. Cela n'a rien d'étonnant d'ailleurs, car il s'agit de provoquer un apprentissage de procédure, or ce type d'apprentissage passe généralement par l'intermédiaire de l'observation et de la modélisation.

5. Sur le sujet, lire in Bertsch J., Le Scanf C. (dir.), *Apprentissages moteurs et conditions d'apprentissages,* PUF, 1995 ; Chevalier N., *Apprentissage, imagerie et répétition mentale*, p. 153-188 ; Le Scanf C., *Imagerie et apprentissage*, p. 189-208.

Sur le problème plus général de l'image en psychologie cognitive et dans le domaine de l'apprentissage :

Denis M., *Les images mentales*, PUF, 1979 ;

Denis M., *Image et cognition*, PUF, 1989.

sujet de « forcer », afin de tenter de lui faire sentir les sensations qui habitent un « bon joueur », lui faire sentir le « timing » ;

– corriger en permanence ;

– faire faire le geste réel (avec engin) sur un « timing » relativement lent ;

– faire faire le geste réel à vitesse normale sans forcer, en essayant surtout de bien prendre conscience des sensations kinesthésiques et du rythme si celui-ci est important ;

– enregistrer l'individu en vidéo, visionner la bande avec lui, et lui demander de se critiquer, l'aider à mieux percevoir, construire avec lui l'image qui lui conviendra, utiliser l'analogie : *quand on est à cheval, c'est l'assiette qui compte ; on ne se tient pas aux rênes : les rênes c'est le volant, on conduit avec* [6] ;

– revenir sur les moments clefs du geste et proposer pour certains des points clefs des images analogiques (imaginer que l'on lance la raquette au service de tennis, penser que les pieds sont des pieds d'éléphant et le cou celui d'une girafe lorsque l'on est à l'adresse au golf, etc.) ;

– s'entraîner, s'entraîner, s'entraîner… et encore s'entraîner… en cherchant à améliorer une partie précise du geste et en recherchant en permanence le feed-back. Dans ce type d'apprentissage, l'utilisation de la vidéo, l'auto-évaluation, l'œil extérieur d'un entraîneur compétent, des dizaines de milliers de répétitions constituent des passages quasiment obligés pour celui qui cherche réellement à améliorer l'efficacité de son geste.

Pour ce type de geste et en particulier pour les gestes sportifs, les fédérations et les enseignants d'éducation physique n'ont pas attendu les didacticiens pour s'intéresser à la didactique des disciplines sportives et à l'étude de l'entraînement. L'enseignant confronté à ce type de problème trouvera dans les documents édités par les fédérations et dans les ouvrages écrits par des entraîneurs confirmés d'excellentes suggestions pour résoudre les problèmes qu'il rencontre lors de l'enseignement d'un geste sportif particulier.

Les règles que je viens de vous proposer pour enseigner un geste complexe à dominante coordination sensori-motrice sont trop générales pour être vraiment opératoires. Selon le geste à enseigner : saut de cheval, saut à ski, soleil à la barre fixe, saut à la perche, les propositions d'enseignement seront très différentes, car des éléments nouveaux comme le sentiment du danger peuvent tout modifier. Cependant il est certain qu'il faut :

– alterner l'approche globale et l'approche analytique ;

– fournir d'abord une image globale par démonstration afin que l'apprenant se construise une première image motrice qui servira d'ancrage aux premiers essais et aux modifications ultérieures ;

6. Bastien C., *Les connaissances de l'enfant à l'adulte*, A. Colin, 1997, p. 124.

– améliorer la connaissance de la mécanique gestuelle (analyse), pour mieux comprendre ce que l'on fait, donc pour améliorer l'image motrice et les éléments de contrôle de celle-ci ;

– enfin, si le rythme (timing), est important pour la réussite du geste, il faut alors le soutenir par une comptine verbale du type (lan… gouste) pour rythmer le swing de golf par exemple : (lent) pour l'armé, (gouste) uniformément accéléré pour la traversée et la fin du geste, ou par tout autre artifice.

ENSEIGNER UN GESTE

Enseigner un geste complexe à **dominante cognitive** se résout en appliquant la méthode TWI.

1. Préparer l'intervention

1.1. Exécuter le geste pour identifier les phases et les opérations.

1.2. Exécuter le geste pour identifier les points clefs.

1.3. Décider comment enseigner les points clefs.

2. Enseigner

2.1. Faire sans expliquer.

2.2. Faire en expliquant.

2.3. Faire faire en expliquant.

2.4. Faire faire sans expliquer.

2.5. Demander à chacun de s'entraîner, corriger individuellement.

Enseigner un geste complexe à **dominante coordination sensori-motrice** passe par une alternance :

– de démonstration de la part de l'enseignant, d'observation de la part de l'apprenant ;

– d'imitation globale ;

– d'analyse afin de construire les points de contrôle du geste ;

– d'entraînement afin de construire des sensations ;

– d'analyse de son geste en vidéo avec l'aide d'un entraîneur ;

– de dizaines de milliers de retour sur ces quatre phases si l'on veut obtenir des performances qui s'approchent de celles d'un professionnel.

QUESTIONS À SE POSER POUR PRÉPARER UNE LEÇON

1. Quel est l'objectif ?
2. Comment l'évaluer ?
3. Le niveau de l'outil d'évaluation (Bloom) est-il suffisant ?
4. À quel type d'apprentissage (Gagné) correspond l'objectif ?

Fait | Concept | Principe | Méthode | Stratégie cognitive | Attitude | Geste

5. Quelle démarche générale vais-je privilégier ?
Inductive ? Déductive ? Dialectique ? Divergente ? Analogique ?
6. Quelle stratégie cognitive vais-je développer ?
7. Quels sont les PRÉREQUIS ?
8. Quel problème concret vais-je poser au début de la leçon pour les MOTIVER ?
COMMENT DONNER DU SENS À CETTE LEÇON ?
9. Comment vais-je les rendre ACTIFS durant cette leçon ?

STRATÉGIES PÉDAGOGIQUES *

Fait | Concept | Principe | Méthode Procédure | Stratégie cognitive | Attitude | **Geste**

Fait

1. Donner du SENS
2. Utiliser des images
3. Organiser l'information
4. Faire pratiquer la métacognition

Concept

Démarche inductive
1. Faire jaillir des représentations
2. Exemples/contre-exemples
3. Faire produire la définition
4. Entraînement
5. Évaluation

Démarche déductive
1. Faire jaillir des représentations
2. Donner définition
3. Faire appliquer sur exemples et contre-exemples
4. Entraînement
5. Évaluation

Principe

Démarche inductive
1. Poser le problème qui peut être résolu en appliquant le principe
2. Résolution du problème par les élèves
3. Faire énoncer le principe par les élèves
4. Proposer situations d'entraînement
5. Évaluer

Démarche déductive
1. Énoncer le principe
2. Poser le problème qui peut être résolu en appliquant le principe
3. Résoudre le problème devant les élèves
4. Proposer situations d'entraînement
5. Évaluer

Méthode Procédure

Algorithme

Attitude / Geste

Modélisation
1. Démontrer
2. Faire observer
3. Faire analyser et faire construire une grille d'observation/évaluation
4. Proposer des situations d'entraînement
5. Évaluer

TWI Préparer
1. Faire pour identifier les phrases et les opérations
2. Faire, pour identifier les points clefs
3. Décider du traitement pédagogique des points clefs

TWI Animer
1. Faire en expliquant
2. Faire sans expliquer
3. Faire faire en expliquant
4. Faire faire sans expliquer
5. Demander de s'entraîner

Stratégie cognitive

1. Démontrer + verbaliser à haute voix le discours intérieur
2. Faire vivre des situations prouvant l'efficacité
3. Provoquer métacognition
4. Formaliser (construire check-list ou algorithme)
5. Faire appliquer jusqu'à maîtrise

* Penser à l'enseignement programmé et à l'individualisation
Penser à l'animation de petits groupes et au conflit sociocognitif.
Penser à la situation adidactique.
Penser à la synectique

25

Enseigner des attitudes

Première partie : les objectifs du domaine affectif
Cadre théorique

Les « directionnels »[1] de la formation

La boussole !... Avec l'enseignement des attitudes nous retrouvons la boussole !...

Après une « ouverture » sur les finalités : l'essentiel c'est de ne pas perdre le Nord !... il ne sert à rien de pouvoir rouler à 250 km/h si l'on ne sait pas où l'on va !, j'ai fait un très long détour pour vous expliquer comment enseigner des faits, des concepts, des principes, des procédures, des stratégies cognitives, etc., sujets indiscutablement passionnants mais à mon sens relativement peu importants si nous ne tentons pas d'abord d'enseigner des attitudes.

Revenons donc sur les **finalités de l'éducation** énoncées dans le premier chapitre. Vous les avez sûrement oubliées, car l'énoncé des finalités de la formation est souvent considéré comme une précaution oratoire qui n'engage à rien, alors qu'il s'agit réellement de définir les « directionnels » autour desquels doit s'organiser l'action de formation, donc les leçons dispensées au jour le jour. Quels sont donc ces « directionnels » et d'abord quelles sont leurs sources ?

Les sources des « directionnels » de la formation

Les sources des « directionnels », les sources des « finalités » de la formation, nous ne pouvons les trouver que dans les réponses aux questions : « Quel homme voulons-nous former ? Pour quelle société ? » À ce sujet, j'écrivais dans le premier chapitre : *« Que faut-il donc enseigner en priorité si nous vivons dans un pays développé et démocratique au début du XXIe siècle ? [...] Tout ce*

1. Le terme est de Françoise Raynal.

qui permettra à un individu de s'insérer harmonieusement à la société existante, et tout ce qui devrait lui permettre d'œuvrer ensuite pour tenter d'améliorer le sort de chacun !... Présenté autrement, il s'agira essentiellement d'enseigner, du moins à mon avis : 1. Le respect de l'autre. 2. Le respect de la démocratie. 3. Le respect de la loi. 4. Le respect de soi. 5. L'indépendance d'esprit. 6. La maîtrise des stratégies personnelles de traitement de l'information qui permettront de traiter au mieux les informations issues de l'environnement. »

Dans cet ouvrage, je vous ai longuement expliqué comment traiter le point 6 (la maîtrise des stratégies personnelles de traitement de l'information) par l'intermédiaire de l'enseignement de faits, de concepts, de principes, de stratégies cognitives, etc., mais absolument pas de la manière d'enseigner les cinq premiers points. Ces cinq premiers points relèvent de l'atteinte des objectifs du domaine affectif, donc de l'enseignement des attitudes. Ce chapitre et le suivant seront donc consacrés à tenter de répondre succinctement à la question : « Comment enseigner des attitudes ? ».

Si je tente de synthétiser mes propositions, l'une des principales finalités de la formation consisterait à : « former un adulte autonome et responsable, qui devra participer au mieux au développement harmonieux d'une société fonctionnant sur la base des systèmes politiques développés par les démocraties occidentales au XXe siècle ».

Cette finalité étant généralement acceptée par la majorité des enseignants ainsi que par la plupart des responsables politiques des pays qui se réclament de la démocratie occidentale, préciser ce que j'entends par « adulte » et par « citoyen responsable » devient indispensable si je souhaite opérationaliser quelque peu ces « intentions ».

Former un adulte et un citoyen responsable

Pour préciser le concept d'adulte, je me référerai à Paul Osterrieth [2] et à Olivier Reboul [3] car leurs définitions de l'adulte me semblent mériter la citation.

Dans les lignes suivantes, Osterrieth précise ce qui lui paraît caractériser l'individu adulte par rapport à l'enfant : *« Au caractère diffus, épars, flottant, non hiérarchisé, tour à tour stéréotypé ou fluctuant du comportement infantile, on oppose généralement la consistance et la cohérence du comportement adulte. [...] L'adulte ne cède pas à la moindre suggestion, il ne se rend pas à la plus*

2. Osterrieth P., *Faire des adultes*, Mardaga, 1988, p. 18-20.
3. Reboul O., *Les valeurs de l'éducation*, PUF, 1992, p. 168-169.

légère pression, il ne désarme pas dès qu'apparaît l'opposition ; il sait, si nécessaire, accepter le conflit et la lutte. Mais, d'un autre côté, il présente un degré de tolérance élevé au changement, à la contradiction, à la frustration, à l'insécurité. Son organisation psychique n'explose pas en agressivité tumultueuse dès que surgit un obstacle ; elle ne se désintègre pas dans l'angoisse dès qu'apparaît une menace. Le cas échéant, l'adulte sait accepter la contrainte, il sait postposer la satisfaction de ses désirs, il sait se soumettre à l'inéluctable ; il sait ne pas se cacher la réalité lorsqu'elle est déplaisante pour lui et ne cherche pas à se donner le change. Son organisation psychique n'est ni rigide ni crispée... la véritable maturité implique la capacité à éprouver émotions et sentiments, à les exprimer de manière adéquate, à ne pas refuser leur apport fécondant et dynamogène sans pour autant se laisser submerger par leur violence.

On peut aussi opposer à juste titre l'autonomie de l'adulte à la dépendance de l'enfant, tant en ce qui concerne sa subsistance et la satisfaction de ses besoins qu'en ce qui concerne les manifestations de son activité et ses prises de position directrices. Là où le petit ne peut que s'en remettre à autrui, suivre, imiter, se conformer et obéir, l'adulte fait preuve d'initiative et d'une large autodétermination. Il revendique la responsabilité de ses actes et n'en impute pas les conséquences à autrui ou au destin. Il s'accepte responsable de ses actes et n'attend pas des autres la satisfaction ou la réalisation de ses objectifs. »

Olivier Reboul rejoint Paul Osterrieth sur bien des points, et comme les points de vue se complètent, je ne résiste pas au plaisir de le citer également :

« À notre avis, c'est à tort qu'on oppose l'adulte à l'enfant ou à l'adolescent, qui ne sont en fait que des barreaux de l'échelle des âges, complémentaires et nécessaires. En revanche, comme nous l'avons suggéré au début, l'adulte s'oppose terme à terme à un personnage bien réel, et à notre avis nuisible, et qui confère au premier sa valeur a contrario. Ce personnage, nommons-le l'infantile.

On peut lui assigner les traits suivants :

1. Être infantile, c'est refuser de voir les choses telles qu'elles sont, de distinguer ce qu'on sait de ce qu'on croit ; c'est prendre ses désirs pour la réalité.

2. C'est être incapable de s'abstraire du présent, de vouloir les moyens des fins qu'on se donne, d'assumer les conséquences proches et surtout lointaines de ses actes. L'infantile, dirait W. Jankélévitch, veut le dimanche sans la semaine, l'épouse sans la belle-mère. C'est-à-dire qu'il voudrait mais ne veut pas.

3. C'est être égocentrique. Dans ses amours comme dans ses haines, il ne s'intéresse qu'à lui ; il est incapable de rencontrer les autres et d'assumer ce que toute rencontre comporte d'imprévu et de risqué. À la limite, sa perception de l'autre se réduit à un fantasme.

4. C'est un irresponsable. L'infantile ne sait pas se décider ; il dira toujours que "ce n'est pas à lui de..." et que "ce n'est pas sa faute". Une psychanalyse vulgarisée a renforcé ce trait : combien de gens qui passent leur vie à blâmer père et mère, quitte à oublier leur responsabilité de père ou de mère !

5. Par là même il dépend d'autrui : des parents, des maîtres, des amis, des enfants même. L'infantile ne sait pas vivre seul ; et donc il est seul. Attendant tout des autres, il n'en reçoit pas ce qu'il leur demande. Éternel mendiant, éternel rejeté.

6. Son rapport, de soumission ou de révolte, à l'égard de l'autorité, reste pathologique. Il a besoin d'elle, soit pour l'adorer, soit pour l'exécrer, mais toujours parce qu'il la considère comme sacrée, et n'a plus d'autre alternative envers elle que la soumission fanatique ou la révolte aveugle : pensons à toutes les idoles de soixante-huit : Reich, Mao, Trotski et, en face de cet "harmonieux" panthéon, la noire multitude des flics et autres CRS SS. Blanche ou noire, l'autorité n'est que la projection de sa propre impuissance.

7. Enfin l'infantile manque d'humour. Du moins de cet humour viril de l'homme qui sait être sérieux sans trop se prendre au sérieux. » [4]

Le concept d'adulte étant un peu mieux défini grâce à Reboul et Osterrieth, il me faut maintenant préciser ce que j'entends par former un citoyen responsable.

Dans notre société qui valorise les systèmes démocratiques à l'occidentale et dans laquelle la solidarité (au moins financière) envers les faibles : malades, enfants, vieillards, chômeurs, etc. est particulièrement importante, il semble que l'on puisse se mettre d'accord sur des objectifs affectifs du type :

– être persuadé que le système démocratique occidental est le moins mauvais système politique qui existe à l'heure actuelle ;

– être persuadé que le droit prime la force ;

– être persuadé que la solidarité envers les plus faibles est indispensable pour construire une société équilibrée et satisfaisante pour le plus grand nombre ;

– être persuadé qu'il est important de donner à la société au moins autant que l'on en reçoit ;

– contribuer à faire fonctionner et à améliorer le système en s'informant, en jouant pleinement son rôle dans la société en se portant éventuellement candidat aux fonctions électives, en participant à des actions socioculturelles ou socio-éducatives, etc.

Il est évident, à l'énoncé de ces finalités, que la première origine des directionnels est essentiellement idéologique. En effet, rien ne nous interdirait de souhaiter former : un citoyen qui obéisse aveuglément aux ordres émanant d'une aristocratie héréditaire, ou un citoyen qui obéisse aveuglément aux représentants d'une religion d'État.

4. Reboul O. *Ibid.*

La manière de conduire la formation serait évidemment différente si nous retenions ces finalités, ce qui prouve l'importance des directionnels, la nécessité de les formuler et de ne pas les perdre de vue, ainsi d'ailleurs que leur caractère idéologique.

Un cadre de référence théorique : Piaget/Köhlberg

Avec les finalités : « former un adulte autonome ; former un citoyen responsable », j'ai défini deux grands « directionnels » de la formation. Avec la finalité : « obtenir qu'à l'issue de sa formation l'individu soit plus centré sur la tâche que centré sur l'ego » [5], j'en ai défini un troisième, cela implique bien sûr qu'il faudra s'appuyer sur la théorie de l'attribution causale et sur les travaux de Nicholls pour obtenir ce résultat [6].

L'importance du **renforcement positif** pour installer des attitudes n'étant plus à démontrer, il faudra bien entendu s'appuyer également sur la **théorie de la motivation d'accomplissement** que j'ai succinctement développée dans le chapitre relatif à la motivation, car l'une des clefs des comportements volontaires demeure tout de même l'espoir que ce comportement provoquera un renforcement ultérieur, donc une émotion agréable.

Il nous manque encore un élément théorique pour mieux cerner les finalités de la formation affective, c'est la description des stades de développement du jugement moral chez l'individu. Piaget fut le premier à étudier le développement du jugement moral chez l'enfant et il a constaté que le jugement moral, comme le raisonnement logique, se modifie avec l'âge. Pour étudier la modification du raisonnement moral, Piaget raconte d'abord aux enfants les historiettes suivantes :

Histoire 1. André, un petit garçon de quatre ans, voulant voler des confitures dans le placard, a fait tomber une tasse qui s'est brisée.

Histoire 2. Henri, un autre petit garçon qui jouait à côté d'une table, a renversé, sans le faire exprès, un plateau supportant 12 tasses, toutes les tasses se sont brisées dans l'accident.

Puis il leur demande *: « Quel est, d'après toi, le petit garçon qui a été le plus méchant ? »*

Les enfants d'âge préscolaire estiment qu'il faut punir davantage celui qui a cassé le plus grand nombre de tasses. Les enfants plus âgés, en revanche, tiennent compte des intentions.

---

5. Voir chapitre 14.
6. Voir page 69 : centration sur la tâche et centration sur l'ego.

Köhlberg, psychologue américain, a poursuivi les travaux de Piaget, et d'après lui le jugement moral se développe chez les individus suivant six stades :

Niveaux et stades	Exemples de comportement
NIVEAU I. Moralité préconventionnelle Stade 1. Orientation vers la punition Stade 2. Orientation vers la récompense	Obéit aux prescriptions pour éviter la punition Se conforme pour obtenir des récompenses, pour que les faveurs lui soient rendues
NIVEAU II. Moralité conventionnelle Stade 3. Orientation de « bon petit garçon » ou de « bonne petite fille » Stade 4. Orientation vers l'autorité	Se conforme pour éviter la désapprobation des autres Respect des lois et règles sociales pour éviter la censure des autorités et le sentiment de culpabilité pour n'avoir pas « fait son devoir »
NIVEAU III. Moralité postconventionnelle Stade 5. Orientation de contrat social	Les actes sont guidés par des principes généralement reconnus comme essentiels au bien public ; les principes sont maintenus afin de garder le respect des pairs et partant de soi-même
Stade 6. Orientation vers les principes d'éthique qu'on a choisis soi-même	Les actes sont guidés par des principes qu'on a choisis soi-même (qui accordent d'habitude du prix à la justice, à la dignité et à l'égalité). Ces principes sont respectés pour éviter d'avoir à se blâmer soi-même

D'après L. Köhlberg. Tableau repris de : Atkinson R. C., Atkinson R. L., Smith E. E. et Hilgard E. R., *Introduction à la psychologie*, Études vivantes, 1987, 2e édition, p. 91.

Ce qui est intéressant dans ces conclusions, c'est que 10 % des individus seulement parviendraient au stade 6, stade qui caractérise pourtant l'individu adulte responsable.

Les stades de développement du jugement moral de Köhlberg nous fournissent bien entendu un autre directionnel autour duquel articuler la formation : obtenir que les élèves, à l'issue de leur formation, soient parvenus au stade 6, ou au moins au stade 5 de Köhlberg.

Les objectifs à long terme et les objectifs à moyen terme

« Former un adulte autonome et responsable.

Former un citoyen participant à la vie politique de la cité et du pays et susceptible de s'engager pour défendre la démocratie et les droits de l'homme.

Former un individu plus centré sur la tâche que centré sur l'ego.

Former un individu qui parvienne au stade 6, ou au moins au stade 5 défini par Köhlberg. »

Ces points constituent donc nos « directionnels » affectifs.

Il est évident que ces objectifs ne seront atteints, s'ils le sont un jour, qu'après quinze à vingt ans de formation et qu'ils ne nous sont pas d'un grand secours pour savoir ce que nous devons faire, leçon après leçon, pour espérer les atteindre un jour.

Il est donc nécessaire, pour opérationaliser ces intentions, de passer par la définition d'attitudes qui vont jouer le rôle d'objectifs intermédiaires.

1. Les attitudes

Un individu, comme nous l'avons vu dans le troisième chapitre, c'est un amalgame indissociable de « cognitif », « d'affectif » et de « psychomoteur ». Bien sûr, pour les besoins de l'analyse, le pédagogue tente de dissocier les facteurs, ce qui m'a conduit à parler d'enseignement de concept, de principe, de geste, et maintenant d'enseignement d'attitudes, mais dans la réalité, les trois domaines sont étroitement imbriqués et je suis de plus en plus persuadé, comme je l'ai souligné plusieurs fois, que l'émotion ressentie lors d'un apprentissage est l'un des éléments essentiels du codage et du rappel [7]. Aucun comportement n'est uniquement affectif, uniquement cognitif, ou uniquement psychomoteur [8]. Il faudra donc enseigner en même temps les comportements cognitifs et les comportements affectifs (attitudes), mais ils ne s'enseignent évidemment pas de la même manière, d'où la complexité de l'action éducative.

Comment enseigner des attitudes ? et d'abord qu'est-ce qu'une attitude ?... Disons que c'est « *un état interne à l'individu [...] qui rend plus ou moins probable ou improbable un comportement déterminé dans une situation donnée* ». [9]

Il s'agit donc d'un concept qui est très proche du concept de motivation, il s'agit en fait d'une motivation dirigée vers un objet déterminé car manifester des « comportements d'approche » ou des « comportements d'évitement » vis-à-vis d'un objet quelconque n'est que la manifestation observable d'une « orientation vers », d'un « dynamisme interne », d'une attitude enfin, que je différencie assez mal de la « motivation à ».

Je souhaiterais attirer l'attention du lecteur sur le fait que ce dynamisme interne est appris. De très nombreuses personnes manifestent une attitude de retrait, une attitude de fuite devant un serpent, et nombre de personnes estiment qu'il s'agit

7. Voir cet ouvrage chapitre 12.
8. Voir à ce sujet Damasio A. R., *L'erreur de Descartes*, O. Jacob, 1994.
9. Raynal F., Rieunier A., *Pédagogie, dictionnaire des concepts clefs*, ESF éditeur, 1997, p. 45.

là d'une attitude instinctive, c'est faux !... J'ai vu, en Afrique, des enfants européens de 18 mois jouer avec de jeunes boas de un mètre de long ; habitués très jeunes à la présence de cet animal, ils ne manifestaient aucun comportement de fuite vis-à-vis du serpent, bien au contraire.

Puisque j'ai choisi une démarche déductive pour vous enseigner le concept d'attitude (je viens de vous en fournir une définition puis un exemple), poursuivons dans cette voie, voici des exemples d'attitudes que l'enseignement se propose habituellement de développer et qui sont la conséquence des définitions de l'adulte proposées plus haut : tolérance, responsabilité de ses actes, respect de la parole donnée, persévérance, ténacité, autonomie, conscience professionnelle, amour du travail bien fait, ponctualité, assiduité, confiance en soi, contrôle de soi, curiosité, honnêteté, amour de la vérité, cohérence, solidarité, acceptation de l'autre, respect de l'autre, écoute des propositions (attitude d'ouverture), réalisme, etc.

2. Les échelles d'attitudes

Ces attitudes peuvent être opérationalisées en créant des échelles d'attitude sur lesquelles il sera possible de positionner les enfants en fonction de critères qu'il serait intéressant de discuter et de définir avec eux, ce qui passe par une définition précise donc comportementaliste des différents niveaux de l'échelle.

0	1	2	3	4	5 →
Comportement fluctuant					Comportement consistant

0	1	2	3	4	5 →
Comportement stéréotypé					Cohérence du comportement

Pour vous montrer comment opérationaliser des intentions, j'ai rapidement tenté de traduire en échelles d'attitude les discours d'Osterrieth et de Reboul ; je me suis contenté d'identifier les pôles de ces échelles, sans définir les niveaux.

Impulsivité non contrôlée	→	Congruence dans les engagements
Non-respect des engagements	→	Respect des engagements
Fonctionne à l'impulsion	→	Définit objectifs, planifie, organise
Abandonne face aux difficultés	→	Tenace
Agité	→	Calme
Dépendant	→	Autonome
Se défend de ses affects	→	Assume ses affects
Vit dans ses rêves	→	Accepte la réalité
Se protège en permanence besoin exacerbé de sécurité	→	Prend des risques calculés

Défiant	→	Confiant
Égoïste	→	Altruiste
Ne s'intéresse qu'à lui	→	S'intéresse aux autres
Suiveur, dépendant	→	Leader, indépendant
Servile	→	Accepte l'autorité sans servilité
Opposant systématique	→	Accepte l'autorité sans opposition systématique
Trop sérieux	→	Fait preuve d'humour

Pour opérationaliser réellement les intentions contenues dans le discours, il resterait bien entendu à définir clairement, en termes de comportements observables identifiables par n'importe quel observateur, les échelons 1, 3, 5, voire tous les échelons, de chacune des échelles d'attitude dont je viens d'identifier les pôles.

Un autre cadre théorique : les taxonomies d'objectifs du domaine affectif

Je tiens à rappeler au lecteur peu habitué à la littérature relative aux objectifs que le terme taxonomie signifie : « classification » et plus précisément « classification hiérarchisée » (voir Bloom, domaine cognitif : connaissance, compréhension, application, etc., chapitre 3 de cet ouvrage).

Bloom et ses collègues ont tenté de concevoir, comme ils l'avaient fait pour les activités intellectuelles, une taxonomie (classification hiérarchisée) des attitudes qu'un individu peut manifester vis-à-vis d'un objet ou d'un contenu particulier. Cette taxonomie du domaine affectif a pris le nom de taxonomie de Krathwohl, Bloom et Masia [10].

1 La taxonomie de Krathwohl

Krathwohl estime qu'une attitude vis-à-vis d'un « objet » peut aller de la neutralité, ou de l'indifférence, « l'individu ne perçoit même pas l'existence de l'objet », à la recherche permanente de cet objet, donc à « l'organisation de la vie autour de cet objet », niveau qu'il appelle le niveau caractérisation.

Il définit ainsi 5 niveaux :

1. Réception.
2. Réponse.
3. Valorisation.

10. Krathwohl D. R., Bloom B., Masia B. B., *Taxonomie des objectifs pédagogiques, domaine affectif*, Presses de l'université du Québec, 1976.

4. Organisation.
5. Caractérisation.

Cette taxonomie (classification hiérarchisée) est donc organisée autour de l'intégration de la valeur que l'on accorde à un objet.

Exemple :

> *Un individu peut ignorer l'existence de l'« Église de l'Avenir céleste », ou l'existence de la « théorie de la séparation des pouvoirs de Montesquieu », son attitude est faite d'indifférence à l'égard de ces « objets », il n'entend même pas le terme (Église de l'Avenir céleste) lorsque celui-ci est prononcé à la radio.*

La première étape qui marque un minimum d'intérêt porté à l'objet : Église de l'Avenir céleste, (EAC dans la suite de ce chapitre), c'est l'étape dite de « réception ».

1.1. Réception. Conscience : *l'individu sait que l'EAC existe.*

Volonté de recevoir : *l'individu commence à être intéressé, si une information sur l'EAC est donnée à la radio, il augmente le son.*

Attention préférentielle : *l'individu repère un ouvrage traitant de l'EAC sur l'étagère d'une bibliothèque, alors qu'auparavant il ne le voyait même pas.*

1.2. Réponse. Assentiment : *l'individu approuve les idées de l'EAC.*

Volonté de répondre : *l'individu recherche activement l'information sur l'EAC.*

Satisfaction à répondre : *l'individu passe une certaine partie de ses loisirs à s'informer sur l'EAC, lit des livres sur le sujet, commence à envisager un engagement éventuel.*

1.3. Valorisation. Acceptation d'une valeur : *l'individu admet qu'il pourrait éventuellement s'impliquer dans la promotion des idées de l'EAC.*

Préférence pour une valeur : *l'individu subventionne l'EAC.*

Engagement : *l'individu s'engage activement, devient membre de l'EAC, participe aux réunions et aux manifestations.*

1.4. Organisation. Conceptualisation d'une valeur : *l'individu lit de plus en plus d'ouvrages sur l'EAC, précise ses idées sur, théorise...*

Préférence pour une valeur : *l'individu relie ses nouvelles connaissances à celles qu'il avait déjà de sorte que sa philosophie de la vie intègre l'EAC en tant que composante importante.*

1.5. Caractérisation : *l'individu organise tous ses loisirs autour du développement de l'EAC et devient un membre influent de la secte. S'il le peut il abandonne son travail, devient membre permanent de la secte, passe tout son temps à promouvoir ses idées et à faire du prosélytisme.*

Cette taxonomie est utilisable par n'importe quel enseignant, car tout enseignement d'attitude passe par 3 étapes :

a. La prise de conscience que l'attitude existe.

b. La volonté de manifester cette attitude, ne serait-ce que pour éviter les ennuis (motivation extrinsèque).

c. L'intégration progressive de l'attitude en tant que valeur car l'individu prend conscience (si les choses se passent bien) de l'intérêt de l'attitude soit pour atteindre ses propres objectifs, soit pour la cohérence de sa vision du monde (le relais est alors pris par la motivation intrinsèque).

La taxonomie de Krathwohl est la plus connue et la plus simple à utiliser, raison pour laquelle j'ai choisi de vous la présenter.

2 La taxonomie de Gephart et Ingle

Beaucoup moins connue, la taxonomie de Gephart et Ingle est nettement moins opératoire que celle de Krathwohl, mais elle a l'avantage de fort bien décrire le domaine affectif, raison pour laquelle je vous la propose également.

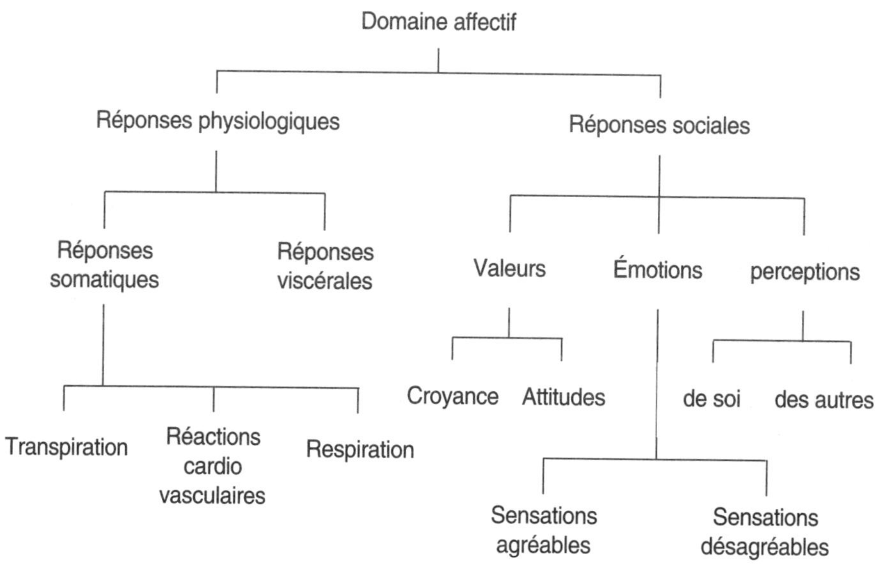

Taxonomie de Gephart et Ingle
Cité dans : Martin B. L., Briggs L. J., *The affective and cognitive domains*, Educational Technologie Publications, Englewood Cliffs, New Jersey, 1986, p. 85.

Ce schéma nous permet de constater que le domaine affectif correspond au domaine des sensations, des sentiments, de l'informel, de l'**émotion**, de la manière dont on perçoit le monde viscéralement, abstraction faite de l'intellectualisation de la situation (si tant est que cela soit possible, car ce que l'on sait influe toujours sur ce que l'on ressent).

Les valeurs sont acquises, c'est indiscutable, cette acquisition passe par l'apprentissage, c'est non moins indiscutable, et cet apprentissage est dépendant des sensations agréables ou désagréables que l'on éprouve en présence d'un « objet ». Ces sensations déterminent l'émotion, laquelle provoquera l'attitude, et l'intellectualisation de l'attitude provoquera peut-être la naissance d'une valeur. [11]

Si l'on souhaite enseigner une attitude positive vis-à-vis d'un « objet », il faut passer par quatre étapes :

1. Faire produire un comportement d'approche par rapport à l'« objet » (à la limite par la contrainte, c'est assez souvent le cas pour l'enseignement du piano à un enfant par exemple) ;
2. Renforcer positivement et immédiatement ce comportement de façon à lier : « objet » et sensation agréable ;
3. Faire prendre conscience de la relation causale : comportement/sensation agréable ;
4. Reproduire la situation un très grand nombre de fois.

La congruence

Enfin, dans le cadre général de l'enseignement des attitudes il faut souligner l'importance essentielle de la congruence et de la modélisation. On ne peut demander à des élèves d'arriver à l'heure en classe (attitudes de respect de l'autre, du respect de soi-même et de ses engagements) si l'on se permet d'arriver soi-même régulièrement en retard. On ne peut espérer enseigner la rigueur si l'on ne manifeste pas soi-même une rigueur exemplaire (dans le sens premier de « donner l'exemple ») vis-à-vis de soi-même. L'exemple que l'on donne est fondamental, si un professeur arrive régulièrement en retard en classe, il enseigne à ses élèves que la « force prime le droit », il leur enseigne « que le droit ne s'applique pas de la même manière à tout un chacun », « selon que vous serez puissant ou misérable… », il fait de l'anti-éducation.

L'axiologie est première, indubitablement première, la vie en société n'est possible que si certaines règles sont observées, et les vieux aphorismes : « Tu ne feras pas aux autres ce que tu ne voudrais pas qu'on te fasse », « La liberté individuelle s'arrête où commence celle des autres », me paraissent dans leur sim-

11. Voir cet ouvrage chapitre 11.

plicité, parfaitement compréhensibles et acceptables par la quasi-totalité des enfants du primaire et des adolescents du secondaire. L'aspiration à la justice est une aspiration très forte pour les enfants et les adolescents, lesquels sont en outre extrêmement sensibles à l'injustice. Il semble donc possible de s'appuyer sur cette aspiration et sur le besoin de cohérence présent chez tous les individus pour enseigner des attitudes, cela bien sûr au prix d'un certain nombre de contraintes pour les adultes qui vivent dans l'établissement scolaire.

Il est inadmissible que des enfants, dans le cadre des établissements scolaires, soient soumis au racket, il est inadmissible que des adultes, éducateurs de surcroît, acceptent de fermer les yeux sur de pareilles pratiques, seule une prise en compte réelle de la dimension « éthique » par la **totalité de l'équipe éducative** peut permettre de régler ce type de problème, au moins dans l'enceinte de l'école. Si les enseignants ferment les yeux sur de pareils errements, s'ils ne réagissent pas lorsque les deux aphorismes cités ci-dessus sont transgressés sous leurs yeux par des élèves, ils ne remplissent plus leur mission éducative ; ils enseignent peut-être mais ils n'éduquent plus et dans ce cas ils n'ont, à mon sens, rien à faire dans l'enceinte de l'école. Il faut **être assertif**, énoncer ses valeurs, expliquer pourquoi on y croit et pourquoi on les défend.

Je tiens à affirmer une fois encore que les techniques pédagogiques n'ont absolument aucun intérêt si elles ne sont pas transcendées par une éthique, donc si l'on ne se préoccupe pas d'enseigner les valeurs.

Opérationaliser les objectifs du domaine affectif n'est pas particulièrement simple, c'est indiscutable. Je tenterai tout de même dans le prochain chapitre, de vous montrer comment on peut, si on le décide, tenter d'opérationaliser les objectifs du domaine affectif, et parfois même réussir à les atteindre.

ENSEIGNER UNE ATTITUDE 1 [12]

Les objectifs du domaine affectif qui décrivent les valeurs que la société entend promouvoir par l'intermédiaire de l'école sont des objectifs essentiels, fondamentaux.

Il est indispensable de les formuler clairement et de tenter de les atteindre sinon l'école ne remplit plus sa mission.

Pour enseigner une attitude il faut passer par cinq étapes :

1. Manifester soi-même l'attitude (modélisation) ;
2. Faire produire un comportement d'approche par rapport à « l'objet » ;
3. Renforcer positivement ce comportement de façon à lier « objet » et sensation agréable ;
4. Faire prendre conscience de la relation « objet/sensation agréable » ;
5. Reproduire la situation un très grand nombre de fois.

12. Je compléterai la stratégie d'enseignement d'attitude dans le chapitre suivant.

26

Enseigner des attitudes

Deuxième partie : tentative d'opérationalisation

L'enseignement des attitudes n'est pas facile à conduire. Comme je l'ai souligné dans le chapitre précédent, cet enseignement s'inscrit généralement dans la durée car il s'agit d'apprentissages qui « *supposent la mise en place de dispositifs complexes d'enseignement, d'interventions pédagogiques nombreuses et souvent étalées sur une assez longue durée* » [1], voire sur une très longue durée pour certains objectifs du domaine affectif.

Ces apprentissages sont par ailleurs hautement dépendants de la cohérence des modèles proposés par la société, l'école, la famille. Si la famille et le groupe des pairs ne valorisent pas les mêmes attitudes que l'école, celle-ci ne peut, à elle seule, imposer ses valeurs. Si le milieu familial vit en vendant de la drogue, si le groupe des pairs vit de même, et si le seul moyen d'obtenir de l'argent pour satisfaire ses besoins consiste à devenir dealer, l'école ne pourra pas grand-chose contre cet état de choses.

Cependant, l'école doit :

– montrer les dangers de ce type de choix (danger personnel, danger pour la société) ;

– affirmer ses valeurs ;

– dans son enceinte, faire respecter les droits des minorités et les droits des plus faibles ;

– faire respecter le règlement intérieur et faire en sorte que la cohérence des propositions des systèmes démocratiques à l'occidentale, dont les « Droits de l'homme » constituent l'un des piliers, apparaisse clairement aux yeux de tous.

1. Morissette D., Gingras M., *Enseigner des attitudes*, De Boeck, 1989, p. 20.

Note de l'auteur. Les différents spécialistes de l'enseignement des attitudes s'accordent généralement pour affirmer que l'enseignement des attitudes demande beaucoup de temps, cependant mon expérience me prouve que certains objectifs du domaine affectif peuvent être atteints assez rapidement (une journée) si l'on utilise les stratégies adéquates (voir ce chapitre).

L'indissociable imbrication du cognitif et de l'affectif

Comment enseigner des attitudes ? Cela dépend du type d'attitude, mais il faut tout d'abord préciser qu'on ne peut enseigner des attitudes sans enseigner en même temps un contenu, l'affectif est indissociable du cognitif ; c'est donc par l'intermédiaire de la manière dont on s'y prend pour enseigner les contenus, donc par l'intermédiaire des stratégies de formation, que l'on parvient ou non à faire apprendre des attitudes. Je donnerai ci-dessous deux exemples de stratégies que j'ai utilisées il y a quelques années, l'une pour tenter d'essayer de concourir à la formation d'un citoyen responsable, l'autre pour tenter de développer l'attitude de persévérance et obtenir la valorisation des attitudes d'organisation et de planification.

Former un citoyen

Il y a plus de vingt-cinq ans, professeur, dans un CES doté d'un circuit de télévision, nous [2] venions de découvrir le résultat d'une recherche dont j'ai aujourd'hui perdu les traces, recherche qui soulignait « *une forte corrélation entre les résultats scolaires obtenus par les élèves de seconde et leur maîtrise des concepts du type : Constitution, institution, parlement, démocratie, pouvoir exécutif, pouvoir législatif, pouvoir judiciaire, suffrage universel direct, suffrage censitaire, droite, gauche, réactionnaire, révolutionnaire, etc.* », enfin de tous les termes qui permettent de comprendre le fonctionnement politique d'un pays démocratique.

Cette recherche soulignait donc la corrélation entre : la réussite scolaire, la compréhension des concepts suscités, le niveau socio-économique des parents, et soulignait en outre la non-maîtrise de ces concepts par un très grand nombre d'élèves de seconde alors que ces termes sont extrêmement fréquents dans les ouvrages scolaires de la 6e à la 3e.

Nous décidions donc de tenter une expérience et de créer une équipe d'enseignants qui tenterait de garantir la maîtrise du concept de « système démocratique à l'occidentale », en quatre ans (de la 6e à la 3e) par la majorité des élèves que nous prendrions en charge.

1. Enseigner le concept de démocratie ET l'attitude de valorisation de la démocratie

Nous souhaitions enseigner le concept de démocratie donc son champ sémantique (voir ci-dessous) et nous avions décidé d'enseigner les différents

2. Nous : un groupe d'enseignants qui avait décidé d'enseigner un peu différemment.

concepts : en les faisant « vivre », en les expliquant, en les faisant expliquer par les élèves chaque fois que ceux-ci les rencontreraient dans une matière (instruction civique, histoire, français), et chaque fois qu'il serait possible de les utiliser pour expliquer un phénomène lié à la vie sociale de la classe.

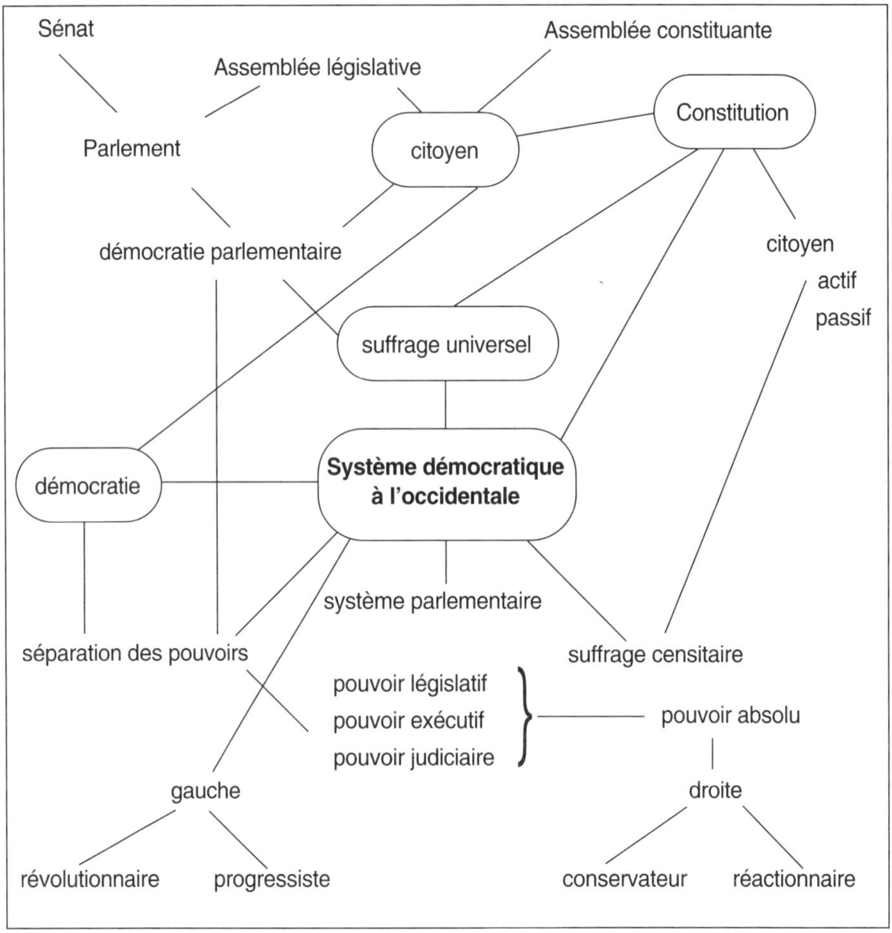

De plus, le professeur d'histoire, également chargé d'enseigner l'instruction civique, devait créer avec les élèves la Constitution de la classe puis commenter les élections présidentielles de mars-avril 1974 avec l'aide des enfants, en s'appuyant sur la presse quotidienne et hebdomadaire, sur des extraits de journaux, et sur des extraits de débats télévisés.

Cela fut expliqué aux élèves de 6e dès la fin du premier mois de classe de la manière suivante : *« Vous savez que des élections présidentielles doivent avoir lieu en France en avril prochain, aussi je vous proposerai, à cette époque, de suivre ces élections. J'ai besoin, pour ce faire, que vous puissiez lire la presse quotidienne. Or les journalistes politiques utilisent souvent des mots compliqués comme : Constitution, pouvoir législatif, gauche, droite, etc. Nous allons donc apprendre ces mots durant cette année afin de pouvoir lire les articles. Nous allons commencer aujourd'hui par un problème concret que nous pose l'administration du lycée.*

L'administration a décidé qu'il faut nommer un délégué de classe. Personnellement, je n'en vois pas la nécessité, je suis votre professeur principal je pourrais donc faire cela moi-même, mais puisque l'administration veut un élève, je propose, pour éviter de perdre du temps, de nommer moi-même le garçon qui me paraît le plus apte à représenter la classe, il se débrouillera sûrement mieux qu'une fille en face des adultes, et quant au critère de choix, on pourrait prendre celui qui a les meilleures notes par exemple !... »

Bien sûr un tollé suivit cette proposition, les filles s'insurgèrent contre la discrimination sexiste, les filles et les garçons refusèrent le critère de meilleure note suggéré par le professeur et proposèrent une élection au suffrage universel direct et à bulletins secrets, avec possibilité pour tous d'être candidat. Le professeur discuta alors pied à pied, expliqua que jusqu'en 1945 les femmes n'avaient pas le droit de vote en France, que dans de très nombreux pays elles ne l'avaient toujours pas, que dans d'autres pays il n'y a jamais d'élections, et qu'en conséquence il ne voyait pas pourquoi on choisirait ce système plutôt qu'un autre. De guerre lasse, il abandonna son point de vue, accepta la proposition des élèves (garçons et filles ont le droit de vote, donc tout le monde est citoyen de la classe), mais il proposa alors de faire une différence entre citoyens actifs et citoyens passifs, seuls pourront être électeurs les élèves qui ont 10 de moyenne générale et seuls pourront être élus les élèves qui ont 12 de moyenne générale, refus offusqué des élèves, le professeur expliqua alors ce qu'est le suffrage censitaire et conclut : bon, nous n'aurions pas toutes ces discussions si nous possédions la Constitution de la classe qui explique clairement, article après article, la manière dont cette classe doit être gouvernée, qui a le pouvoir, pourquoi, pour combien de temps, etc.

« Je vous propose donc de commencer à rédiger la constitution de la classe. »

Il est évident que :

– le travail de rédaction de la Constitution qui dura plusieurs mois (rédaction en trois séances puis amélioration en fonction des besoins) ;

– l'application de cette « Constitution » par **tous** les professeurs de la classe ;

– la nécessité d'utiliser un vocabulaire précis et clair pour tout le monde ;

– la nécessité de décider des amendements à apporter à la Constitution initiale en fonction des problèmes réels rencontrés dans la classe (toutes disciplines concernées) ;

améliorèrent considérablement la connaissance du système démocratique et que les élèves acquirent progressivement des arguments extrêmement sérieux pour défendre ledit système.

L'enseignement de l'attitude « valoriser le système démocratique à l'occidentale », corrélative de l'enseignement du concept « système démocratique » se fit ainsi par l'intermédiaire :

– de simulations (création de la Constitution de la classe) ;

– de jeux de rôles (on rejoua le procès de Louis XVI dans la classe afin de faire comprendre les concepts de droite, gauche, réactionnaire, révolutionnaire, etc.) ;

– de la nécessité de résoudre les problèmes institutionnels de la classe ;

– de l'analyse de certains « bilans » d'Amnesty International ;

– de l'analyse de la « une » (nombre de photos, nombre d'articles, nombre de phrases, nombre de mots) des principaux journaux au lendemain du premier tour des présidentielles *(France Soir, Le Figaro, L'Humanité, Le Monde)* et au lendemain du second tour.

Cette analyse de la « une » des journaux se fit également par l'intermédiaire des tests de lisibilité, ce qui permit de travailler sur l'analyse du style en français, et sur les caractéristiques sociologiques des lecteurs. Bien sûr, cela demanda beaucoup de temps, une sérieuse coordination entre les enseignants des différentes disciplines, mais à la fin de l'année, certains élèves de 6e discutant politique avec leurs parents prouvaient qu'ils avaient effectivement intégré nombre des concepts que nous avions décidé de leur enseigner, et défendaient, arguments à l'appui, le système démocratique à l'occidentale si leurs parents proposaient un système plus élitiste.

L'enseignement de cette attitude est donc passé par :

– l'enseignement d'un contenu (le système démocratique), la maîtrise de concepts complexes qui permettent d'argumenter, d'expliquer, de comprendre ;

– l'implication personnelle de celui qui apprend (il s'agissait de concevoir la Constitution de la classe et pas n'importe quelle constitution, le SENS était clair) ;

donc par un travail intégrant étroitement le domaine cognitif et le domaine affectif.

Je fais en outre l'hypothèse que la capacité à utiliser correctement un vocabulaire aussi abstrait pour analyser les systèmes politiques développe une capacité d'abstraction générale et un intérêt pour la pensée spéculative, qui doivent avoir des incidences sur la manière même de penser, mais rien d'autre qu'une profonde conviction ne me permet de l'affirmer.

Les stratégies décrites ci-dessus pour obtenir que les élèves deviennent des citoyens responsables sont effectivement un peu complexes, mais elles sont tout de même à la portée de n'importe quel enseignant qui désirerait les utiliser. Elles gagnent cependant à être déployées simultanément dans différentes disciplines si l'on souhaite augmenter leur efficacité.

2. Analyse de la stratégie utilisée par l'intermédiaire de la taxonomie de Krathwohl [3]

Si nous faisons l'analyse de cet apprentissage en utilisant la taxonomie de Krathwohl nous constatons qu'à l'entrée en 6e, les élèves ne savent pas ce qu'est un « système démocratique », ils ignorent tout de la signification du terme « Constitution », ils en sont donc au niveau zéro ou « indifférence » comme pour l'exemple de « l'Église de l'Avenir céleste ».

Il faut donc d'abord les sensibiliser à l'existence du problème, c'est le niveau « réception ». Dès que les élèves ont compris le problème, ils passent très rapidement au niveau « désir de répondre », désir d'en savoir plus sur le sujet et tout aussi rapidement au niveau « valorisation », car le système démocratique leur paraît bien meilleur que les autres (ils le connaissent déjà pour l'avoir pratiqué en primaire, c'est le système dominant dans le pays et ils n'en envisagent pas d'autre pour gérer la vie de la classe). Ils passent ensuite sans peine au niveau « organisation » car ils souhaitent rédiger une Constitution qui garantisse les libertés de chaque membre de la classe. Le niveau « caractérisation » ne sera atteint que plus tard et peut-être pas par tous les élèves.

Si j'analyse cet apprentissage non plus sur le plan technique, mais sur le plan des causes de l'efficacité, il est clair que la clef de la réussite réside dans le SENS que les élèves ont pu accorder à la situation. Le SENS reste la voie royale pour faire acquérir des attitudes. Si un comportement n'a pas de sens par rapport aux désirs de l'individu, celui-ci posera le comportement (aller à la messe dans une école catholique) tant que le danger de sanctions sera présent, mais s'empressera de ne plus fréquenter l'église dès qu'il sera livré à lui-même. Obtenir que l'« attitude » prenne du SENS pour l'individu, qu'elle s'inscrive progressivement dans sa vision du monde, que l'individu la choisisse de préférence à d'autres, est le critère de réussite de l'enseignement d'une attitude.

Toutes les stratégies d'enseignement d'attitudes ne sont pas aussi complexes que celle que je viens de présenter, en voici une autre, plus simple sans doute, mais qui s'appuie également sur le SENS que l'individu peut donner à la situation pour « intégrer » l'attitude.

Enseigner la persévérance

Il était une fois, une petite jeune fille de 4e de collège qui décida après un énième zéro en orthographe que cela ne pouvait plus durer et qu'il était temps de faire quelque chose. Elle alla donc trouver son père et lui dit : *« Toi qui ne parles que de pédagogie, ne pourrais-tu pas me trouver une solution pour que je fasse moins de*

3. Voir chapitre précédent.

fautes à mes dictées ? » Je répondis alors, car c'était à moi que s'adressait la supplique : *« On doit pouvoir faire quelque chose, mais montre-moi tes dernières « dictées » car je fais certaines hypothèses que je voudrais vérifier avant de te répondre ».* Je montrai alors à ma fille qu'elle faisait très souvent des fautes à des mots comme *toujours* (écrit *toujour*) ou à *parmi* écrit (*parmit*) et que ces mots faisaient partie de la liste des 1 500 mots du français fondamental [4], c'est-à-dire des 1 500 mots les plus fréquemment utilisés dans la langue française. Il ne serait donc pas très difficile, lui dis-je, d'apprendre par cœur ces 1 500 mots (à raison de 5 par jour pour ne pas se dégoûter), puisque ce sont ceux que l'on rencontre le plus fréquemment. Cette connaissance devrait permettre d'éviter au moins de faire des fautes aux mots les plus fréquents. Nombre de mots étant déjà connus (*il, ils, elle, je, et*, etc.), l'entreprise ne paraissait pas impossible puisque cela réduisait d'autant le nombre de mots à apprendre réellement.

Je continuai en disant : *« Si tu le désires, nous pouvons commencer, mais cela va te coûter 10 minutes par jour, et cela au moins pendant un an, il nous faudra peut-être travailler 6 mois avant que tu ne voies quelque amélioration, mais je crois que ça vaut la peine d'essayer ».*

Deux mois plus tard elle m'annonçait : *« Tu sais, aujourd'hui dans la dictée, il y avait 4 mots auxquels je faisais des fautes auparavant et cette fois, je les ai écrits parfaitement ».*

Quatre mois plus tard, après un travail effectif de 10 minutes par jour environ, ma fille travaillait seule pour apprendre les mots qu'elle ne maîtrisait pas encore et je me contentais de l'inciter à se « mettre au travail » et de contrôler de temps à autre que le travail se poursuivait.

Elle avait appris l'orthographe d'un grand nombre de mots usuels, quelques règles de grammaire de base, et surtout l'attitude de persévérance. Elle avait également appris que « le travail paie », apprentissage inestimable car transférable à un très grand nombre de situations.

Cette « opération » demanda beaucoup plus de volonté au père qu'à la fille, car c'est moi qui dus imposer les moments de travail journaliers pendant les 6 premiers mois, ne pas me laisser aller à dire : *« C'est dimanche, on le fera demain… », « On est en vacances, ce n'est peut-être pas indispensable de le faire aujourd'hui »,* etc. C'est moi qui dus imposer le travail durant 6 mois, en inventant des formes jouées, en variant la présentation jusqu'à ce que le « relais » soit enfin pris par l'intéressée car les résultats se manifestaient clairement dans les « dictées ».

Le « relais » ne peut être pris que si l'apprenant :

– constate l'efficacité de l'apprentissage (il ne fait plus de fautes à certains mots qui reviennent très fréquemment dans les dictées) ;

---

4. Le lecteur trouvera cette liste dans : Henry G., *Comment mesurer la lisibilité*, Labor, Nathan, 1975, p. 162 -169. Liste tirée de Gougenheim G., Rivenc P., Micheau R., Sauvageot A., *L'élaboration du français fondamental*, Paris, Didier, 1964.

– est conscient que c'est le travail fourni qui est la cause de ce résultat (attribution interne, centration sur la tâche).

On passe ainsi de la « volonté de recevoir » qui peut n'être qu'un moyen d'éviter des sanctions à l'« engagement personnel » et à l'« organisation » lorsque l'individu se prend en main totalement et organise lui-même ses activités d'apprentissage et de révision.

Cela demande du temps et de la persévérance de la part de l'enseignant, mais c'est l'identification de critères de réussite clairs, discutés au préalable (évaluation formatrice) avec l'apprenant, et la réussite effective qui peut être indiscutablement attribuée au travail effectué (attribution causale interne), qui constituent sûrement les éléments sensibles du dispositif.

Pour enseigner des attitudes, différentes stratégies peuvent être utilisées :
– la modélisation, montrer, donner l'exemple (stratégie essentielle dans nombre d'apprentissages affectifs) ;
– le jeu de rôles (pour la prise de conscience du sens) ;
– la prise de conscience d'une relation de cause à effet : comportement/résultat obtenu (attribution causale interne) ;
– la mise en place d'un système de formation et d'un système d'évaluation cohérent avec les objectifs poursuivis ;
– la manipulation du renforcement positif (totalement indispensable à mon avis).

En guise de conclusion provisoire

Il semble que les stratégies qui ont le plus de chances de réussir sont fondées sur la prise de conscience par celui qui apprend, que telle attitude est préférable à telle autre car elle conduit à un renforcement positif fort ou à l'atteinte ultérieure et fort probable d'objectifs personnels.

Des renforcements positifs forts (récompenses) doivent impérativement être proposés aux débuts de l'apprentissage, dès que le comportement attendu (voire une ébauche de comportement qui va dans le sens attendu), est produit par l'apprenant. Ce n'est qu'avec le temps que la motivation intrinsèque prendra le relais de la motivation extrinsèque.

Comme nous l'avons vu avec les deux exemples proposés dans ce chapitre, on ne peut enseigner des attitudes qu'en enseignant également un contenu, c'est la stratégie utilisée qui permet ou non d'installer (à terme) l'attitude attendue, c'est donc par l'intermédiaire des stratégies développées que l'on atteint ou non les objectifs du domaine affectif.

> Les stratégies ne peuvent être uniquement conçues de manière technocratique en appliquant systématiquement les techniques d'enseignement de concept, de principe, de procédures, etc., que j'ai développées dans les différents chapitres de cet ouvrage, il faut également concevoir les stratégies en tenant compte des objectifs de développement d'attitudes, donc en tenant compte des objectifs du domaine affectif.

Pour concevoir une stratégie dans le domaine affectif, on peut techniquement s'appuyer sur la taxonomie de Krathwohl, qui va de la prise de conscience qu'une attitude existe à l'intégration de cette attitude dans son système de valeurs personnel, mais il faut surtout donner du SENS à la situation, le SENS demeure en dernière analyse la clef de tous les apprentissages.

Par ailleurs (et cette remarque me paraît particulièrement importante), nous venons de constater une fois encore par l'intermédiaire de l'apprentissage du concept de « Constitution » ou de « système démocratique » que le SENS que l'on peut attribuer à un concept ne se réduit pas à une définition. Le sens est tributaire du réseau sémantique [5] dans lequel s'inscrit ce concept, raison pour laquelle il est indispensable d'enrichir considérablement la stratégie d'enseignement de concept [6] que je vous ai proposée avec les WEZ (chapitre 16) si nous souhaitons réellement améliorer l'efficacité de nos stratégies d'enseignement (voir à ce sujet la leçon relative au concept de « pédagogie différenciée » par l'intermédiaire de la synectique (chap. 22), le concept de « pédagogie différenciée » enseigné de manière différente, voir *Préparer un cours – 1. Applications pratiques* et la leçon relative à « la dévaluation » dans ce même ouvrage).

CONSÉQUENCES PRATIQUES

Enseigner des attitudes suppose la mise en place de dispositifs complexes d'enseignement, d'interventions pédagogiques nombreuses et souvent étalées sur une assez longue durée [7].

On ne peut enseigner des attitudes qu'en enseignant également un contenu, c'est la stratégie utilisée pour enseigner le contenu qui permet ou non d'installer (à terme) l'attitude attendue, c'est donc par l'intermédiaire des stratégies développées que l'on atteint ou non les objectifs du domaine affectif.

Pour concevoir une stratégie dans le domaine affectif, on peut s'appuyer sur la taxonomie de Krathwohl, mais il faut surtout donner du SENS à la situation, le SENS est en définitive la clef de tous les apprentissages et plus particulièrement la clef de l'apprentissage des attitudes.

Concrètement, enseigner des attitudes revient à modifier des représentations, donc à faire prendre conscience, par l'intermédiaire d'un vécu émotionnel (mise en situation réelle ou simulation par jeu de rôles, doublées d'une grille d'observation) que l'attitude (x) est préférable à l'attitude (y) car elle provoque des renforcements positifs externes (au début de l'apprentissage) et internes (à l'issue de celui-ci).

---

5. Voir page 81.
6. Voir chapitre 16.
7. Ce qui n'est pas toujours vrai : on peut atteindre certains objectifs du domaine affectif en peu de temps (une journée ou deux), voire en beaucoup moins, si l'on fait vivre des émotions fortes, voir *Préparer un cours. Applications pratiques*, chapitre 20.

ENSEIGNER UNE ATTITUDE

Pour enseigner une attitude de valorisation d'un comportement par rapport à un objet, il faut passer par cinq étapes, ai-je souligné dans le chapitre précédent.

La première étape vise évidemment à manifester l'attitude soi-même, puis il faut faire produire un comportement d'approche vis-à-vis de l'objet :

1. Manifester soi-même l'attitude (modélisation) ;
2. Faire vivre des situations qui prouvent que l'attitude est efficace ;
3. Effectuer une analyse du vécu (métacognition) ;
4. Formaliser l'attitude (check-list des comportements) ;
5. Faire appliquer maintes fois en veillant à la réussite de l'action.

QUESTIONS À SE POSER POUR PRÉPARER UNE LEÇON

1. Quel est l'objectif ?

2. Comment l'évaluer ?

3. Le niveau de l'outil d'évaluation (Bloom) est-il suffisant ?

4. À quel type d'apprentissage (Gagné) correspond l'objectif ?

Fait | Concept | Principe | Méthode | Stratégie cognitive | Attitude | Geste

5. Quelle démarche générale vais-je privilégier ?
Inductive ? Déductive ? Dialectique ? Divergente ? Analogique ?

6. Quelle stratégie cognitive vais-je développer ?

7. Quels sont les PRÉREQUIS ?

8. Quel problème concret vais-je poser au début de la leçon pour les MOTIVER ?
COMMENT DONNER DU SENS ?

9. Comment vais-je les rendre ACTIFS durant cette leçon ?

STRATÉGIES PÉDAGOGIQUES *

Fait | Concept | Principe | Méthode Procédure | Stratégie cognitive | **Attitude** | Geste

Fait

1. Donner du SENS
2. Utiliser des images
3. Organiser l'information
4. Faire pratiquer la métacognition

Concept

Démarche inductive
1. Faire jaillir les représentations
2. Donner exemples et contre-exemples
3. Faire produire la définition
4. Entraînement
5. Évaluation

Démarche déductive
1. Faire jaillir les représentations
2. Donner définition
3. Faire appliquer sur exemples et contre-exemples
4. Entraînement
5. Évaluation

Attitude

1. Faire vivre des situations qui prouvent que l'attitude est efficace
2. Analyse du vécu
3. Verbalisation et description de l'attitude
4. Entraînement

Principe

Démarche inductive
1. Poser le problème qui peut être résolu en appliquant le principe
2. Faire résoudre le problème par les élèves
3. Faire énoncer le principe par les élèves
4. Entraînement
5. Évaluation

Démarche déductive
1. Énoncer le principe
2. Poser le problème qui peut être résolu en appliquant le principe
3. Résoudre le problème devant les élèves
4. Proposer situations d'entraînement
5. Évaluer

Méthode Procédure

Algorithme

Geste

TWI

Préparer	Animer
1. Faire, pour identifier les phrases et les opérations 2. Faire, pour identifier les points clefs 3. Décider du traitement pédagogique des points clefs	1. Faire en expliquant 2. Faire sans expliquer 3. Faire faire en expliquant 4. Faire faire sans expliquer 5. Demander de s'entraîner

Stratégie cognitive

1. Démontrer en verbalisant
2. Faire vivre des situations
3. Métacognition
4. Formaliser (check-list ou algorithme)
5. Faire appliquer jusqu'à maîtrise

Modélisation
1. Démontrer
2. Faire observer
3. Faire analyser et faire construire une grille d'observation/évaluation
4. Proposer des situations d'entraînement
5. Évaluer

* Penser à l'enseignement programmé et à l'individualisation
Penser à l'animation de petits groupes et au conflit sociocognitif.
Penser à la situation adidactique.
Penser à la synectique

27

Un essai de synthèse
Sur quelles bases construire les stratégies pédagogiques ?

Le point sur les stratégies

Après avoir défini l'axiologie (les valeurs à développer : chapitres 1 et 19), identifié les types d'apprentissage (faits, concepts, principes, etc.) que nous devons provoquer (chapitre 3), et décrit les théories psychologiques qui peuvent nous apporter quelques éléments de réponse à la question : **comment les individus apprennent-ils ?** (chap. 5 à 13), j'ai tenté de répondre à la question :

– comment motiver ? (chapitre 5) ;

et aux questions :

– comment provoquer chacun des types d'apprentissage définis par Gagné ? ;

– comment enseigner des faits ? (chapitres 8 et 14) ;

– comment enseigner un concept ? (chapitres 15, 16, 23, 26) ;

– comment enseigner un principe ? (chapitres 17 et 18) ;

– comment enseigner une procédure ? (chapitre 20) ;

– comment enseigner des stratégies cognitives ? (chapitres 4, 8, 9, 12, 13, 21) ;

– comment développer la créativité ? (chapitre 23) ;

– comment enseigner un geste ? (chapitre 24) ;

– comment enseigner des attitudes ? (chapitres 25, 26) ;

J'ai enfin essayé d'illustrer différentes techniques de préparation de leçon : pédagogie traditionnelle, pédagogie par objectifs, pédagogie différenciée, formation individualisée, situations adidactiques, en somme j'ai tenté de vous proposer une sorte de « boîte à outils didactiques ».

En étudiant l'« apprentissage des attitudes », nous avons cependant constaté que les choses sont un peu plus complexes que mes premiers chapitres ne le laissaient supposer et qu'il est exclu d'envisager l'enseignement comme l'application technocratique des stratégies répertoriées comme les plus efficaces en fonction du type d'apprentissage à provoquer. Il faut en effet concevoir les stratégies journalières en tenant compte des objectifs à moyen et long terme (développement des stratégies cognitives et développement des attitudes), ce qui implique d'imaginer des stratégies générales de formation et complique sérieusement le problème.

L'analyse de la conception de la stratégie d'enseignement du concept de « système démocratique à l'occidentale » que j'ai décrite dans le chapitre 25 peut m'aider à illustrer mon propos.

Enseigner en tenant compte des finalités

Enseigner pourquoi ?... Pour former un citoyen autonome et responsable !

Qu'est-ce qu'un citoyen autonome et responsable ?

C'est, entre autres, un citoyen capable de lire la presse quotidienne et en mesure de comprendre les articles des journaux traitant de la politique de son pays [1].

En conséquence, un objectif général traduisant cette finalité pourrait être rédigé comme suit : Être capable (échéance huit mois) d'analyser les éditoriaux des principaux journaux à diffusion nationale et d'en faire un résumé pour présenter une revue de presse [2].

Indicateurs d'évaluation : les idées principales auront été retenues, le vocabulaire politique (réseau sémantique du concept de système démocratique) sera utilisé à bon escient.

Pour préparer une action de formation de ce type, il faut d'abord analyser rapidement le réseau sémantique dans lequel s'inscrit le concept : « système démocratique à l'occidentale », afin de décider des concepts qui seront enseignés, car c'est de la relation entre tous ces concepts que le concept central acquiert son « sens » définitif.

1. Il est bien évident que l'analyse descendante de l'objectif : « Former un citoyen autonome et responsable » conduit à différents objectifs généraux de formation, j'ai retenu celui-ci en tant qu'exemple.
2. Il s'agit d'un objectif destiné à une classe de seconde ou de première.

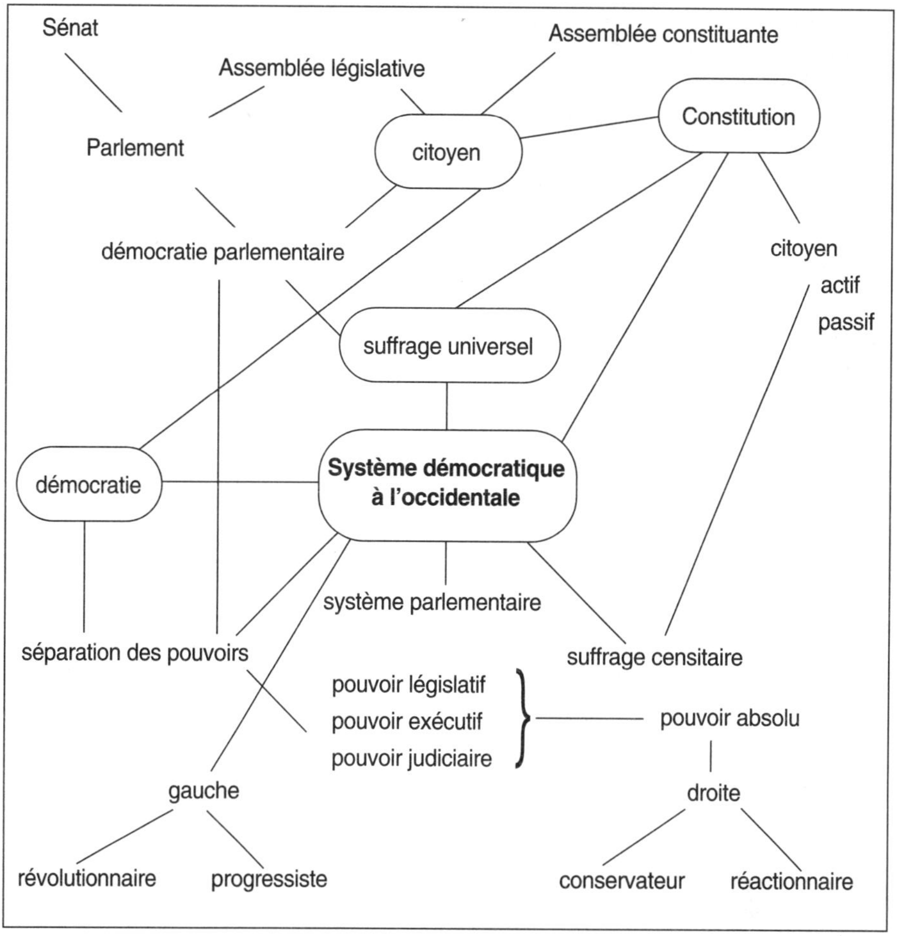

Le champ conceptuel délimité, il faut définir une stratégie générale de formation en cherchant à répondre aux questions :

Comment donner du sens à tout cela ? Comment modifier les représentations ? Comment relier les informations nouvelles aux connaissances éventuelles déjà emmagasinées sur le même sujet ?

Je ne reviendrai pas sur les détails de la stratégie générale présentée dans le chapitre précédent pour enseigner le concept de démocratie.

En définitive, la stratégie d'enseignement de concept décrite chapitre 26 est beaucoup plus complexe que celles que je vous ai proposées dans le chapitre 16 (les WEZ), quoi qu'elle reprenne les principales étapes présentées alors, mais ces étapes sont intégrées dans une problématique générale qui donne du « SENS » à ce que je me propose d'enseigner, car je poursuis en même temps des objectifs du domaine cognitif : maîtriser le champ sémantique des concepts de « démocratie » et de « Constitution », et un objectif du domaine affectif : valoriser le système démocratique à l'occidentale.

Sur quelles bases construire les stratégies ?

1. Les principes généraux

Après tous ces apports d'information, ces prescriptions, ces exemples, ces nuances, ces suggestions et contre-suggestions, quelles sont les bases stables ? Sur quoi pouvons-nous sérieusement nous appuyer pour concevoir une action de formation de longue durée et pour préparer une leçon ?

1. Il faut que l'apprentissage ait du **SENS** pour celui qui apprend ! ce qui revient à lier l'information nouvelle à une information existant dans le cerveau de l'apprenant.

2. Il faut que l'apprenant soit **ACTIF** !

3. Il faut définir des **OBJECTIFS CLAIRS** et les communiquer à l'élève de façon à ce qu'il se construise une base **d'orientation de l'action** opératoire. Pour cela, la meilleure solution consiste à utiliser l'**évaluation formatrice**.

4. Il faut fournir des **FEED-BACK** fréquents donc utiliser régulièrement l'**évaluation formative** !

5. Il faut enseigner en gardant en tête les **objectifs à moyen terme et à long terme**, véritables objectifs de l'action de formation [3]. Les oublier pour ne se préoccuper que des objectifs spécifiques (les objectifs à très court terme) plus concrets, plus directement accessibles, c'est lâcher la proie pour l'ombre, c'est prendre les moyens pour la fin.

6. La **MODÉLISATION** est une stratégie essentielle pour enseigner les attitudes, il est exclu d'enseigner en suivant le précepte : « Faites ce que je dis et ne faites pas ce que je fais ».

7. Il faut créer des **conflits cognitifs** et des **conflits sociocognitifs**.

8. Il faut réserver un certain temps dans la leçon pour réfléchir à la manière dont on s'y est pris pour traiter l'information (**métacognition, pause méthodologique**) afin de développer chez l'élève des stratégies cognitives (la **boucle de régulation interne**) qui lui permettront de devenir autonome.

9. Il faut essayer d'utiliser des stratégies pédagogiques différentes, adaptées aux différentes personnalités des apprenants donc une **pédagogie différenciée** et pour cela la meilleure solution consiste à construire des documents d'**enseignement**

3. Raynal F., Rieunier A., *Définir des objectifs pédagogiques. Pourquoi ? Comment ?*, IPNETP, Abidjan, 1999.

individualisé (voir différents exemples dans *Préparer un cours – 1. Applications pratiques*).

Ces principes généraux, très utiles pour le praticien confirmé, sont peu opératoires pour le débutant qui a besoin de procédures beaucoup plus précises pour concevoir ses stratégies pédagogiques. Le tableau des variables pédagogiques (voir *Préparer un cours – 1. Applications pratiques*, chapitre 10) que nous avons conçu en 1980 avec Françoise Raynal sera dans un premier temps plus utile au débutant.

Concevoir une stratégie pédagogique consiste à choisir, en fonction de l'objectif visé, donc du type d'apprentissage à provoquer (Gagné) et du niveau de performance attendu lors de l'évaluation (Bloom) :

– une démarche (inductive, déductive, dialectique, etc.) ;
– une méthode (expositive, interrogative, active, etc.) ;
– des techniques, (questionnement, étude de cas, simulation, etc.) ;
– des supports, (expérience, tableau feutre, transparents, etc.) ;
– une taille du groupe : (grand groupe, petit groupe, formation individualisée) ;

et à organiser tous ces éléments pour atteindre l'objectif.

J'ai décrit dans cet ouvrage les stratégies canoniques par type d'apprentissage, je n'y reviendrai pas.

2. Savoir raison garder…

En réalité, pour un même type d'apprentissage, seules quelques stratégies sont raisonnables. On sait comment s'y prendre pour enseigner un concept, il y a deux grandes stratégies que j'ai décrites maintes fois dans cet ouvrage, et des déclinaisons multiples de ces stratégies dont j'ai également donné divers exemples. Pour les concepts simples, il est inutile de prendre un bazooka pour tuer une mouche, en revanche, pour des concepts complexes comme le concept de « dévaluation », ou le concept « d'apprentissage » comme le conçoit Piaget, les stratégies doivent devenir un peu plus sophistiquées (voir exemples de leçons sur ces sujets dans l'ouvrage : *Préparer un cours – 1. Applications pratiques*).

3. L'importance du choix de la stratégie si l'on veut développer des stratégies cognitives

Chadwick [4] estime, et je suis parfaitement d'accord avec lui, que le développement des stratégies cognitives chez les élèves constitue l'une des principales finalités de l'enseignement. Un problème reste cependant posé : comment développer ces stra-

4. Article non publié.

tégies chez les élèves ? J'ai tenté, dans cet ouvrage, d'apporter quelques réponses à cette question complexe.

La manipulation des éléments de stratégie – démarches, méthodes, techniques, supports, taille du groupe – permet, sans difficulté, de construire différentes stratégies pour atteindre le même objectif. Bien conçues et bien conduites, ces stratégies auront une efficacité équivalente si l'on vise des apprentissages de faits, de concepts ou de principes. **En revanche**, et cela me paraît fondamental, **la stratégie utilisée ne sera pas neutre quant à l'apprentissage des attitudes et des stratégies cognitives.**

Vial souligne très justement dans un livre remarquable [5] : « *La cohérence des dispositifs d'apprentissage semble bien assurer la maîtrise d'objectifs fondamentaux pour lesquels on n'a plus besoin de monter des apprentissages spécifiques. L'on se demandait comment nous avions réussi à responsabiliser nos élèves par rapport à la situation d'apprenant sans faire de cette responsabilisation l'objectif pédagogique d'une ou de plusieurs séquences, sans avoir prévu d'apprentissage opérationnel ; il semble que c'est la conduite même de la classe, l'organisation générale, le contrat pédagogique global, le dispositif de la classe en un mot, qui assure la réalisation de cette responsabilisation* » et je suis totalement d'accord avec Michel Vial. Le « design » général du plan de formation (curriculum) est essentiel, c'est de sa cohérence interne que dépend l'atteinte des objectifs généraux.

Des démarches telles que celle proposée par Taba ou celle proposée par Brousseau à partir des situations adidactiques auront sûrement de bien meilleures chances de provoquer des apprentissages de stratégies cognitives que l'utilisation de la démarche déductive classique.

Cependant il faut bien comprendre que cela passe par un plan de formation (curriculum) sérieusement articulé autour d'objectifs généraux de formation, et par une réflexion sérieuse, en amont de l'action, sur les objectifs du domaine affectif et sur les meilleurs moyens de les atteindre.

4. L'évaluation formatrice, clefs des apprentissages réussis

Enfin un dernier point, si vous souhaitez vraiment aider vos élèves à mieux apprendre, ce n'est pas eux qu'il faut changer, c'est vous.

Le point sensible du système « enseignement/apprentissage » de mon point de vue, c'est le sous-système d'évaluation, et j'en reviens à mon schéma de base du chapitre 2.

---

5. Bonniol J.-J., Vial M., *Les modèles de l'évaluation. Textes fondateurs avec commentaires*, De Boeck Université, 1997, p. 204.

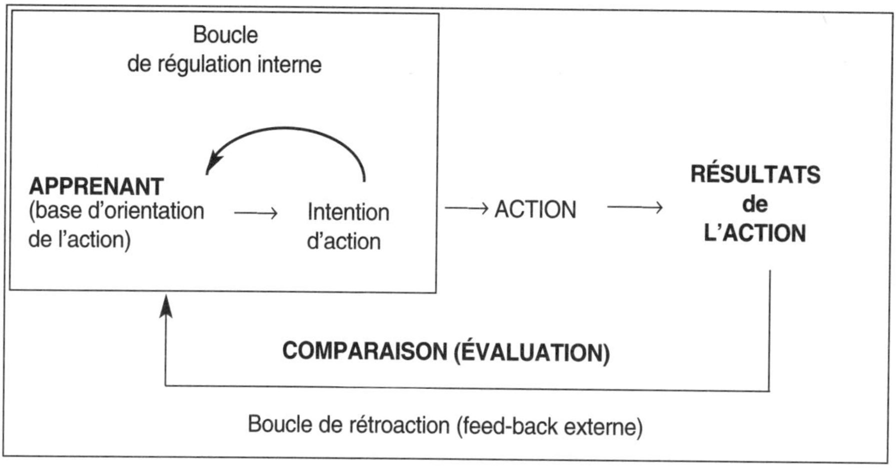

Ce que j'ai tenté de vous faire comprendre dans cet ouvrage, c'est que la boucle de régulation externe, qui dépend bien évidemment de l'enseignant, n'a qu'un but : permettre à l'élève de mettre en place les boucles de régulation interne qui lui permettront de gérer correctement ses processus de pensée et de pouvoir, à terme, se passer de l'appui de l'enseignant pour devenir autonome, fin dernière de l'éducation.

« L'évaluation formative ne peut fonctionner avec un référentiel unique puisque le référentiel du maître, même comportant les critères qualitatifs appropriés, ne lui permet pas d'évaluer directement les processus de l'Autre : si des corrections doivent être effectuées sur des procédures utilisées par l'élève, le maître peut juger directement et même induire directement les corrections ; cela peut suffire. Si l'erreur se reproduit, s'il s'agit de corriger en amont des procédures, le maître est impuissant à juger, a fortiori à corriger directement : c'est l'élève seul qui peut corriger, par autorégulation, le système responsable de l'erreur pour autant que son référentiel le lui permette, c'est-à-dire que le maître lui ait permis de le constituer et de l'utiliser, en évitant la tentation perverse de le faire à sa place.

Les seuls processus que le maître doit évaluer directement et corriger dans ce cas, ce sont les siens, responsables des procédures pédagogiques qui organisent la situation d'apprentissage. La régulation externe qui aide à l'autorégulation de l'élève ne peut se substituer à celle de l'élève *qui n'est jamais la même puisque ce sont deux humains différents »* [6].

Un seul secret, s'il y en a un : changer le vieil homme !… et le vieil homme, c'est vous !…

6. Bonniol J.-J. in Bonniol J.-J.,Vial M., *Les modèles de l'évaluation. Textes fondateurs avec commentaires*, De Boeck Université, 1997, p. 147.

Annexes

Annexe 1

LES ALLUMETTES DE KATONA [1]

Il s'agit de résoudre divers petits problèmes d'allumettes afin de répondre aux questions :

Si l'on désire que les élèves apprennent à résoudre un type de problème déterminé qui se résout par l'application d'un principe :

1. Faut-il poser un problème type, les laisser chercher, leur fournir la solution, poser de nouveaux problèmes, etc., jusqu'à ce que par imprégnation l'apprenant résolve tous les problèmes du même type ?

2. Faut-il donner la règle dès le début et se contenter de la faire appliquer maintes fois ?

3. Faut-il aider les élèves, un peu ? moyennement ? beaucoup ?

etc. (voir p. 219-220).

Déroulement de l'expérience

Test initial

Consigne

Vous avez devant vous 5 carrés formés par des allumettes.

Il s'agit d'obtenir seulement 4 carrés de même dimension que les premiers en déplaçant 3 allumettes.

Toutes les allumettes doivent constituer le côté d'un carré.

Toutes les allumettes doivent être utilisées.

Tous les carrés doivent avoir la même dimension que les premiers.

Accordez-vous 10 minutes pour résoudre ce problème.

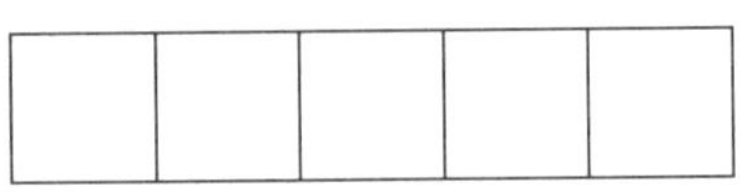

Le test initial permet de construire deux groupes équivalents A et B.

1. Ces situations reprennent une expérience connue de Corman sur les allumettes de Katona, voir Leplat J., Enard C., Weil Fassina A., *La formation par l'apprentissage*, PUF, 1970, p. 147-149.

Traitement du groupe A

Traiter le groupe A sans le guider :

– donner le problème 1 (voir ci-dessous), donner 10 minutes pour tenter de le résoudre, donner la solution à ceux qui n'ont pas trouvé ;

– donner le problème 2 (voir page suivante) donner 10 minutes pour le traiter ; etc.

Traitement du groupe B

Traiter le groupe B en utilisant différents niveaux de guidance (voir pages suivantes).

Faire passer le même test final à chacun des groupes et comparer les résultats.

Si vous souhaitez tenter l'aventure comme le groupe A, prenez une feuille de papier pour cacher la solution des problèmes de la page 325 et lisez la page 324.

Si vous souhaitez tenter l'aventure comme le groupe B (ce que je vous conseille) passez à la page 325 en cachant d'abord la page avec une feuille blanche puis en la découvrant au fur et à mesure de votre lecture.

Groupe A

Problème 1

Vous avez devant vous 5 carrés formés par des allumettes.

Il s'agit d'obtenir seulement 4 carrés de même dimension que les premiers en déplaçant 3 allumettes.

Toutes les allumettes doivent avoir une fonction.

Toutes les allumettes doivent être utilisées.

Tous les carrés doivent avoir la même dimension que les premiers.

Accordez-vous 10 minutes pour résoudre ce problème.

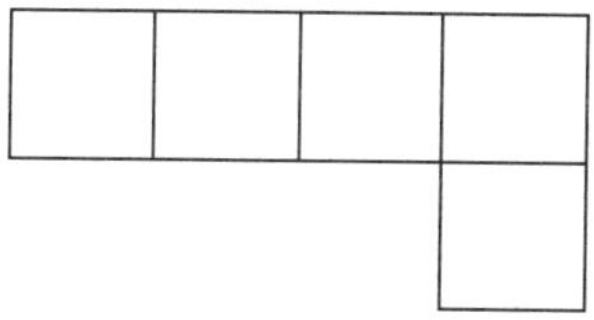

Voir solution page 329 (posez d'abord un cache sur la page 329 pour ne pas voir les autres solutions). Revenez page 324 après avoir pris connaissance de la solution du problème 1.

Problème 2

Vous avez devant vous 5 carrés formés par des allumettes.

Il s'agit d'obtenir seulement 4 carrés de même dimension que les premiers en déplaçant 3 allumettes.

Toutes les allumettes doivent avoir une fonction.

Toutes les allumettes doivent être utilisées.

Tous les carrés doivent avoir la même dimension que les premiers.

Accordez-vous 10 minutes pour résoudre ce problème.

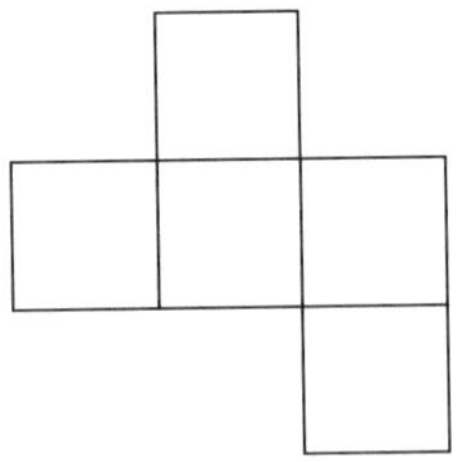

Voir solution page 329 (posez d'abord un cache sur la page 329 pour ne pas voir les autres solutions).

Problème 3 (transfert)

Vous avez devant vous 7 carrés formés par des allumettes.

Il s'agit d'obtenir seulement 5 carrés de même dimension que les premiers en déplaçant 3 allumettes.

Toutes les allumettes doivent avoir une fonction.

Toutes les allumettes doivent être utilisées.

Tous les carrés doivent avoir la même dimension que les premiers.

Accordez-vous 10 minutes pour tenter de résoudre ce problème.

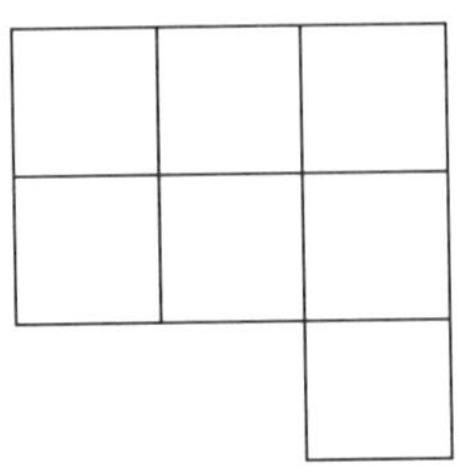

Voir solutions page 329.

Groupe B

Problème n° 1

Vous avez devant vous 5 carrés formés par des allumettes.

Il s'agit d'obtenir seulement 4 carrés de même dimension que les premiers en déplaçant 3 allumettes.

Toutes les allumettes doivent avoir une fonction.

Toutes les allumettes doivent être utilisées.

Tous les carrés doivent avoir la même dimension que les premiers.

Accordez-vous **4 minutes** pour résoudre ce problème.

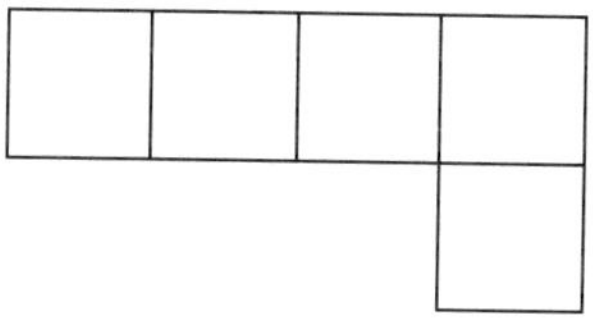

Lorsque les 4 minutes sont écoulées, proposer un premier niveau de guidance :

Observez le problème ci-dessous, identique au problème précédent et tentez de le résoudre en tenant compte des indications supplémentaires qui vous sont proposées.

Accordez-vous 4 minutes pour résoudre le problème.

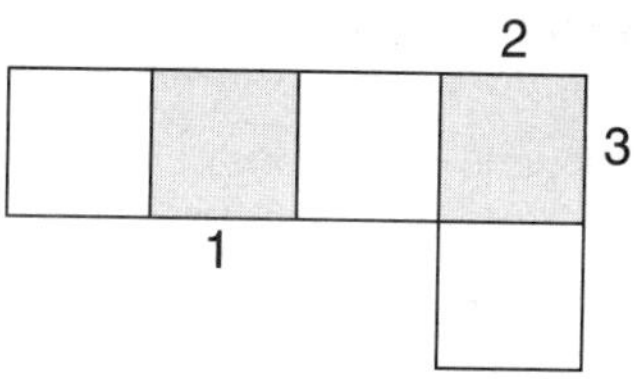

Au bout de 4 minutes ajouter : « Si vous avez trouvé la solution bravo, si vous ne l'avez pas trouvée ce n'est pas grave. »

Dans les deux cas, avez-vous pensé que ce problème appartient peut-être à une catégorie de problèmes qui peuvent tous se résoudre en faisant appel à la même règle, au même principe ?…

Étudiez la solution proposée page suivante, lisez les propositions, et tentez d'énoncer cette règle.

(Avant de tourner la page, posez un cache sur les deux pages suivantes de façon à ne pas voir les solutions.)

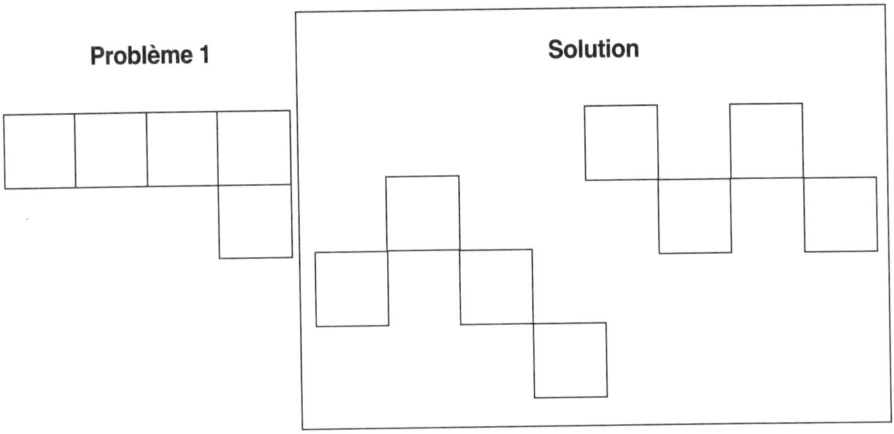

Les solutions au problème 1 sont données ci-dessus.

Elles obéissent à un principe (règle). Énoncez le principe qui explique ces solutions.

Accordez-vous 5 minutes pour cela.

. . . .

5 minutes plus tard, ajouter : « Pour vous aider, je vous fais remarquer qu'il y a en tout **16 allumettes** et qu'un carré a **4 côtés**. Or je vous demande de former **4 carrés**. »

5 minutes plus tard, ajouter :

« Vous avez sûrement remarqué que le nombre total d'allumettes est un multiple de 4 et comme un carré a 4 côtés, cela signifie que les carrés **ne peuvent pas avoir** de côté commun. »

Il est possible de reformuler ce principe de la manière suivante :

Si le nombre total d'allumettes est un multiple de 4,
les carrés seront soit opposés par le sommet, soit totalement séparés.

Dans le problème n° 1, il fallait donc détruire les carrés intermédiaires, ceux qui permettent, en les détruisant, de construire des carrés opposés par le sommet.

Il y avait d'ailleurs deux solutions :

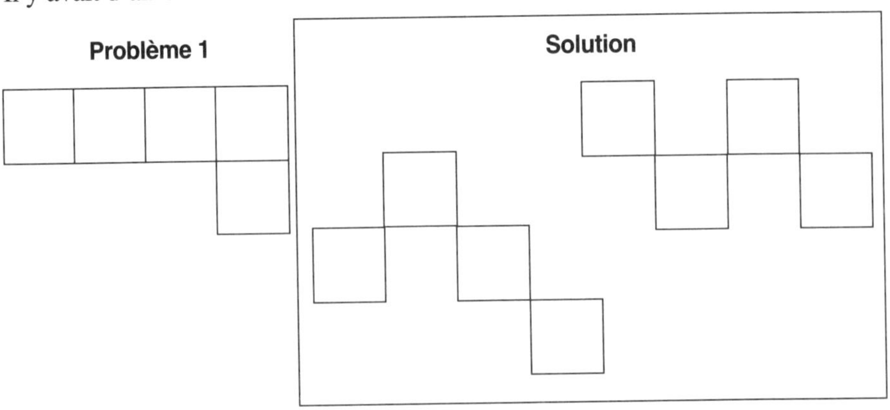

Demander alors de résoudre le problème n° 2, ci-après (descendez le cache doucement).

Problème 2

Vous avez devant vous 5 carrés formés par des allumettes.

Il s'agit d'obtenir seulement 4 carrés de même dimension que les premiers en déplaçant 3 allumettes.

Toutes les allumettes doivent avoir une fonction.

Toutes les allumettes doivent être utilisées.

Tous les carrés doivent avoir la même dimension que les premiers.

Accordez-vous 10 minutes pour tenter de résoudre ce problème.

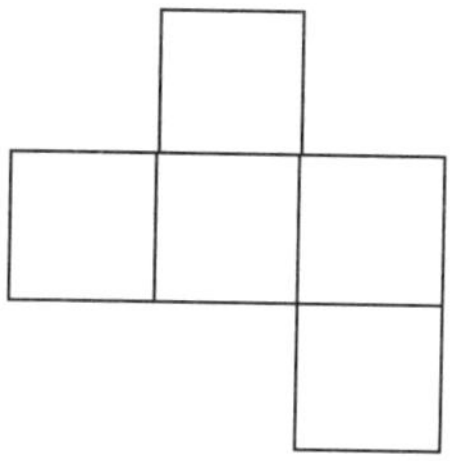

Solution du problème 2

– 16 allumettes ;
– 5 carrés.

Il faut en détruire deux et en reconstruire 1.
– 4 carrés à faire ;
– trouver l'allumette qui permet de détruire un carré en créant plusieurs carrés opposés par le sommet, c'est le cas de l'allumette 1.

En enlevant cette allumette, on crée 3 carrés opposés par le sommet, il suffit alors d'enlever les allumettes 2 et 3 pour supprimer le côté commun des deux derniers carrés, puis de reconstruire le carré en bas à droite.

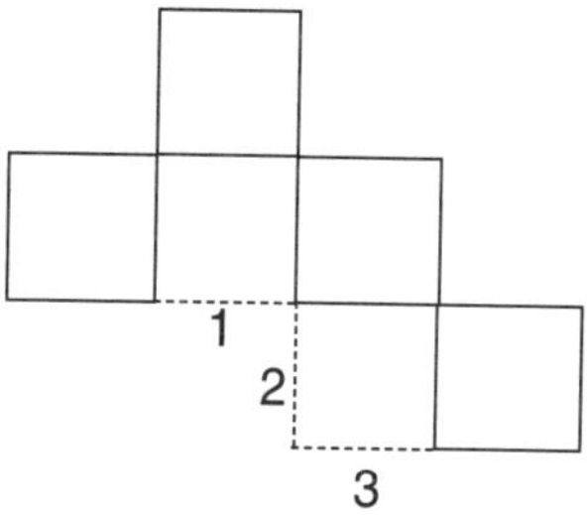

Avant de tourner la page, pour passer au test final, cachez la page 329.

Test final

Vous avez devant vous 7 carrés formés par des allumettes.

Il s'agit d'obtenir seulement 5 carrés de même dimension que les premiers en déplaçant 3 allumettes.

Toutes les allumettes doivent avoir une fonction.

Toutes les allumettes doivent être utilisées.

Tous les carrés doivent avoir la même dimension que les premiers.

Accordez-vous 10 minutes pour tenter de résoudre ce problème.

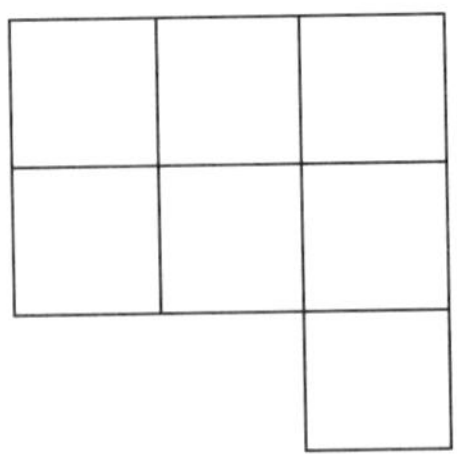

Solutions

Les différents problèmes sont isomorphes, ils sont construits sur le même principe.

Pour le groupe A, donner la solution de chacun des problèmes dès que le temps imparti s'est écoulé et passer ensuite au prochain problème.

En enseignant de cette manière, les progrès sont très faibles d'un problème à l'autre, pour ne pas dire inexistants.

Problème 1

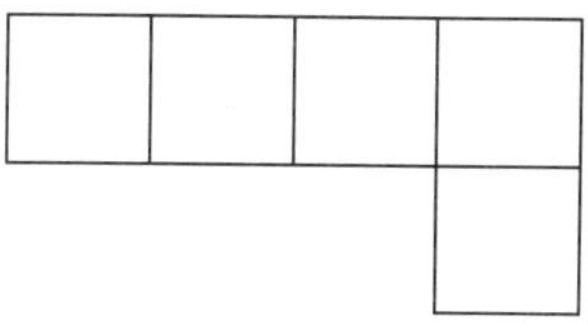

Solution

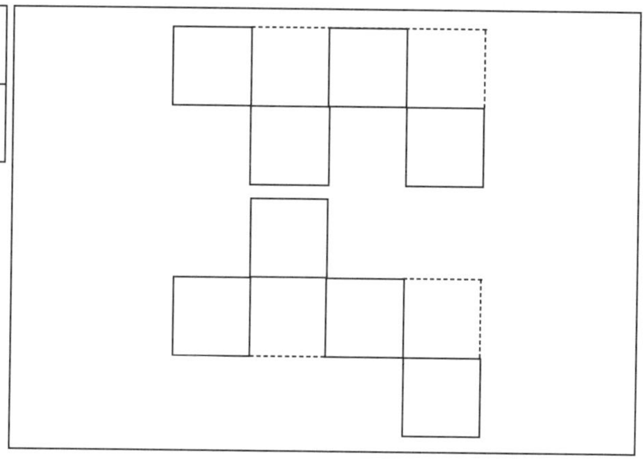

Problème 2

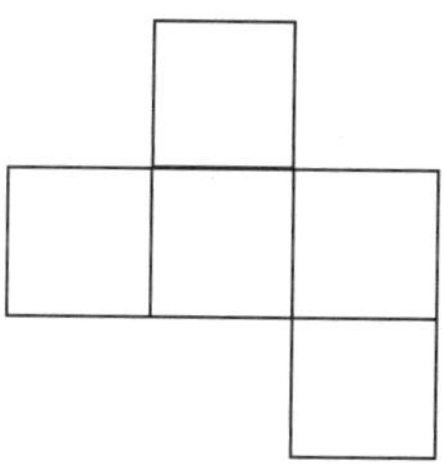

Solution

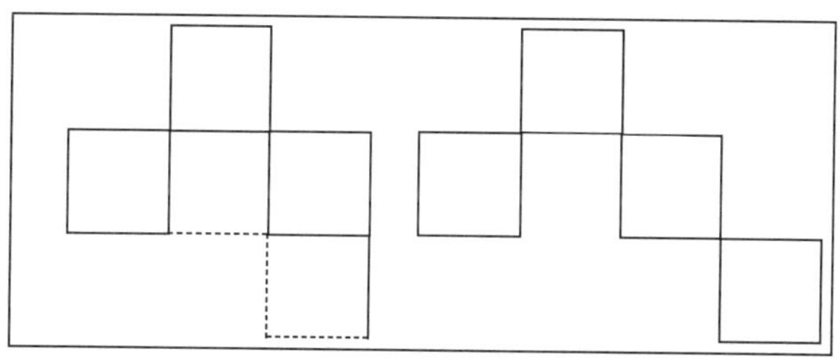

Problème 3

Solution

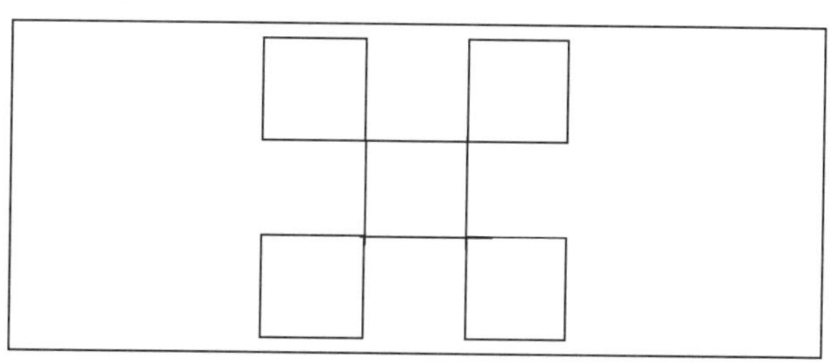

Test initial bis

Si vous n'avez pas réussi le test initial tout à l'heure, réessayez maintenant, si vous avez suivi la démarche du groupe B il devrait vous paraître plus facile.

Consigne

Vous avez devant vous 5 carrés formés par des allumettes.

Il s'agit d'obtenir seulement 4 carrés de même dimension que les premiers en déplaçant 3 allumettes.

Toutes les allumettes doivent constituer le côté d'un carré.

Toutes les allumettes doivent être utilisées.

Tous les carrés doivent avoir la même dimension que les premiers.

Accordez-vous 10 minutes pour résoudre ce problème.

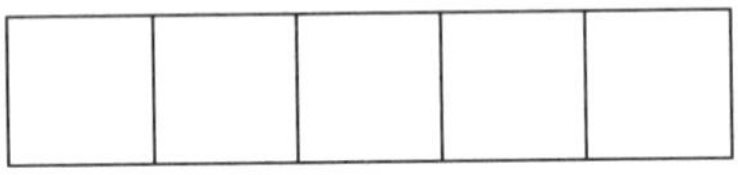

Annexe 2

LE JEU DE NIM
Préparation détaillée

MO 1. Motivation

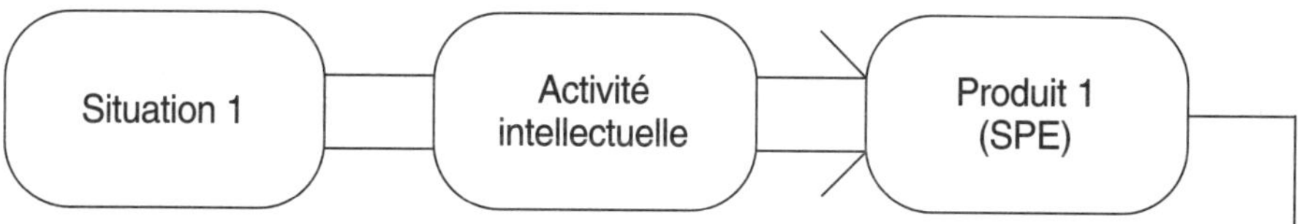

SPE 1 Gagner à tous les coups au jeu de Nim

Situation 1. Jouer avec un élève, les allumettes sont placées sur la plage allumée du rétroprojecteur afin que tout le monde puisse suivre le déroulement du jeu.

Les joueurs (enseignant et élève) sont assis de part et d'autre du rétroprojecteur.

Donner la règle : il y a 17 allumettes, on peut prendre 1 ou 2 allumettes, chacun joue à son tour, celui qui prend la dernière allumette a perdu.

Faire reformuler la règle. Laisser décider qui commence.

Jouer pendant que les autres élèves observent.

Gagner deux fois. Remercier, renvoyer l'élève à sa place.

Q : Pourquoi est-ce que je gagne à tous les coups ?
R : Parce qu'il y a un truc ! Parce que vous connaissez le moyen de gagner.

Q : Donc, qu'allons-nous apprendre aujourd'hui ? [1]
R : À gagner à tous les coups au jeu de Nim »

Écrire au tableau : **Le jeu de Nim** (titre)

Objectif : Gagner à tous les coups.

C'est la SPE 1 attendue, l'énoncé que l'on doit obtenir à partir de la situation 1.

MO 2. Gagner si l'on peut prendre 1 ou 2 allumettes

SPE 2. attendue. Pour gagner si l'on peut prendre 1 à 2 allumettes il faut laisser l'adversaire à 1, 4, 7, 10, 13, 16 allumettes, etc.

1. Si les élèves énoncent l'objectif, c'est qu'ils ont compris le SENS de la leçon.

Situation 2. Animation : questionnement frontal (maïeutique).

Dire : *Supposons que vous jouiez contre moi* (placer 1 allumette sur la plage du rétroprojecteur allumé), *si vous me laissez dans cette situation que se passe-t-il ?*
R : Vous avez perdu.

Donc une allumette est une situation perdante pour celui qui joue. (Écrire au tableau brouillon : **Objectif : laisser l'adversaire à 1).**

Q : Et si je vous laisse dans cette situation (2 allumettes sur la plage du rétroprojecteur), *que faites-vous ?*
R : On en prend une, et vous avez perdu.

Q : Et si je vous laisse dans cette situation (3 allumettes), *que faites-vous ?*
R : On en prend 2, et vous avez encore perdu.

Q : Et si je vous laisse dans cette situation ? (4 allumettes) *que se passe-t-il ?*
Si réponse : « *On en prend 1* », dire : « *j'en prends 2 et vous avez perdu !* »
Si réponse : « *On en prend 2* », dire : « *j'en prends 1 et vous avez perdu !* »

Faire conclure : *Donc 4 est une situation perdante pour celui qui joue !*

Écrire sur le tableau brouillon : **Nouvel objectif : laisser l'adversaire à 4**.

Poursuivre stratégie identique :

Q : Et si je vous laisse à 5 ?
R : On en prend une pour vous laisser à 4 !

Q : Si je vous laisse à 6 ?
R : On en prend deux pour vous laisser à 4 !

Q : Et si je vous laisse dans cette situation ? (7 allumettes) *que se passe-t-il ?*
Si réponse : « *On en prend 1* », dire : « *j'en prends 2 et vous êtes à 4 !* »
Si réponse : « *On en prend 2* », dire : « *j'en prends 1 et vous êtes à 4 !* »

Faire conclure : donc 7 est une situation perdante pour celui qui joue !

Écrire au tableau brouillon : **Nouvel objectif : laisser l'adversaire à 7**.

Poursuivre stratégie identique pour faire trouver la prochaine situation perdante : 10. Certains élèves vous diront alors : *ça va de trois en trois*, ou s'ils connaissent le terme *c'est une progression de raison 3.*

Faire produire la synthèse par les élèves et écrire au tableau :

Pour gagner si l'on peut prendre 1 à 2 allumettes il faut laisser l'adversaire à

1 – 4 – 7 – 10 – 13 – 16 allumettes, etc.

+3 +3 +3 +3 +3

Faire revenir l'élève qui avait perdu au début, lui laisser la possibilité de compter les allumettes restantes, de regarder le tableau, et jouer avec lui jusqu'à ce qu'il gagne.

Évaluation formative du micro-objectif 2.

Effectuer ensuite une **évaluation formative** du micro-objectif 2 en demandant aux élèves de se mettre en duo et de jouer l'un contre l'autre. Passer dans les rangs, observer, aider.

> Cette phase d'évaluation formative est essentielle, si vous faites la leçon sans effectuer cette évaluation formative intermédiaire, les résultats à l'évaluation formative finale sont mauvais.

MO 3. Gagner si l'on peut prendre 1, 2, ou 3 allumettes

SPE 3 attendue. Il faut laisser l'adversaire à 1 – 5 – 9 – 13 – 17 – etc.

À l'occasion de ce micro-objectif, on va également travailler sur l'acquisition de la stratégie cognitive qui consiste à résoudre un problème en partant de la fin, en essayant de remonter des conséquences vers les causes (raisonnement abductif) [2].

Situation 3. Stratégie choisie : travail en duo.

Dire : *Modifions les règles, maintenant on peut prendre 1, 2 ou 3 allumettes ?*

Écrire au tableau :

2. Gagner si l'on peut prendre 1, 2, ou 3 allumettes.

Dire : Nous avons modifié la règle, nous allons également modifier la situation d'apprentissage, jusqu'à maintenant c'était moi qui posais des questions donc moi qui travaillais, vous allez maintenant vous mettre à travailler ***par deux*** *et utiliser la stratégie que j'ai utilisée dans la situation précédente pour découvrir les situations perdantes pour celui qui joue, donc gagnantes pour l'autre. Formalisons ensemble la stratégie* (cognitive) *que j'ai suivie.*

Comment m'y suis-je pris pour trouver les situations perdantes précédentes (montrer au tableau : il faut laisser l'adversaire à 1, 4, 7, 10, etc.).

À la suite de cette entrée en matière, vous avez toutes les chances d'être confronté à un grand silence, ils n'écoutent généralement que d'une oreille distraite dès que l'enseignant conserve la parole plus de trente secondes (c'est vrai des élèves, c'est également vrai des enseignants en formation avec lesquels j'ai fait maintes fois cette expérience).

Laissez planer un silence qui devrait en éveiller quelques-uns et reprenez :

Comment ai-je procédé pour vous faire découvrir les situations perdantes ?...

...

Dire *: J'ai utilisé le rétroprojecteur...* (l'allumer).

...

Dans le meilleur des cas, un élève vous dira : *Vous avez mis une allumette sur le rétroprojecteur,* mais généralement soit le sens de votre question leur échappe, soit ils ont des difficultés à se souvenir dans le détail de ce que vous avez fait.

---

2. C'est le même type de raisonnement qui a été mis en œuvre dans le problème de la tour de Hanoi.

Poursuivre par : *J'ai mis une allumette sur le rétroprojecteur* (le faire) *et j'ai dit : si vous vous trouvez dans cette situation et que ce soit à vous de jouer que se passe-t-il ?... et nous en avons conclu ?...* (Après ce démarrage difficile, vous obtiendrez sûrement la réponse) *: 1 est une situation perdante pour celui qui joue.*

Qu'ai-je fait ensuite ? À partir de là la machine est généralement lancée ; poursuivre ainsi jusqu'à 4 ou à 7 et dire : *Bien, je vous demande d'utiliser la même stratégie* ***(commencer par la fin)*** *pour trouver les situations perdantes avec la règle : on peut prendre 1, 2 ou 3 allumettes.*

Redonner la consigne : *Vous n'étalez pas toutes les allumettes sur la table pour jouer, vous les utilisez uniquement pour chercher les situations perdantes.*

Faire reformuler la consigne et distribuer les allumettes.

Et là, vous constaterez que malgré toutes vos précautions oratoires (y compris avec des adultes, enseignants de surcroît), **certains groupes étalent toutes les allumettes et se mettent à jouer**. Ce comportement est **fascinant** lorsqu'on sait qu'il va se produire malgré la consigne, il est à mon avis révélateur de la difficulté à écouter et à comprendre une consigne un peu complexe.

Intervenir alors en demandant au groupe qui se trompe de reformuler la consigne. Si ce groupe n'y parvient pas, la faire reformuler par un autre groupe.

Gérer ensuite les duos en se déplaçant de table en table, en encourageant et en redirigeant ceux qui ne sont pas sur la bonne voie, dans ce cas leur faire écrire le début de la phrase : *« Pour gagner si l'on peut prendre 1, 2 ou 3 allumettes, il faut laisser l'adversaire à... »*

Passer dans les équipes, écouter, donner le niveau de guidance adapté aux difficultés rencontrées par chacun, noter les difficultés caractéristiques des individus pour créer ultérieurement des équipes différentes mais homogènes par rapport au type de difficultés que les élèves rencontrent ou pour créer au contraire des équipes complémentaires.

Gérer les différentes situations, puis faire la synthèse pour écrire au tableau :

Si l'on peut prendre 1, 2 ou 3 allumettes,

I IIII IIII IIII IIII...

1 5 9 13 17

+ 4 + 4 + 4 + 4

il faut laisser l'adversaire à 1, 5, 9, 13, 17, etc.

Faire éventuellement rejouer rapidement les élèves (évaluation formative), mais ce n'est pas absolument indispensable car ils ont joué ensemble lors de l'activité de petits groupes.

MO 4. Gagner si l'on peut prendre (1 à n) allumettes

Situation 4. Animation : questionnement frontal (maïeutique).

Revenir aux situations perdantes du cas n° 1 : « on peut prendre 1 ou **2** allumettes »

I III III III III ...

1 4 7 13 16

+ 3 + 3 + 3 + 3

Q : Quelle est la « raison » dans le cas où l'on peut prendre 2 allumettes maximum ?
R : 3.

Revenir également au cas n° 2 : « on peut prendre 1 à **3** allumettes ».

I IIII IIII IIII IIII...

1 5 9 13 17

+ 4 + 4 + 4 + 4

Q : Quelle est la « raison » dans le cas où l'on peut prendre 3 allumettes maximum ?
R : 4.

Faire conclure et écrire sur le tableau brouillon.

Règle 1. Si l'on peut prendre **DEUX** allumettes maximum (n = 2) il suffit de partir de 0 et de prendre les multiples de **TROIS**, donc : 0, 3, 6, 9, 12, 15, et d'ajouter 1 à chaque fois : 1, 4, 7, 10, 13, 16.
Règle 2. Si l'on peut prendre **TROIS** allumettes maximum (n = 3) il suffit de partir de zéro et de prendre les multiples de **QUATRE** : 0, 4, 8, 12, 16, et d'ajouter 1 à chaque fois : 1, 5, 9, 13, 17.

*Q : Quelle sera la raison si l'on peut prendre **n** allumettes maximum ?*
R : (n + 1).

Dire : *Pour obtenir tous les multiples de (n + 1) il suffit de multiplier cette valeur par N qui représente une variable qui prend toutes les valeurs de 0 à l'infini, en s'incrémentant de 1 (en augmentant de 1) à chaque fois.*

*La formule N * (n + 1), donne donc tous les multiples de (n + 1).*

Comme ces multiples sont augmentés de 1, d'après les règles 1 et 2 (voir encadrés ci-dessus), la formule qui permet de trouver toutes les situations perdantes est donc[3] :

$$x = 1 + [N * (n + 1)]$$

Vérification : si on peut prendre 1 ou 2 allumettes (donc si n = 2).

3. D'après Karl Popper, le raisonnement inductif qui consiste à généraliser à partir de multiples cas particuliers qui semblent répondre à une règle n'est pas valide, nombre d'enseignants de mathématiques m'ont signalé ce problème lors de mes animations, dont acte.

Faire remplir le tableau ci-dessous par les élèves (travail individuel).

Tableau à remplir	Corrigé
1 + [N * (n + 1)] = x	1 + [N * (n + 1)] = x
+ [0 * (+)] =	1 + [0 * (2 + 1)] = 1
+ [1 * (+)] =	1 + [1 * (2 + 1)] = 4
+ [2 * (+)] =	1 + [2 * (2 + 1)] = 7
+ [3 * (+)] =	1 + [3 * (2 + 1)] = 10
+ [4 * (+)] =	1 + [4 * (2 + 1)] = 13
+ [5 * (+)] =	1 + [5 * (2 + 1)] = 16

N = variable qui prend toutes les valeurs de 0 à l'infini.
n = nombre maximum d'allumettes que l'on peut prendre (ici 2).

Faire remplir le même tableau en donnant à n la valeur 3.

Évaluation : faire jouer les élèves, vérifier qu'ils sont capables de gagner.

JEU DE NIM
pédagogie différenciée successive

1. Micro-objectif 1. Motivation. Mise en situation.

SPE 1. Objectif : Gagner à tous les coups au jeu de Nim.

2. Micro-objectif 2. Type d'animation : questionnement menant à une découverte.

SPE 2. Laisser l'adversaire à 1, 4, 7, 10, etc.

Évaluation formative. Type d'animation : travail à deux.

3. Micro-objectif 3. Type d'animation : travail en petits groupes.

SPE. 3. Laisser l'adversaire à 1, 5, 9, 13, etc.

Évaluation formative. Type d'animation : travail à deux.

4. Micro-objectif 3. Type d'animation : questionnement menant à une découverte.

SPE 3. x = 1 + [N (n +1)]

5. Évaluation formative finale. Type d'animation : travail individuel.

JEU DE NIM
pédagogie traditionnelle

1. Micro-objectif 1. Motivation. Mise en situation.

SPE 1. Objectif : Gagner à tous les coups au jeu de Nim.

2. Micro-objectif 2. Type d'animation : questionnement menant à une découverte.

SPE 2. Laisser l'adversaire à 1, 4, 7, 10, etc.

3. Micro-objectif 3. Type d'animation : questionnement menant à une découverte.

SPE. 3. Laisser l'adversaire à 1, 5, 9, 13, etc.

4. Micro-objectif 3. Type d'animation : questionnement menant à une découverte.

SPE 4. : x = 1 + [N (n +1)]

5. Évaluation : Jeu à deux, donc travail individuel.

Bibliographie

ALTET M., *La formation professionnelle des enseignants*, Paris, PUF, 1994.

ANCE Île-de-France, numéros spéciaux :

- *Développement cognitif. Théories de l'apprentissage. Pratiques pédagogiques,* 1990 ;
- *Regards actuels sur l'échec scolaire et les difficultés d'apprentissage. Perspectives pédagogiques, médiation, remédiation, évaluation formatrice,* 1991 ;
- *Les éducateurs, face à l'accélération des évolutions scientifiques, économiques et sociales ne doivent-ils pas réexaminer théories, formations, pratiques pédagogiques ?*, 1992 ;
- *De l'enfant à l'adulte : formation initiale, formation continue, motivation, apprentissage, validation*, 1993.

ANDLER D., *Introduction aux sciences cognitives*, Paris, Gallimard, 1992.

ATKINSON R. C., ATKINSON R. L., SMITH E. E., HILGARD E. R., *Introduction à la psychologie*, Paris, Études vivantes, 1987.

BADDELEY A. D., *La mémoire humaine, théorie et pratique*, Grenoble, PUG, 1993.

BANDURA A., *L'apprentissage social*, Bruxelles, Mardaga, 1980.

BARBIER J.-M., *L'évaluation en formation*, Paris, PUF, 1985.

BARBIER J.-M. (dir.), *Savoirs théoriques et savoirs d'action*, Paris, PUF, 1996.

BARLOW M., *Formuler et évaluer ses objectifs en formation*, Lyon, Chronique sociale, 1990.

– *Le métier d'enseignant*, Paris, Anthropos, 1999.

BARTH B.-M., *L'apprentissage de l'abstraction*, Paris, Retz, 1987.

– *Le savoir en construction*, Paris, Retz, 1993.

BASTIEN C., *Les connaissances de l'enfant à l'adulte*, Paris, A. Colin, 1997.

BAUDRIT A., *Apprendre à deux,* Paris, PUF, 1997.

BAZIN R., *La formation par les méthodes TWI, OM, SORA*, Paris, ESF, 1976.

BEAUVOIS J.-L., DUBOIS N., DOISE W., *La construction sociale de la personne*, Grenoble, PUG, 1999.

BEGHIN E., DUCROS J., FARINE M., MAUMONT A., MEVEL Y., SULLEROT N., WINTREBERT R., *Aider à apprendre, quelles stratégies ?*, Lille, CRDP, 1994.

BERBAUM J., *Étude systémique des actions de formation*, Paris, PUF, 1982.

BERGER P., BRUNSWIC E., *L'éducateur et l'approche systémique*, Paris, UNESCO, 1984.

BERTSCH J., LE SCANF C., *Apprentissages moteurs et conditions d'apprentissages*, Paris, PUF, 1995.

BIRRIEN, J.-Y., *Histoire de l'informatique*, Paris, PUF, « Que sais-je ? », 1990.

BLANCHÉ R., *Introduction à la logique contemporaine*, Paris, A. Colin, 1996.

BLOOM B. (dir.), *La taxonomie des objectifs pédagogiques du domaine cognitif*, Montréal, Presses de l'université du Québec, 1969.

BLOOM B., *Caractéristiques individuelles et apprentissages scolaires*, Paris, Nathan, 1979.

BONNET G., HOC J.-M., TIBERGHIEN G., *Psychologie, intelligence artificielle et automatique*, Bruxelles, Mardaga, 1986.

BONNIOL J.-J.,Vial M., *Les modèles de l'évaluation. Textes fondateurs avec commentaires*, Bruxelles, De Boeck Université, 1997.

BOUVIER A., *Management et projet*, Paris, Hachette, 1995.

BRIGGS J.-L., *Instructional design*, Englewood Cliffs, New Jersey, 1977.

BROUSSEAU G., *Théorie des situations didactiques*, Grenoble, La Pensée sauvage, 1998.

CAMPANA M., CASTINCAUD F., *Comment faire de la grammaire*, Paris, ESF, 1999.

CARDINET J., *Pour apprécier le travail des élèves*, Bruxelles, De Boeck, 1988.

CARRÉ P., MOISSAN A., POISSON D., *L'autoformation*, Paris, PUF, 1997.

CARRÉ P., CASPAR P., *Traité des sciences et des techniques de la formation*, Paris, Dunod, 1999.

CAUZINILLE E., MATHIEU J., WEIL-BARAIS A., *Les savants en herbe*, Berne, Peter Lang, 1985.

CHANGEUX J.-P., *L'homme neuronal*, Paris, Fayard, 1983.

CHARLOT B., *Du rapport au savoir, éléments pour une théorie*, Paris, Anthropos, 1997.

– *Le rapport au savoir en milieu populaire*, Paris, Anthropos, 1999.

CHARLOT B., BAUTIER É., ROCHEX J.-Y., *École et savoir dans les banlieues et ailleurs*, Paris, A. Colin, 1992.

CHARLOT B., EMIN J.-C. (coord.)., *Violence à l'école. État des savoirs*, Paris, A. Colin, 1997.

CHARPAK G., *Enfants, chercheurs et citoyens*, Paris, O. Jacob, 1998.

CHAUDET H., PELLEGRIN L., *Intelligence artificielle et psychologie cognitive*, Paris, Dunod, 1998.

CHESNAIS M.-F., *Vers l'autonomie, l'accompagnement de l'apprentissage*, Paris, Hachette, 1998.

CHOSSON J.-F., *L'entraînement mental*, Paris, Le Seuil, 1975.

CLERC F., *Enseigner en modules*, Hachette, 1992.

CORDIER F., *Les représentations cognitives privilégiées*, Lille, PUL, 1993.

COSTERMANS J., *Les activités cognitives. Raisonnement, décision et résolution de problèmes*, Bruxelles, De Boeck, 1998.

COUSIN O., *L'efficacité des collèges. Sociologie de l'effet établissement*, Paris, PUF, 1998.

CRAHAY M., LAFONTAINE D., *L'art et la science de l'enseignement*, Bruxelles, Labor, 1986.

CREVIER D., *À la recherche de l'intelligence artificielle*, Paris, Flammarion, 1993.

CUVELIER A., *Psychisme et intelligence artificielle*, Nancy, PUN, 1992.

DAMASIO A. R., *L'erreur de Descartes, la raison des émotions*, Paris, O. Jacob, 1995.

DEFRANCE B., *La violence à l'école*, Paris, Syros, 1992.

DE LA GARANDERIE A., *Les profils pédagogiques*, Paris, Le Centurion, 1982.
– *Pédagogie des moyens d'apprendre*, Paris, Le Centurion, 1989.

DE PERRETTI A., *Organiser des formations*, Paris, Hachette, 1995.

DE PERRETTI A., BONIFACE J., LEGRAND J.-A., *Encyclopédie de l'évaluation en formation et en éducation, Guide pratique*, Paris, ESF, 1998.

DELACÔTE G., *Savoir apprendre, les nouvelles méthodes*, Paris, O. Jacob, 1996.

DELANNOY C., *Élèves à problèmes, écoles à solutions ?*, Paris, ESF, 2000.

DENHIÈRE G., *Il était une fois, compréhension et souvenirs de récits*, Lille, PUL, 1984.

DENHIÈRE G., BAUDET S., *Lecture, compréhension de texte et science cognitive*, Paris, PUF, 1992.

DENIS M., *Les images mentales*, Paris, PUF, 1979.
– *Image et cognition*, Paris, PUF, 1989.

DENIS M., SABAH G. (dir.), *Modèles et concepts pour la science cognitive*, Grenoble, PUG, 1993.

DEVELAY M., *De l'apprentissage à l'enseignement*, Paris, ESF, 1992.

DEVELAY M. (dir.), *Savoirs scolaires et didactiques des disciplines*, Paris, ESF, 1995.

DE LANDSHEERE G., BAYER G., *Comment les maîtres enseignent*, ministère de l'Éducation nationale et de la culture française, Bruxelles, 1974.

DE ROSNAY J., *Le macroscope, vers une vision globale*, Paris, Le Seuil, 1974.

D'HAINAUT L., *Programme d'études et d'éducation permanente*, Paris, UNESCO, 1979.
– *Des fins aux objectifs de l'éducation*, Paris, Nathan, 1977.

DOISE W., MUGNY G., *Le développement social de l'intelligence*, Paris, InterÉditions, 1981.

DOWECK G., *La logique*, Paris, Fammarion, 1995.

DROZDA-SENKOWSKA E., *Les pièges du raisonnement*, Paris, Retz, 1997.

DUBOIS N., *La psychologie du contrôle*, Grenoble, PUG, 1987.

DUPUY J.-P., *Aux origines des sciences cognitives*, Paris, La Découverte, 1994.

FEUERSTEIN R., *Pédagogies de la médiation*, Lyon, Chronique sociale, 1990.

FOURNIER J.-Y., *À l'école de l'intelligence*, Paris, ESF, 1999.

FRAYSSE P., *Manuel pratique de psychologie expérimentale*, Paris, PUF, 1994.

FRIANT J., L'HOSPITALIER Y., *Jeux. Problèmes. De la logique à l'intelligence artificielle*, Paris, E. O., 1986.

FUSTIER M., *La résolution de problèmes*, Paris, ESF, 1977.

GAGNÉ R., *The conditions of learning,* New York, Holt, Rinehart, Winston, 1984 (4e éd.).

GAGNÉ R., BRIGGS L., WAGER W., *Principles of instructional design*, Harcourt Brace College Publishers, 1992.

GARDNER H., *Histoire de la révolution cognitive*, Paris, Bibliothèque scientifique Payot, 1993.
– *Les formes de l'intelligence*, Paris, O. Jacob, 1997.

GARNIER C., BEDNARZ N., ULANOSKAYA I., *Après Vygotski et Piaget*, Bruxelles, De Boeck, 1991.

GEORGE C., *Apprendre par l'action*, Paris, PUF, 1983.
– *Polymorphisme du raisonnement humain*, Paris, PUF, 1997.

GHIGLIONE R., Richard J.-F., *Cours de psychologie*, t. 1 à 6, Paris, Dunod, 1995.

GIORDAN A., *Apprendre*, Paris, Belin, 1998.

GINESTE M.-D., *Analogie et cognition*, Paris, PUF, 1997.

GLASSER W., *L'école qualité*, Paris, Éd. Logiques, 1990.

GOUGENHEIM G., RIVENC P., MICHEAU R., SAUVAGEOT A., *L'élaboration du français fondamental*, Paris, Didier, 1964.

HADJI C., *L'évaluation des actions éducatives*, Paris, PUF, 1992.

HAMELINE D., *L'éducation ses images et ses propos*, Paris, ESF, 1986.

HAUGELAND J., *L'esprit dans la machine*, Paris, O. Jacob, 1985.

HENRY G., *Comment mesurer la lisibilité*, Paris, Nathan, 1975.

HOC J.-M., *Psychologie cognitive de la planification*, Grenoble, PUG, 1987.
– *Supervision et contrôle des processus, la cognition en situation dynamique*, Grenoble, PUG, 1996.

HOTTOIS G., *Penser la logique*, Bruxelles, De Boeck Université, 1989.

HOUDÉ O., MIÉVILLE D., *Pensée logico-mathématique*, Paris, PUF, 1993.

HOUDÉ O., *Catégorisation et développement cognitif*, Paris, PUF, 1992.

HUBERMAN M. (dir.), *Assurer la réussite des apprentissages scolaires ? Les propositions de la pédagogie de la maîtrise*, Lausanne, Delachaux et Niestlé, 1988.

HUTEAU M., LAUTREY J., *Évaluer l'intelligence*, Paris, PUF, 1999.

INHELDER B., CELLÉRIER G. (dir.), *Les cheminements des découvertes de l'enfant*, Lausanne, Delachaux et Niestlé, 1992.

JACQUINOT G., *Image et pédagogie*, Paris, PUF, 1977.
– *L'école devant les écrans*, Paris, ESF, 1985.

JOHNSON-LAIRD P. N., *L'ordinateur et l'esprit*, Paris, O. Jacob, 1994.

KARLI P., *L'homme agressif*, Paris, O. Jacob, 1987.
– *Le cerveau et la liberté*, Paris, O. Jacob, 1995.

KRATHWOHL D. R., BLOOM B., MASIA B. B., *Taxonomie des objectifs pédagogiques, domaine affectif*, Montréal, Presses de l'université du Québec, 1976.

LABORDE C., VERGNAUD G. in VERGNAUD G. (dir.), *Apprentissages et didactiques, où en est-on ?*, Paris, Hachette, 1994.

LEGRAND L., *La différenciation pédagogique*, Paris, Scarabée, Cemea, 1975.

LE NY J.-F., *Science cognitive et compréhension du langage*, Paris, PUF, 1989.

LE NY J.-F. (dir.), *Intelligence naturelle et intelligence artificielle*, symposium de l'Association de psychologie scientifique de langue française (Rome, 1991), Paris, PUF, 1993.

LE NY J.-F., GINESTE M.-D. (dir.), *La psychologie*, Paris, Larousse, 1995.

LEPLAT J., ENARD C., WEIL-FASSINA A., *La formation par l'apprentissage*, Paris, PUF, 1970.

LERBET G., *Pédagogie et systémique*, Paris, PUF, 1997.

LEYENS J.-P., BEAUVOIS J.-P., *L'ère de la cognition*, Grenoble, PUG, 1997.

LIEURY A., *Les procédés mnémotechniques, science ou charlatanisme ?*, Bruxelles, Mardaga, 1980.

LIEURY A., *Mémoire et réussite scolaire*, Paris, Dunod, 1991.
– *Méthodes pour la mémoire, historique et évaluation*, Paris, Dunod, 1996.

LIEURY A., FENOUILLET F., *Motivation et réussite scolaire*, Paris, Dunod, 1996.

LIEURY A. (dir.), *Manuel de psychologie de l'éducation et de la formation*, Paris, Dunod, 1996.

LINARD M., *Des machines et des hommes*, Paris, Éditions Universitaires, 1990.

LINDSAY P. H., Norman D. A, *Traitement de l'information et comportement humain*, Montréal, Études vivantes, 1980.

MAGER R. F., *Comment définir les objectifs pédagogiques*, Paris, Gauthiers Villars, 1972.

MARTINAND J.-L., *Connaître et transformer la matière*, Berne, Peter Lang 1986.

MARTIN B. L., BRIGGS L. J., *The affective and cognitive domain*, Educational Technologie Publications, Englewood Cliffs, New Jersey, 1986.

MARTIN J., PARAVY G. (dir.), *Pédagogies de la médiation. Autour du PEI*, 1990, Lyon, Chronique sociale.

MATHIEU J., Thomas R., *Manuel de psychologie*, Paris, Vigot, 1985.

MC CARTHY R. A., WARRINGTON E. K., *Neuropsychologie cognitive. Une introduction clinique*, Paris, PUF, 1994.

MEIRIEU P., *L'école mode d'emploi, des méthodes actives à la pédagogie différenciée*, Paris, ESF, 1985.
– *Outils pour apprendre en groupe*, Lyon, Chronique sociale, 1991.
– *Le choix d'éduquer, éthique et pédagogie*, Paris, ESF, 1991.

MEIRIEU P, DEVELAY M., *Émile, reviens vite... Ils sont devenus fous*, Paris, ESF, 1992.

MEIRIEU P. (dir.), GRANGEAT M. (coord.), *La métacognition, une aide au travail des élèves*, Paris, ESF, 1997.

MEIRIEU P., GUIRAUD M., *L'école ou la guerre civile*, Paris, Plon, 1997.

MINDER M., *Didactique fonctionnelle*, De Bœck, 1996.

MINSKY M., *La société de l'esprit*, Paris, InterÉditions, 1988.

MORRISON A., MC INTYRE D., *Psychologie sociale de l'enseignement*, Paris, Dunod, 1976.

MORISSETTE D., GINGRAS M., *Enseigner des attitudes*, Bruxelles, De Boeck, 1989.

MUGNY G. (dir.), *Psychologie sociale du développement cognitif*, Berne, Peter Lang, 1991.

MUGNY G., OBERLÉ D., BEAUVOIS J.-L. (dir.), *Relations humaines, groupes et influence sociale*, Grenoble, PUG, 1995.

NETCHINE-GRINBERG G., *Développement et fonctionnement cognitif. Vers une intégration*, Paris, PUF, 1999.

NOYÉ D., PIVETEAU J., *Guide pratique du formateur*, Paris, INSEP-ERES, 1981.

– *Comment communiquer de façon efficace*, Paris, INSEP-ERES, 1989.

NUTTIN J., *Théorie de la motivation humaine*, Paris, PUF, 1984.

OLÉRON P., *L'intelligence de l'homme*, Paris, A. Colin, 1989.

OSTERRIETH P., *Faire des adultes*, Bruxelles, Mardaga, 1988.

PAIN J., GANDIN-DEGOIS M.-P., LE GOFF C., *Banlieues : les défis d'un collège citoyen*, Paris, PUF, 1998.

PALMADE G., *Les méthodes pédagogiques*, « Que sais-je ? », n° 572, Paris, PUF.

PAPALIA D. E., OLDS S. W., *Introduction à la psychologie*, Québec, Mac Graw Hill, 1988.

PAQUAY L., ALTET M., CHARLIER E., PERRENOUD P., *Former des enseignants professionnels*, Bruxelles, De Boeck, 1996.

PÉLISSIER A., TÊTE A., *Sciences cognitives, textes fondateurs*, Paris, PUF, 1995.

PERRENOUD P., *La formation des enseignants entre théorie et pratique*, Paris, L'Harmattan, 1994.
– *La pédagogie à l'école des différences*, Paris, ESF, 1995.
– *Métier d'élève et sens du travail scolaire*, Paris, ESF, 1996.
– *Enseigner, agir dans l'urgence, décider dans l'incertitude*, Paris, ESF, 1996.
– *Pédagogie différenciée : des intentions à l'action*, Paris, ESF, 1997.

PERRET-CLERMONT A.-N., NICOLET M. (dir.), *Interagir et connaître*, Fribourg, Delval, 1988.

PERRET-CLERMONT A.-N., GROSSEN M., NICOLET M., SCHUBAUER-LEONI M.-L., *La construction de l'intelligence dans l'interaction sociale*, Berne, Peter Lang, 1996.

PIAGET J., *Six études de psychologie*, Paris, Denoël/Gonthier, 1964.
– *Psychologie de l'intelligence*, Paris, Armand Colin, 1967.
– *Psychologie et épistémologie,* Paris, Denoël/Gonthier, 1967.
– *Psychologie et pédagogie,* Paris, Denoël/Gonthier, 1972.
– *Problèmes de psychologie génétique*, Denoël/Gonthier, 1972.
– *La prise de conscience*, Paris, PUF, 1974.
– *Réussir et comprendre*, Paris, PUF, 1974.
– *Mes idées*, Paris, Denoël/Gonthier, 1977.
– *Les formes élémentaires de la dialectique*, Paris, Gallimard, 1980.
– *Le langage et la pensée chez l'enfant,* Denoël/Gonthier, 1984.

PIAGET J., INHELDER B., *La psychologie de l'enfant*, Paris, PUF, 1973.

PIATELLI-PALMARINI M., *Théories du langage, théories de l'apprentissage. Le débat entre Jean Piaget et Noam Chomsky*, Centre de Royaumont, Paris, Le Seuil, 1979.
– *La réforme du jugement ou comment ne plus se tromper*, Paris, O. Jacob, 1995.

PIERRELÉE M.-D., *Pourquoi vos enfants s'ennuient en classe,* Paris, La Découverte & Syros, 1999.

PINKER S., *Comment fonctionne l'esprit*, Paris, O. Jacob.

POCZTAR J., *La définition des objectifs pédagogiques*, Paris, ESF, 1979.

POIRIER PROULX L., *La résolution de problèmes en enseignement*, Bruxelles, De Boeck, 1999.

POSTIC M., *La relation éducative*, Paris, PUF, 1979.
– *Observation et formation des enseignants*, Paris, PUF, 1981.

POURTOIS J.-P., DESMET H., *L'éducation postmoderne*, Paris, PUF, 1997.

PRATT V., *Machines à penser*, Paris, PUF, 1995.

PRZESMYCKI H., *Pédagogie différenciée*, Paris, Hachette, 1991.
– *La pédagogie du contrat*, Paris, Hachette, 1994.

RAYNAL F., *Comment mettre en forme une thèse, un dossier, un document ?*, Abidjan, IPNETP-NEA, 1988.

RAYNAL F., RIEUNIER A., *Définir des objectifs pédagogiques*, Abidjan, IPNETP-NEA, 1985.
– *Apprendre à mémoriser. Apprentissage et théorie du traitement de l'information*, Abidjan, IPNETP-NEA, 1987.
– *Motivation et renforcement*, Abidjan, IPNETP-NEA, 1989.
– *Méthodes, techniques, stratégies pédagogiques*, Abidjan, IPNETP-NEA, 1987.

– *Pédagogie, dictionnaire des concepts clefs*, Paris, ESF, 1998.

– *Définir des objectifs pédagogiques. Pourquoi ? Comment ?*, Abidjan, IPNETP, 1999.

REBOUL O., *Les valeurs de l'éducation*, Paris, PUF, 1992.

REED S. K., *Cognition. Théories et applications*, Bruxelles, De Boeck, 1999.

REY B., *Les compétences transversales en question*, Paris, ESF, 1997.

RIALLE V., FISETTE D. (dir.), *Penser l'esprit. Des sciences de la cognition à une philosophie cognitive*, Grenoble, PUG, 1996.

RICHARD J.-F., BONNET C., GHIGLIONE R., *Traité de psychologie cognitive*, Paris, Dunod, 1990.

RICHARD J.-F., GHIGLIONE R., *Cours de psychologie*, Paris, Dunod, 1993.

RICHARD J.-F., *Les activités mentales. Comprendre, raisonner, trouver des solutions*, Paris, A. Colin, 1995.

RIEUNIER A., *Préparer un cours, – 1. Applications pratiques*, Paris, ESF, 2000.

RIMÉ B., SCHERER K., *Les émotions*, Lausanne, Delachaux et Niestlé, 1993.

ROGERS K., *Le développement de la personne*, Paris, Dunod, 1966.

– *Liberté pour apprendre,* Paris, Dunod, 1976.

ROEGIERS X., *Analyser une action d'éducation ou de formation*, Bruxelles, De Boeck, 1997.

ROSENZWEIGH M., LEIMAN A., *Psychophysiologie*, Paris, InterÉditions, 1991.

RUSSEL A., *Research on motivation in education*, vol. 1, Acad. Press, Orlando, Floride, 1984.

SELIGMAN M. E. P., *Helplessness*, San Francisco, Freeman, 1975.

SENGE P., GAUTIER A., *La cinquième discipline*, Paris, First, 1990.

TALYZINA N. F. (dir.), *De l'enseignement programmé à la programmation de la connaissance*, université de Lille, 1980.

TARDIF J., *Pour un enseignement stratégique*, Paris, Éd. Logiques, 1997.

TIBERGHIEN G., *La mémoire oubliée*, Paris, Mardaga, 1997.

TISSEAU G., *Intelligence artificielle, problèmes et méthodes*, Paris, PUF, 1996.

THIRY P., *Notions de logique*, Bruxelles, De Boeck Université, 1996.

TOUSIGNANT R., MORISSETTE D., *Les principes de la mesure et de l'évaluation des apprentissages*, Québec, Gaëtan Morin, 1990.

VARELA F., *Invitation aux sciences cognitives*, Paris, Le Seuil, 1998.

VARELA F. J., Thompson E., Rosch E., *L'inscription corporelle de l'esprit*, Paris, Le Seuil, 1988.

VERGNAUD G. (dir.), *Apprentissages et didactiques, où en est-on ?*, Paris, Hachette, 1994.

VIAU R., *La motivation en contexte scolaire*, Bruxelles, De Boeck Université, 1994.

VIGNAUX G., *Les sciences cognitives, une introduction*, Paris, La Découverte, 1991.

VYGOTSKI L., *Pensée et langage*, Paris, Éditions Sociales, 1985.

WINNYKAMEN F., *Apprendre en imitant*, Paris, PUF, 1990.

Dans la collection Pédagogies

ADMINISTRER, GÉRER, ÉVALUER LES SYSTÈMES ÉDUCATIFS
Une encyclopédie pour aujourd'hui
Sous la direction de Jean-Jacques Paul

À L'ÉCOLE DE L'INTELLIGENCE
Comprendre pour apprendre
Jean-Yves Fournier

À L'ÉCOLE DES BANLIEUES
Gérard Chauveau, Eliane Rogovas-Chauveau

APPRENDRE À LIRE EN MATERNELLE
Hélène Gilabert

APPRENDRE ENSEMBLE, APPRENDRE EN CYCLES
Classes maternelles et primaires
avec la Maison des Trois Espaces

APPRENDRE ET ÊTRE
Langage, littérature et expérience de formation
Jorge Larrosa

APPRENDRE... OUI, MAIS COMMENT ?
Philippe Meirieu

L'APPRENTI-CITOYEN
Une éducation civique et morale pour notre temps
Georges Roche

AUTORITÉ ET DISCIPLINE À L'ÉCOLE
Maria Teresa Estrela

AUTORITÉ OU ÉDUCATION ?
Entre savoir et socialisation : le sens de l'éducation
Jean Houssaye

BANLIEUES : LES DÉFIS D'UN COLLÈGE CITOYEN
Jacques Pain, Marie-Pierre Grandin-Degois, Claude Le Goff

LE CHOIX D'ÉDUQUER
Éthique et pédagogie
Philippe Meirieu

LES COMPÉTENCES TRANSVERSALES EN QUESTION
Bernard Rey

CONSTRUIRE LA FORMATION
CEPEC, sous la direction de Pierre Gillet

COURANTS ET CONTRE-COURANTS DANS LA PÉDAGOGIE CONTEMPORAINE
Daniel Hameline

DE L'APPRENTISSAGE À L'ENSEIGNEMENT
Pour une épistémologie scolaire
Michel Develay

DE L'ÉDUCATION TECHNOLOGIQUE À LA CULTURE TECHNIQUE
Yves Deforge

DE LA FORMATION AU MÉTIER
Savoir transférer ses connaissances dans l'action
Louis Toupin

LA DÉMOCRATIE AU LYCÉE
Robert Ballion

LA DÉMOCRATISATION DE L'ENSEIGNEMENT AUJOURD'HUI
Gabriel Langouët

DES ENFANTS ET DES HOMMES
Littérature et pédagogie 1 : la promesse de grandir
Philippe Meirieu

DÉVELOPPER LA CAPACITÉ D'APPRENDRE
Jean Berbaum

DIDACTIQUE DU FRANÇAIS
De la planification à ses organisateurs cognitifs
François Victor Tochon

DIX NOUVELLES COMPÉTENCES POUR ENSEIGNER
Philippe Perrenoud

L'ÉCOLE FACE AUX PARENTS
Analyse d'une pratique de médiation
Patrick Bouveau, Olivier Cousin, Joëlle Favre-Perroton

L'ÉCOLE HORS L'ÉCOLE
Soutien scolaire et quartiers
Sous la direction de Dominique Glasman

L'ÉCOLE, MODE D'EMPLOI
Des « méthodes actives » à la pédagogie différenciée
Philippe Meirieu

L'ÉCOLE POUR APPRENDRE
Jean-Pierre Astolfi

ÉDUCATION ET PHILOSOPHIE
Approches contemporaines
Sous la direction de Jean Houssaye

L'ÉDUCATION FACE À LA VIOLENCE
Vers une éthique de la gestion de la classe
Yannick Joyeux

L'ÉDUCATION, SES IMAGES ET SON PROPOS
Daniel Hameline

ÉDUQUER CONTRE AUSCHWITZ
Histoire et mémoire
Jean-François Forges

ÉLÈVES À PROBLÈMES, ÉCOLES À SOLUTIONS ?
Cécile Delannoy

ÉMILE, REVIENS VITE... ILS SONT DEVENUS FOUS
Philippe Meirieu, Michel Develay

ENCYCLOPÉDIE DE L'ÉVALUATION EN FORMATION ET EN ÉDUCATION
André de Peretti, Jean Boniface, Jean-André Legrand

ENFANTS PERDUS, ENFANTS EXCLUS
Andréa Canevaro

ENSEIGNANT ET COMÉDIEN, UN MÊME MÉTIER ?
Edmée Runtz-Christan

ENSEIGNER : AGIR DANS L'URGENCE, DÉCIDER DANS L'INCERTITUDE
Philippe Perrenoud

ENSEIGNER ET APPRENDRE À ÉCRIRE
Yves Reuter

ENSEIGNER, SCÉNARIO POUR UN MÉTIER NOUVEAU
Philippe Meirieu

L'ENTRETIEN D'EXPLICITATION
en formation initiale et en formation continue
Pierre Vermersch

L'ENVERS DU TABLEAU
Quelle pédagogie pour quelle école ?
Philippe Meirieu

L'ÉTABLISSEMENT SCOLAIRE, AUTONOMIE LOCALE ET SERVICE PUBLIC
Jean-Louis Derouet, Yves Dutercq

L'ÉVALUATION EN QUESTIONS
Charles Delorme et le CEPEC

L'ÉVALUATION, RÈGLES DU JEU
Des intentions aux outils
Charles Hadji

L'IMPOSSIBLE MÉTIER DE PÉDAGOGUE
Praxis ou poièsis. Éthique ou morale
Francis Imbert

L'INCONSCIENT DANS LA CLASSE
Transferts et contre-transferts
Francis Imbert et le Groupe de Recherche en Pédagogie Institutionnelle

INNOVER AU CŒUR DE L'ÉTABLISSEMENT SCOLAIRE
Monica Gather Thurler

INNOVER POUR RÉUSSIR
Sous la direction de Charles Hadji

JE EST UN AUTRE
Pour un dialogue pédagogie-psychanalyse
Jacques Lévine, Jeanne Moll

LES MATHÉMATIQUES AU LYCÉE
Clés pour une réussite
Sylviane Gasquet

MÉDIATIONS, INSTITUTIONS ET LOI DANS LA CLASSE
Francis Imbert et le Groupe de Recherche en Pédagogie Institutionnelle

LA MÉTACOGNITION, UNE AIDE AU TRAVAIL DES ÉLÈVES
Coordonné par Michel Grangeat, sous la direction de Philippe Meirieu

MÉTIER D'ÉLÈVE ET SENS DU TRAVAIL SCOLAIRE
Philippe Perrenoud

MÉTIER IMPOSSIBLE
La situation morale des enseignants
Pascal Bouchard

1914-1998, LE TRAVAIL DE MÉMOIRE
Dossier pédagogique sous la direction du Parc de la Villette
Jean-François Forges

MOTIVATION, PROJET PERSONNEL, APPRENTISSAGES
Monique Croizier

LES OBJECTIFS PÉDAGOGIQUES
En formation initiale et en formation continue
Daniel Hameline

LA PÉDAGOGIE À L'ÉCOLE DES DIFFÉRENCES
Fragments d'une sociologie de l'échec
Philippe Perrenoud

PÉDAGOGIE : DICTIONNAIRE DES CONCEPTS CLÉS
Apprentissage, formation et psychologie cognitive.
Françoise Raynal, Alain Rieunier

PÉDAGOGIE DIFFÉRENCIÉE : DES INTENTIONS À L'ACTION
Philippe Perrenoud

LA PÉDAGOGIE ENTRE LE DIRE ET LE FAIRE
Le courage des commencements
Philippe Meirieu

LA PÉDAGOGIE : UNE ENCYCLOPÉDIE POUR AUJOURD'HUI
Sous la direction de Jean Houssaye

PENSER ET AGIR L'ÉDUCATION
De l'intelligence du développement au développement des intelligences
Charles Hadji

PEUT-ON FORMER LES ENSEIGNANTS ?
Michel Develay

PRATIQUES DE L'ENTRETIEN D'EXPLICITATION
Sous la direction de Pierre Vermersch et Maryse Maurel

LES POLITIQUES ET L'ÉCOLE
Entre le mensonge et l'ignorance
Maurice Niveau

POUR MIEUX APPRENDRE
Conseils et exercices pour élèves de lycées, étudiants, adultes
Jean Berbaum

POUR UNE DÉONTOLOGIE DE L'ENSEIGNEMENT
Gilbert Longhi

POUR UNE ÉTHIQUE DE L'INSPECTION
Dominique Sénore

POUR UNE PÉDAGOGIE DE LA PAROLE
De la culture à l'éthique
Claude Lagarde avec Annie Laporte, Joël Molinario, Christian Picard

PRÉPARER UN COURS
Tome 1 : Applications pratiques
Alain Rieunier

PRÉPARER UN COURS
Tome 2 : Les stratégies pédagogiques efficaces
Alain Rieunier

QU'EST-CE QUE LA PÉDAGOGIE ?
Le pédagogue au risque de la philosophie
Michel Soëtard

QUESTIONS DE SAVOIR
Gabrielle Di Lorenzo

SAVOIRS SCOLAIRES ET DIDACTIQUES DES DISCIPLINES
Une encyclopédie pour aujourd'hui
sous la direction de Michel Develay

SE CONSTRUIRE DANS LE SAVOIR
À l'école, en formation d'adulte
Odette Bassis

LES SCIENCES DE L'ÉDUCATION, UN ENJEU, UN DÉFI
Bernard Charlot avec la collaboration de la CORESE, de J. Gautherin, J. Hédoux et A. Tuijnman

SYSTÈME, PERSONNE ET PÉDAGOGIE
Une nouvelle voie pour l'Éducation
Georges Lerbet

VIOLENCES ENTRE ÉLÈVES, HARCÈLEMENTS ET BRUTALITÉS
Les faits, les solutions
Dan Olweus

VIVRE ENSEMBLE, UN ENJEU POUR L'ÉCOLE
Francis Imbert et le Groupe de Recherche en Pédagogie Institutionnelle

Y A-T-IL UNE VIE APRÈS L'ÉCOLE ?
Georges Snyders

Catalogue complet sur demande

L'Indépendant

CET OUVRAGE A ÉTÉ ACHEVÉ
D'IMPRIMER EN FÉVRIER 2001 SUR LES PRESSES DE L'IMPRIMERIE
DE L'INDÉPENDANT - 53200 CHATEAU-GONTIER - FRANCE
N° D'IMPRIMEUR : 010257
DÉPOT LÉGAL : 1er TRIMESTRE 2001
N° D'ÉDITION : 2757 ED 2557